人力资源管理探索与实践

李 丽　张玉萍　刘思源 主编 ◀

北方文艺出版社

哈尔滨

图书在版编目(CIP)数据

人力资源管理探索与实践 / 李丽, 张玉萍, 刘思源
主编. -- 哈尔滨 : 北方文艺出版社, 2023.4
ISBN 978-7-5317-5883-9

Ⅰ.①人… Ⅱ.①李… ②张… ③刘… Ⅲ.①人力资
源管理－研究 Ⅳ.①F243

中国国家版本馆CIP数据核字(2023)第064867号

人力资源管理探索与实践
RENLI ZIYUAN GUANLI TANSUO YU SHIJIAN
主　编 / 李　丽　张玉萍　刘思源
责任编辑 / 李　萌　　　　　　　　封面设计 / 左图右书
出版发行 / 北方文艺出版社　　　　邮　编 / 150008
发行电话 / (0451)86825533　　　　经　销 / 新华书店
地　址 / 哈尔滨市南岗区宣庆小区1号楼　网　址 / www.bfwy.com
印　刷 / 廊坊市海涛印刷有限公司　开　本 / 787mm×1092mm　1/16
字　数 / 360千　　　　　　　　　印　张 / 23.75
版　次 / 2023年4月第1版　　　　　印　次 / 2023年4月第1次印刷
书　号 / ISBN 978-7-5317-5883-9　定　价 / 57.00元

前　言

随着人们对人力资源管理的深入学习和积极探索，对管理的性质、历史、范围和艺术有了一个新的认识和提高，如何有效地提高管理的艺术性，是每一个管理人员提高自身管理素质的新要求。本着"科学管控、统筹管理、注重实效、提高效率"的管理原则，做好各项工作的有序推进和认真落实，才能真正能够学有所用，用有成效。在面对当前严峻的经济形势下，唯有凝聚共识，强化管理，突破瓶颈，才能走出困境，扭亏为盈。

在人力资源管理中，对人力资源进行配置、激励、培训是一个系统的工程，进而实现人尽其才，激发员工的主观能动性，最大限度地发挥人的潜质，满足企业持续发展的需要。在当今激烈的市场竞争中，人力资源管理与开发已经成为企业制胜的重要因素，人力资源的开发已经不再仅仅是专业的人力资源管理者的责任，企业经理人要根据企业的发展状况，从岗位的设计、招聘、培训、绩效考核、员工关系等各个环节，直接参与人力资源的管理，以提高企业整体人力资源价值，确保企业的生存与发展。"企业即人，成也在人，败也在人"。人力资源管理部门承担着企业员工的选、育、用、留优秀人才的重任，并且要最大限度地发挥每一个人的潜质，以确保企业生存发展的需要。

通过对人力资源管理的学习、探索和完善，作为一名管理人员要知管理、懂管理和会管理。管理的成败事关企业的兴衰，管理的成效事关企业的发展，在工作当中结合工作实际，把管理理念融入工作，在融合中创新，在发展中提升，把各项工作落到面上，细到点上，做到不误时、不误事，确保各项工作的顺利开展和有效实施。

目 录

第一章 人力资源管理的概述

第一节 人力资源理论基础

一、人力资源概述

（一）人力资源的概念

资源是一个经济学术语，《辞海》中解释为资财的来源。在经济学上，资源是为了创造财富而投入到生产活动中的一切要素。人力资源是一种特殊资源，它有广义与狭义之分。

广义的人力资源指在一个国家或地区中，处于劳动年龄、未到劳动年龄和超过劳动年龄但具有劳动能力的人口之和。

狭义的人力资源，学术界至今还存在着不同的看法和认识。主要观点如下。

雷希斯·列科认为，人力资源是企业人力结构的产生和顾客商誉的价值。

伊万·伯格认为，人力资源是人类可用于生产产品或提供各种服务的活动、技能和知识。

内贝尔·埃利斯认为，人力资源是企业内部成员及外部的与企业相关的人及总经理、雇员、合作伙伴和顾客等可提供潜在合作与服务及有利于企业预期经营活动的人力的总和。

苏珊·E·杰克逊和兰德尔·S·舒勒在《管理人力资源：合作伙伴的责任、定位与分工》一书中指出，人力资源是组织可以将其看作能够为创建和实现组织的使命、愿景、战略与目标做出潜在贡献的人所具备的可被利用的能力与才干。

国内学者郑绍濂则主要从整个社会经济发展的宏观角度来对人力资源进行界定，认为"人力资源是能够推动整个经济和社会发展的具有智力劳动和体力劳动能力的人们的综合,它应包括数量和质量两个方面"。这一点在国内的宏观人力资源问题研究中,具有一定的代表性。

综上所述,人力资源是指一个国家或地区中的人所具有的对价值创造起贡献作用,并且能够被组织利用的体力和脑力劳动的总和。

(二)人力资源的特征

现代经济学家把资源分为四类,即自然资源、资本资源、信息资源、人力资源。人力资源是这些资源中最重要的资源,是生产活动中活跃的因素,被经济学家称为第一资源。与其他资源相比,人力资源具有如下主要特性。

1.时效性

所谓时效性是指物质形态在一定时间上的效用。在自然界中有些物质如各种矿产资源不具有时效性,无论什么时间和经历多长时间都保持着自身效用;而有些物质资源则有时效性,超过其生命过程的一定阶段就失去效用,一旦错过了它的时效性,通常就无法补救,除非开始另外一个生命过程或者生命周期。而人力资源具有时效性,其主要表现以下几个方面:

第一,在人的生命过程的不同阶段有着不同的生理和心理特点,人力资源的生成和发挥作用也各有不同的最佳期。

第二,作为人力资源重要组成部分的知识和技术是人们实践经验的产物,具有一定的时间性。在一定的时间里运用这些知识和技术,就能发挥它的最佳效用;如果闲置不用,超过一定时限,这些知识和技术就可能陈旧、老化、过时,失去其应有的效用(如专利技术)。特别是现代科学技术日新月异、突飞猛进地发展,知识更新周期大为缩短,这就要求人们更加注意人力资源的时效性。

2.社会性

这一特点决定了在人力资源的使用过程中需要考虑工作环境、工伤风险、时间弹性等非经济和非货币因素。自然资源只有自然性,而人力资源除具有自然性之外,更重要的是它的社会属性。这是人力资源区别于自然资源的根本之处。人力资源的社会性主要表现在以下几个方面:

第一,人力资源只有在一定的社会环境和社会实践中才能形成、发展和产生作用。人是社会的群体,离开社会群体而完全孤立的个体的人是不可能存在的。作为人力资源中人的劳动能力,是在劳动过程中才得以形成和提高的能力。而劳动,特别是生产劳动,在任何时候都是人们结成一定社会关系从事改造自然的活动和过程,是社会的实践活动。

第二,人力资源的开发、配置、使用和管理是人类有意识的自觉活动。劳动是人的脑力和体力在生产使用价值过程中的运用,也可以说是人力资源的开发、配置、使用和管理的过程。人类的有意识的自觉活动不但表现为对自然资源的开发利用,是经过思考的,有计划、有目的的,而且随着社会生产力的发展,还表现为对人类自身蕴藏的人力资源的开发、配置、使用和管理。这也是经过思考的,有计划、有目的的,也是有意识的。而意识的本质则是社会的,是在人与人之间的相互交往中才得以产生和发展的。

3.连续性

人力资源不仅存在时效性,同时还有连续性,两者是密切联系的。人力资源的连续性,首先表现为知识的不断积累过程,虽然每一个人所掌握的知识会随着社会和技术的变化而被淘汰,但新的科学技术成果的出现及个人能力的提高均是建立在以前知识的积累之上的,没有以前知识的积累,整个人类社会就无法获得真正的发展。每一个人需不断地学习,时刻跟上时代的变化,才能提升自身的素质和能力。其次,从作为人力资源的内容即体力和脑力的发展过程来看,既有阶段性,又有连续性。许多知识和技术,特别是应用性的知识和技术,只有阶段性的时效,超过一定阶段就会老化,但各学科和各阶层知识和技术又是互相联系的,在它们之间总存在某些共同的、基础性的东西。正因为各个学科之间的相互联系性,人力资源管理才得以更好地发展。从作为人力资源的载体,即人的生理和心理过程来看,人力资源时效性的最高峰是青壮年期,但应该看到许多人由于不断地学习,注重了自身能力的不断开发,还可能延续相当长的高峰时期,甚至还可能出现第二个高峰期,如居里夫人、齐白石等。因此,在人力资源管理过程中,每一个组织都要注重人力资源水平的培训和持续开发工作。对于每一个人而言,一定要遵循"活到老,学到老"的古训。[1]

4.可再生性

自然资源和物质资源一旦灭绝或耗尽,就不可能再生。但人力资源是

---

①赵继新,魏秀丽,郑强国.人力资源管理[M].北京:北京交通大学出版社,2020.

以人身为天然的载体,是一种"活"的资源,并与人的自然生理特征相联系,是可再生的。人力资源的再生性是指人口的再生产和劳动力的再生产,社会通过人口总体和劳动力总体内各个个体不断更换、更新和恢复的过程,实现人口的再生产和劳动力的再生产。

5.主导性和能动性

任何组织作为一个由人、财、物组成的有机系统,其组织的第一资源都是人。只有人合理地支配其他资源,组织才得以科学合理地存在和发展。人类不同于自然界其他生物,人类活动具有目的性、主观能动性和社会意识。人力资源的能动性主要表现在:知识和技术的创新、功利化的投向和自我强化。人类的自我调控功能使其在从事经济活动时,总是处在发起、操纵、控制其他资源的位置上。它能根据外部的可能性和自身的条件、愿望,有目的地确定经济活动的方向,并根据这一方向具体地选择、运用外部资源或主动适应外部资源。

6.有限性和无限性

任何一种自然资源都是有限的存在,都只能有限地满足人的需要,某些自然资源一旦灭绝或者消耗殆尽,就可能不复存在。当然,某种资源枯竭了,人们又会开发新的资源。但这是就人们认识和开发自然资源的能力来说的,而不是自然资源本身。人力资源就其具体形式,即具体表现于某个人、某群人或者某一代人来说,也同自然资源一样也是有限的,但有限之中包含着无限,人力资源是有限和无限的统一。作为人力资源物质载体的人既是自然的人又是社会的人。人的生理条件和社会环境既为人的体力和脑力发展提供了有利条件,但同时又是一种制约因素。任何人都只能在自身的生理条件和社会环境所许可的范围内形成、发展和运用自身的体力和脑力资源。任何个体和群体的人力资源都是有限的,它的开发和使用是有条件的。从人的个体而言,每个人的生命过程都是有限的,但在他生命完结之时,人力资源特别是智力资源开发和使用的过程是不会停止的。从人类世代延续的过程来看,每一代人所拥有的智力资源都是有限的,但人类一代又一代的延续过程是无限的,而每一代人都把他们的知识和技术以及其他认识成果传输给下一代,世世代代的相传相承,形成一条永无止境的知识长河。

（三）与人力资源相关的概念

1.人才资源

人才资源是指一个国家或地区中具有较多科学知识、较强劳动技能，在价值创造过程中起关键或重要作用的那部分人的总称，主要用来指代人力资源中比较优秀的、杰出的那一部分。

人才资源是人力资源的一部分，尤其是人力资源中比较优质的那部分资源。它们之间的区别主要是由质量决定的。我们知道，人力资源是具有智力劳动能力或体力劳动能力的人的总和，人才资源主要是用来形容人力资源中各项能力处于高端部分的那一部分。

2.劳动力资源

劳动力资源是指一个国家或地区，在一定的时期内，拥有的劳动力的数量和质量的总和所构成的总的劳动适龄人口。在判断一个国家的劳动力资源的大小上，不仅要看其总的数量，更要看其质量，尤其是劳动者的生产技术水平、文化科学水平和健康水平。

与人力资源相比，劳动力资源是相对较小的一部分，这是因为人力资源中还包括一些暂时还未成为劳动力，但以后能够成为劳动力的人口。

3.人口资源

人口资源是指一个国家或地区所拥有的人口总量。它是一切人力资源、人才资源产生的基础，是人力资源和人才资源存在的依据和基石，它主要表现为人口的数量。

人力资源是人口资源的一部分，二者之间的区别主要是由划分标准不同而产生的。人口资源重在数量，人力资源重在质量。

4.人力资本

人力资本是就物质资本而言的。目前对于"什么是人力资本？"这一问题也没有统一的界定和定义，但是大多数专家学者都比较倾向于人力资本理论创始人T.W.舒尔茨和G.S.贝克尔关于人力资本概念的表述。舒尔茨认为，人力资本（human capital）是"人民作为生产者和消费者的能力""人力资本是一种严格的经济学概念……它之所以是一种资本是因为它是未来收入与满足的来源"[1]。由此我们可以知道，舒尔茨认为人力资本是劳动

---

①[美]T.W.舒尔茨.论人力资本投资[M].吴珠华，等，译.北京:北京经济学院出版社，1990.

者身上所具备的两种能力。这两种能力的来源之一是通过先天遗传以及每个人与生俱来的基因来实现的,另一种来源则是通过个人在后天环境中努力学习来实现的。

因此,我们比较认同下面这个定义:人力资本是通过人力资本投资形成的、寄寓在劳动者身上并能够为其使用者带来持久性收入来源的劳动能力,是以一定的劳动者数量和质量为表现形式的非物质资本。一般情况下,劳动者的知识、技能以及体力(健康状况)等都是人力资本的构成部分。与此同时,这一定义还具有这些含义:①人力资本是一种能够为其使用者带来持久收入的能力,它作为资本具有相当大的生产性。②人力资本的获取或人力资本存量的增加,必须经由有意识地对人力资本的投资才能完成。③人力资本并非指劳动者本身,而是指劳动者所具有的知识、技能以及体力等。

从上述概念我们可以知道人力资本所具有的某些特点:首先,人力资本能够为其所有者和使用者带来收益,主要体现为一种收入能力。其次,人力资本是投资的产物和结果。最后,人是人力资本的唯一载体,二者相互依存,这也是人力资本的最大特征,是它与其他一切形式的资本最本质的区别。

人力资源和人力资本这两个概念产生的基础都是人,研究的对象也都是人所具有的脑力和体力,因此我们在学习的过程中必须分清异同点,正确地掌握二者之间的关系。

二者之间有一定的相似之处,它们都是以人为基础的,二者都是在研究人力作为生产要素在经济增长和经济发展中的重要作用时产生的。不仅如此,人力资源经济活动及其收益的核算是基于人力资本理论进行的,现代人力资源管理理论大部分都是以人力资本理论为根据的,人力资本理论是人力资源管理理论的重点内容和基础部分。

虽然它们是密不可分的,但这二者之间的区别也很大。

第一,二者在与社会财富和社会价值的关系上是不同的。人力资本是由投资而形成的,强调以某种代价获得的能力或技能的价值,投资的代价可在提高生产力过程中以更大的收益收回。因此劳动者将自己拥有的脑力和体力投入到生产过程中参与价值创造,就要据此来获取相应的劳动报酬和经济利益,它与社会价值的关系是一种典型的因果关系。而人力资源与社会价值的关系恰恰与之相反,是一种由果溯因的关系。人力资源作为一种资源,强调人作为生产要素在生产过程中的生产、创造能力,强调这些能力对创造价值所起的贡献作用。在生产过程中,人力资源可以创造产品、创造财富,有效地促进经济的发展。

第二,两者研究问题的角度和关注的重点也不同。人力资本是从成本收益的角度来研究人在经济增长中的作用,主要是指通过投资形成的存在于人体中的资本形式,尤其是投资的物质资本在人身上的价值凝结,它强调的是投资付出的代价及其收回,考虑的重点是投资成本能够带来的价值和收益,研究的重心是价值增值的速度和幅度,关注的焦点是收益问题,即投资能否带来收益以及收益多少的问题。人力资源则不同,它是从投入产出的角度来研究人对经济发展的作用,因此它将人看作财富的来源,关注的焦点是产出问题,也即人力资源对经济发展的贡献以及对经济发展的推动力。

第三,两者的计量形式也是不同的。从各自的定义我们可以知道,人力资本通常表现为不断积累的经验、不断增进的技能、不断损耗的体能、投入到教育培训、迁移和健康等方面的资本在人身上的凝结,其计算形式既与流量核算相联系,又与存量核算相联系。人力资源的计量形式只与存量核算有关。

二、人力资源管理概述

(一)人力资源管理的内涵

人力资源管理作为管理学中重要的组成部分,也是企业管理职能活动之一,主要指对人力这一资源进行有效开发、合理利用和科学管理的活动的总称。

从管理的范围来讲,人力资源管理可分为宏观和微观两个层次。

宏观的人力资源管理是指一个国家或地区的人力资源的管理工作以及对人力资源的形成、开发和利用的管理,一个国家或地区的行政管理机构通过建立一系列制度、政策和具体的措施促进人力资源的形成,为人力资源的开发和利用提供条件,从而促进整个社会快速、稳定地发展。

微观的人力资源管理则是指一个组织对其所拥有的人力资源进行具体管理的工作。这里的组织一般是指企业或事业单位。我们通常所提到的人力资源管理主要是指微观的人力资源管理。

到底什么是人力资源管理呢？国内外不同的学者从不同的角度提出了不同的说法。我们认为人力资源管理的定义可表述为：一个组织为了实现其既定的组织目标，运用心理学、自然科学、社会学、管理学等相关知识以及原理、方法、措施和手段，对人力资源进行规划、选择、培训、开发、考核、激励、组织、领导和控制等一系列活动的总称。

人力资源管理从开发的角度看，既包括人的智力、体力的现有能力的充分发挥，又包括对人的潜在能力的有效挖掘；从利用的角度来看，它包括对人力的发现、鉴别、甄选、分配和合理利用的过程；从管理的角度看，它既包括人力资源的预测与规划，也包括人力资源的组织和培训。

（二）人力资源管理的内容

人力资源管理的内容有以下几个方面：

1.人力资源规划

包括的活动有：对组织在一定的时期内的人力资源需求和供给做出预测；根据预测的结果制订出平衡供需的计划。通过制订人力资源规划，一方面保证人力资源管理活动与企业的战略方向和目标相一致；另一方面保证人力资源管理活动的各个环节相互协调，避免相互冲突。同时，在实施此规划时还必须要在法律和道德观念方面创造一种公平的就业机会。

2.招聘计划

招聘计划是对企业所需招聘的人员的数量和质量做出计划，如果企业现有员工大于所需数，则企业可制订裁员计划；如果企业现有人数不足，则可制订招聘计划。

3.职务设计与工作分析

这是人力资源管理中的一项重要工作。通过对工作任务的分解，根据不同的工作内容设计不同的职务，规定每个职务应承担的职责、工作条件、工作任务等，可使企业吸引和保持合格的员工

4.人员吸收

包括招募和甄选两部分：招募是指通过各种途径发布招聘信息，将应聘者吸引过来；甄选是指从应聘者中挑选出符合要求的人选。当人力资源规划表明有新的员工需求时，组织就需要启动招募和甄选程序以找到合格

的劳动者,弥补职位的空缺。

5.培训与开发

包括建立培训体系,确定培训的需求和计划,组织实施培训过程以及对培训效果进行反馈总结等活动。通过培训和开发提高员工个人、群体和整个组织的知识、能力、工作态度和工作绩效,进一步挖掘出员工的智力潜能。

6.绩效管理

通过双向沟通确定目标并根据所确定的目标对员工的工作结果做出评价,发现其工作存在的问题并通过绩效反馈(面谈)加以改进,奖优罚劣,进一步提高和改善员工的工作效率和质量。包括制订绩效计划、进行绩效考核以及实施绩效沟通等活动。

7.薪酬与福利管理

确定薪酬的结构和水平,实施工作评价,制订福利和其他待遇的标准以及进行薪酬的测算和发放等。

8.安全与健康

组织为保障员工的安全与健康,必须在减少事故、职业毒害,预防职业病等方面采取有力的措施。员工在安全的环境中工作并享受良好的保健,能够使其更有效地工作,从而给组织带来长期的利益。

9.劳资关系

企业管理者和企业内有组织的员工群体就工资、福利及工作条件等问题进行谈判,协调劳企关系。

(三)人力资源管理的作用

人力资源管理在企业管理中具有重要的地位和作用。正如有些管理者曾提出的,"公司的业务就是人的业务,人力资源管理部门采取的管理方式能使我们成功,也能使我们毁于一旦","当今世界,经营游戏的名称是人力资源管理,如果你的人力资源管理一团糟,就别希望有良好的财务与经营业绩。不管你经营的是何种企业,没有人力资源,总经理将一无所获"。

1.人力资源管理与企业整个管理系统融为一体

一个企业是一个系统,在这个系统中,互相关联和互相作用的部门构成单位,在这些部门中,员工及其工作被组织起来。这个系统的运作是靠管理体系来规范与实现的。管理体系为协调和指导员工按照企业目标工作规定了方向。企业管理的实现必须经过一定的管理过程,这些过程互相关联和互相作用,主要包括计划、组织、配置、指导以及控制。在这个管理体系中,人力资源管理占有重要的地位,它渗透到企业管理的主要环节之中。

计划是确定企业的目标,并制订实现这些目标的方案的过程。在制订企业目标时,高层管理者要听取人力资源管理部门的意见,从实现企业目标的人力资源保障方面考查目标的可行性。组织是进行分工、分组,组成管理单位来进行生产活动。这包括确定要完成的任务,完成这些任务所要做的工作、所要履行的职责以及这些工作之间的内在关系。人力资源管理在这方面要做的工作是制定工作流程;配置包括人力资源的获得与配置,这更是人力资源管理的本职工作;指导是为员工提供工作指导,以便把企业的计划在已经建立的工作框架中转化为行动,包括对员工的培训、咨询等;控制包括审核和测评绩效,确定是否实现了企业的计划。人力资源管理对员工的绩效评估为控制员工的绩效提供依据。

2.人力资源管理在企业决策中具有重要的咨询建议作用

人力资源管理部门是管理员工的综合职能部门,它有比其他业务部门更多的优势去了解社会经济的变化以及其他企业的人力资源管理战略与方法。因此,人力资源管理部门在向企业管理高层提供及时的政策咨询方面,起着十分重要的作用。同时,人力资源管理部门也担负着为其他业务部门经理和一线主管提供咨询服务的职责。公司的经营目标要通过人力资源管理部门制定的具体的人力资源方案来落实,为各部门制定的人力资源方案必须与部门经理的目标相一致,要与各个部门和一线经理或主管交流、沟通。

3.人力资源管理具有执法和维法作用

在市场经济条件下,政府主要是通过法律手段来规范企业和员工之间的关系与行为,随着法律不断健全,人力资源管理部门在企业中所起的法律作用越来越重要。一个有头脑的总经理必然会把人力资源管理的职能视为公司高层管理职能的重要组成部分。因为,人力资源管理决定的许多方面涉及员工的合法权益,如果处理不当,不仅会使企业卷入法律纠纷,遭受经济处罚,同时会带来企业内部劳动关系的不和谐,导致企业缺乏凝聚力。

第二节 人力资源管理的产生与发展

人力资源管理随着社会发展大体经历了以下三个阶段。

一、经验管理阶段

经验管理阶段主要包括早期的人力资源管理和手工艺制度阶段的人力资源管理。

（一）早期的人力资源管理思想

最早注意到人力资源管理的国家是中国。中国有五千多年的文明史，而且素有文官治国的传统，因此积累了丰富的人事思想并记录在古代的许多文化典籍之中，诸如春秋战国时期的《尚书》《左传》《论语》《墨子》《孟子》《韩非子》，汉代的《史记》《汉书》，三国时代的《人物志》，唐代的《贞观政要》，宋代的《资治通鉴》等。针对中国古代的这些辉煌思想，日本、美国、欧洲等国的一些人力资源管理学者至今仍在研究和应用。

（二）手工艺制度阶段的人力资源管理

在古埃及和古巴比伦时代，经济活动中的主要组织形式是家庭手工工场。当时，为了保证具有合格技能的工人有充足的供给，对工人技能的培训是以有组织的方式进行的。到了13世纪，西欧的手工艺培训已经非常流行。手工业行会负责监督生产的方法和产品的质量，对各种行业的员工条件做出规定。这些手工业行会由一些工作经验丰富的师傅把持，每个申请加入行会的人都必须经过一个做学徒工人的时期。在这种手工艺制度下，师傅与徒弟生活和工作在一起，因此非常适合家庭工业生产的要求。

二、人事管理阶段

人事管理阶段主要包括科学管理阶段和人际关系运动阶段。

（一）科学管理阶段

19世纪末到20世纪初是科学管理的诞生阶段，此时人事管理作为一种管理活动而正式进入企业的管理活动范畴。许多人力资源管理学者都把这一时期作为现代人事管理的开端，或者说现代人力资源管理的开端。

这种以企业为基础的人力资源管理,来自工业社会的科学分工。

分工是生产和工厂制度的一个主要支柱。最早研究分工的詹姆斯·斯图亚特(1712—1780)是英国重商主义后期的重要代表人物,他的《政治经济原理研究》出版于1767年,比亚当·斯密(1723—1790)的《国富论》早9年,并先于亚当·斯密提出分工的概念,论述了工人由于重复操作而获得灵巧性,比泰罗(Taylor)早100多年指出了工作研究方法和刺激工资的实质。詹姆斯·斯图亚特指出:"如果给一个人每日规定一定的劳动量,他就会以一种固定方式工作,永远不想改进他的工作的方法,如果他是计件付酬的,他就会想出一千种方法来增加其产量"。他还指出了管理人员和工人之间的分工问题。詹姆斯·斯图亚特是科学管理阶段人力资源管理的最早思想先驱。

亚当·斯密强调分工带来的经济利益。他指出:"劳动生产力上的最大的增进以及运用劳动时间所表现的更大的熟练技巧和判断力,似乎都是分工的结果。"①他讲的分工有两种:一种是按产品分工,即专业分工;另一种是按职业分工,即工种分工。大卫·李嘉图(1772—1823)提出了"工资规律",工资越低,利润就越高;反之,工资越高,利润就越低。

空想社会主义者欧文(Rober Owen)于1799年在苏格兰建立了一家棉纺厂。他认为人的行为是受待遇的反映,雇主和组织应努力发掘人们的天资,消除影响员工的天资充分发挥的障碍。欧文还创建了最早的工作绩效评价体系,他把一个木块的四面分别涂成白黄蓝黑四种颜色,其中白色代表优秀,黄色代表良好,蓝色代表平均水平,黑色代表差。他把这一木块安装在机器上,每天将反映员工前一天工作表现的颜色转向通道,及时向员工提供工作业绩的反馈信息,取得了很好的效果。为此,欧文被誉为"人事管理的先驱",即科学管理阶段人力资源管理最早的系统科学的实践者、行动者。而詹姆斯·斯图亚特是该阶段人力资源管理最早的思想家、理论家。在企业的实地调查中,可以看到一些外资企业生产车间的生产线尽头有液晶显示牌,上面不断变化的数据在通知该条生产线上的员工目前下线产品的合格率。这一做法与欧文的四色显示木牌是相似的。

被誉为科学管理之父的美国机械工程师泰罗(Taylor),1885年在一家钢铁公司对名为施密特的铲装工人进行了时间—动作研究,去除了其无效

---

① 亚当·斯密. 国富论[M]. 孙善春,李春长,译. 北京:中国华侨出版社,2013.

工作部分,并对技术进行改进,对铲的大小、堆码、铲装重量、走动距离和手臂摆动的弧度等细节都做了具体的规定,结果使生产率提高了2.96倍。除了时间和动作研究以外,泰罗还认为所挑选的工人的体力和脑力应该尽可能地与工作要求相配合,不应该使用高于合格水平的工人。泰罗还指出,只要工人在规定的时间内以正确的方式完成了工作,就应该发给他相当于工资的30%到100%的奖金,这就是最新的劳动计量奖励制度。综合起来,泰罗认为企业应选定标准人(即合乎工作要求的工人)、使用标准工具(即规定铁铲的标准容量)、采用标准方法(即去除多余无用动作)、完成标准工作量(即一个班内每名工人应铲多少吨铁矿砂送进炼铁炉)、给予标准报酬等"五标准"法。20世纪20年代,泰罗的科学管理理论、人力资源管理方面的理论在美国被广泛地采用,它对人事管理产生了重大的影响,导致了现代人事管理理论和实践上的一次革命。

(二)人际关系运动阶段

1924年到1932年期间,哈佛商学院的梅奥(Mayo)等人在芝加哥的西方电器公司霍桑(Howthorne)工厂进行的霍桑实验提供了一个有史以来最著名的行为研究结果。这一实验的目的本来是研究照明对工人生产率的影响。他们选择了照明条件相似的两组工人作为研究对象,在实验组他们改变了照明水平同时保持控制组的照明条件不变。令研究人员感到意外的是,两个小组的生产率都提高了,甚至在研究人员事先告诉一个小组的工人们即将改变照明条件但是事实上并没有改变的情况下,工人们的生产率仍在继续提高。经过三年的实验,研究人员得出的结论是:在工作中,影响生产效率的关键变量不是外界条件,而是员工的心理状态。在实验中生产效率的提高是因为工人对工作和公司的态度。由于公司请求他们的合作,员工感到自己是被公司重视的一个组成部分,自己的帮助和建议对公司有重要的意义。后来,哈佛商学院的梅奥、怀特等人在20世纪30年代初期得到的研究结果进一步表明,生产率直接与集体合作及其协调有关。泰罗认为企业是一个技术经济系统,霍桑实验的结果却表明企业是一个社会系统。

霍桑实验的研究结果启发人们进一步研究与工作有关的社会因素的作用,例如群体环境、领导风格、管理者的支持等。这些研究的结果导致了人们所称的人际关系运动,它强调组织要理解员工的需要,这样才能让员工满意并提高生产效率。20世纪30～40年代,美国企业界流行着一种"爱畜理论"。当时爱畜牛奶公司的广告中说,爱畜牛奶来自愉快的奶牛,因而品质优良。因此,研究人员认为愉快的工人的生产率也一定比较高,公司用郊游和员工餐厅等办法来试图改善工人的社会环境,提高士气,从而提高生产率。实际上,情感与士气是有作用的,但这种作用毕竟是有限的。

三、现代人力资源管理阶段

20世纪70年代后,人力资源在组织中所起的作用越来越大,传统的人事管理已经不适用,它从管理的观念、模式、内容、方法等全方位向人力资源管理转变。从20世纪80年代开始,西方人本主义管理的理念与模式逐步凸显。人本主义管理,就是以人为中心的管理,把人力资源作为组织的第一资源进行管理。现代人力资源管理便应运而生。现代人力资源管理阶段又可分为人本理论形成阶段、人力资源实践阶段和知识管理阶段三个阶段。

（一）人本理论形成阶段

人本管理特别强调人在管理中的主体地位,它不是把人看成脱离其他管理对象的要素而孤立存在的人,而是强调在作为管理对象的整体系统中,人是其他构成要素的主宰,财、物、时间、信息等只有在为人所掌握、为人所利用时,才有管理的价值。具体地说,管理的核心和动力都来自人的作用。该阶段的产生发展主要表现在以下几位学者的理论:一是1954年人力资源管理之父彼德·德鲁克在其著作《管理的实践》中提出并加以明确界定了"人力资源"这一概念,为现代人力资源管理的产生奠定了理论基础。二是1957年11月美国著名的行为科学家道格拉斯·麦格雷戈在美国《管理评论》杂志上发表了《企业的人性方面》一文,提出了有名的"X-Y理论",其中的Y理论提出了人性善的假设,如喜欢工作、为实现目标而努力、个人目标和团队目标的统一、主动的创造性等。三是美国哈佛大学心理学教授戴维·麦克利兰从20世纪40～50年代起就开始对人的需求和动机进行研究,提出了著名的"三种需要理论",他认为个体在工作情境中有三种重要的动机或需要:其一,成就需要,争取成功希望做得最好的需要;其二,权力需要,影响或控制他人且不受他人控制的需要;其三,亲和需要,建立友好亲密的人际关系的需要。随后,需求层次理论、ERG理论、双因素理论、公平理论等不断出现,从不同角度提出了人的需求特性。

(二)人力资源实践阶段

从20世纪70年代起,欧美国家掀起了人力资源管理热。很多院校开始研究人力资源。20世纪80年代以来,人力资源管理理论不断成熟,并在实践中得到进一步发展,为企业广泛接受,并逐渐取代人事管理。进入20世纪90年代,人力资源管理理论不断发展,也不断成熟,人们更多地探讨人力资源管理如何为企业的战略服务,人力资源部门的角色如何向企业管理的战略合作伙伴关系转变。战略人力资源管理理论的提出和发展,标志着现代人力资源管理的新阶段。

(三)知识管理阶段

21世纪的人力资源管理面临外部环境的变化——经济全球化和知识化所带来的挑战。许多学者将经济全球化和知识化作为影响人力资源管理的重要因素之一。未来企业的竞争更加重视国际的而不再是国内的竞争机会。全球化的同时,知识经济已经成为当今和未来世界经济的主要形式。作为知识经济微观基础的知识型企业,应该更加重视知识的创造、整合与利用,重视知识的管理。知识管理能力开始成为企业核心的竞争能力,知识成为企业竞争优势的源泉。人力资源的知识化成为人力资源战略的核心课题。

第三节　人力资源管理的内容与任务

一、人力资源管理工作的内容

(一)制定人力资源计划

根据组织的发展战略和经营计划,评估织的人力资源现状及发展趋势,收集和分析人力资源供给与需求方面的信息和资料,预测人力资源供给和需求的发展趋势,制定人力资源招聘、调配、培训、开发及发展计划等政策和措施。

(二)人力资源费用核算工作

人力资源管理部门应与财务等部门合作,建立人力资源会计体系,开展人力资源投入成本与产生效益的核算工作。人力资源会计工作不仅可以改进人力资源管理工作本身,而且可以为决策部门提供准确和量化的依据。

(三)工作分析和设计

对组织中的各个工作岗位进行分析,确定每一个工作岗位对员工的具体要求,包括技术及种类、范围和熟练程度,学习、工作与生活经验,身体健康状况,工作的责任、权利与义务等方面的情况。这种具体要求必须形成书面材料,这就是工作岗位职责说明书。这种说明书不仅是招聘工作的依据,也是对员工的工作表现进行评价的标准,以及进行员工培训、调配、晋升等工作的根据。

(四)人力资源的招聘与配置

根据组织内的岗位需要及工作岗位职责说明书,利用各种方法和手段,如接受推荐、刊登广告、举办人才交流会、到职业介绍所登记等从组织内部或外部吸引应聘人员;并且经过资格审查,如受教育程度、工作经历、年龄、健康状况等方面的审查,从应聘人员中初选出一定数量的候选人,再经过严格的考试,如通过笔试、面试、评价中心、情景模拟等方法进行筛选,确定最后录用人选。人力资源的选拔,应遵循平等就业、双向选择、择优录用等原则。

(五)雇用管理与劳资关系

员工一旦被组织聘用,就与组织形成了一种雇用与被雇用的、相互依存的劳资关系,为了保护双方的合法权益,有必要就员工的工资、福利、工作条件和环境等事宜达成一定协议,签订劳动合同。

(六)入职教育、培训和发展

任何一个新员工,都必须接受入职教育,这是帮助新员工了解和适应企业、接受企业文化的有效手段。入职教育的主要内容包括:企业的历史、发展状况和未来发展规划、职业道德和组织纪律、劳动安全和卫生、社会保障和质量管理知识与要求、岗位职责、员工权益及工资福利状况等。为了提高广大员工的工作能力和技能,有必要开展富有针对性的岗位技能培训,对于管理人员,尤其是对即将晋升者有必要开展提高性的培训和教育,目的是促进他们尽快具有在更高一级职位上工作的全面知识、熟练技能、管理技巧和应变能力。

(七)绩效考评

工作绩效考评,是对员工的胜任能力、工作表现及工作成果等进行理性评价,并给予量化处理的过程。这种评价可以是自评,也可以是他评,或者是综合评价。考核结果是员工晋升、接受奖惩、发放工资、接受培训等人力资源管理的有效依据,它有利于调动员工的积极性和创造性以及检查和改进人力资源管理工作。[①]

(八)帮助员工的职业生涯发展

人力资源管理部门和管理人员有责任鼓励和关心员工的个人发展,帮助其制定个人发展计划,并及时进行监督和考察。这样做有利于促进企业的发展,使员工有归属感,进而激发其工作积极性和创造性,提高企业效益。人力资源管理部门在帮助员工制定其个人发展计划时,有必要考虑它与企业发展计划的协调性或一致性。只有这样,人力资源管理部门才能对员工实施有效的帮助和指导,促进个人发展计划的顺利实施并取得成效。

(九)员工工资报酬与福利

合理、科学的工资报酬与福利体系关系到企业员工队伍的稳定。人力资源管理部门要从员工的资历、职级、岗位、表现和工作成绩等方面,为员工制定相应的、具有吸引力的工资报酬与福利标准和制度。工资报酬应随着员工的工作职务升降、工作岗位的变换、工作表现的好坏与工作成绩进行相应地调整,不能只升不降。员工福利是社会和组织保障的一部分,是工资报酬的补充或延续。它主要包括政府规定的退休金或养老保险、医疗保险、失业保险、工伤保险、节假日,以及为了保障员工的工作安全卫生,提供必要的安全培训教育、良好的劳动工作条件等。

(十)建立员工档案

人力资源管理部门有责任保管员工入职时的简历以及入职后关于工作主动性、工作表现、工作成绩、工资报酬、职务升降、奖惩、接受培训和教

---

①李清黎,徐慧娟.人力资源管理系统的现状及不足[J].当代经济,2009,000(006):66-67.

育等方面的书面记录材料。

二、人力资源管理各工作内容之间的关系

人力资源是以人力资源规划为核心而展开的,同时受到外在以及内在的因素影响,并根据人力资源规划的长、中、短期规划进行选才、用才、育才、留才四方面的工作,这四方面也分别包含了人力资源管理的绝大部分工作内容。

第四节　人力资源管理的现状与挑战

一、人力资源管理现状

"人力资源"一词是现代著名管理大师彼得·德鲁克于1954年在其《管理的实践》一书中提出的。在这部学术著作里,德鲁克提出了管理的三大职能:管理企业、管理经理人员和管理员工及他们的工作。在讨论管理员工及其工作时,德鲁克引入"人力资源"这个概念。他指出:和其他资源相比,唯一的区别就是人具有主观能动性,并且是经理们必须考虑的具有"特殊资产"的资源。德鲁克认为,人力资源拥有当前其他资源所没有的素质,即"协调能力、融合能力、判断能力"。1945年以后,由于科技的发展应用于管理,人的作用曾经被忽略,但是在21世纪的知识经济中,企业必须依赖其管理人员与技术人员的创造性与主动性来赢得竞争优势,这样就不可能低估人的作用,于是人本主义管理上升为管理的主流,其管理价值观是:把人当作企业的主体,确立人在企业中的主导地位,把企业的一切管理活动主要围绕调动员工的积极性、主动性和创造性来进行和开展。传统企业的经济目标是追求利润最大化,而现代企业的终极目标是追求经济效益与社会效益。目前,人力资源管理的现状表现如下。

(一)建设良好的企业文化

企业发展到今天,已经不仅是一个工作的场所,而是一个文化体系。企业文化对于企业家和员工都有越来越重要的作用,如果能够在一个非常优良的文化氛围中工作,对于员工自身的发展与企业的壮大多有很大的作

用。在做好这项工作时,我们务必做到融合中西文化,突出时代特色。

(二)确立了"人本管理"的价值取向

市场经济是一种效能经济,谁的效率高、能力强,谁就会在竞争中占优势,赢得高附加价值、低成本的回报。因此,企业人力资源管理的核心价值取向也必须由权本位、亲情本位向效率本位、能力本位转变。

企业领导必须带头转变观念,树立"以人为本,效能优先"的管理观念,把人用好、用活、用到最适宜发挥作用的地方,制订与之相适应的制度,尤其是公平、公正的员工评价、激励和约束制度,真正做到"能者上,庸者下",调动员工的积极性,发挥员工的创造潜能。把人力资源当作企业发展的第一资源,把优化人力资源配置当作最重要的资源配置,盘活人力资源,优化结构,合理配置,发挥团队、群体、组织的效能。

(三)确立人力资源为企业的重要资源

人力资源的内涵包括人力资源的开发。人力资源的开发是培养职工知识技能、经营管理水平和价值观念的过程。人力资源开发也是劳动者的内在需求。因此,作为企业最能动、最活跃的资源——人力资源,其管理和开发必须是一个开放的、动态的系统。

1.人力资源优化配置是一个系统工程

它至少包括以下体系:组织分工体系、员工评价激励约束体系、员工社会保障体系。其中,组织分工体系是最重要的体系,必须实行动态管理。

第一,根据企业内外部环境的变化及时调整组织结构和劳动分工,力争人力资源的最有效组合。

第二,根据员工每年的业绩考评,给予晋升,力争达到"能级对应"。

第三,加强中层管理人员交流,使他们更了解企业的经营思想、管理特色、业务流程等。

2.开发人力资源潜能

目前,我国人力资源普遍存在三大缺陷:数量多,质量差,结构不合理。当然,这只是一种暂时现象,如果通过有目的、有计划的培训,挖掘员工的潜能,还是可以改变的。这就是许多国际大公司把企业称为"学习型组织"的原因。据统计,一个人在学校学习的知识或者技能只占他一生拥有的知识和技能的40%。完全可以通过自学、培训改变数量多、质量差、结构不合理的局面。

（四）建立完善的绩效评价系统

人力资源部门应该通过职位分析形成规范的岗位说明书，明确员工的责任，确定员工的工作目标或者任务；通过岗位评估判断职位的相对价值；建立公司的薪酬政策，使员工产生清晰的期望。

现代企业的绩效考评一般建立在两个假设基础上：一是大多数员工为报酬而努力工作，能够获得更高的报酬时他们才关心绩效评价；二是绩效考评过程是对管理者和下属同时评估的过程，因为双方对下属发展均有责任。绩效评价有两部分内容：结果和成绩（目标、权利、责任、结果），绩效要素（态度表现、能力）。目标、结果一般以量化指标进行衡量，应负责任的业绩一般以责任标准来考核。绩效要素包括：主动性、解决问题、客户导向、团队合作和沟通；对管理者而言，包括领导、授权和其他要素。最终的绩效评价结果是两部分内容加强的总和，两者分别占60%和40%。

（五）制订科学政策，吸引、留住人才

制订科学政策，吸引、留住人才，对员工进行公正的评价，有利于公司人员相对稳定，但是要真正留住人才，却非短时间就可以完成。为了使人才流失降到最低，现代企业应该制订并且执行科学合理的转换成本政策。即员工试图离开公司时会因为转换成本而放弃，这就需要在制订薪酬政策时充分考虑短期、中期、长期报酬的关系。薪酬政策是吸引、保留和激励员工的重要手段，我们要学会用薪酬吸引人、留住人。人是有感情的，我们还要会人情管理，人文关怀，通过情感吸引人、留住人。我们还要给员工创造成就事业的平台和机会，通过事业来吸引人、留住人。

（六）为员工创造持续发展的空间

现代企业在要求员工创造价值的同时，也应该积极鼓励员工自身合理持续发展。员工适应新环境的能力对于公司和员工个人成长都是至关重要的。现代企业积极鼓励员工持续发展，为员工提供机会以改善适应能力并且从变化中受益。

通过对人力资源的充分利用，适应变化并且利用变化来取得竞争优势。现代企业应该鼓励所有的员工积极主动地投入到竞争的挑战中来，责任和权力互相平衡，尽可能贴近工作实际以方便利用、发挥员工的创造力和主动性。[①]

二、人力资源管理面临的挑战

21世纪,不论是企业内部的直线经理、高层管理人员,还是企业外部的客户都对人力资源管理提出了新的要求,人力资源管理面临着越来越大的挑战。

(一)新技术的挑战

新技术的挑战主要指计算机技术与网络技术的进步给人力资源管理所带来的挑战。新技术使组织能够获得信息激增带来的优势,但同时也使工作岗位发生了变化,要求综合性技巧的工作岗位增加了。员工从纯技能型的"体力劳动者"转换成多技能型的"知识工人",其责任已扩展到包括更富有策划性的活动,如计划、决策和解决问题。在很多情形下,员工需要重新培训,扮演新的角色,承担新的责任。

同时,要求公司人力资源部建立人力资源信息系统(human resources information system,HRIS)。HRIS不仅提供现时和准确的数据,更重要的是应用于控制沟通和决策的目的。其应用范围已扩大到诸如编制报告、预测人力资源需求、战略计划、职业生涯和晋升计划,评估人力资源政策及实践等领域。

(二)变化管理的挑战

为了适应环境,组织的管理要发生一系列的变化。可是,有些变化是反应性的,即组织的绩效受到外部因素的影响而产生不同结果;有些变化必须主动迎接,由管理者主动做出改变。

比如,韦尔奇认为通用电气公司的业绩已经相当了不起,但仍需要变化。他的目标是在公司内部各部门之间培育更好的合作,以形成"无边界状态"。然而,如何去管理变化呢?答案是:运用人力资源来管理变化。成功的变化不是天上掉下来的。变化失败的主要原因从根本上归结为人力资源的问题。

其主要原因如下:①缺乏紧迫感。②没有设立强有力的联盟去指导这种努力。③领导者缺乏先见之明。④领导者缺乏沟通的眼光。⑤没有消除变化的心理障碍。⑥没有系统化的计划。⑦高兴得太早。⑧公司文化

①向红松.浅谈新时期人力资源管理的挑战与应对策略[J].经营者,2019,33(23):199.

没有追随变化。所以,为了管理变化,所有管理者,尤其是人力资源经理,要参与员工的沟通,倾听员工的呼声,放眼未来,引导员工来改变自己以适应变化。

(三)开发人力资源的挑战

人力资源管理的核心是把人当成一种活的资源来加以开发与利用。因此,组织的成功越来越取决于该组织管理人力资本的能力。人力资本,对一个组织来说是具有经济价值的个人的知识、技巧和能力的总和。尽管并没有在公司的资产负债表上反映出来,但对一个组织的绩效而言,人力资本却是十分重要的因素。惠普公司的总裁莱维斯·普莱特认为:"21世纪的成功企业,将是那些尽力去开发、储藏并平衡员工知识的组织。"由于人力资本是无形的、无从捉摸的,为员工个人所有,而不是组织所有,所以如何管理、开发人力资本对人力资源管理者来说是极大的挑战。

1.必须重视发展战略

建立人力资本时,管理者必须重视发展战略,以确保员工拥有知识、技能和经验的优势。比如,人员配置必须是优化组合。员工在工作岗位上有发展的机会,因为高价值智能的形成是从经验中学到的而不是轻易教出来的。

2.设法利用现有的知识

知识管理的价值来自应用,而不是储藏,但在实际中,员工通常学非所用。因此,越来越多的组织根据员工的知识和技巧来付薪酬。如何使知识共享,产生更多的价值,成为人力资源管理重要的任务。

(四)成本抑制的挑战

全面质量管理与业务流程再造对于提高组织竞争是非常重要的,其关键的问题仍然是人力资源的激励与沟通问题。然而,对于现代组织来说,特别是服务和知识密集型公司,组织试着降低成本,尤其是劳动成本,包括裁员、外包,员工租赁以及提高生产率,这些都直接影响人力资源政策和实践。

(五)全球化的挑战

世界经济一体化的趋势,使得越来越多的企业跨国经营。在美国,大概有70%~85%的美国经济受到国际竞争的影响。在中国,随着中国加入

WTO世界贸易组织,中国企业面临的挑战是严峻的,而外国企业人才本地化与在国外的中国企业人才属地化的问题就是突出的人力资源管理问题。

如何挑选、鉴别有去海外生活和工作能力的经理?如何设计培训和增强项目经理们对外国文化和工作实践的了解?如何调整薪酬计划以保证支付构成是公平的,而且与不同地区的不同生活费用相适应?这些都是全球化对人力资源管理的影响。

三、企业人力资源管理工作的创新策略

(一)创新管理理念

在传统人力资源管理工作的过程中,传统理念认为,人力资源管理工作仅仅是针对企业内部人事、事务进行管理,管理工作主要以行政工作为主。传统人力资源管理工作并没有真正地参与到企业的整体发展战略当中,而仅仅作为日常管理工作中的一种来开展,难以真正地体现出人力资源管理工作的实际意义。现代企业管理者要创新管理理念,提高认识,重视人力资源管理工作对于企业长期发展的重要意义,认识到人力资源管理工作其自有职能的变化。管理者要在开展企业战略规划和决策的过程中,积极地结合人力资源管理的内容,真正地提高人力资源管理工作的战略地位,实现战略化、动态化以及超前化的人力资源管理,为企业的发展提供持续的增长动力。

(二)构建科学的管理组织结构

在现代市场经济形式下,企业必须不断提高自身学习能力,更好地适应不断变化的外界形势,提高抵御经营风险的能力。企业管理组织构建的过程中,要以构建学习型的组织作为主要原则,提高管理组织的开放性和透明性,做好内部组织的重组,提高人事关系的合理性与协调性。学习型组织是知识经济时代的重要需求,并且也是企业提高管理能力的重要前提。只有真正的、具有良好的学习能力,才可以最快地汲取先进管理经验,更好地提高人力资源的管理水平,进而保证企业核心竞争力得到最大限度的体现和发挥,提高企业综合实力。管理组织结构的制订,要与企业的战略发展进行有机的结合,并且基于企业发展战略进行拓展。人力资源管理体系的建立要关注企业的经营发展目标、业务需求,并且明确人力资源管理工作与其他不同管理部门之间的职能关系。有效地激励和考核评

价制度,是人力资源管理工作中所不可忽视的一部分内容。人力资源管理部门要对于现有管理问题进行深入的分析,并且优化管理流程和管理方法,围绕企业总体人力资源水平来制定管理体系。人力资源管理组织要对于自身业务流程和组织结构的优势进行不断地保持和发挥,并且不断提高人力资源管理队伍的素质,进而提高企业人力资源管理队伍的创新能力。管理组织结构构建的过程中,也要积极地结合企业的市场发展需求,并且具有独特的战略性发展眼光,可以科学地制订相应的人员培养与任留制度,为公司培养优秀的中高级管理人才。

(三)加强人才的培养

人力资源管理工作开展的过程中,要将人才培养作为其中一项重要工作来对待。企业员工是企业的宝贵财富,企业要为员工搭建一个良好的发展平台,更好地发挥员工的自身价值。知识经济时代,企业要真正地构建有效的管理与培训机制,更好地吸引人才为企业发光发热。人力资源管理部门要为员工制定科学的职业生涯发展规划,对于员工的知识能力结构的成长进行良性的引导,达到企业与员工同步发展,互惠共赢,进而提高企业人才的稳定度。与此同时,高水平的创新型人才也是现代企业发展的"灵魂人物",知识型企业更是如此。

(四)更新企业人力资源管理模式

知识经济时代中,人力资源管理工作开展需要以人性化为主要开展方式,并且避免传统人事管理工作中过于死板、权威的管理,实现柔化的管理模式,并且提高管理过程的灵活性,时刻根据管理需求来调整管理方式,提高人力资源管理工作的可执行性。在人力资源管理模式改进的过程中,要积极地结合企业的实际特点和需求,并且将员工发展目标与企业发展目标相结合,提高员工的工作热情。另外,还要积极地发挥员工自主管理的职能,为员工提供良好的工作能力展示平台,使员工可以更好地对于自身能力进行施展和发挥,实现员工自我价值的最大化。

第二章 人力资源战略管理

第一节 人力资源战略的基础理论

一、人力资源战略理论发展的基本趋势

人力资源战略是组织系统中的一部分,它强调对组织战略、其他职能战略和人力资源管理功能模块之间的匹配和协同。然而,在人力资源战略的研究和实践中,其理论发展经历了从细分职能观到整合观、从普适观到完形观发展的过程。

(一)从细分职能观到整合观

部分人力资源战略领域的学者非常关注HR(人力资源管理)实践。戴尔(Dyer)认为,人力资源战略是支撑组织战略的HR职能的具体内容。按照这种定义,HRS(人力资源专家)就是运用这些HR实践来支持企业的竞争战略。HRS的细分职能观是与戴尔的定义相一致的。早期的研究者将HR职能划分为几个子模块,然后讨论每个子模块如何支撑战略,他们强调将不同的HR实践和战略以及组织结构相匹配的重要性。例如,不同的战略需要不同的薪酬体系类型与之匹配,不同的战略需要员工具备不同的特征等。总之,细分职能观认为HR职能被分为不同的细分职能,每一个细分职能都有责任组织自己的活动来支持企业战略。

但是,细分职能观将HR的各项活动割裂开来看待,关注点过于狭窄,它限制了HR实践之间可能的协同性,也限制了组织其他可能的HRS选择,局限于用人力资源管理的方法来解决问题,但无法在战略背景下发现跨职能的战略解决方法。

纳达尔(Nadler)和塔什曼(Tushman)认为在其他条件同等的情况下,不同成分间的一致性程度越大,组织行为就越有效。要在战略人力资源管理中达到"一致性",必须准确地理解HRM(人力资源经理)存在的系统。

齐德科(Zedeck)和卡西李奥(Cascio)指出 HRM 问题是开放系统的一个部分,研究需要在更广阔的组织背景中展开。在这种开放系统中,要达成"一致性",必须做到人力资源管理内部各职能模块之间的匹配和协同,还必须将人力资源管理的实践理念和方法与组织的其他功能匹配和协同。显然,基于整合观的人力资源战略在很大程度上解决了细分职能观无法彻底解决的"战略一致性"的问题。

(二)从普适观到完形观

普适观认为,在企业中存在特定的一系列人力资源政策和实践,这些特定的人力资源政策和实践优于其他的政策和实践,能够增进企业的绩效,并且不受其他情境因素(例如战略)的影响,具有普遍性和通用性。所有的企业想要获得更高的绩效都应该采取这些人力资源政策和实践,因此它们通常被标记为"最佳实践"或"高绩效工作体系"。

普适观是 SHRM(美国人力资源管理协会)中比较简单的一种观点,因为这一观点假定了自变量和因变量之间的关系在不同的企业和组织内都具有普遍性。基于这一观点,学者主要探求适合任何企业都普遍试用的一组最佳人力资源实践,认为这一类最佳实践与组织绩效存在一定的线性关系,对组织绩效有积极的正面影响。正因此,学者们开始从人力资源管理的各个部分(甄选、培训、绩效、薪酬等)寻找所谓的"最佳实践"。其中普费弗(Pfcfer)在这方面做出了重大贡献,他识别出了 16 项人力资源管理实践,并在此研究基础上进一步将其归纳为七项最佳人力资源管理实践,指出这七项实践对于提高组织绩效有普遍适用性,分别是:①雇用安全。②对新员工的选择性雇佣。③以自我管理团队和决策权分化作为组织设计的基本原则。④按组织绩效决定的较高的薪酬。⑤广泛的培训。⑥降低地位差距和障碍,包括服装、语言、办公室安排和不同水平间的工资差距。⑦在组织间广泛分享财务和绩效信息。此外,国内学者张一弛认为,高绩效工作体系的有效性相对集中地体现在人力资源的基础管理、员工参与、程序公平和人力资源管理的管理重点这四个因子上。最佳实践的人力资源管理理念的核心是员工参与、程序公平和分配公平这三个基本元素。

一些学者批判普适观的理论观点过于简单,不考虑任何其他因素,并基于此提出了权变的观点。权变观在 SHRM 和组织绩效之间引入了权变变量(如战略),强调组织应该根据自身的情况来选择合适的人力资源管理活动,组织的人力资源管理实践和组织绩效的关系因为战略的不同而不同,组织效率依赖于人力资源管理实践与企业战略之间的匹配程度,要求企业根据战略来调整资源。权变观主要强调外部匹配,即人力资源管理活动与战略直接的匹配。

基于权变观和匹配的思想,学者进一步开始研究不同战略下人力资源管理实践的特征。迈尔斯(Miles)和斯诺尔(Snow)早在1984年就提出不同的人力资源实践需要与不同的企业战略相匹配(防御型、探索型、分析型和反应型)。这一视角后来逐步被学者认同,并称之为权变观。舒勒(Schuler)和杰克逊(Jackson)依据波特的低成本和差异化战略,开发了一系列不同的员工角色行为,认为员工的行为应该与企业的特定战略相互匹配。

权变观与普适观相比更加复杂,因为其引入了外部因素,导致了权变因素与人力资源管理的交互作用,而不是像普适观那样认为人力资源管理和组织绩效间有直接的线性关系。权变观强调匹配,但在实践过程中无论是外部匹配还是内部匹配都很难真正实现。企业处在发展的动态过程中,战略也在不断变化,有些小型企业对于自身的战略没有清晰的认识,在这种情况下探讨匹配就非常困难,并且人力资源管理活动内部的整合也很困难,需要企业上下高度的重视和配合,在实践中也很难实现,这就导致权变观仅限于理论观点的范畴,还无法真正用于实践。

完形观与普适观和权变观不同,它由于受到整体性原则的指导,认为人力资源管理实践是一个包含多种手段、多层次的系统。完形观关注的是多个自变量与单个因变量之间的关系,而不是每个自变量与因变量的关系。完形观强调,人力资源管理系统中的各个活动之间必须符合内部匹配原则,实现相互依赖,各个部分共同作用;在内部匹配的基础上,人力资源系统整体必须与组织的战略目标相匹配,实现外部匹配。换言之,完形观的人力资源系统必须关注某一主题,且系统内部紧密相连的要素要围绕这一关注点,并相互辉映。

完形观强调"殊途同归",即等效性,认为不同组成要素之间相互作用形成不同的组织形态模式。这些组织形态可以实现相同的组织目标和战略。基于完形观,亚瑟(Arthur)在1994年发表了关于人力资源系统的实证研究,提出承诺型和控制型这两种不同的人力资源系统,承诺型的人力资源系统能够带来更高的产出并降低离职率。这篇文章的发表引发了学者对于人力资源系统及人力资源实践"捆绑"对组织绩效的探索热潮。[①]

德克勒里(Dclery)和多提(Doty)认为,每一理论观点都有其可行性。在企业中有可能存在对组织绩效有普遍提升作用的最佳人力资源实践,但在特定的企业中,即当最佳的人力资源管理实践为企业带来的价值达到极限以后,要实现绩效的增长,企业可以通过将人力资源管理体系发展得更加精致并将其与企业的其他特征结合在一起来挖掘额外的价值。每种观点分别在不同的层面上发挥作用,并不一定相互冲突。

二、人力资源战略的关键变量:匹配和弹性

战略匹配是人力资源战略的基础。舒勒(Schuler)认为,战略人力资源管理在很大程度上是关于整合和匹配的学问,它关注的问题是确保人力资源管理能够和公司战略或者公司的战略需求完全整合;人力资源政策不仅在不同政策领域之间保持一致性,而且在纵向层次上保持一致;直线经理和员工把人力资源活动作为他们每天的日常工作之一。

人力资源战略有两种"匹配"类型:垂直方向的匹配和水平方向的匹配。垂直方向的匹配包括人力资源管理措施和组织战略管理的过程,引导人力资源发挥积极性;水平方向的匹配是指众多人力资源管理措施之间的一致性,有效地配置人力资源。很多理论从个人、群体和组织层次上提出匹配这一概念,将匹配定义为"某个组织单位的需求、目标、任务、结构与其他组织单位的需求、目标、任务、结构的结合程度"。大多数论述中的匹配有一个前提,即如果获得匹配,则组织会有效得多。

然而,沃怀特(Wright)和麦克马汉(McMahan)指出,当组织需要进行变革和处理复杂环境中公司的目标之间具有竞争性的问题时,匹配最大化可能是反生产性的。因为珀塞尔(Purcell)等人认为,现在需要的不仅仅是需求匹配,而且必须保持足够的弹性以适应未来的挑战。艾伦(Allen)和沃怀特(Wright)也指出,人力资源管理和战略之间的紧密匹配可能会限制公司保持弹性以适应环境变革的能力。因此可以发现战略匹配和弹性的概念之间是存在冲突的。

战略弹性是指组织在响应和适应竞争性活动中变革的能力。桑切斯(Sanchez)将弹性定义为"组织对动态的竞争环境中不同需求的反应能

---

①彭剑锋. 人力资源管理概论 第3版[M]. 上海:复旦大学出版社,2018.

力"。弹性为组织提供能力来调整现有的政策以应对环境中不可确定的变化。弹性要求企业能识别环境的变化，保留足够的创新能力，这样就能适应变化。高度弹性的企业具有"扫描环境，评估市场和竞争者，在竞争之前快速完成转型和转变"的能力。

（一）匹配和弹性的关系

匹配关注的是公司业务战略和人力资源战略之间的整合以及功能性人力资源活动的战略之间关系的战略。许多研究者和实践者都认为弹性和匹配的概念是不相容的。但是，沃怀特（Wright）和斯涅尔（Snell）认为，这两个概念是互补关系。匹配存在于一个时点，而弹性则必须长期存在。乍一看，它们之间的目标是不相容的，但是战略管理的挑战是通过持续地寻找企业和外部环境变革之间的匹配来管理变革（要求具有弹性）的。这个观点重点关注的是战略人力资源管理的时间问题。如果区分当前的匹配和未来的弹性，战略匹配和弹性之间的矛盾也许可以得到部分解决。明茨伯格（Mintzberg）提出应该区分"战略规划"和"战略思考"的观点对战略人力资源管理的实践产生的启发。沃怀特（Wright）和斯涅尔（Snell）认为，战略规划更加关注达成战略匹配，而与此同时战略思考则更加关注构建弹性。

匹配与弹性实际上并不矛盾，仅仅是一些定义性的差别。人力资源管理战略既要适合人力资源系统以满足企业发展战略的需要，又要使人力资源系统具有灵活性以应对各种战略需求。

（二）匹配、弹性与人力资源战略

人力资源战略的根本作用在于推动组织去适应竞争性环境。在稳定的可以预测的环境中，组织通过层级体制可以有效地实现目标，人力资源的技能开发只在很小范围内，人力资源系统也只负责小范围的员工行为；在动态且不可预测的环境中，组织需要采取有机的人力资源系统，推动人力资源开发广泛的技能，使人力资源能在相当广泛的范围内从事工作。在第一种情况下，一旦获得匹配，弹性就变得相对次要，因为环境在很长一段时间不会改变。而今天，面对不断变化的、竞争性的环境，组织只有成为弹性的才能获得匹配。战略人力资源管理就是推动组织向弹性化方向发展，从而达到动态匹配的一系列政策和措施。毫无疑问，战略人力资源管理将同时促进组织的匹配和弹性。

在企业中存在着不同的人力资源管理措施,有的可能支持组织匹配的可能推动组织逆性,有的可能兼而有之。例如,追求客户服务水平提高的企业就可以开发甄选程序,用角色扮演或面谈来充分观察和评价候选人在提供客户服务方面的个人能力。培训计划也可以提高员工的客户服务技能。此外,企业还可以建立评估和激励系统,对客户服务行为进行评价和奖励。

很多人力资源管理措施重在开发员工技能和行为规范,这同样也可以提高组织弹性。例如,甄选程序的创新有助于企业识别那些具有学习能力并能很快适应新环境的候选人。这无疑也会形成组织的竞争优势;培训计划提高了员工的技能和行为规范,同时也对员工的效率和在组织中的适应程度有所影响;工作轮换、临时性委派都会使员工获得更多的经验,拓展个人技能;评价及报酬系统能激励有能力的员工参与到决策过程中来,并对突发性的环境因素采取有效的行为。近年来有研究表明,人力资源管理措施结合参与性工作系统给员工创造了新的机会,员工的贡献将直接导致组织目标的达成。

第二节 人力资源战略与组织战略的配合

随着现今组织竞争节奏的加快,人力资源战略与组织战略匹配的界线也越来越模糊化,两者之间成为一个相互影响、相互配合、相互作用的集合。合理的人力资源战略与组织战略的配合往往可以对组织的发展起到举足轻重的作用。

一、人力资源战略与组织战略的关系

(一)人力资源战略与组织战略相互作用

美国人事管理者协会董事会前任主席汤姆·凯利认为,人力资源管理者"与全球事务的战略规划有关,而不是像以前认识主管那样日复一日地与那些重复的事物打交道……并且伴随着战略制订的过程,人力资源专家必须完成的任务是建立起支持组织目标的人力资源工作目标",因此人力资源战略与组织战略之间的相互匹配是实现组织经营目标,提高组织竞争力的关键所在。人力资源战略与组织战略存在以下相互作用。

组织战略是制定人力资源战略的前提和基础。人力资源战略必须建立在由组织管理层共同确定的,符合组织内外各方面利益,且得到组织全体员工一致认同的组织发展战略基础之上。

人力资源战略为组织战略的制定提供信息。任何一项成功的组织战略制定通常是在两种力量上寻求平衡:一方面是组织的内部资源状况;另一方面是组织的外部环境变化。为组织决策提供内部信息方面,人力资源战略所能提供的情报包括:供需状况、人力资源的素质、人力资源的工作绩效与改进、人力资源培训与开发的效果等。

在为组织提供的外部信息方面,人力资源战略所能提供的情报包括:劳动力供给的状况,竞争对手所采用的激励或薪酬计划以及一些关于劳动法等法律方面的信息等。当出现组织间的合并时,人力资源战略将着重于企业重组过程中人力资源管理上的协调问题[1]。

人力资源战略是组织战略目标实现的有效保证。无论是现在的竞争激烈程度,还是工作的复杂化、多样化,都要求组织更加注重人力资源战略,去创造良好的工作氛围,帮助员工及时转变思路,让组织的目标得以实现。

(二)人力资源战略与组织战略的匹配

人力资源战略作为组织战略的核心,它与组织战略的配合是否合适,往往决定着组织战略目标是否可以实现。人力资源战略与组织战略的互相匹配是提高组织竞争力的关键所在。比如组织的战略是实现增长并且支配某一个市场,就像苹果公司在20世纪80年代初期和微软公司在20世纪90年代的战略那样,那么人力资源战略应该着力于快速获得和配置员工的能力,这在海尔集团"多元化战略"时期也有所体现。

二、人力资源战略与组织战略的配合

组织战略千变万化,多种多样。我们在这里主要以企业战略为主要对象,解析企业战略与人力资源战略的配合。

---

①贾友军.组织战略视角下人力资源效能提升研究[J].现代商业,2020(13):66-67.

（一）人力资源战略与组织战略的同盟定位

人力资源战略作为组织一种指导方向性的行动计划，它明确了一个企业在未来怎样利用自身的人力资源管理去实现组织战略目标，提供了一种通过人力资源管理获得和保持竞争优势的组织行动思路，即利用优秀的人力资源管理去赢得在竞争中的优势。通过人力资源战略，使组织各个层次的管理人员与人力资源职能人员一起确定和解决与人有关的组织问题，帮助管理人员分析组织获得竞争力的要素和实施人员管理愿景达到战略目的。

人力资源战略是一种黏合剂，它的战略性把人力资源管理提升到战略的地位，就是系统地将人与组织联系起来，建立统一性和适应性相结合的人力资源管理。因此，人力资源战略和组织战略的定位为同盟关系。

（二）人力资源战略与组织战略的配合

在组织战略与人力资源战略的配合中，要做好两方面的工作：首先，在人力资源战略理念上，要配合整个组织的经营宗旨、使命和长远发展目标，确定人力资源战略的指导思想和方针政策。其次，要做好人力资源的重点工作安排和与之相适应的人力资源管理体系。而实施中的协调与操作则需要在前两方面工作做好的前提下进行实践，在运作中完善。

面对多种多样的组织战略，这里主要分析与人力资源战略有密切关系的一般性企业战略、企业发展战略和企业文化战略。

1.人力资源战略与一般性企业战略的配合

企业战略根据不同的标准可以划分为不同的类型，其中使用的最广泛的是美国著名企业战略家波特提出的通用竞争战略，即在竞争理论分析的基础上，将企业战略分为低成本战略、差异化战略和专一化战略三大类。

低成本战略是指企业在提供相同的产品或服务时，通过加强内部成本控制，使其成本或费用明显低于行业的平均水平或主要竞争对手的竞争战略，从而赢得更高的市场占有率或更高的利润；差异化战略是指企业通过向用户提供与众不同的产品或服务以获得竞争优势的战略；专一化战略是指企业在某个较狭窄的领域内，或是实施低成本战略，或者是实施差异化战略，或者是两者兼而有之的竞争战略。

2.人力资源战略与企业发展战略配合

企业的发展战略主要分为四种：成长战略、维持战略、收缩战略和重组战略。成长战略是指企业在市场不断扩大、业务不断增长时通常采用的战略,包含集中式成长战略,即在原有产品基础上,集中发展成为系列产品,或开发与原产品相关联的产品系列;纵向整合式成长战略,即向原企业的产品的上游产业或下游产业发展;多元化成长战略,即企业在原产品或产业的基础上,向其他不相关的产品和产业发展,形成多角化经营格局。

维持战略是当市场相对稳定,且几家竞争企业分割经营时,处于其间的企业常常采取维持性战略,以坚守自己的市场份额,同时防止新的对手进入市场。

收缩战略指当企业的产品进入衰退期或因经营环境变化而陷入危机时,企业可以采取收缩战略。常见办法是转向、转移、破产、移交。

重组战略是企业通过资产重组的方式寻求发展的战略,常见的方式有兼并、联合、收购。

3.人力资源战略与企业文化战略配合

每个组织都有自己经过时间积累的、逐渐形成的自己的"个性",这个就是企业文化。密执安大学的奎因认为,企业文化可以分为家族式文化、发展式文化、官僚式文化和市场式文化。

家族式企业文化的特点是强调企业内部的人际关系,企业就像一个大家庭,员工是大家庭的成员;官僚式的企业文化强调企业内部的规章制度,凡事都有章可循;发展式的企业文化强调创新和成长,提倡员工的合作和沟通;市场式企业文化的特点是强调工作导向和目标的实现,重视按时、按质、按量完成生产经营目标,注重实效。

对于与企业文化相辉映的人力资源战略,我们可以分为创新型人力资源战略、肯定型人力资源战略及响应型人力资源战略。

创新型人力资源战略不仅与企业战略保持一致,而且在某些方面引领企业战略,特别强调企业文化的尝新。肯定型人力资源战略强调组织内外的一致与匹配,追求的是平衡与匹配,具体地说是在利益相关者方面认为一切战略与政策都是各方妥协的产物。响应型人力资源战略表现为消极地应对环境与企业战略,被动地与企业战略结合,采取跟随策略。具体表现为,对外界环境的变化不敏感;对原有方针政策的改变较缓慢;没有建立起与人力资源战略相衔接的流程方法与模式。

第三节 制定人力资源战略

一、人力资源战略规划的具体步骤

（一）分析战略背景，盘点人力资源

确认现阶段的企业经营战略，明确此战略决策对人力资源战略规划的要求，人力资源战略规划所能提供的支持。

明确企业战略之后，要对现有人力资源进行盘点，弄清企业现有人力资源的状况，是制定人力资源规划的基础工作。实现企业战略，首先要立足于开发现有的人力资源，因此必须采用科学的评价分析方法。人力资源主管要对本企业各类人力数量、质量、结构、利用及潜力状况、流动比率进行统计。这一部分工作需要结合人力资源管理信息系统和职务分析的有关信息来进行。如果企业尚未建立人力资源管理信息系统，这步工作最好与建立该信息系统同时进行。一个良好的人事管理信息系统，应尽量输入与员工个人和工作情况的资料，以备管理分析使用。

人力资源信息应包括以下几个方面：①个人自然情况，如姓名、性别、出生日期、身体状况和健康状况、婚姻、民族和所参加的党派等。②录用资料包括合同签订时间、候选人征募来源、管理经历、外语种类和水平、特殊技能，对企业有潜在价值的爱好或特长。③教育资料，包括受教育的程度、专业领域、各类培训证书等。④工资资料，包括工资类别、等级、工资额、上次加薪日期，对下次加薪日期和量的预测。⑤工作执行评价，包括上次评价时间、评价或成绩报告、历次评价的原始资料等。⑥工作经历，包括以往的工作单位和部门、学徒或特殊培训资料、升降职原因、有否受过处分的原因和类型、最后一次内部转换的资料等。⑦服务与离职资料，包括任职时间长度、离职次数及离职原因。⑧工作态度，包括生产效率、质量状态、缺勤和迟到早退记录、有否建议及建议数量和采纳数、有否抱怨及经常性与否和抱怨内容等。⑨安全与事故资料，包括因工受伤和非因工受伤、伤害程度、事故次数类型及原因等。⑩工作或职务情况。⑪工作环境情况。⑫工作或职务的历史资料等。

利用计算机进行管理的企业和组织可以十分方便地存储和利用这些信息。这一阶段必须获取和参考的另一项重要的信息是职位分析的有关信息情况。职位分析明确地指出了每个职位应有的职务、责任、权力,履行这些职、责、权所需的资格条件,这些条件就是对员工素质的水平要求。

（二）明确人力资源愿景及战略

企业战略目标明晰之后,结合现有人力资源盘点的结果,制定基于企业整体战略的人力资源战略,明确人力资源愿景及使命,确定企业要实现的现阶段的战略、使命及愿景,需要什么样的人力资源战略予以支撑,并作为下一阶段行动计划的基点。

（三）构建人力资源管理体制

人力资源战略的实施需要人力资源体制的支撑。在明确人力资源战略之后,企业需要根据人力资源战略构建人力资源管理体制,包括人力资源管控模式、人力资源机制制度以及特殊专项问题,人力资源管控模式决定如何构建人力资源机制制度,最后解决机制上的特殊专项问题。

（四）制定人力资源核心策略

根据人力资源战略与管理体制,确定人力资源战略的核心策略。

（五）规划人力资源数量、结构与质量

根据人力资源核心策略,对人才资源数量、质量与结构进行规划。主要从人力资源需求和供给两方面进行规划。

人力资源需求预测主要是根据企业的发展战略规划和本企业的内外部条件选择预测技术,然后对人力需求的结构和数量、质量进行预测。

预测人员需求时,应充分考虑以下因素对人员需求的数量、质量以及结构的影响:①市场需求、产品或服务质量升级或决定进入新的市场。②产品和服务的要求。③人力稳定性,如计划内更替(辞职和辞退的结果)、人员流失(跳槽)。④培训和教育(与公司变化的需求相关)。⑤为提高生产率而进行的技术和组织管理革新。⑥工作时间。⑦预测活动的变化。⑧各部门可用的财务预算。

在预测过程中,预测者及其管理判断能力与预测的准确与否关系重大。一般来说,商业因素是影响员工需要类型、数量的重要变量,预测者通过分离这些因素,并且收集历史资料去做基础的预测。从逻辑上讲,人力资源需求是产量、销量、税收等的函数,但对不同的企业或组织,每一因素的影响并不相同。

人力资源供给预测包括两方面内容:一种是内部供给预测,即根据现有人力资源及其未来变动情况,预测未来所能提供的人员数量和质量;另一种是对外部人力资源供给进行预测,确定未来可能的各类人员供给状况。

外部人力资源供给主要受两个因素的影响:地区性因素和全国性因素。

第一,地区性因素具体包括:公司所在地和附近地区的人口密度;其他公司对劳动力的需求状况;公司当地的就业水平、就业观念;公司当地的科技文化教育水平;公司所在地对人们的吸引力;公司本身对人们的吸引力;公司当地临时工人的供给状况;公司当地的住房、交通、生活条件。

第二,全国性因素具体包括:全国劳动人口的增长趋势;全国对各类人员的需求程度;各类学校的毕业生规模与结构;教育制度变革而产生的影响;国家就业法规、政策的影响。

(六)制定重点工程与行动计划

通过上述步骤,企业对企业整体战略、人力资源战略、体制等方面有了明确的认识和规划,因此,根据这些认识和规划,企业需要建立具体的行动计划,将人力资源规划活动落到实处,并针对特殊问题,建立重点解决方案。

人力资源规划的具体实施需要有相应的保障计划,以保证人力资源规划能够真正落到实处,并不偏离规划的初衷。保障计划主要是对人力资源规划实施过程进行监控。实施监控的目的在于为总体规划和具体规划的修订或调整提供可靠信息,强调监控的重要性。在预测中,由于不可控因素很多,常会发生令人意想不到的变化或问题,如若不对规划进行动态的监控、调整,人力规划最后就可能成为一纸空文,失去了指导意义。因此,执行监控是非常重要的一个环节。此外,监控还有加强执行控制的作用。[①]

①尹乐,苏杭.人力资源战略与规划[M].杭州:浙江工商大学出版社,2017.

二、人力资源战略规划的执行

（一）人力资源战略规划的执行者

传统意义上的人力资源工作主要由人事部门从事，例如，招聘、培训、薪金福利设计等方面的工作，随着现代企业对人力资源部门工作要求和期待的提升，人力资源部门角色逐渐发生了转变，人力资源部门不再是单纯的行政管理的职能部门，而是逐步向企业管理的战略合作伙伴关系转变。同时，现代的人力资源管理工作也不仅仅是人力资源部门的责任，也是各层管理者的责任，人力资源战略规划也是如此。企业人力资源战略规划的基础是接替晋升计划、人员补充计划、素质提升计划、退休解聘计划等，而这些计划都是在各部门的负责人制定本部门的人员调配补充、素质提升、退休解聘等计划的基础上层层汇总到人力资源部门，再由人力资源管理者依据人力资源战略分析、制定出来的，而非人力资源管理者凭空创造出来的。

人力资源战略规划应有健全的专职部门来推动，可考虑下列几种方式：①由人力资源部门负责办理，其他部门与其配合。②由某个具有部分人事职能的部门与人力资源部门协同负责。③由各部门选出代表组成跨职能团队负责。

在推行过程中各部门必须通力合作而不是仅靠负责规划的部门推动，人力资源战略规划同样也是各级管理者的责任。

（二）人力资源战略规划的执行

人力资源战略规划的执行主要涉及三个层次：企业层次、跨部门层次及部门层次。

1.企业层次

在企业层次上的人力资源战略规划需要"一把手"的亲自参与，尤其是企业经营战略对人力资源战略规划的影响，人力资源战略规划对人力资源管理各个体系的影响及其指导方针、政策，必须由企业高层决策。

2.跨部门层次

跨部门层次上的人力资源战略规划需要企业副总裁级别的管理者执行，即对各个部门人力资源战略规划的执行情况进行协调和监督，并对人力资源战略规划的实施效果进行评估。

3.部门

部门层次上的人力资源战略规划又分为以下两种情况。

（1）人力资源部门

人力资源部门不但要完成本部门的人力资源战略规划工作，还要担任"工程师+销售员"的角色。人力资源部门的员工既要做人力资源战略规划的专家、人力资源战略规划的制定者，又要做人力资源战略规划的"销售员"与指导者，指导其他部门的人力资源战略规划工作顺利进行。

目前，有的企业将人力资源部门经理改为人力资源客户经理，要求人力资源经理持续提供面向客户的人力资源产品和服务。在进行人力资源战略规划时，人力资源客户经理就会为各个部门提供人力资源战略规划的系统解决方案，并为各类人才尤其是核心人才提供个性化的服务，如制定专门的继任者管理计划等。

（2）其他部门

人力资源战略规划工作应该是每个部门经理工作的组成部分。但在企业中，许多部门经理是由业务人员提拔的，对于管理和人力资源管理都没有经验，更不要说进行人力资源战略规划了。对于新提拔的经理，人力资源部应给予培训，并把人力资源战略规划作为经理业绩考核的重要内容之一，特别是其培养下属和评估下属业绩的能力。部门经理应该主动与人力资源部门沟通，共同实现人力资源战略规划的目标，而不仅仅在需要招人或辞退员工时，才想到人力资源部门。

（三）人力资源战略规划的执行原则

1.战略导向原则

依据战略目标制定人力资源战略规划以及具体的人力资源计划，避免人力资源战略规划与企业战略脱节。

2.螺旋式上升原则

人力资源战略规划并非一劳永逸。企业每年都要制定新的人力资源战略规划，即各类人员计划都会随着内外环境的变化、战略的转变而改变，但同时它们又是在过去的基础上制定的，且将一年比一年准确、有效。

3.制度化原则

人力资源战略规划分为两个层面：一是技术层面，即前面所说的各种定性和定量的人力资源战略规划技术。二是制度层面，一方面是指将人力资源战略规划制度化;另一方面是指制定、调整有关人力资源管理制度的方向、原则,从机制的角度理顺人力资源各个系统的关系,从而保证人力资源管理的顺利进行。

4.人才梯队的原则

在人力资源战略规划实施的过程中建立人才梯队。从而保障工作人员的层层供给。

5.关键人才优先规划原则

对企业中的核心人员或骨干人员应进行规划,即设计此类人员的晋升、加薪、替补等通道,以保证此类人员的充足供给。

人力资源战略规划是建立在整个人力资源管理系统的平台之上的,如果人力资源管理的其他系统已经日益完善,而人力资源战略规划系统继续滞后于其他人力资源管理体系,人力资源战略规划将成为企业管理的"短板"。因此,人力资源战略规划必须从技术层面上升到制度层面,从静态管理转到动态管理,从滞后于其他体系到前瞻于其他体系,只有这样,人力资源战略规划才能真正成为整个人力资源管理的统帅。

三、人力资源战略规划的辅助工具——人力资源管理信息系统

优秀的信息管理系统不但有利于企业更好地制定和执行人力资源规划,还有利于整个人力资源管理系统的顺利实施。

(一)人力资源管理信息系统概述

信息技术本身只是工具,是手段,只有当信息技术与管理技术实现了完美的结合,才能发挥其巨大的威力。企业最初所采用的多为信息处理工具,如人力资源信息系统 HRIS(Human Resource Information System),它是从组织目标出发,对与员工有关的工作信息进行收集、保存、分析和报告的整体工作过程。例如,记录员工代码、员工的知识与技能、工作经验、培训经历、个性特征和绩效评估结果等。但是,当各种各样的信息铺天盖地地向管理者涌来的时候,再优秀的管理者也不免手忙脚乱、一筹莫展。人力资源管理系统 HRMS(Human Resource Management System)应运而生。HRMS就是将人力资源管理的新思想,如"客户导向""全面人力资源管理""战略性人力资源管理""利润中心""战略伙伴"等,融入信息技术之中,使信息技术真正成为管理者的助手。

人力资源管理系统将帮助人力资源部门实现数据的集中管理和共享，优化业务流程及人力资源作业流程，为人力资源部门进一步提高日常工作效率，提升部门整体业务水平提供了强有力的支持，成为人力资源部门信息化、职业化、个性化的管理平台。同时，通过有效利用人力资源管理系统中提供的统计分析、决策支持等工具，将逐步对企业中长期的人力资源战略规划起到积极影响。

随着internet/intranet(广域网/局域网)技术的日益成熟，人力资源管理系统随着信息流的延伸或改变而突破了封闭的模式延伸到企业内外的各个角落，使得企业各级管理者及普通员工也能参与到人力资源管理活动中，并与企业外部建立起各种联系(最典型的莫过于网络招聘)，这就是eHR(电子人力资源管理)，即人力资源管理信息化的全面解决方案。基本上是由人力资源部门的人力资源管理系统HRMS和面向企业不同角色(高层管理者、直线员工、普通员工、人力资源管理者)的网络自助服务系统(self-service)两大部分组成，是对HRMS在技术上(基于internet/intranet技术)与理念上(建立在全面人力资源管理，强调全员共同参与)的延伸。

虽然企业已经配备了计算机，但不少企业仍然停留在手工管理档案的阶段，很多纸质的资料未能及时输入电脑，人事档案资料也未能得到充分地利用，此时对于企业而言是选择HRIS还是HRMS，或者选择eHR，要根据企业自身的需求与承受能力而定，不能盲目地认为越先进的技术越好，而不顾企业的实际情况。

(二)人力资源管理信息系统对人力资源战略规划的作用

人力资源管理信息系统可以从以下两个方面为人力资源战略规划提供支持。

1.提高人力资源部门的工作效率

人力资源战略规划中的工作可以分为两类：一类是定性工作，指管理制度的制定、薪酬水平的确定、绩效考核标准的确定、人力资源分析报告等，这些工作必须依据企业战略和企业文化进行，需要经过主观思考和判断才能完成；另一类是定量工作，是根据既定的制度与流程完成对客观事务的处理，如统计员工人数、年龄、学历等工作，这类工作般是事务性工作，但又是需要经常处理的重复性工作，通常占据了人力资源管理工作的大部分时间，降低了人力资源部门的整体工作效率。

国际人力资源领域的著名学者Spencer在1995年出版的《重组人力资源》一书里就指出了人力资源从业者面临的困境:人力资源从业者的大部分时间花在了行政职能上面,而花在战略方面的时间却很少。

2.为人力资源战略规划提供数据和信息

通常,人力资源管理信息系统可以提供如下信息:①企业战略、经营目标及常规经营计划信息,根据这些内容可以确定人力资源战略规划的种类及框架。②企业外部的人力资源供求信息以及这些信息的影响因素。例如,外部劳动力市场上各类人员的供求状况及未来趋势,国家劳动政策法规的变化等,均对人力资源战略规划产生影响。③企业现有人力资源的信息。例如,员工数量、年龄、学历、绩效考核结果、薪酬水平等。人力资源战略规划依靠的是人力资源信息的及时更新与反馈,缺少了信息和数据的支持,人力资源战略规划将成为无源之水、无本之木。

(三)人力资源管理信息系统成功实施的要素

1.确实摆正企业和信息集成商之间的关系

企业在信息化建设过程中,摆正与信息集成商之间的关系非常关键。企业的信息化建设不可能由信息集成商独立完成,企业信息化的"主角"是企业本身,而信息集成商仅仅是"配角"的身份,信息集成商应该放在咨询、顾问和具体实施的地位。摆正了关系,才能更好地进行合作,将双方的优势集中,实现"专业人做专业事"。

2.确实摆正技术先进和技术实用性问题

技术的领先性和技术的实用性一直困扰企业的信息化建设时的选型,单纯追求技术的先进性和实用性都是不足取的。企业应该结合企业自身的实际,在追求先进性的同时强调实用性,并且一定要站在整个企业信息集成的角度来选择软件,并且要切实注重系统的集成和开放。

3.确实摆正技术、软件、实施、培训和服务的关系

企业信息化建设是一个系统工程,企业要树立技术先导、软件跟上,实施、培训和服务并重的整体规划;同时企业要懂得,信息化建设过程中的服务是要企业进行投入的;另外,根据成功实施的案例来看,无一例外都是企业在注重选型的同时,更加注重最终的实施效果。

4.确实领会"一把手工程"

在企业信息化建设中,不仅仅是企业的最高领导亲自参与主持,还应

该包括整个决策层的参与决策,"一把手工程"是一个企业的高层领导组成的领导班子,是广义上的"一把手"。

5.能与企业其他管理系统良好整合,实现数据分享

人力资源管理信息系统如果孤立地运行,不能取得最大的效益,必须将人力资源管理信息系统与企业的项目管理、财务管理系统加以整合,才能实现独立的信息系统不能实现的功能。

6.确实领会信息系统的"三分技术、七分管理、十二分数据"

在建立人力资源管理系统的过程中,企业必须明白数据的重要性,没有准确的数据收集与输入,再先进的技术也无能为力。

7.整个实施过程要分阶段进行,确实领会"整体规划、分步实施、效益驱动"

整体规划是系统的"整体",是系统的"整体规划",是实现整个系统的"技术途径",总体规划一般不承担具体的项目设计,是整个系统研制工作中不可缺少的技术总纲。在具体实施过程中,要从简单技术入手,迅速向广度和深度发展。在应用的基础上启发更广泛、更深入的需求,同时通过效益驱动可以树立企业建设信息化的信心,减少企业一次投入过多,负担过重而带来不必要的风险,分步实施同时可以紧跟信息技术发展的前沿。

四、人力资源战略规划的系统推进

人力资源战略规划必须与人力资源管理的其他体系,如招聘、绩效管理、薪酬、培训等相互配合、实现互动,并且人力资源战略规划的结果通过这些体系得到具体的落实,才能真正体现出人力资源战略规划的战略性价值。人力资源战略规划与人力资源管理其他体系的关联性如下。

(一)与招聘录用的关联性

人力资源战略规划的实施必然涉及员工的招聘录用问题。在目前的企业运作中,通常是在用人部门感到人手不够时才向上汇报,最终汇总到人力资源部门实施招募。各部门之间互不了解、沟通不畅造成人员重复的现象时有发生,急需用人时降低用人标准的情况也屡见不鲜。人力资源部对于各部门招募需求的被动性,招募活动对于企业用人需要的滞后性,导致企业在员工队伍的建设与培养上的短期性与应急性。企业无法借势于劳动力市场的波动,可持续的发展也难以保证。因此,企业的人员招聘录

用工作必须在人力资源战略规划的指导下,制定有目标导向性与预见性的人员补充计划——根据战略的要求及劳动力市场的涨落适时吸纳、储备人才,降低用人成本及招募成本,形成合理的人才梯队。

（二）与绩效评估的关联性

传统的绩效评估方案是提出绩效目标,然后评估员工是否按照目标与计划行事。完善的绩效评估则应该提供企业和员工平衡发展的信息:一方面评价员工是否完成了设定的绩效任务,是否帮助企业实现了绩效目标;另一方面评估员工在履行工作任务过程中自身能力是否得到提高,能力是否存在缺陷以及如何弥补等。因此,绩效评估的结果需要应用在人力资源战略规划上,通过对员工绩效水平的评估显现他们的能力及发展潜力,让员工明确职业发展的前景及方向,提高组织配置人员的适应性及规划的准确性。

（三）与薪酬管理的关联性

人力资源战略规划的一个内容在于计划企业的人工成本支出总量即薪酬总额。此外,企业支付薪酬的原则及策略必须体现战略的要求,激励员工创造高业绩、提高自身能力的结果和行为,同时在整体上保证有更多报酬与机会向核心人员倾斜。总之,薪酬的给付必须既要考虑劳动力市场的竞争状况、企业的支付实力,又要体现企业战略的要求,实现与企业其他人力资源模块的联动。这些都是通过人力资源战略规划中的工资与奖金计划来实现的。

（四）与培训的关联性

人力资源战略规划涉及员工能力需求与现状的差距分析,除了通过招聘新员工之外,对现有员工进行培训,使其提升现有能力水平及获得新的技能,是弥补这种差距的唯一途径。人力资源战略规划为人员的培训开发提供了目标与方向,使组织的需要与员工个人的需要能够有效结合,提高培训开发的针对性与有效性。

因此,人力资源战略规划是人力资源管理系统的统帅,它作为核心指挥其他人力资源管理体系的运行,并实现整个人力资源系统的协调运转,提高人力资源的质量与使用效率,帮助企业实现战略目标。

第四节 基于职业效益的人力资源战略管理体系的构建

人力资源管理系统的各个要素是不能彼此孤立的,而是通过相互的衔接,构成一个整体,从而得以实施。人力资源战略也不例外,它想要能最大限度地发挥自身的能动力,就必须有与之相应的体系,这就是人力资源战略管理体系。人力资源战略管理体系并不是一个概念,它是一个系统,是一个有机的体系。

人力资源战略管理体系的构建是由硬性结构与软性机制两大部分构成。其中人力资源战略管理体系的硬性结构是整个体系赖以运行的基础,它由人力资源战略理念、人力资源战略重心、基于职业效益的人力资源战略、人力资源战略管理四大职能和人力资源战略管理平台等五个模块组成;反观战略体系的软性机制,则是为了给予人力资源战略管理体系充足的活力,以便让人力资源战略管理体系在未来多变的竞争环境里更具有弹性,增强自身的适应能力。

人力资源管理的根本任务就是充分开发和利用人力资源,努力讲求和提高职业效益,根本目的是增加从业人的职业收入与实现组织利益。因此在人力资源战略管理体系中,应当把职业效益作为人力资源战略的理念和人力资源战略的基础①。

一、人力资源战略管理体系的结构设计

人力资源战略管理体系的结构主要由五大模块组成,它们分别是人力资源战略理念、人力资源战略重心、基于职业效益的人力资源战略、人力资源战略管理四大职能和人力资源战略管理平台。

人力资源战略管理体系的结构是一个金字塔形,其结构以人力资源理念为航标,以人力资源管理平台为依托。假如把人力资源管理体系比作一部正在行驶的汽车的话,那么人力资源战略理念就是司机,以此来指导整个人力资源管理体系的构建;人力资源战略重心是方向盘,指明人力资源管理体系构建的长期方向;基于职业效益的人力资源战略就是油门,实施

---

①刘颖.论企业构建战略型人力资源管理体系[J].现代商业,2014(24):117-118.

得好就可以整体的为组织发展提速;而人力资源战略的四大职能是发动机,依此为人力资源战略管理体系提供动力,保证理念和人力资源战略在人力资源管理工作中得以实现;人力资源战略管理平台是汽车的构架,只有在此基础之上才能构建和完善人力资源战略管理的各个职能,实现组织的战略目标。

（一）人力资源战略重心

战略重心往往会决定一个组织的人力资源风格和基本管理方法的长期方向。在组织战略中通常隐藏着制定重要人力资源决策的含义,这些决策会把组织投向某个特定的方向。

只有以组织战略为导向制定出现阶段的人力资源战略重心,才能建立起一个前后协调统一的系统来引导组织走向未来,否则会造成盲目的混乱局面。例如:在20世纪80年代,海尔集团创造了"OEC"管理法,集团之所以这样做是因为制定了一个提高员工质量意识,铸就企业名牌的重要决策,当然这个战略令管理层与员工共同参与战略,以产品质量为基础,使海尔集团走出了自己坚实的一步。同时我们也可以看出,人力资源战略的重心往往是关注于这样的问题:"什么是组织现在应该做的? 为什么?",这种以组织战略为导向,以行动为导向的宗旨使人力资源的战略重心很容易明确出来,也为整体的人力资源战略管理体系把握住了"方向盘"。

（二）基丁职业效益的人力资源战略

人力资源战略一方面把传统意义上聚焦于人员供给和需求的人力资源规划融入其中,同时更加强调人力资源战略和组织的发展战略相融合,它不再仅仅局限于操作层面,而是上升到战略的高度。

实现人力资源战略与组织战略的融合,就是在对内外部环境理性分析的基础上,明确企业人力资源管理所面临的挑战以及现有人力资源管理体系的不足,清晰地勾勒出未来的人力资源愿景目标以及与企业未来发展相匹配的人力资源管理体系,并制定出能把目标转化为行动的可行措施以及对措施执行情况的评价和监控体系,从而形成一个完整的人力资源战略管理系统。这里需要充分注意,在实际操作中,人力资源战略的相关辅助方案的制订必须具有整体性,要以战略重心为指导方向。

实现人与人力资源战略的匹配,就必须从职业效益上着眼。因为人力资源的管理要围绕合理讲求和提高职业效益展开,利用一切因素,调动人的积极性,充分发挥人的智慧和创造性,合理从业,争取良好的职业效益,使个人与组织共利。所以员工的目标与组织人力资源战略目标的匹配是激发员工最大潜能的前提,同时也是我们人力资源战略活动的基本所在。

(三)人力资源战略的四大职能

人力资源战略管理的职能包括人力资源招聘(选人)、人力资源配置(用人)、人力资源培训(育人)和人力资源调配、晋升与保留(留人)四大方面的职能。这四大职能的根本任务,一方面是依据组织核心能力的要求与职业效益的标准,明确、开发员工的核心专长与技能,通过人力资源实践活动来促进组织核心能力的形成,保证组织目标的实现;另一方面站在企业发展与员工需求的角度,持续向不同类别、不同层次人才提供所需要的人力资源产品与服务,最大化职业效益。

人力资源招聘职能的核心任务是基于组织的战略目标招聘所需的人力资源,根据定员标准和职位分析对人力资源进行动态调整,获取满足战略要求的人力资源,并对现有人员进行人力资源优化。其中人力资源的获取包括组织发现人力资源获取的需求、进行人力资源获取决策、劳动力市场分析、人员招募、人员甄选等,最终的落脚点是人员甄选。人力资源优化是组织内部劳动力市场进行存量优化。

人力资源配置职能的核心任务是组织重新培育或认识员工的新价值的过程,使现有的员工从素质和质量上保证满足组织战略的需要,并且根据每个员工的特长做到"人尽其才",比如海尔集团所提出的"赛马不相马"的理论,就是这方面的一个代表。同时根据组织的战略进行职位评价来保证员工对于自身成长的积极性,使组织内部劳动力市场始终具有活力。

人力资源培训的核心任务是对现有的人力资源进行系统的开发与培训。从根本上讲,人力资源的培训需要从战略和员工的职业发展规划出发,既要考虑组织经营目标对人力资源的要求,也要考虑员工的职业生涯规划要求,这才符合职业效益所追求的"效在四方,益在多处"。同时要遵循培训需求分析,培训计划制定,培训活动实施以及培训效果评价的活动程序。

人力资源调配、晋升和保留是对组织员工的素质能力和绩效表现进行客观的评价,然后根据其成绩进行人员的安置、激励甚至人员的退出。它的根本目的在于:一方面保证组织的战略目标与员工个人绩效得到有效结合;另一方面为组织对员工激励和职业发展提供可靠的支持。其中人员的激励是这个职能的中心环节,它的核心任务是依据组织战略需要和员工的绩效表现对员工进行激励,通过制定科学的薪酬福利和长期激励措施来激发员工充分发挥潜能,在为组织创造价值的基础上实现自己的价值。

(四)人力资源战略管理的基础平台

人力资源战略管理体系是在一个基础的平台上得以构建和实施的,是必不可少的。这个平台包括人力资源专业团队、人力资源合理的组织环境、人力资源专业化建设和基础建设三个方面,为构建人力资源战略管理体系提供相应的组织保证和专业能力。

人力资源专业团队是构建人力资源战略管理体系的首要基础条件。人力资源战略管理对人力资源专业团队的素质有着较高的标准,需要这个团队对组织的设置,战略的导航,人力资源战略的制定等都有着严格和精确的认识。假如没有一支高要求、高素质的人力资源专业团队,人力资源战略管理体系也无从说起。因此,人力资源战略管理首先需要一支合格的人力资源专业团队。

合理的组织环境是构建人力资源战略管理体系的重要外部条件。无论是人力资源的培训,还是人力资源的配置,都需要组织方方面面的配合。从组织的战略层面上说,组织要从自身的战略出发,设计出一套适合组织战略需要的结构,并根据外部的行业环境为组织构建人力资源战略管理体系提供相应的组织环境;从运营层面上说,组织也必须在各个层次,特别是领导层,给予人力资源战略管理体系足够的支持,才能保证各项职能的展开;从制度层面上看,组织必须有与人力资源战略管理体系相适应的组织制度,这样才能为其保驾护航。

人力资源一般性建设是人力资源战略管理体系正常运行的基本保证。人力资源战略管理体系是一个与组织其他部分密不可分的系统,它的运行常常要以其他一般性基础建设为依托,比如为人力资源体系提供信息的信息收集反馈渠道等。当然作为一个专业化极其鲜明的系统,人力资源战略管理体系还需要人力资源专业化建设。

人力资源专业化建设是构建人力资源战略管理体系的专业保障。人力资源战略管理有着与其他专业不同的特征,只有通过专业化建设才能为人力资源战略管理体系的有效实施奠定基础,人力资源的专业化建设内容包括:组织职位分析以明确每个职位的说明、工作职权、工作条件和任职资格;根据组织的业务和职位特征设定相应的定员标准,并做出未来的人员预测;组织系统的岗位评价,作为制定薪酬序列的重要依据,为绩效考核打下基础;根据组织战略和远景制定员工的素质模型;建立有效激励体系等等。

二、人力资源战略管理的机制

人力资源战略管理体系需要的软性机制分别是牵引机制、激励机制、评价约束机制和竞争淘汰机制。

牵引机制,通过明确组织对员工的期望和要求,使员工能够正确地选择自身的行为,最终组织能够将员工的努力和贡献纳入帮助企业完成任务,提升核心能力的轨道中来。牵引机制的关键在于向员工清晰地表达组织和工作对员工的行为和绩效期望。

激励机制是指通过特定的方法与管理体系,将员工对组织及工作的承诺最大化的过程。激励的本质是员工去做某件事的意愿,这种意愿以满足员工的个人需要为条件。因此激励的核心在于对员工内在需求的把握与满足,而需求意味着使特定的结构具有吸引力的一种生理或者心理上的缺乏。它依靠人力资源激励模块来实现。

评价约束机制,其本质是对员工的行为进行限定,使其符合组织的发展要求的一种行为控制,它使得组织的行为始终在预定的轨道上运行。约束机制的核心是组织以目标责任体系和以任职资格体系为核心的职业化行为评价体系。它的适用范围主要是人力资源评价模块。

组织不仅要有正向的牵引机制和激励机制,不断推动员工提升自己的能力和业绩,而且还必须有反向的竞争淘汰机制,将不适合组织成长和发展需要的员工释放于组织之外,同时将外部市场的压力传递到组织之中,从而实现对组织人力资源的激活,防止人力资本的沉淀或者缩水。企业的竞争与淘汰机制在制度上主要体现为竞聘上岗与末位淘汰制度。它对应的是人力资源配置中的人才退出制度和人才激励模块。

从四大机制中可以看出,这些机制使人力资源战略管理体系的各个部分形成有效的呼应与配合,而这些互相配合的部分又是人力资源的战略管理体系的主体,增加了人力资源战略管理体系的系统性与动态性。

综上所述,人力资源战略管理体系并不是泛泛而谈,它有着很强的实际操作性,从理念到平台,都有着很大的弹性空间,这是人力资源理论的一次进步。放眼未来,随着组织运行环境的动态化,组织内外的力量都在不断地改变各种游戏规则,为了保持组织竞争力,组织必须加强自身的人力资源战略管理,才能在竞争中凭借一种特殊的效果,即企业整体战略性的合力,获得自身的竞争地位。

第三章 人力资源规划

第一节 人力资源规划概述

一、人力资源规划的含义

人力资源规划（Human Resource Planning，HRP），又称人力资源计划，是指在组织发展战略和经营规划的指导下，预测和分析员工的供需平衡，以满足组织在不同发展阶段对员工的需求，为组织的发展提供符合质量和数量要求的人力资源保证。简单来说，人力资源规划是对组织在某个时期内的员工供给与需求进行预测，并根据预测的结果采取相应的措施来平衡人力资源的供需。

要想准确理解人力资源规划的含义就应该把握以下要点。

人力资源规划要以组织发展战略和经营规划为基础。因为人力资源管理只是组织经营管理系统的一部分，是为组织的经营发展提供人力资源支持的，如果没有组织战略规划，也就没有人力资源规划。

人力资源规划包括两个主要内容：一是对组织在特定时期内的员工供给和需求进行预测，二是根据预测的结果采取相应的措施进行供需平衡。前者是基础，不进行预测，人力资源的平衡就不能实现，后者是目的，不平衡供需，预测就没有意义。

人力资源供给与需求的预测应从数量和质量两个方面进行，组织对人力资源的需求数量只是一个方面，更重要的是质量方面。

二、人力资源规划的目的

人力资源规划的目的是满足变化的组织对各种人力资源的需求，包括人力资源的数量、质量和结构等方面的需求。

最大限度地开发利用组织内现有人员的潜力，使组织及其成员的需要得到充分满足。

保证企业经营过程中人力资源的有效供给,使企业人力资源符合企业战略发展的需要。

三、人力资源规划的作用

人力资源规划是连接公司组织战略和人力资源管理具体措施的纽带,具有承上启下的作用。具体来讲,它有以下四项突出功能。

（一）它是公司组织战略目标实现的保障

人力资源规划是公司组织的战略目标在人力资源供需（包括数量、质量和结构）等方面的分解,它与公司组织在其他方面的规划,如生产计划、营销计划、财务计划等共同构成公司组织目标体系。公司组织发展所需要的人员,尤其是中高层管理人员和专业技术人员,对大多数公司组织来讲,都是比较稀缺的资源,并非随时都能获得,必须提前做好规划,才能确保所需人员能够及时到岗。通过人力资源规划的制定,可及时发现公司组织人力资源需求并使这些需求及时得以满足,从而保障公司组织战略目标的实现。[1]

（二）它是公司组织人力资源管理的基础

人力资源规划规定了公司组织在人力资源管理方面的具体行动方案,是公司组织人力资源管理的基础。人力资源规划的各项业务计划为工作分析提供依据,它是员工配置的基础,引导公司组织有针对性地进行人员储备,对公司组织急需的人才发出引进和培训预警,为员工职业发展道路的设计提供依据。此外,人力资源规划在人员的奖酬和激励、建立人力资源信息系统、协调不同的人事管理工作等方面都发挥着积极的作用。

（三）它有助于调动员工的积极性

人力资源规划制定与实施的过程中,员工可以看到公司组织的发展远景和自己的发展前景,可以据此设计自己的职业生涯,确立职业发展方向,从而有助于调动员工的积极性。

（四）它是公司组织人工成本控制的手段

随着公司组织的不断成长和壮大,人工成本必定也不断变化。通过人

---

[1]蒋俊凯,李景刚,张同乐,等. 现代高绩效人力资源管理研究[M]. 北京:中国商务出版社,2019.

力资源规划,预测和控制公司组织人员的变化,逐步调整公司组织人员的结构,使之尽可能合理化,就可以把人工成本控制在一个合理的水平上。

四、人力资源规划的内容

人力资源规划有狭义与广义之分。狭义的人力资源规划,是指组织从战略规划和发展目标出发,根据其内外部环境的变化,预测组织未来发展对人力资源的需求,以及为满足这种需求所提供的人力资源的活动过程。简单地说,狭义的人力资源规划即指进行人力资源供需预测并使之平衡的过程,实质上它是组织各类人员的补充规划。广义的人力资源规划是组织所有各类人员资源计划的总称。

人力资源规划包含两个层次的内容:总体规划与各项业务计划。人力资源总体规划是有关计划期内人力资源开发利用的总目标、总政策、实施步骤和总预算的安排。人力资源规划所属的业务计划则包括人员补充计划、人员使用计划、提升与降职计划、教育培训计划、薪资计划、劳动关系计划、退休解聘计划等。这些业务计划是总体规划的具体化(见表3-1)。

表3-1　各种业务计划一览表

计划类别	目标	政策	步骤	预算
总规划	总目标:绩效、人力总量素质,职工满意度	基本政策:扩大、收缩,保持稳定	总步骤:(按年安排)如完善人力信息系统	总预算:xx万元
人员补充计划	类型、数量、层次、对人力素质结构及绩效的改善等	人员素质标准、人员来源范围、起点待遇	拟定补充标准,广告吸引考试,面试,笔试、录用、教育、上岗	招聘挑选费用
人员使用计划	部门编制、人力结构优化及绩效改善、人力资源能位匹配、职务轮换幅度	任职条件、职务轮换范围及时间	略	按使用规模、差别及人员状况决定的工资、福利预算
提升与降职计划	后备人员数量保持。提高人才结构及绩效目标	全面竞争,择优晋升,选拔标准,提升比例,未提升人员的安置	略	职务变动引起的工资变动

续表

计划类别	目标	政策	步骤	预算
教育培训计划	素质及绩效改善,培训数量类型,提供新人力,转变态度及作风	培训时间的保证,培训效果的保证(如待遇、考核、使用)	略	教育培训总投入产出,脱产培训损失
薪资计划	人才流失减少,士气水平提高,绩效改进	工资政策,激励政策,激励重点	略	增加工资奖金额预算
劳动关系计划	降低非期望离职率,干群关系改进,减少投诉和不满	参与管理,加强沟通	略	法律诉讼费
退休解聘计划	编制、劳务成本降低及生产率提高	退休政策及解聘程序	略	安置费、人员重置费

五、人力资源规划的类别

按照规划涉及的时间长短,人力资源可分为长期规划、中期规划和短期规划三种。

长期规划指跨度为 5～10 年或以上的具有战略意义的规划,它为组织人力资源的发展和使用状况指明了方向、目标和基本政策。长期规划的制定需要对内外环境的变化做出有效的预测,才能对组织的发展具有指导性的作用。长期规划比较抽象,可能随内外环境的变化而发生改变。人力资源规划与经营环境的关系见表3-2。

表3-2　人力资源规划与经营环境的关系

短期规划——不确定/不稳定	长期规划——确定/稳定
组织面对诸多竞争者	组织处于强有力的市场竞争地位
飞速变化的社会、经济环境	渐进的社会、政治环境
不稳定的产品/劳务需求	变化和技术革新
政治、法律环境经常变化	完善的管理信息系统
组织规模小	稳定的市场需求

短期规划——不确定/不稳定	长期规划——确定/稳定
管理混乱	规范且有条不紊的管理

短期规划的时间跨度一般为1年左右。与长期规划相比,短期规划对各项人事活动要求明确,任务具体,目标清晰。

中期规划一般为1~5年的时间跨度,其目标、任务的明确与清晰程度介于长期和短期两种规划之间。

规模较小的组织不适于拟定详细的人力资源规划,因为其规模小,各种内外环境对其影响大,规划的准确性差,制定的人力资源规划的指导作用也就难以体现。另外,小组织的规划成本较高。

也有学者将现代企业的人力资源管理规划大致分为三个层次:策略规划、制度规划和作业执行。这三个层次其实也代表了人力资源管理的不同发展阶段,可以体现出从传统的人事管理到现代人力资源管理的过渡。

如果把人力资源管理粗分为人员甄选、绩效评估、员工发展、薪资福利四大方面的话,那么各层次的职能参见表3-3。

表3-3 人力资源管理规划层次与职能的关系

	策略规划	制度规划	作业执行
人员甄选	确认企业长期经营所需的人员,建立HR预测工具	设计甄选工具,确认甄选工具的效度,拟定招聘计划	招聘工作管理、人员面试等
绩效评估	决定企业应强调何种绩效指标,及早确定具有潜力的员工	设计与薪资、员工发展相结合的评估制度,发展未来组织工作所需的评估工具	绩效考评的组织实施、数据的收集、汇总、分析、反馈
员工发展	规划企业未来主要骨干的发展计划,确认组织发展所需的人才类别,建立事业途径	设计企业发展系统,评估企业培训要求,设计培训课程及有关制度,配合组织发展	提供培训课程,执行工作教导,规划个人职业生涯
薪资福利	薪资与企业长期战略结合	薪资与企业长期战略结合	调薪、核薪、发薪及日常福利等

六、人力资源规划的原则

在制定人力资源规划时,要注意以下三个基本原则。

（一）应充分考虑内外部环境的变化

人力资源规划只有充分地考虑内外环境的变化,才能适应需要,真正地做到为组织目标服务。内部变化主要是指销售的变化、开发的变化,或者组织发展战略的变化,还有公司员工流动的变化,等等;外部变化指社会消费市场的变化、政府有关人力资源政策的变化、人才市场的供需矛盾的变化等。为了能够更好地适应这些变化,在人力资源规划中应该对可能出现的情况做出预测和风险分析,最好能有对付风险的应急策略。

（二）要确保组织的人力资源保障

组织的人力资源保障问题是人力资源规划中应解决的核心问题。它包括人员的流入预测、人员的流出预测、人员的内部流动预测、社会人力资源需求和供给状况分析、人员流动的损益分析等,只有有效地保证了对组织的人力资源供给,才可能进行更深层次的人力资源开发与管理。

（三）使组织和员工都得到长期利益

人力资源规划不仅是面向组织的规划,也是面向员工的规划。组织的发展和员工的发展是互相依托的、互相促进的关系。如果只考虑组织的发展需要而忽视了员工的发展需要,则会有损组织发展目标的达成。优秀的人力资源规划一定是能够使组织和员工得到长期利益的规划,一定是能够使组织和员工共同发展的规划。

第二节　人力资源规划的程序

一般来说,人力资源规划的过程包括四个步骤:准备阶段、预测阶段、实施阶段与评估阶段。

一、准备阶段

信息资料是制定人力资源规划的依据,要想制定出一个有效的人力资源规划,就必须获得丰富的相关信息。影响人力资源规划的信息主要有以下几种。

（一）外部环境信息

主要包括两类，一类是宏观经营环境的信息，如经济、政治、文化、教育以及法律环境等。由于人力资源规划与组织的生产经营活动密切相关，所以这些影响组织生产经营的因素都会对人力资源的供给与需求产生作用。另一类是直接影响人力资源供给与需求的信息，如外部劳动力市场的政策、结构、供求状况，劳动力择业的期望与倾向，政府的职业培训政策、教育政策以及竞争对手的人力资源管理政策，等等。

（二）内部环境信息

这类信息也包括两个方面：一是组织环境信息，如组织发展战略、经营计划、生产技术以及产品结构等；二是管理环境信息，如组织的结构、管理风格、组织文化、管理结构、管理层次与跨度及人力资源管理政策等。这些因素都决定着组织人力资源的供给与需求。

（三）现有人力资源信息

即对组织内部现有人力资源的数量、质量、结构和潜力等进行调查，包括员工的自然情况、录用资料、教育资料、工作经历、工作能力、业绩记录和态度记录等方面的信息。组织人力资源的状况直接关系到人力资源的需求和供应状况，对于人力资源规划的制定有着直接的影响，只有及时准确地掌握组织现有人力资源的状况，人力资源规划才有效。

二、预测阶段

预测阶段的主要任务是在充分掌握信息的前提下，选择使用有效的预测方法，对组织在未来某一时期的人力资源供给与需求做出预测。人力资源的供需达到平衡，是人力资源规划的最终目的，进行需求与供给的预测就是为了实现这一目的。在整个人力资源规划过程中，这是最为关键的一部分，也是难度最大的一个阶段，它直接决定着人力资源的规划是否能够成功。人力资源管理人员只有准确地预测出人力资源的需求与供给，才能采取有效的平衡措施。[①]

---

①杨阳.EXCEL人力资源管理[M].天津：天津科学技术出版社,2018.

三、实施阶段

在需求与供给的基础上,人力资源管理人员根据两者的平衡结果,制定人力资源的总体规划和业务规划,并制定出实施平衡需要的措施,使组织对人力资源的需求得到满足。需要说明的是,人力资源管理人员在制定相关措施时,应当使人力资源的总体规划和业务规划与组织的其他规划相互协调,这样制定的人力资源规划才能得以有效实施。

四、评估阶段

对人力资源规划实施效果进行评估是整个规划过程的最后一个阶段,由于预测不可能做到完全正确,因此人力资源规划也需要进行修订。在实施过程中,要随时根据变化调整需求与供给的预测结果,同时调整平衡供需的措施也要对预测的结果及制定的措施进行评估,对预测的准确性和措施的有效性做出评价,吸取经验教训,为以后的规划提供借鉴和帮助。

第三节 人力资源需求和供给预测

一、人力资源需求预测

企业人员的流动是经常发生的情况,基于各种影响企业人力资源需求因素的单独或综合作用,人力资源需求的变动是在所难免的。近年来,随着知识型员工的价值被企业的发展所证实,企业的进一步发展也更加依赖于这些核心员工,而转轨后的市场机制的作用日益强大,使人力资源的市场配置方式也逐渐走向成熟。宏观经济稳定快速发展,给微观经济主体(企业)的健康发展带来更多的教育培训机会,促进了员工自我意识的觉醒和对更高需要的追求,员工总是在调整自己的知识、技能组合,总是希望找到一片"更绿的草场",使得所获回报与自己的能力动态地相匹配。竞争性的经营环境使得特定时期的这些特定类型的员工成了大家抢着要的"金凤凰",只有栽好枝繁叶茂的"梧桐树",才能使企业在人力资源市场上占据优势地位。所有这些都最终体现为人力资源的流动,为了避免这些流动给企业带来不利的影响,为了能让企业更有效地应对未来的人力资源变动,就要进行人力资源需求预测。

(一)人力资源需求预测的分类

人力资源需求预测是根据组织的发展战略规划和内外部条件选择预测技术,对未来某个时期的组织需求人员数量、质量和结构进行预测。在进行人力资源需求预测之前,先要确定岗位将来是否确实有必要存在,该工作的定员数量是否合理,现有工作人员是否具备该工作所要求的条件,未来的生产任务、生产能力是否可能发生变化等。[1]

人力资源需求预测的内容及相关工作,常因预测时间的长短而有差异。根据预测时间的长短,可以将人力资源需求预测分为三类——短期预测、中期预测和长期预测。

1.短期预测

通常较短时间的人力资源预测(如一年以内)是根据现有或后期的人力资源成本预算而决定,即在成本预算的基础上,估计现有人力资源中可能的离职人数与补充人员的数量。短期预测或是计划受到较短的时间限制(多为半年到两年间),有关新聘员工、培训计划等的内容都只能做出局部的或战术性的调整,而很难有根本性的变化。所以,根据短期预测所采用的措施多为外包、加班、新聘、裁员、晋升和调职等。

2.中期预测

中期预测一般为一年到三年期的需求预测,多是根据组织的财务计划(未来预算)而定。在这一资源限制条件下,估计可能保持的现有员工以及可完成的对新进(或升迁)员工的培训等内容。在中期,可采用的措施不仅仅限于局部的调整,也可进行某些战略性的人力资源活动,如长期性的聘用计划、培训计划与改善人员流动性的方案等。

3.长期预测

长期预测一般是指五年以上的人力资源需求估计。由于时间较长,涉及的不确定因素较多,人力资源计划者在做长期预测时,通常很难客观地分析企业未来所面对的外部环境变化和内部的适应性调整,通常很难找到较客观的方法,只好采用臆测的分析方式。由于计划期较长,一些根本性、全局性的改变可以据此进行,如组织发展、工作内容再设计和管理人员开发计划等。

---

[1]王学娟. 企业人力资源需求预测模型研究[D]. 哈尔滨:哈尔滨理工大学,2016.

一般而言,预测期越长,预测的结果就越不可靠,但是,在审慎的规划和各种预测方法的客观运用下,这一预测仍具有相当的参考价值。因而,长期预测多见于大规模的企业组织与政府机构,它可作为人事或其他管理政策的依据。

(二)影响人力资源需求的因素

影响组织人力资源需求的因素主要来自组织内部,但外部因素对组织的人力资源需求也会产生影响。归纳起来,影响人力资源需求的因素主要有以下几个方面。

1.内部因素

影响人力资源需求的内部因素主要包括以下三个方面。

第一,技术、设备条件的变化。企业生产技术水平的提高、设备的更新,一方面会使企业所需要的人员数量减少;另一方面对人员知识、技术与技能的要求也会随之提高。

第二,企业规模的变化。企业规模的变化主要来自两个方面:一是在原有的业务范围扩大或压缩规模;二是增加新的业务或放弃旧的业务。这两个方面的变化都会对人力资源需求的数量和结构产生影响。企业规模扩大,则需要的人力就会增加,新的业务更需要掌握新技能的人员;企业规模缩小,则需要的人力也将减少,于是就会发生裁员、工人失业等。

第三,企业经营方向的变化。企业经营方向的调整,有时并不一定导致企业规模的变化,但对人力资源的需求会发生改变。比如,军工产业转为生产民用产品,就必须增加市场销售人员,否则将无法适应多变的市场环境。

2.外部因素

外部因素对企业人力资源需求的影响,多是通过影响内部供给或者内部因素而起作用的。影响人力资源需求的外部因素主要包括经济环境、技术环境和竞争对手等。经济环境的变化会影响企业的规模和经营方向,技术环境的变化会影响企业的技术和设备,这就间接地影响了企业的人力资源需求。竞争对手之间的人才竞争则会造成企业间的人才流动,流出人才的企业就会产生新的需求。

（三）人力资源需求预测的方法

人力资源需求预测的方法包括定性预测法和定量预测法两大类。

1.定性预测法

（1）现状规划法

人力资源现状规划法是一种最简单的预测方法,它是假设企业保持原有的生产规模和生产技术,企业的人力资源也应处于相对稳定状态,即企业目前各种人员的配备比例和人员的总数将完全能适应预测规划期内人力资源的需求。在此预测方法中,人力资源规划人员所要做的工作就是预算出在规划期内有哪些人员或岗位上的人将得到晋升、降职、退休或调出本组织的情况,再准备调节人员去弥补。这种方法适用于短期人力资源规划预测。

（2）经验预测法

经验预测法,又称分合性预测法,就是企业根据以往的经验对人力资源进行预测的方法。企业经常用这种方法来预测本组织在将来某段时间内对人力资源的需求。这是一种比较常用的预测方法,由于企业中最了解各部门人力资源需求的就是各部门的主管们,经验预测法就是根据管理人员的经验,结合公司发展的要求,对公司员工需求加以预测的一种先分后合的预测方法。即首先由直线部门的经理根据各部门的生产任务、技术设备等变化情况对本部门未来某一时期的人员需求情况进行预测,在此基础上,由企业专门的人力资源计划人员汇总,进行综合平衡,从中预测出整个企业未来某一时期对各种人员的需求总量,并交由公司经理审批。这种方法较能发挥下属各级管理人员在人力资源规划中的作用,但是人事部门或专职人力资源计划人员必须要给予他们一定的指导。这种方法较适用于中、短期的预测规划,简单易行,在实际工作中使用较为广泛。但此方法预测的效果受经验和各层管理人员的阅历、知识的限制的影响较大。因此,保持企业历史的档案,并采用多人集合的经验,可以减少误差。这种方法适用于技术较稳定的企业的中、短期人力资源预测规划,很难对长期做出准确预测。

（3）德尔菲法

德尔菲法是一种简单、常用的主观判断预测方法,它起源于19世纪40年代的兰德公司的实践。此方法是由有经验的专家或管理人员对某些问题分析或管理决策进行直觉判断与预测,其精度取决于预测者的经验和判断能力,也称"专家征询法"或"集体预测法",所选专家包括企业外部和内部对所研究问题具有发言权的所有人员。

德尔菲法的特征有以下几方面:①吸引专家参与预测,充分利用专家的经验和学识。②采用匿名或背靠背的方式,使每一位专家独立、自由地做出自己的判断。③预测过程多次反复,使专家的意见逐渐趋同。

德尔菲法的以上特点使它成为一种最为有效的判断预测法。德尔菲法的操作程序可简要地概括为以下四步:首先,做预测准备工作。预测准备工作包括确定预测的主题,设立负责预测组织工作的临时机构,选择若干名熟悉预测主题的专家等。其次,由专家进行预测。组织者把包含预测内容的预测表及有关背景材料交给各位专家,各位专家以匿名方式独自对问题做出判断或预测。再次,进行统计与反馈。专家意见汇总后,组织者对各位专家的意见进行统计分析,综合成新的预测表,并把它再分别交给各位专家,由专家们对新的预测表做出第二轮判断或预测。如此反复,经过几轮(通常为3~4轮),专家的意见趋于一致。最后,达成预测结果。组织者把经过几轮专家预测而形成的结果以文字或图表的形式表示出来。

德尔菲法的优点是可以集思广益,并且可以避免群体压力和某些人的特殊影响力,对影响人力资源需求各个方面的因素可以有比较全面、综合的考虑;缺点是花费时间较长、费用较大。所以这种方法适用于长期的、趋势性的预测,不适用于短期的、日常的和比较精确的人力资源需求预测。

2.定量预测法

(1)趋势分析法

趋势分析法是指根据人力资源历史和现有的资料随时间变化的趋势具有连续性的原理,运用数学工具对该序列加以引申,即从过去延伸至将来,从而达到对人力资源的未来发展状况进行预测的目的。该方法具体是将企业人力资源需求量作为横轴,时间为纵轴,在坐标轴上直接绘出人力资源需求曲线,并根据需求曲线来预测企业未来某一时点的人力资源需求。趋势分析法可分为直接延伸法、滑动平均法两种。其中,直线延伸法是在企业人力资源需求量在时间上表现出明显均等延伸趋势的情况下运用,可由需求线延伸得出某一点的企业人力资源需求量;滑动平均法是在企业人力资源需求量的时间序列呈不规则、发展趋势不明确时,采用滑动平均数进行修匀的一种趋势分析法。

（2）比率分析法

比率分析法是通过特殊的关键因素和所需人员数量之间的一个比率来确定未来人力资源需求的方法。该方法主要是根据过去的经验,将企业未来的业务活动水平转化为对人力资源的需要。

根据选择的关键因素不同,可以把比率分析法分为生产率比率分析法和人员结构比率分析法两类。生产率比率分析法的关键因素是企业的业务量,如销售额、产品数量等,根据业务量与所需人员的比率关系,可直接计算出需要的人员数量。人员结构比率分析法的关键因素是关键岗位所需要的人数,根据关键岗位与其他岗位人数的比率关系,可以间接计算出所需要的人员数量。

由于比率分析法假设关键因素与需求人员间的比率保持不变,而这只能在较短的一段时间内实现,所以这种预测方法最适用于短期预测,勉强可运用于中期预测,用于长期预测则会失效。

（3）工作负荷法

工作负荷法是根据历史数据,先算出对某一特定的工作每单位时间（如每天）内每人的工作负荷（如产量）,再根据未来的生产量目标（或劳务目标）计算出所完成的总工作量,最后根据前一标准折算出所需的人力资源数量。

（4）回归分析法

回归分析法是通过建立人力资源需求与其影响因素之间的函数关系模型,从影响因素的变化来推测人力资源需求量变化的一种数学分析方法,其通常采用线性回归模型来分析,简单来讲,这种线性模型有一元线性回归和多元线性回归两种。

一元线性回归模型一般只有在某一因素与人力资源需求量具有高度相关关系时才会运用。例如,当假设人力资源需求量随一种因素（如产量）的变化而变化,且两者间是线性关系时,则可采用最简单的一元线性回归法来预测人力资源的需求。

在实际工作中,通常是由多种因素共同决定企业人力资源需求量,因此需要使用多元线性回归模型,其原理以及方法上与一元线性回归模型并没有什么不同,只是多了一些解释变量而已。多元线性回归模型中系数的计算公式相当复杂,但是现在的一些计量经济学软件和统计软件都可以自动计算这些系数估计值。同样,根据未来的解释变量的估计值,就可以预测未来的员工数量了。

(5)计算机模拟法

很多企业已经在实践中利用计算机来开发自己的人员需求预测系统。在这种情形下,人力资源专家和直线管理人员将所需要的信息综合起来,建立起一套人员需求的计算机化预测系统。在建立人员需求的计算机预测系统时需要一些典型数据,其中包括衡量生产单位产品所需要的劳动工时,当前产品系列的三种销售额计划——最低销售额、最高销售额、可能销售额。以这些数据为基础,不仅可以预测出"满足生产需要的平均人员需求水平"的数字,而且可以分别预测对直接生产人员(例如流水线上的生产工人)、间接生产人员(如文秘人员)以及特殊人员(如行政管理人员)的需求数字。运用这一系统,可以很快地将生产率水平计划与销售水平计划转化为对人员需求的预测,同时,也可以预测各种生产率水平及销售水平对人员需求的影响。

须注意的是,运用任何数学的方法进行人力资源需求预测都有一个前提假设,即假定人力资源需求与某些影响因素之间的函数关系是稳定不变的,而在实际工作中,通常较难发现稳定的数学模型。因此,必须要注意的是,在采用定量分析方法进行人力资源需求预测时,一定要与定性方法相结合。例如,如果进行人力资源需求预测的学校在某年度采用了网上远程教学方式,或是招收了一个"实验班",则以师生比率为基础来预测教师的需求量就不准确了。在很多情况下,对人力资源需求的预测是依靠经验进行估计的,即使运用非常严谨的数学模型也需要借助经验的判断对结果进行修正。

二、人力资源供给预测

人力资源供给预测也称人员拥有量预测,是预测在未来某一时期组织内部所能供应的或经培训可能补充的,外部劳动力市场所提供的一定数量、质量和结构的人员,以满足企业为实现发展目标而产生的人员需求。

人力资源供给预测是为了满足企业在未来一段时间内的人力资源需

求,而对将来某个时期内企业从其内部和外部可以获得的人力资源的数量和质量进行预测。它包括外部人力资源供给预测和内部人力资源供给预测。

(一)影响人力资源供给的因素

人力资源供给预测分析需要考虑组织内部供给和外部供给两个方面的影响因素。

1.外部影响因素

企业外部人力资源供给预测分析主要是预计企业外部未来可能提供的人力资源供给数量和结构,以确定企业在今后一段时间内能够获取的人力资源供给量。外部人力资源供给预测的主要目的是对劳动力市场的供求情况、可能为企业提供各种人力资源的渠道以及与企业竞争相同人力资源的竞争对手进行分析,从而得出企业可能从外部获得的各种人力资源的情况,并对获得这些人力资源所需的代价以及可能出现的困难和危机做出提前预估。

影响外部人力资源供给的因素可以分为三类,即行业性因素、地区性因素和宏观因素。

行业性因素包括企业所处行业的景气程度、行业发展前景、行业内竞争对手的数量和实力、竞争对手在吸引人才方面采取的措施以及企业在行业中所处的地位等。行业的景气程度直接决定劳动力供给的数量和价格。[①]

地区性因素包括公司所在地和附近地区的人口密度、就业水平、就业观念、科技水平、文化教育水平、公司所在地对人力资源的吸引力、公司当地临时工人的供给状况等。因此,企业在进行人力资源供给预测时,不仅应预测劳动力市场可供给的人力资源,而且要预测企业所需人员在劳动力市场中实际的供给情况。

宏观因素包括今后一段时间国家的经济发展状况、技术发展的趋势、全国劳动人口的增长趋势、处于变动中的劳动力结构和模式、各类学校毕业生规模与结构、教育制度改革、国家就业法规与政策的变动以及其他影响人们进入和退出劳动力队伍的因素等。此外,随着经济全球化趋势的日

①李松媛,王德宠. 人力资源规划中的需求与供给预测的方法探析[J]. 黄河科技大学学报,2011,13(01):79-81.

益显著,全球经济发展态势和人力资源供求情况将越来越多地影响各企业的人力资源供给。

应注意的是,企业整体外部供给情况是众多因素动态合力作用的结果,在某一方面有利的因素并不必然就是对于企业而言的有利因素。

2.内部影响因素

企业内部人力资源供给预测主要是对企业内部员工的情况进行分析,包括员工的人数、年龄、技术水平、发展潜能、流动趋势等,从而预测未来一段时间内企业内部可以有多少员工稳定地保留在企业之中,有多少员工具有发展和晋升的可能性。企业必须清楚自己内部的劳动力状况,特别是员工的构成和多样性,否则,就无法制定切合实际的人力资源政策和活动项目,从而无法实现理想的员工构成和多样性。分析内部的环境,可以帮助企业预测已有员工的损失数量和吸引新员工的数量。影响内部人力资源供给的因素包括以下三个方面。

第一,企业战略。从内部劳动力市场来看,企业的战略选择会影响人力资源的供给,而对其可供给数量的预测则是以当前在职人员为基础的。

第二,组织结构。随着企业纵向管理层次的减少,员工沿层级升迁的机会也在减少,这时横向职位的变动将受到越来越多的重视。例如,在沿用直线职能结构的企业中,职位提升通常都是单项的。在事业部制或矩阵式的企业中,事业升迁阶梯变成了多维框架,既有上升,也有大量水平变动,有时还有向下调整的情况。当新技术出现或自动化程度提高时,劳动密集型企业的一般劳动力将出现过剩;相反,技术型生产人员和研发人员的供给则会减少。

第三,企业人员流动率。在收集和分析有关内部劳动力供应数据时,企业内部人员流动率将对劳动力供给产生很大影响。企业人员的流动率可以根据历史数据与人力资源管理经验来预测,通过分析规划期内可能流出和注入的人数与相应类型及企业内部劳动力市场的变动情况,判断未来某个时点或时期内部可提供的人力资源数量。

(二)人力资源供给的预测方法

人力资源需求分析是研究组织内部对人力资源的需求,而供给分析则需要研究组织内部供给和组织外部供给两个方面。一般来说,在供给分析中,首先考察组织现有的人力资源供给,若内在市场没有足够的供给,就需分析外在的劳动力市场。

1.人力资源内部供给预测方法

企业常用的人力资源内部供给预测的方法有三种,即技能清单法、管理人员替代法和马尔科夫转换矩阵法。

(1)技能清单法

技能清单是一张雇员表,该表列出了与雇员从事不同职业的能力相关的特征,包括所接受的培训课程、以前的经验、持有的证书、通过的考试、监督判断能力,甚至包括对其实力或耐心的测试情况。是一张能够反映员工工作能力和竞争力的图表。人力资源规划人员可以根据技能清单的内容来预测哪些员工可以补充到可能出现的空缺岗位,从而保证每个岗位都有合适的员工。

技能清单通常包括三方面的内容:员工过去的信息、员工现在的信息和员工未来的信息。不同的技能清单所包含的内容可能有较大差异,它既可能是一份简单的档案,也可能是一个庞大的数据库。由于员工的工作兴趣、发展目标、绩效水平等因素是不断变化的,因此技能清单在编制完成后应及时进行更新和维护。

(2)管理人员替代法

这是对组织管理人员内部供给的最简单的方法,也称为管理人员接续计划。企业内部的很多管理人员都是从内部员工中提拔的,因此,企业需要确定在各个关键的管理职位上有哪些可能的接班人,这些接班人的胜任状况和发展潜力如何。为清楚起见,可以将上述接续计划在组织结构图上表示出来,即为常用的管理量表图——企业常用的人员接替图和人员接替表。

制定这一计划的过程有如下几个步骤:①确定计划范围,即确定需要制定接续计划的管理职位。②确定每个管理职位上的接替人选,所有可能的接替人选都应该考虑到。③评价接替人选,主要是判断其目前的工作情况是否达到提升要求,可以根据评价的结果将接替人选分成不同的等级,例如分成可以马上接任、尚需进一步培训、问题较多三个级别。④确定职业发展需要以及将个人的职业目标与组织发展目标相结合,这就是说,要根据评价的结果对接替人选进行必要的培训,使之能更快地胜任将来可能从事的工作,但这种安排应尽可能与接续人选的个人目标吻合并取得其同意。

（3）马尔科夫转换矩阵法

马尔科夫转换矩阵法是一种运用统计学原理预测组织内部人力资源供给的方法。马尔科夫转换矩阵法的基本思想是找出过去人员流动的规律，以此推测未来的人员流动趋势，其基本假设是过去内部人员流动的模式和概率与未来大致相同。

运用这种方法预测人员供给时，首先需要建立人员变动矩阵表，它主要是指某个人在某段时间内，由一个职位调到另一个职位（或离职）的概率。一般以5～10年为周期来估计概率。周期越长，根据过去人员变动所推测的未来人员变动就越准确。马尔科夫转换矩阵可以清楚地分析企业现有人员的流动（如晋升、调换岗位和离职）情况。

马尔科夫转换矩阵法不仅可以处理员工类别简单的组织中的人力资源供给预测问题，也可以解决员工类别复杂的大型组织中的内部人力资源供给预测问题，但其精确性与可行性还需要进一步研究。

2.人力资源外部供给预测方法

招聘和录用新员工对所有公司都是必不可少的，无论是由于生产规模的扩大，还是由于劳动力的自然裁员，公司都要从劳动力市场获得必要的劳动力。因此，对外部劳动力市场进行预测将直接影响企业人力资源战略的制定。外部劳动力供给预测方法一般有市场调查法和相关因素预测法。

（1）市场调查法

市场调查法是企业人力资源管理人员通过市场调查，并在掌握第一手劳动力市场信息资料的基础上，经过分析和推算，预测劳动力市场的发展规律和未来趋势的一类方法。它不仅要调查企业所在地域的人力资源供给状况，还要调查同行业或同地区企业对人力资源的需求情况。

由于市场调查法的数据来源具有一定的客观性，在一定程度上避免了人为的主观判断，所以，有人称市场调查法是客观市场预测法。市场调查法的种类很多，主要有以下几种。

第一，文献研究法。企业可以通过各种渠道收集信息。例如，通过互联网、各类经济信息报刊、国家和地区的统计资料、市场行情资料以及产品目录大会等，可以了解市场的一般状况。

第二，直接调查法。企业根据自己所关注的人力资源状况对调查对象进行询问或要求对方填写询问表以取得答案。例如,通过对应聘人员和在岗人员进行调查分析,得出对未来人力资源供给状况的估计。

第三,通过企业本身积累的资料进行调查。许多企业积累了本企业内部人力资本供给和外部人力资源供给方面的大量统计资料,而且资料数据比较准确,查阅比较方便。

第四,经验法。企业依靠有经验的市场调查或市场研究人员,对市场进行直接观察,从而判断市场状况。

第五,会议调查法。通过各种各样的会议收集市场信息,也是一种行之有效的市场调查方法。

(2)相关因素预测法

相关因素预测法是通过调查和分析,找出影响劳动力市场供给的各种因素,分析各种因素对劳动力市场发展变化的作用方向和影响力度,从而预测未来劳动力市场的发展规律和趋势。影响外部劳动力供给的因素很多,通常要对主要因素进行分析,这些因素包括行业状况、行业整体劳动生产率等。其计算方法与人力资源需求预测中的回归方法相同。

三、人力资源供需综合平衡

在预测了人力资源的需求与供给之后,人力资源规划就必须对人力资源的供求关系进行综合平衡,如出现不平衡,则要做出调节,使之趋于平衡。人力资源供给与需求预测的结果一般会出现以下三种可能:人力资源供大于求;人力资源供小于求;人力资源供求总量平衡,结构不平衡。针对这三种不同的情况,组织应采取以下措施。

(一)人力资源供大于求时

撤销、合并臃肿的机构,减少冗员。这在一定程度上可以提高人力资源的利用率;辞退那些劳动态度差、技术水平低、劳动纪律观念不强的员工;鼓励提前退休或内退,对那些接近退休年龄而未达到退休年龄者,制定一些优惠措施,鼓励提前退休;加强培训工作,使员工掌握多种技能,增强他们的择业能力,鼓励员工自谋职业。同时,通过培训也可为组织的发展储备人力资本。

减少员工的工作时间,降低员工的工资水平。如可采用多个员工分担以前只需一个或少数几个人就可完成的工作,组织按完成工作量来计发工资。这是西方组织在经济萧条时经常采用的一种解决组织临时性人力资源过剩的有效方法。[①]

（二）组织人力资源供不应求时

1.内部调剂

可将某些符合条件，又相对富余的人员调往空缺职位。也可通过培训与晋升的方法补充空缺职位。

2.外部招聘

对组织内部无法满足的某些职位的人员需要，有计划地经由外部招聘。

3.延长工时并适当增加报酬

如果短缺现象不严重，且本组织员工又愿意延长工作时间，则可根据《中华人民共和国劳动法》（以下简称《劳动法》）有关规定，制定延长工时并适当增加报酬的计划。

4.制定聘用非全日制临时工计划

如返聘已退休者，或聘用小时工等。

5.工作再设计

主要是通过工作扩大化，使员工做更多的工作，这样做的结果，不仅能降低员工的单调感和厌烦情绪，而且也提高了人力资源的利用率。

总之，以上措施虽是解决组织人力资源短缺的有效途径，但是最有效的方法是通过激励及培训提高员工的业务技能，改进工艺设计，以此调动员工的积极性，提高劳动生产率，减少对人力资源的需求。

（三）人力资源总量平衡、结构不平衡时

当组织中人力资源在总量上是平衡的，但因人员结构不合理，造成某些职位空缺或人员不足时，组织应根据具体情况制定针对性较强的业务计划，如晋升计划、培训计划等，改变结构不平衡的状况。

应当指出的是，组织在制定平衡人力资源供求的措施时，不可能是某种情况单一出现，很可能是不同部门、不同层次的不同情况同时出现。所以，应具体情况具体分析，制定出相应的人力资源规划，使各部门人力资源在数量、质量、层次、结构等各方面达到协调与平衡。

---

①张子杨．企业人力资源管理系统的分析与设计[J]．工业C，2016（2）：24-24．

第四节 当前企业人力资源规划存在的问题 与应对措施

一、当前企业人力资源规划存在的问题

我国企业在人力资源规划方面还存在很多问题。

（一）对人力资源规划的认识不全面

目前国内很多企业的人力资源规划或人力资源年度计划,大多数是把人力资源规划仅仅看成是人力资源部的事情,于是人力资源规划就成了人力资源部的规划,最多加上一些其他部门的人才、培训需求的调查和汇总。

（二）规划不清晰、目标不明确

人力资源规划是企业战略规划的重要组成部分,也是企业各项管理工作的基础和依据。但一些企业没有清晰的企业发展战略和明确的战略目标,使人力资源规划不清,方向不明,不知道企业未来需要什么样的核心人才。一些企业的人力资源管理是走一步看一步,目标不明确,导致人力资源规划缺乏方向和目的。

（三）不能随着环境的变化而快速调整

随着市场的发展变化,企业对市场变化的反应比较快,企业战略在调整,人力资源规划往往不能及时调整。先前制订出的人力资源规划就失去可操作性和可执行性,造成企业所需的人才不能得到及时的供应。

（四）人力资源规划中缺乏沟通与协作性

人力资源规划需要规划人员从整个企业战略出发,经多方面沟通与协作,调研出各部门的人力资源所需状况,进而制订出具有可操作性的规划。而在现实中,很多企业的人力资源部人员习惯于仅凭过往数据和历史,草草制订出该规划,其规划缺乏论证和可执行性。

（五）缺乏人力资源管理的专门人才

人力资源管理人员在人力资源管理专业方面的知识储备不足,专业技能不够;缺乏系统的人力资源职业培训,取得人力资源管理师职业资格的寥寥无几。他们虽然有丰富的行政管理经验,但往往缺乏系统的人力资源管理知识,凭所谓的经验或感觉办事。人力资源管理者在没有管理咨询的前提下,很难做出专业的人力资源战略规划。

二、当前企业人力资源规划应对措施

制订和有效实施人力资源规划的应对措施主要有如下几方面。

(一)明确人力资源规划战略目标

人力资源规划的前提是首先要明晰企业战略,然后分解到人力资源方面,制订人员需求计划、招聘计划、薪资福利计划等与之相配套。人力资源部门要搞清企业未来的行业定位、经营策略、经营规模和产值目标等。这就决定了选择什么样的人才,人力资源规划才能有的放矢。

(二)建立多维交叉体系的规划工作机制

人力资源规划是一项系统的工作,需要企业全员上下协同,上至企业领导者下至普通员工都应承担相应的责任,都应为人力资源规划建言献策。企业的人力资源规划是由决策层、人力资源管理部门、一线经理等协同工作,且分工负责完成的。企业决策层负责人力资源战略规划,同时,与一线经理和人力资源部门共同制订规划方案,并支持下属实施方案;人力资源管理部门负责人力资源的分析和预测,协助决策者制订规划方案,并做好方案的评价,支持一线部门实施规划等;一线经理负责人力资源的核心业务,具体包括招聘、培训、绩效考核、薪酬管理等,参与决策层和人力资源管理部门工作。

(三)完善人力资源信息系统

管理者在决策时需要准确、及时和相关的信息资料,如果没有现代化手段的运用,效率之低是难以忍受的。人力资源管理部门有必要对客户、业务和市场进行深入接触和了解,把握整个企业发展走向,洞察整个行业走势。人力资源管理模式也必须是动态的、变化的。

1.人力资源管理信息系统概述

现代企业越来越多地应用人力资源管理信息系统进行人力资源规划,以实现企业人力资源的高效管理目标。

(1)人力资源信息

人力资源信息是反映人力资源状态及其发展变化特征的各种消息、情报、语言、文字、符号等具有一定知识性内涵的信号的总称。

人力资源信息分为原始信息和再生信息(二次信息)。原始信息是相对简单、接近信息源的信息;二次信息是通过某种模式从原始数据中提取的信息。

人力资源规划的制定与实施是以人力资源信息为前提的。企业获取的人力资源信息的质量如何直接影响到人力资源规划的效果。相对于外部的人力资源信息而言,企业内部的人力资源信息较容易获取

(2)人力资源管理信息系统

人力资源管理信息系统(Human Resource Management Information System,RMIS)是管理信息系统(Management Information System,MIS)的一个子系统。指通过建立一种信息平台,将信息技术与人力资源管理技术切入组织的管理实践活动中,旨在满足企业各部门的具体需要,能够处理包括规范和例外的、普遍存在和特殊的、相对简单的和错综复杂情境下的结构工具。

(3)人力资源管理信息系统的功能

人力资源管理信息系统的功能包括:①为人力资源规划和其他人力资源管理活动提供快捷、准确的信息。②为企业制定发展战略提供人力资源数据。③为企业管理效果的评估提供反馈信息。④提高人力资源管理活动的工作效率。

(4)人力资源的信息管理过程

人力资源的信息管理过程同所有的信息管理过程一样,包括人力资源信息的收集、加工、传递和贮存。

人力资源信息搜集工作包括以下步骤:确定收集信息的目标、制定收集计划、收集信息和汇集整理信息。

人力资源信息加工的两个基本要求是保证信息的客观性和提高信息的可用性,一般来说人力资源信息的加工要经过信息的分类、信息的统计分析、信息的比较和信息的综合处理等环节。

人力资源信息的传递方式有:计算机网络传递、出版物传递、广播电视传递、文件资料传递和会议传递等。

人力资源信息存储的程序:信息登记、信息编码和信息存储。所谓信息编码就是按照一定的规律对人力资源信息按顺序相应地编制上统一的

数码或代码。对人力资源信息的编码有利于信息的规范化管理。具体的编码方法有顺序编码法、分组编码法、数字式编码法和表意式文字编码法等。涉及信息存放时,要考虑存储量、信息格式、存储方式、使用方式、存储时间、安全保密、使用授权等方面的要求,使组织信息不丢失、不失真、不外泄、使用方便。

2.人力资源信息管理系统的建立

组织内人力资源信息管理系统的建立,不能教条化,而应该根据不同组织的不同情况来具体设计。在这个过程中要考虑以下五个因素:①组织发展战略及现有规模。②管理人员对人力资源有关数据要求掌握的详细程度。③组织内信息复制及传递的潜在可能性。④人力资源管理部门对本系统的运用程度及期望程度。⑤社会上其他组织人力资源信息系统的建立及运用情况。

一般说来,建立一个高效运行的人力资源信息管理系统需要经过以下四个步骤。

(1)研究现有系统

在确定要求或评价现有信息系统时,需要回答三个问题:①对新系统的要求是什么以及目前信息是如何传递的? ②信息使用情况如何? ③这些信息对决策的价值如何?

(2)制定信息的优先顺序及概念设计

在全面理解现有信息系统后,就要确定所需信息的优先顺序。人力资源信息管理系统的设计必须确保排序在前的信息的提供;而生成排序在后的信息只有在其带来的收益大于获得这些信息的成本时才是合理的。

(3)开发新信息系统

整个组织的优先顺序名单支配着人力资源信息管理系统的设计。

(4)最终确定人力资源信息管理系统

在最终确定了正式模式之后,新系统运行的基本条件就具备了。

4.人力资源信息管理系统类型

(1)人力资源业务处理系统

业务处理系统是为组织日常业务处理提供信息服务的子系统,如公司内员工基本信息系统、招聘信息系统、晋升与绩效考核系统、职位分派系统等。影响人力资源信息业务系统的主要变量包括企业类型、组织结构、业务性质、职位配置和员工的个人特征等。

（2）人力资源管理信息系统

人力资源管理信息系统是以服务于组织内的管理为目的的。人力资源管理信息系统包括组织内人力资源的数量及质量等存量管理、人力资源生产力及效率指标的管理和成本与效益管理。

（3）人力资源决策支持系统

人力资源决策支持系统是专门为各级、各层、各部门决策提供人力资源信息的支持系统。决策支持系统大都依靠专用模型产生的专用数据库，结合某一类具体的决策做出决定，它的最新发展是智能支持系统（Intellectual Support System）和专家系统或知识工程（Knowledge Engineering）。一般由数据库、模型库和用户接口组成。[①]

人力资源决策支持系统突出了用户接口的重要性。以上三大系统的特点比较见表3-4。

表3-4 业务处理、管理信息和专家决策三大系统的特点比较

	业务处理系统	管理信息系统	专家决策支持系统
信息要求	内部的、程序化的信息	内部的、通用信息	个性化特殊信息
数据库	专用或通用相结合	专用或通用相结合	专用数据库
模型库	简单的统计模型	专用或通用相结合	复杂的各类模型
用户接口	简单易懂便于一般人员理解	便于各部门理解	专业人员对话式
服务	日常决策	专业日常决策	战略决策
人员	一般管理人员	主管或部门专业管理人员	高层或专家
存储	信息量大、存储时间不长	信息量与存储时间要求较高	程序量大、信息存储量也比较大

---

①张哲，王绪宛.人力资源管理系统的分析与设计[J].电脑开发与应用,2011(09)：20-22.

第四章 工作分析与工作评价

第一节 工作分析

在一个组织里,我们通常可以听见这样的话——"这不是我的工作""那是他负责的""这根本与我无关"等,这些话清楚地反映出组织中工作职责的不明确,使任职者相互推诿,将一些职责排除在自己的工作之外。像这样的问题还有很多,比如说,为什么有些员工会觉得工作太枯燥乏味而跳槽?为什么有些员工会"做一天和尚撞一天钟",缺乏工作积极性?这些问题如果没有得到有效地解决,将会使组织的一些工作职能得不到充分地发挥,组织的目标不能实现,并最终影响组织绩效。要回答这些问题,就要从工作分析开始谈起。

一、工作分析概述

（一）工作分析概念

工作分析,也称为职位分析或者岗位分析,它是一种活动或者过程,是分析者对组织中某个特定的工作岗位的责任、工作关系、工作环境、任职条件等信息进行分析、研究和确定的过程。具体点说,工作分析是一种活动或过程,它是分析者采用科学的手段与技术,直接收集、比较、综合有关工作的信息,为组织特定的发展战略、组织规划,为人力资源管理以及其他管理行为服务的一种管理活动。

工作分析是人力资源管理的基础性工作之一。通过工作分析,形成工作说明书(一般包括工作描述和工作规范两个部分),即对某一职务的工作内容及有关因素做全面、系统、有组织的描述或记载,以备管理人员使用。

具体地讲,工作分析就是全面收集某一职位的有关信息,对该工作从七个方面(6W1H)开展调查研究:What(做什么)、Why(为什么做)、Who(谁来做）、When（何时做）、Where（在哪里做）、for Whom（为谁做）、How（如何做）。

What，是指该项工作的任职者所从事的工作内容，主要包括任职者所要完成的工作活动、任职者的工作活动结果或产出、任职者的工作活动标准。

Why，是指该项工作存在的目的及意义，任职者为什么要做这项工作，该项工作在整个组织中的作用如何，在组织中与其他工作之间的联系与相互影响是怎样的。

Who，是指对从事该项工作的任职者的必备要求，主要包括对任职者的身体素质要求、知识技能要求、教育与培训要求、经验要求以及个性特征要求等。

When，是指该项工作进行的时间安排，主要包括工作时间安排是否有固定时间表，工作活动的开展频度区分，如每日进行的活动、每周进行的活动以及每月进行的活动等。

Where，表示工作进行的地点及环境，主要指工作发生的自然环境及社会环境。

Whom，是指在工作中与其他岗位发生的关系及相互的影响，主要包括工作的请示汇报对象、工作的信息提供对象或工作结果提交对象和工作监控与指挥对象。

How，是指任职者如何开展工作活动，工作的方法和流程如何，以获得预期的工作结果，主要包括工作活动程序与流程、工作活动涉及的工具与机器设备、工作活动涉及的文件记录以及工作中的关键控制点。

研究结果表明，工作分析对一个特定的组织在特定时期内解决特定工作关系，起着至关重要的作用。例如，一个企业为了弄清一系列特定职位的具体职责与任务，通常开展一系列会议进行讨论。对于工作分析来说，则是通过对具体的工作环节乃至行业状况的全面分析来制定工作说明书。因此，工作分析被认为是现代组织中一种重要的管理手段。[1]

（二）与工作分析相关的基本术语

由于工作分析与职位以及职位相应的工作活动是紧密联系在一起的，因此有必要澄清与之相关的一些概念。

---

[1] 方雯. 工作分析与职位评价[M]. 西安：西安电子科技大学出版社，2017.

工作要素：工作要素是指工作中不能再继续分解的最小工作单位。如秘书在开会时正确记录会议发言人的讲话要点、餐厅服务员为客人开启酒瓶等。

任务：任务是一系列为了完成某种目的的工作要素的集合，是对员工所从事工作的具体描述。例如办公室文秘要完成打印文件这一工作任务，要经过打开电脑、打开打印机、找到相应文件、打印操作四个工作要素。也就是说，打印这一任务是以上四个要素的集合。

职责：职责是指一名任职者为完成一定的组织职能或工作使命而承担的一项或多项相关任务的集合。比如，公司培训专员的主要职责之一是对新入职的员工进行入职引导，其具体职责如下：统计本年度新入职的员工人数，确定举办培训的时间、地点，布置会场，安排公司相关领导人在入职引导大会上讲话等一系列任务。

职权：职权指依法赋予的、完成特定任务所需要的权力。职权与职责紧密相关，有时特定的职责等同于特定的职权。例如人力资源部经理具有"批准人事任命的权力"。

职位：职位又称岗位，一名任职者在一定时间和空间里所担负的一项或多项相互联系的职责的集合就是一个职位。例如销售部经理这一职位承担的主要职责包括：通过对下级的管理与监督，实施企业的销售、计划、组织、指导和控制；指导销售部门的各种活动；根据对销售区域、销售渠道、销售定额、销售目标的批准认可，协调销售分配功能；批准对推销员销售区域的分派；评估销售业务报告；批准各种有助于销售的计划，如培训计划、促销计划等。一般情况下，职位与任职者一一对应，有多少个职位就有多少个任职者。

职务：职务指主要职责在重要性与数量上相当的一组职位的集合或统称。例如，公司管理层设立两位销售副总，一位副总主管国内的销售，另一位负责海外的销售，两位副总的工作内容不尽相同，但是对整个公司的经营发展来说，其职责的重要性相当，所以这两个职位统称为"副总"（职务）。与职位不同，职务与任职者不一定一一对应，正如上述的情况，"销售副总"这一职务由两位任职者共同承担。

职业：职业是指在不同时期，不同组织中，工作要求相似或职责平行（相近、相当）的职位集合，如会计、律师、教师等都是职业，虽然每个律师的工作内容和数量不尽相同,但他们所承担的职责及任职要求都是大致相当的。

职系:职系也称职种,指工作性质大体相似,但具体的工作责任、任职资格等不同的一系列职位。如销售助理、销售专员、销售经理、销售总监就是一个职系,助理医师,医师,主治医师也是一个职系。工作性质相近的若干职系总和而成为职组,也叫职群。

职级:职级是指同一职系中,工作的职责大小、任职资格要求十分相似的所有职位的集合。如中学一级数学教师和中学一级英语教师同属于一个职级。

职等:职等是指不同职系之间,工作的职责大小、任职资格要求十分相似的所有职位的集合。如大学副教授与研究所的研究员以及工厂的中级工程师,同属于一个职等。职级和职等都是对工作的纵向划分,不同的是职级是对相同性质的工作程度的划分,而职等是对性质不同的工作之间程度的划分。之所以进行职等的划分,是因为不同职系之间的职级数量不一定相同,而且甲职级序列中的最高职级与乙职级序列中的最高职级,其工作难度也可能不同。

工作族:它由两个或两个以上的工作组成,这些工作或要求工作者具有相似的特点,或包括多个平行的任务,例如,生产工作和销售工作就是两个工作族。

(三)工作分析的主体、对象与时机

工作分析的一个重要方面是确定应该由谁来进行分析。如果组织只对工作分析信息有暂时性的需要,那么组织可以从外部聘请暂时的工作分析人员,否则组织需要聘请全职的工作分析专家。还有一些组织利用主管或者任职者来收集工作分析的信息。由谁来进行工作分析的选择决定于许多因素,包括需要分析的工作地点和复杂性、任职者对外部分析人员的接受程度以及分析结果的最终目的。不管由谁来收集这些信息,他们都应该全面理解人、工作和整个组织系统,还应该相当了解工作如何在组织中运行。

工作分析的对象是组织内部的各个岗位。工作分析中所考察的岗位涉及范围很广,既包括组织中的生产岗位、服务岗位,也包括技术岗位、管理岗位等。工作分析的中心任务就是为组织人力资源管理提供科学依据,实现"人职匹配、适人适岗"。

组织一般在以下情况下需要进行工作分析:新组织建立之初,工作分析首次被正式引进;企业缺乏明确的、完善的、书面的工作说明书,或者虽然有书面的工作说明书,但与实际工作情况不符,人们对工作的职责和要求不清楚,在工作中经常出现推诿扯皮、职责不清或决策困难的现象;企业进行结构重组、战略调整、业务扩展、引进新技术、新工艺时;原有的工作内容、性质等都发生了变化,而且需要重新定岗、定编定员时;当企业需要进行绩效考核、薪酬调整、员工培训等方面的研究时。其中,当工作性质发生变化时,最需要进行工作分析。

(四)工作分析的应用

工作分析在整个人力资源管理系统中处于基础性的位置,通过工作分析形成工作说明书,由工作描述和工作规范两个部分组成。它们可以为其他各项人力资源管理活动提供资料和依据,在人力资源开发和管理过程中,发挥着重要的作用。

1.工作分析为人力资源规划提供了必要信息

在人力资源规划方面,工作分析是指对企业现有资料(包括战略目标、组织结构状况)进行分析。对现有人力资源的数量、质量、结构及分布状况进行全面分析,可以得知企业现有人力资源的整体情况是否符合企业现在及未来的发展需求,是否需要进行人员的补充,需要补充哪种类型的人员,需要的数量及质量要求是什么;同时,通过工作分析的主要结果——工作说明书提供的信息,还可以对人力资源的供给做相应的预测,如工作说明书中对某职位的上下级关系的描述,使我们可以了解从何种岗位可以晋升到该岗位,该岗位会降级到何种岗位,哪些岗位可以调至该岗位,这样就可以通过工作说明书确定该岗位的内部供给情况。而且,无论是内部供给还是外部招聘,都需要企业确定该岗位的任职标准、条件和该岗位的职责权限,而这些信息来源于企业的工作分析。

2.工作分析为人员的招聘和录用提供了明确的标准

在招聘及甄选方面,工作分析减少了人员选拔录用过程中的主观盲目性。招聘人员根据工作说明书提供的工作描述和任职资格要求,客观地对工作的候选人进行测试筛选,提高了招聘的质量,实现人岗匹配。在招聘过程中有了明确的标准,即使是工作的外行也可以为企业招聘到合适的人才。

3.工作分析为人员的培训开发提供了明确的依据

在对员工的培训开发方面,工作分析是确定员工是否需要培训和培训内容的基础及依据。如果工作说明书中要求从事该工作的员工需具有某项技能,而现有员工尚不具备所要求的条件,那么就产生了培训需求,有必要对其进行相应的培训,以提高工作绩效。同时,培训内容的确定,也要以工作说明书为依据,不能盲目培训。总之,通过了解工作说明书,员工可以将自己的实际情况与工作说明书的工作标准相对照,可以了解自己担任本职岗位工作的具体要求,找出实际能力和实际绩效与工作标准、要求的差距,明确自己需要提高、培训的方向。企业也可以按照工作分析的结果,设计和制定培训方案,根据实际工作要求和员工的不同情况,有区别、有针对性地安排培训内容和开发方案,从而提高员工培训的效果。

4.工作分析为科学的绩效管理提供了帮助

在绩效管理方面,工作分析为组织设计合理的绩效考核标准提供了科学的依据,保证了绩效考核的科学性、客观性和公正性。通过工作分析,每一职位从事的工作以及所要达到的标准都有了明确的界定,这就为绩效考核指标的设定提供了明确的标准,减少了评价的主观因素,提高了考核的科学性。而且,也只有建立在工作分析基础上的考核指标体系才可能全面、准确地对员工进行评价,从而起到应有的激励作用。同时,只有客观、公正、科学的考核体系才能在员工的奖惩、晋升等方面提供合理的依据,发挥应有的作用。

5.工作分析为制定公平合理的薪酬政策奠定了基础

在薪酬管理方面,工作分析的作用主要体现在对工作评价的贡献上,而工作评价是薪酬管理的重要基础。根据亚当斯的公平理论,员工的公平感来自横向比较的相对公平,这一理论在薪酬设计时发挥重要的作用。员工认为工作具有相对的重要性,越重要的工作,所获得的报酬应该越高。工作分析通过对不同工作的职责所要求的技能、教育水平、工作环境等对工作进行评价。对工作进行相对重要性的排序,并通过量化的方式来帮助组织确定每个职位的报酬水平,工作分析越详尽,职位评价结果的可靠性越强,以此确定的职位相对价值越准确。因此,工作分析为薪酬体系的客观公正性提供了保障。

6.工作分析有利于改善企业劳动关系

工作分析为每个任职者提供了工作客观标准,成为组织对员工进行提升、调动或降职的决策依据;工作分析保障了同工同酬,并为员工明确了工作职责及以后的努力方向,必然使员工积极工作,不断进取;有助于工作权责范围的划定;有利于改善劳资关系,避免劳资双方因工作内容定义不清晰而产生的抱怨及争议。

二、工作分析的流程

下面阐述每一个阶段的内容以及需要注意的问题。

(一)准备阶段

准备阶段是工作分析的第一阶段,这一阶段主要完成以下几项任务。

第一,明确工作分析的目的和用途。工作分析的目的不同,所要收集的信息和使用的方法也会不同。只有确定了工作分析的目的,才能正确确定调查的范围、对象和内容,同时在一定程度上也决定了将使用何种方法来收集资料。例如,如果工作分析的目的是为企业的文书性工作职务培训项目提供依据,则无须取得其他工作岗位的信息。

第二,组成工作分析小组。小组的成员一般由以下三类人员组成:一是企业的高层领导。高层领导的参与,可以保证企业各个层次的工作人员积极地配合工作分析。二是工作分析人员。他们是工作分析小组的主力成员,主要由人力资源管理专业人员和岗位任职人员组成。三是外部的专家和顾问。他们具有这方面的丰富经验和专门技术,可以防止工作分析的过程出现偏差,也有利于结果的客观性和科学性。工作分析小组成立之后,还应对工作分析人员进行培训,保证工作分析的效果。

第三,制定工作分析实施方案。在目的明确、人员准备好之后,就可以根据工作分析的任务,制定一个工作分析的整体方案,作为工作分析的蓝图,指导后续的实施。通常应该包含以下内容:①工作分析的目的和意义;②工作分析所需收集信息的内容;③工作分析项目的组织形式、实施者和参与者;④工作分析实施的程序;⑤工作分析实施的时间、地点;⑥工作分析方法的选择;⑦工作分析所需的背景资料和配合工作;⑧工作分析提供的结果;⑨工作分析结果的审核和评价者;⑩工作分析的费用预算。然后根据整体方案确定具体的操作细则和步骤,制定出工作分析的时间计划进度表,以保证这项工作能够按部就班地进行。

第四,做好其他必要的准备。在进行工作分析之前,应由管理者向有关人员介绍和解释,消除他们不必要的误解和紧张。对于各部门抽调参加工作分析小组的人员,部门经理应对其工作进行适当的调整,以保证他们有充足的时间进行这项工作。

（二）调查阶段

调查阶段的主要任务是对整个工作过程、工作环境、工作内容和相关人员等方面做一个全面的调查,也是一个工作量大、耗时长的阶段。具体工作主要包括:①编制各种调查问卷和调查提纲。②到工作场地进行现场观察,观察工作流程,记录关键事件,调查工作必需的工具与设备,考察工作的物理环境与社会环境。③对主管人员、在职人员广泛进行问卷调查,并与主管人员、"典型"员工进行面谈,收集有关工作的特征及需要的各种信息,征求改进意见,同时注意做好面谈记录,并注意面谈的方式方法。④若有必要,职务分析人员可直接参与调查工作,或是通过实验的方法分析各因素对工作的影响。

（三）分析阶段

在运用各种方法对相关的工作信息收集完之后,就可以进入分析阶段,主要任务是对所获得的调查资料进行整理,并做出深入全面的分析,还要仔细审核所收集到的工作信息资料,归纳总结出工作分析的要点。在这一阶段需要进行以下几项工作。

第一,将收集到的信息按照工作说明书的各项要求进行归类整理,看是否有遗漏的项目,如果有的话再返回到上一个步骤,继续进行调查收集。

第二,资料进行归类整理以后,工作分析小组的成员要一起对所获得的工作信息的准确性进行审查,如有疑问,就需要找相关的人员进行核实,以修正初步收集来的信息中的不准确之处,使工作信息更为准确和完善,更能保证工作分析结果的科学性。

第三,在保证了收集到的资料准确无误且没有遗漏的情况下,就可以对这些资料进行深入的分析,归纳总结出工作分析的必需材料和要素,揭示出各个职位的主要成分和关键因素,主要包括工作名称分析、工作内容分析、工作环境分析和任职资格分析等内容。

根据实践经验,在分析资料的过程中,如果分析起来比较困难,这说明对职位的情况了解得还不是很深入或者收集的资料还不是很全面,需要返回到上一个阶段,继续了解和收集。

(四)完成阶段

在这一阶段,主要任务就是形成工作分析的最终结果,即工作说明书,并对整个分析过程进行总结,编写工作分析报告。

第一,工作分析人员根据对资料的分析,按照一定的格式编写工作说明书的初稿;然后反馈给相关的人员进行核实,意见不一致的地方要重点讨论,无法达成一致的还要返回到第二个阶段,重新进行分析;最后,形成工作说明书的定稿。关于工作说明书的具体内容和编写方法,我们将在后续内容中进行详细的说明。

工作分析报告作为整个工作分析工作的总结,对工作分析过程中存在的问题进行探讨,并提出相应的改进意见和建议,最好能够有针对性地提出组织与岗位的改进方案,以使企业的各个部门和岗位运行得更加顺畅。

需要注意的是,工作分析的价值和作用并不只在于工作分析成果本身,更重要的在于工作分析所获得的信息在后续的各项管理工作中能够发挥作用,提供重要的支持和保证。

三、工作分析的方法

工作分析的方法实际上就是收集工作信息的方法。目前,国内外已经开发出许多较为成熟的方法,在实践中得到广泛应用。现实中并不存在一种"最佳"方法,因为工作分析的内容取决于工作分析的目的与用途,不同企业进行调查分析的侧重点会有所不同。在实际工作中,企业可以根据工作分析的目的来选择一种方法,也可以将几种方法结合起来使用。

根据不同的标准,可以将这些方法划分成不同的类型。依据分析内容和确定程度划分为结构性分析方法和非结构性分析方法;依据分析对象划分为任务分析法与人员分析法;依据基本方式划分为观察法、写实分析法和调查法等。其中,按照结构可量化程度,将这些方法分为定性的方法和量化的方法两类。在这里,我们按照结果可量化程度进行介绍。

（一）定性的方法

1.观察法

观察法,就是指工作分析人员到工作现场观察员工的实际工作,包括工作的内容、形式和方法,工作间的相互联系、人与工作的关系以及工作环境、条件等信息,并用文字或图表的形式将其记录下来的一种搜集工作信息的方法。

观察法是用得最早的工作分析方法。早在20世纪初,科学管理之父泰勒在进行科学管理的研究中,就使用了观察法进行动作与时间研究的科学试验。随着现代科学技术的迅猛发展,利用一些科技手段对一般操作性工作的观察更加容易,但对于复杂的智能化程度较高的工作则难以观察。

观察法的主要优点是:工作人员能够比较全面而深入地了解工作要求,适用于那些主要用体力劳动来完成的简单的、不断重复的、容易观察的工作。其缺点是:不适用于工作周期长,主要是脑力劳动的工作以及处理突发状况的工作(如急救)和难于观察的工作(如飞行员飞行)。另外,有些员工难以接受,他们觉得自己受到监视和威胁,从心理上对工作分析人员产生反感,可能造成工作动机变形,这种方法也不能得到有关任职者的资格要求的信息。

需要注意的是,在使用观察法时,选择的工作样本应具有代表性,否则有些行为可能在观察中无法被发现。此外,工作分析人员在观察时,要注意不要干扰员工的正常工作,影响观察结果的准确性。如果有可能的话,应有几个观察者在不同的时间进行观察,以尽量消除观察结果的偏差。同时,在运用观察法时,一定要有一份详细的观察提纲,这样观察才能及时准确。

2.访谈法

访谈法,一种应用最为广泛的工作分析方法,是指工作分析人员面对面地访问员工本人、上级主管、专家等人,以获取工作信息的方式。

这种方法可以对任职者的工作态度和工作动机等深层次内容有详细的了解。面谈的程序可以是标准化的,也可以是非标准化的。一般情况下,用访谈法时应以标准化格式记录,以便于控制访谈内容,并可对同一职务不同任职者的回答相互比较。

访谈法的优点是访谈双方当面交流,能够深入、广泛地探讨与工作相关的信息,可以随时地对访谈问题进行解释和引导,能最大限度地获取有用的信息。

访谈法的缺点主要是它可能花费大量的时间和精力,尤其是在大规模的调查中,一一与员工面对面地交谈是很难做到的。而且,访谈所得到的信息的质量很大程度上依赖于访谈对象对访谈目的的了解程度以及访谈双方所建立关系的融洽度。当访谈双方沟通不够充分时,如果访谈对象存在自我保护意识,则可能夸大或忽略工作中的某些方面,引起工作分析资料的失真或扭曲。

为了保证访谈的效果,应注意以下几点:尊重被访谈人,态度真诚热情,语言恰当;营造良好的访谈气氛,使被访谈人感到轻松愉快;应注意对被访谈人的启发、引导,避免访谈人发表个人的观点和看法;访谈之前要拟定一份提纲及记录表。

3.问卷调查法

问卷法是工作分析中最常用的一种方法,通过向员工发放问卷的方式来获取工作分析的信息。由有关人员事先设计出一套工作分析问卷,然后由职位任职者填写问卷,也可以由工作分析人员填写;再将问卷加以归纳总结,做好详细记录,据此写出工作说明书。形成工作说明书后,要再征求任职者的意见,并进行补充和修改。

在工作分析实践中,工作分析人员根据不同的用途以及理论模型要求设计出大量的工作分析问卷,这些问卷按照结构化程度的标准可分为结构化问卷和非结构化问卷。

结构化问卷一般采用封闭式问题,问卷遵循严格的逻辑体系,分析结果可通过对信息的统计分析加以量化,形成对工作的量化描述或评价。例如,职务分析问卷、管理人员职务描述问卷等。非结构化问卷是使用较多的工作分析问卷形式,其特点在于能对工作信息进行全面、完整的调查收集,适应范围广泛,能根据不同的组织性质、特征进行个性化设计。

问卷法的优点在于它能够快速地收集众多岗位的大量信息,调查范围广,可用于多种目的、多种用途的工作分析,对于规模较大的组织来说很有效;同时,问卷可以在生产和工作时间之外填写,不会影响员工的正常工作;结构化问卷调查的资料还可以数量化,由计算机进行数据处理。

问卷法的缺点在于一套好的问卷编制的技术要求较高,其设计难度较大、成本费用较高;填写调查问卷是由任职者单独进行,缺少交流;不同任职者可能对问卷中同样的问题理解不同,从而产生对信息资料的偏差;如果被调查者的态度不好,不愿积极配合,或是被调查者的书面表达能力很差,虽然态度积极但却无法全面准确地对工作进行描述,这些因素都会影响调查的质量。

在运用问卷调查法的过程中应注意如下事项。

第一,问卷中要包含详细的填写说明和填写范例,调查项目与调查目的应一致,问题的阐述应简明并易于回答,防止提诱导式问题。

第二,正式下发问卷之前,应选择局部职位填写问卷初稿以测试问卷,针对测试中的问题及时修订和完善。

第三,填写问卷之前,与被调查者做充分的沟通,让其明确调查的目的(是进行工作分析而不是对其业绩评估),并与其建立良好的合作关系,取得他们的积极支持。

第四,在填写问卷的过程中,工作分析员应及时跟踪填写状况,解答疑难问题,为其提供帮助。

第五,回收问卷前将问卷反馈到被调查职位的直接上级,请他们对问卷中的信息进行确认、修正、签字,确保信息的真实性和准确性。

4.工作日志法

工作日志法就是由职位的工作者本人按照标准格式,按时间顺序记录自己的工作内容及过程,然后由工作分析人员经过归纳提炼取得所需资料的一种方法。该方法一般要求连续记录10天以上,其基本依据是从事该工作的人对这一工作最了解,由自己记录最经济方便。其优点在于收集的信息比较全面,一般不容易遗漏,可靠性也很高。缺点是这种方法使用范围较小,仅适用于工作循环周期短、工作状态稳定的职位,用于收集工作职责、工作关系、劳动强度等方面的信息。同时,信息整理量大,归纳工作烦琐,而且由于自己记录,主观成分比较大,还需要直接上级事后进行必要的检验核实。因此,在职务分析中工作日志法常与其他方法相结合,很少作为唯一主要的工作分析方法。

5.资料分析法

为了降低工作分析的成本,应当尽量利用现有的资料,以便对每个工作的任务、责任、权利、工作负荷、任职资格等有一个大致的了解,为进一步调查奠定基础。

岗位责任制是国内企业特别是大中型企业十分重要的一项制度。但是,岗位责任制只规定了工作的责任和任务,没有规定该工作的其他要求,如工作的社会条件、企业环境、使用条件、工作流程以及任职条件等,如果根据各企业的具体情况,对岗位责任制添加一些必要的内容,则可形成一份完整的工作描述和任职说明书。

另外,我们还可通过生产运作统计资料,如对每个生产工人出勤、产量、质量、消耗的统计,对工人的工作内容、负荷有更深入地了解,它是建立工作标准的重要依据。人事档案则可提供任职者的基本素质资料。

资料分析法的优点是分析成本较低,工作效率较高,能够为进一步分析工作提供基础资料和信息。其主要缺点是一般收集到的信息不够全面,尤其是在中小型企业中无法收集到有效、及时的信息。因此,资料分析法一般不单独采用,而是与其他工作分析方法结合使用。

6.工作实践法(实地工作法)

顾名思义,这种方法就是指由工作分析人员亲自从事所需研究的工作,以收集相关信息的方法。这种方法的优点在于能够获得第一手资料,可以准确地了解工作的实际过程以及在体力、知识、经验等方面对任职者的要求。但是工作实践法也存在不足,对于许多高度专业化的工作,或需要经过大量培训才能胜任的工作,由于分析者不具备完成某项工作的知识或技能,因而无法参与。因此,这种方法只适用于分析一些比较简单的工作,或是在短时间内就可以掌握的工作,而不适用于分析需要进行大量训练和危险的工作。

(二)量化的方法

针对定性方法存在的问题,为了收集到更多量化和客观的信息,在这些方法的基础上又发展出来一些新型的工作分析方法,这类方法主要是一些量化的方法,其中包括职位分析问卷法、功能性工作分析法、管理职位分析问卷法、关键事件法等。

1.职位分析问卷法

职位分析问卷法(Position Analysis Questionnaire,PAQ)采用一种结构严密的工作分析问卷,是目前最普遍和流行的人员导向职务分析系统,是由美国普渡大学的心理学家麦考密克耗费10年时间所设计的一种利用清单的方式来确定工作要素的方法。目前,国外已经将其应用范围拓展到职业生涯规划、培训等领域,以建立企业的职位信息库。

这个问卷包括194个标准化的问题,代表了从各种不同的工作中概括出来的各种工作行为、工作条件以及工作本身的特点,包括187项工作元素、7个与薪资有关的问题。这187项工作元素与7个问题共分为6个类别,对每个工作元素都要从以下标准中选择一项进行衡量:使用程度、对工作的重要程度、工作所需的时间、发生的概率、适用性、其他。通过这些衡量标准,可以决定一个职务在沟通、决策、社会责任、熟练工作的绩效、体能活动及相关条件五个方面的性质。根据这些性质,可在不同组织的不同工作之间进行相互比较。

PAQ的优点:①为人事调查、薪酬标准制定等提供了依据;②可将职位分为不同的等级;③可用于进行职位评价及人员甄选;④PAQ法不需修改就可用于不同组织中的不同职位,使得比较各组织间的工作更加容易,也使得职位分析更加准确与合理。

PAQ的缺点:①不能描述实际工作中特定的、具体的任务活动;②可读性不强,使用范围受到限制;③花费时间很多,成本很高,程序非常烦琐。

PAQ同时考虑了员工与工作两个变量因素,最适合用于工作评价,进而决定该工作的工资等级和奖金等方面。

2.功能性工作分析法

功能性工作分析法(Function Job Analysis,FJA)是由美国培训与职业服务中心(U.S.Training and Employment Service)研究出的一种以工作为中心的分析方法,适用于非管理性工作。它的核心是:通过总结员工在工作时对信息、人、事的处理方式进行工作职能的分析,并在此基础上归纳出任职说明、绩效标准、培训需求等。

FJA收集和分析了如下四个方面的工作信息:①工作人员在工作中做什么(what),包括工作动作和工作对象,如秘书打印一份函件;②工作人员为什么这么做(why),即工作的目的和期望是什么,如秘书打印工作函件是为了进行商务联系;③工作人员如何做这一工作(how),包括工作中使用的工具、设备或其他有用的东西,工作指导的来源(上级指令、工作规定或工作惯例);④工作人员在工作中发生的工作关系,这方面的信息是职能工作分析的重点。

工作人员在工作中与信息、人、物三种要素发生关系,这三种工作关系也即三种工作职能。信息是指工作中涉及的思想、概念、数据、符号等信息,处理信息的行为是综合、协调、分析、编辑、计算、复制、比较,这些工作消耗工作人员的脑力资源。人是指工作中发生关系的其他人,如上级、同事、下属、客户等。工作中与人发生关系的行为是指导、谈判、指示、监督、转变、劝说、通告、服务、接受指导帮助,这些工作涉及人际资源。物是指工作中涉及的机器设备等工作客体,工作中工作人员与物发生关系的行为包括安装、精确操作、运行控制、驾驶操作、熟练操纵、照看、保养、手工操作,诸如此类的工作行为消耗工作人员的体力资源。三种职能中的各项工作行为可按难易程度和复杂程度列出等级序列。

工作中与信息、人、物发生关系所形成的三种职能占整个工作的比重不完全相同。一般地说,专业技术人员在工作中处理数据的职能量较大,行政管理人员处理人际关系的职能量较大,而生产线上的操作人员大部分时间与物发生工作关系,体力消耗较大。依照信息、人、物在工作中的重要程度不同,可用百分比的形式估计三种职能的比重。三种职能的比重关系说明了职能倾向性。

FJA的结果主要运用于工作描述,此外还可为建立职务操作标准提供基础以及应用于工作设计等方面。

3.管理职位分析问卷法

管理职位描述问卷(Management Position Description Questionnaire,MPDQ)是一种以工作为中心的职务分析问卷法,由托纳(W.W.Tornow)和平托(P.R.Pinto)在1976年提出。它包括197个用来描述管理人员工作的问题,涉及管理者所关心的问题、所承担的责任、所受到的限制以及管理者的工作所具备的各种特征。

在使用MPDQ时,职务分析人员以上述的每一个维度为基础并按照0~4个等级来分析和评估管理工作。

MPIDQ的优点:适用于不同组织内管理层次以上的职位的分析,具有很强的针对性。通过计算机程序,MPDQ在某种程度上降低了主观因素的影响,其最终报告以大量图表形式出现,信息充足,简单易懂,提高了组织人力资源管理的效率。但此法受工作及工作技术的限制,灵活性较差,耗时长,成本高,而且这些管理分析是在对国外管理人员进行实证研究的基础上形成的,在中国需要一个本土化的修正过程,才能更好地适用于中国管理人员。

4.关键事件法

关键事件法(Critical incident method,CIT)由美国学者福莱诺格(J.C. Flanagan)和伯恩斯(Barns)在1954年发展起来的。它是由上级主管记录员工平时工作中的关键事件:一种是做得特别好的,一种是做得特别不好的。在预定的时间(半年或一年)之后,利用积累的记录,由主管者与被测评者讨论相关事件,为测评提供依据。这种方法考虑了职务的动态特点和静态特点。对每一事件的描述内容,包括如下内容:①导致事件发生的原因和背景。②员工的特别有效或多余的行为。③关键行为的后果。④员工自己能否支配或控制上述后果。

在收集了大量的关键事件以后,可以对他们做出分类,并总结出职务的关键特征和行为要求。关键事件法既能获得有关职务的静态信息,也可以了解职务的动态特点。

关键事件法的主要优点是研究的焦点集中在职务行为上,因为行为是可观察、可测量的。同时,通过这种工作分析可以确定行为的任何可能的利益和作用。但这个方法也有两个主要的缺点:一是费时,需要花大量的时间去收集那些关键事件,并加以概括和分类;二是关键事件的定义是显著的对工作绩效有效或无效的事件,但是,这就遗漏了平均绩效水平。而对工作来说,最重要的一点就是要描述"平均"的职务绩效。利用关键事件法,对中等绩效的员工就难以涉及,因而全面的工作分析工作就不能完成。

关键事件识别对于员工招聘、选拔、培训及制定绩效评估标准,都是极为有效的工具,但这种方法收集的信息量有限,不能提供有关工作职责、工作任务、工作环境等相关信息。

除此之外,工作分析的方法还有很多,在实践中,通常要根据不同的目的来选择不同的方法。同时,由于每种方法都各有利弊,因此要将有关的方法结合起来使用,以保证收集的信息准确、全面,为信息分析以及工作说明书的编写奠定良好的基础。

四、工作说明书的编写

工作分析的最后成果就是形成工作说明书,工作说明书是对某一工作的工作性质、工作任务、工作责任、工作内容、工作方法以及工作人员的资格条件等所做的书面记录。它是进行人员招聘、员工培训和绩效考核的依据，是人力资源管理的基础性工作。

在编写工作说明书时，一般都要按照一定的格式来进行，工作说明书的格式有简单的描述式，也有相对复杂的表格格式。不管格式如何变化，工作说明书都要包括两大部分的内容：一是工作描述，反映了职位的工作情况，是关于职位所从事或承担的任务、职责以及责任的目录清单。二是工作规范，它反映了职位对承担这些工作活动的人的要求，是人们为了完成这些工作所必须具备的知识、技能、能力和其他特征的目录清单。

（一）工作说明书的内容

工作说明并无固定模式，可以根据工作分析的目的和实际需要确定有关内容与格式。

1.工作描述

工作描述，又称职位描述或岗位描述，是对职位本身的内涵和外延加以规范的描述性文件，具体说明了工作的目的与任务、工作内容与特征、工作责任与权利、工作标准与要求、工作时间与地点、工作流程与规范、工作环境与条件等问题。由于组织的不同，工作描述的内容也不同。

工作描述包括核心内容和选择性内容，前者是任何一份职位描述都必须包含的部分，这些内容的缺失，会导致我们无法对本职位与其他职位加以区分。后者并非是任何一份职位描述所必需的，而可由职位分析专家根据预先确定的职位分析的具体目标或者职位类别，有选择性地进行安排。

（1）工作标识

工作标识是关于职位的基本信息，是一个职位区别于其他职位的基本标志。通过工作标识，可以向职位描述的阅读者传递关于该职位的基本信息，使其能够获得对该职位的基本认识。工作标识一般可以用工作代号和工作名称反映。工作名称是组织对从事该项工作活动所规定的工作名称。工作名称应简明扼要，力求反映工作的内容与责任。工作代号（或工号）是组织对各种工作进行的分类并赋予的编号，以便于对工作的识别、登记、分类等管理工作。

（2）工作概要

工作概要又称为工作目的，是指用非常简洁和明确的一句话来表述该职位存在的价值和理由。

（3）工作职责

工作职责是说明关于一项工作最终要取得的结果的陈述。换言之，为了完成本项工作的目标，任职人员应在哪些主要方面开展工作活动并必须取得什么结果。这是工作描述的主体部分，必须详细描述。对工作责任的描述应掌握以下特征：将工作中的所有关键性的表现结合起来；工作主要职责的焦点应放在最后的结果上，而不是放在工作任务和具体的活动上，不是描述如何履行职责，而是描述工作职责是什么；工作不变动，工作职责是无时间性的；每一项职责应具有独特性；描述工作职责的同时应提出该职责进行衡量的方法，或提出如何决定该工作最后结果取得与否；主要职责的描述一定要联系工作的实际，不应涉及上级工作职责和整个组织的职责。

（4）工作联系

职位描述中所提到的工作联系主要包括两部分：一部分是该职位在组织中的位置；另一部分是该职位任职者在工作过程中，与组织内部和外部各单位之间的工作联系，通常是描述该工作接受的直接上级、直接下级或直接服务对象，包括联系的对象、联系的方式、联系的内容和联系的频次等。

（5）工作权限

工作权限是指根据该职位的工作目标与工作职责，组织赋予该职位的决策范围、层级与控制力度。该项目主要应用于管理人员的职位描述与职位评价，以确定职位"对企业的影响大小"和"过失损害程度"，另一方面通过在职位说明书中对该职位拥有的工作权限的明确表达，可以进一步强化组织的规范化、提升任职者的职业化意识，并有助于其职业化能力的培养。

（6）工作范围

所谓工作范围是指该职位的任职者所能掌控的资源数量和质量以及该职位的活动范围，它代表了该职位能够在多大程度上对企业产生影响，在多大程度上能够给企业带来损失。

（7）业绩标准

业绩标准又称为"业绩变量"，是在明确界定工作职责的基础上，对如何衡量每项职责的完成情况的规定。它是提取职位层级的绩效考核指标的重要基础和依据,在以考核为导向的职位描述中,业绩标准是其所必须包含的关键部分。但是,业绩标准不是简单地等同于绩效考核中的考核指标,它主要是告诉我们应该从哪些方面和角度去构建该职位的考核指标体系,而没有提供具体的操作性的考核指标。

(8)工作条件

工作条件主要涉及三项内容:工作地点、工作环境、设备工具。工作地点指任职者工作的地理位置。工作环境指任职者工作的自然环境,如温度、湿度、粉尘、噪声、气味等。设备工具主要指从事本职位工作所应用的设备名称。工作条件主要是针对操作工人的职位描述,其目标是界定工作的物理环境在多大程度上会对工人造成身体上的不适或者影响其身体健康。在制造类企业中,这一部分内容是传统的"工作分析"的核心内容。随着后工业化时代的到来,该部分已经逐步丧失了其传统的地位,尤其是针对管理人员和专业人员的职位分析,对"工作环境"的界定已无实际的意义。

(9)工作压力因素

工作压力因素主要指由于工作本身或工作环境的特点给任职者带来压力和不适。在众多的工作压力因素中,我们主要关注工作时间的波动性、出差时间的百分比、工作负荷的大小这三个方面的特征。这些特征在职位描述中都被划分为若干等级,进行等级评定,从而为职位评价直接提供信息。

2.工作规范

工作规范就是对工作任职人员要求的说明,即为完成特定工作所需必备的生理要求与心理要求。主要内容有:一般要求、工作经验、智力水平、技巧和准确性、生理要求及其他心理素质要求。

(1)一般要求

一般要求包括年龄、性别、学历水平等。

(2)工作经验

工作经验是指完成岗位工作、解决相关问题的实践经验,这些经验是圆满完成工作所必需的。工作经验的描述通常都是使用圆满完成工作所需要的理论和实践知识的数量及复杂程度来衡量的。

（3）智力水平

智力水平涉及头脑反应、注意力集中程度和计划水平等方面的要求。智力水平条件对协调工作和处理工作中可能遇到的紧急情况是十分必要的。

智力水平大致包括下列四种能力：主动性，即独立工作，独立做出判断，独立制定工作计划；判断能力，即根据一系列原始材料，自己做出决策；应变能力，这是在处理突发事件中所必备的能力，在生产过程或人事管理中对有关问题做出适当的协调也需要这种能力；敏感能力，要求工作人员精力集中，反应迅速，避免工作失误或发生意外。

（4）技巧和准确性

技巧和准确性，体现了工作人员达到工作要求的速度和精确程度及其所需要的手工或操作能力。技巧和准确性是有所区别的。技巧与要求的速度及敏捷程度、视觉及其他器官的反应有关。准确性则反映生产产品、调配设备的精确程度，通常用允许范围内的误差来表达。

（5）生理要求

生理要求包括健康状况、力量与体力、运动的灵活性、感觉器官灵敏度。力量与体力通常指任职人员能承受举、提、推、拉的强度。运动的灵活性即指手、脚、身体移动敏捷，能自由自在地控制身体各部分的能力。感觉器官灵敏度指说、听、看能力的要求，包括口头语言表达思想、交流信息的能力；通过口头交往来获得的能力，或者需要精细辨别声音的能力；用眼睛来感知物体的形状、大小、距离、动作、色彩或其他物理特征等。

（6）心理要求

任何个人要完成工作任务，光有上述五个方面的条件还不行，必须有相关的品德、兴趣与情趣做后盾。能力因素只决定能否做，而品德与心理素质决定着能否做好，是否愿意做，决定着能力因素是否能够得到发挥。例如，责任心、认真、仔细、严谨、虚心、随意、好动、外向等，都是对相关心理素质的一种描述。

（二）工作说明书编制的要求

工作说明书在企业管理中地位极为重要，不但可以帮助任职人员了解其工作，明确其职责范围，还可为管理者的某些重要决策提供参考。一份好的工作说明书应具备以下特点。

1.清晰

在工作说明书中,对工作的描述应清晰透彻,使任职人员读过以后,可以明白其工作,而无须再询问他人或查看其他说明材料。避免使用原则性的评价,专业性的、难懂的词汇需要解释清楚。

2.具体

在措辞上应尽量选用一些具体的动词,如"安装""加工""传递""分析""设计"等,指出工作的种类、复杂程度,任职者需具备的具体技能、技巧,应承担的具体责任范围等。一般来说,由于基层工人的工作更为具体,其工作说明书中的描述也应更具体、详细。

3.精确

文字力求精确明了,用语浅显易懂,不要模棱两可。

第二节 工作设计

一、工作设计

(一)工作设计的概念

工作设计(Job design)又称职务设计、岗位设计,是指根据组织需要,界定一项工作所要完成的任务,任务被完成的方式以及工作内容如何分配的过程。

工作设计分为两类,一是对企业中新设置的工作岗位进行设计;二是对已经存在的不合理的工作进行重新设计,也称为工作再设计。

工作分析和工作设计紧密相连。大多数工作分析是在以前已经设计过的现存工作的基础上进行的。组织根据工作分析的结果,对所发现的存在不合理因素的工作进行再设计以使工作完成得更富有成效。

(二)工作设计的内容

工作设计涉及工作系统的各个方面,主要包括以下内容。

1.工作任务方面的设计

设计内容包括任务的种类、难度、复杂性、完整性、自主性、多样化等方面的设计。

2.工作环境的设计

工作环境设计主要是指工作环境优化,具体是指利用现代科学技术,改善工作环境中的各种因素,使之适合于劳动者的生理、心理特点。

3.工作职能方面的设计

工作职能设计指每项工作的责任、权力、信息交流、工作方法以及工作协调方式等方面的设计。

4.工作关系方面

工作关系涉及工作中的人际关系问题,包括工作中与哪些人交往、交往的机会、程度、工作群体成员的相互协调状况等方面的设计。

5.人员特性设计

人员特性指工作的设计和构成适应个体的需要、兴趣、能力、个性等方面的特性,从而使个体能够更好地从事工作。

6.工作标准与业绩的设计

工作标准与业绩的设计指工作任务完成所达到的数量、质量和效率等具体指标的设计。

(三)工作设计的程序

工作设计的过程一般包括以下几个步骤。

1.选择工作设计目标环节

选择具体目标就是进行需求分析和可行性分析。需求分析就是对原有工作现状进行调查诊断,以决定是否应进行工作设计,应着重在哪些方面进行改进。一般说来,出现员工工作满意度下降和积极性较低、工作情绪消极等情况,都是需要进行工作设计的征兆。在确认有了工作设计的需求之后,还应进行可行性分析。首先应考虑该项工作是否能够通过工作设计改善工作特征,从经济效益、社会效益上看,是否值得投资。其次应该考虑员工是否具备从事新工作的心理与技能准备,如有必要,可先进行相应的培训学习。

影响工作设计目标选择的因素有三个:①经济因素。要选有较高的经济价值的工作进行设计,如利润率较高的产品项目、生产的瓶颈环节、质量低或不稳定的生产环节、较为广泛进行或重复性较大的工作、所需投资适宜的工作等。②技术因素。工作设计和实施需运用一些特定的知识、方法、技术和手段,而这些是否具备或可获得关系到工作设计的成败。③人的因素。工作设计应选那些能够予以良好配合和合作的单位或个人,容易获得成功,且便于总结和推广。①

2.确定工作设计具体目标

在工作设计的需求性分析和可行性分析完成之后,还应制定具体的工作设计目标。这些具体的目标包括:减少不必要的作业;减少作业时间或空闲时间;降低物耗;提高产品质量的稳定性;增强工作的安全性;改善工作条件或环境;降低劳动的疲劳程度;提高员工的工作兴趣等。

3.记录现状

记录现状,主要是指如实、详细地记录所选定工作的内容、方法、程序、技术要求、动作细节、所用设备工具材料、工作地布置和工作环境等。记录过程中,可借助于各类专用图表技术、录像或电影技术等。记录是工作设计的基础,记录必须客观、全面、详尽、准确,以保证取得良好的设计质量和效果。

4.分析记录事实

对所记录的内容进行认真、细致地分析是制定或改进设计方案的基础。有效地分析,首先要求敢于对现行作业进行怀疑,即相信现状中总存在着一些不完善的地方。其次要求进行系统分析,包括工作的目的、方法、场地、进行工作的人、工作的时间和工作的顺序等。最后要求敢于创新,发现现状的不完善之处,寻求改善的措施。

5.制定改进方案

制定改进方案是工作设计的核心,包括建立新方案和评价新方案两项内容。建立新方案可在现行作业方案的基础上,通过"取消—合并—重排—简化"技术(ECRS技术)对原有方案进行改进。ECRS技术的应用过程如下。

先将现行作业或工作进行分类:需要且适当的;需要但太简单的;需要但操作顺序有问题的;需要但太复杂的;不需要的。再按其分类进行处理不需要的应取消;需要的应保留;太简单的合并到其他作业或活动中;太复杂的应简化或分解;操作顺序有问题的应重排。

经ECRS技术的不同处理,可得到许多不同的方案,需要从经济、技

①袁利霞.高校思想政治教育工作评价系统的设计与实现[D].福州:厦门大学,2015.

术、安全、管理等方面,对各种方案进行评价,从中选取最佳方案。

6.实施与评价新的方案

新的工作设计方案必须实施才有可能达到设计的预期目的,但实施的过程可能比设计本身的难度还大,尤其是在设计还不被员工所理解或新的设计改变了员工多年形成的老习惯的情况下。工作人员对新设计的接受成为实施新设计的一个必要条件,所以,必须事先做好有关人员的宣传、解释、试点、培训等工作,并且可选择适当部门与人员进行试点,检验效果。根据试点情况及效果进行评价,评价主要集中于三个方面:员工的态度和反应、员工的工作绩效、企业的投资成本和效益。

一旦新的设计方案被有关人员所接受,适当的措施应立即实行,包括:工作地的改善;工具、设备和物料的改变;新作业方法的训练、应用和推广等。

(四)工作设计的方法

工作设计大致经历了古典工作设计到现代工作设计两个阶段,可归纳为四种基本工作设计方法。

1.机械型工作设计方法

机械型工作设计方法扎根于古典工业工程学之中。泰勒的科学管理原理、亚当·斯密提出的职能专业化、闵斯特伯格的工业心理学思想等为代表的古典工作设计理论,强调工作任务的简单化、标准化和专业化,以实现工作活动的高效率。在该思想指导下的工作设计方法主要是根据劳动分工或专业化的原则,对生产过程或工艺流程中的各个组成部分、环节、活动、操作及其相互关系进行记录、分析和评价的方法。最为经典的是流水作业线式的工作设计,采用固定运行节律,工作活动单调重复,技能要求低,限制工作中的社会交往,至今仍在许多企业应用。

虽然大规模生产方式在20世纪上半叶成功证明了这种工作设计理论对提高生产效率起了重要作用,但是,随着社会的发展和工业的进步,这种工作设计的思想方法的弊端逐渐暴露出来:工作专业化和简单化使工作变得重复单调,造成员工厌恶工作、工作满意度下降;高度分工割断了工作任务之间的联系,破坏了工作的完整性,致使员工对自己所承担的工作与企业生产过程整体之间的联系乃至工作的意义缺乏了解,工作主动性和积极性不高;标准化和程序化的工作设计要求人服从于技术系统,员工如同机器零件,忽略了人的价值。人们越来越意识到满足员工心理需求的重要性,现代的工作设计理论及相应的工作设计方法便应运而生。

2.生物型工作设计方法

生物型工作设计方法主要来源于人类工程学,它关注个体心理特征与物理工作环境之间的交互界面,也就是说主要关注人们如何对工作环境中感受到的物理条件做出反应。这种方法的目标是以人体工作的方式为中心来对物理工作环境进行结构性安排,从而降低工人的身体紧张程度。因此,它对身体疲劳度、痛苦以及健康抱怨等方面的问题十分关注。

工作和工作场所的生物设计把所有的因素分成五个特征:隐私、照明、空气质量、噪声、空间(Field&Philips,1992)。

隐私:这个特征关心的是视觉和言语隐私以及进入办公室的方便程度。开放的或平面化的办公室不如传统、封闭的办公室更容易保持隐私。

照明:人们对自然光比对人造光有本能的偏爱。自然光包含所有的色彩,会让人觉得比人造光更温暖、更明亮。昏暗的光线会让人觉得压抑、烦闷,甚至会引起头痛。

空气质量:这是最重要的影响因素之一。现代化的办公楼都是密封的,只能通过空调系统来提供新鲜空气。随着办公室中现代化办公室设备,如电脑、打印机、复印机、传真机等的增加,空气中的化学物质也增加了,更需要大量的新鲜空气。在这种环境里,人们容易得一种所谓的"病态写字楼综合征"。这种综合征被定义为:当在一座楼里工作的20%的人觉得头晕、恶心、嗓子发干、眼睛发涩、皮肤瘙痒或咳嗽,而离开这座楼12～24小时后症状明显减轻时,就属于这种病症。

噪声:噪声使人难以集中注意力,可以通过安装吸音顶棚、墙壁或地板来降低噪声。

空间:这里的空间不仅指空间的大小,而且包括空间的布置,诸如办公用具的形状、颜色、摆放是否合适,书架的最高层是否够得着,空间利用是否合理等。同样,办公设备的可调节性和灵活性正在变得越来越重要。

通过以上几个方面的改进,可以提高员工的工作舒适度,进而提高工作效率。

3.知觉运动型工作设计方法

知觉运动型工作设计方法关注的是人的心理能力和心理局限。这种工作设计方法的目标是在设计工作的时候,通过采取一定的方法来确保工作的要求不会超过人的心理能力和心理界限。这种方法通常通过降低工作对信息加工的要求来改善工作的可靠性和安全性。

4.激励型工作设计方法

随着20世纪40~50年代人际关系理论兴起,管理方式从科学管理时代的重"物"转向重"人","参与管理"便是工作设计思想向"人本化"方向迈出的重要步骤,标志着工作设计思想的一次根本性变革。

在众多激励理论中,赫茨伯格提出的双因素理论对现代工作设计产生了极大影响。该理论把工作中影响满意感因素分为两类:人们在工作中的高满意感是由工作本身的内在因素决定的,这类因素称为激励因素,包括工作认知、成就感、责任、工作时的进步和个人能力发挥等;另一面是造成工作中不满意的因素,是由工作中的外在因素引起的,称为保健因素,包括公司福利政策、管理方式、上下级关系、工作报酬与工作环境条件等。双因素理论认为,这两类因素的性质和作用不同,只有激励因素才能真正调动工作积极性从而提高工作效率。双因素理论直接推动了现代工作设计的发展。在这种思想的指导下,人们在进行工作设计时开始考虑工作中人的心理因素或心理需求,关注如何改善员工的工作生活质量、如何满足员工某些心理需求、如何改善对员工的激励、如何为员工提供发展的空间等。

为满足这些需求,出现了一些新的工作设计方法。

(1)工作扩大化

工作扩大化,即扩大员工的工作范围或领域,增加作业内容,是横向的扩展。如让生产线上的工人除了生产之外,还承担一部分维修保养、清洗润滑等辅助工作。工作扩大化可以避免员工对常规性的、重复性的简单工作感到单调乏味的状况,提高员工的工作兴趣,但是工作扩大化并没有给员工的活动提供多少挑战性和意义,正如一位经历过工作扩大化的员工认为的"我以前有一份烦人的工作,现在因为工作扩大化,我有三份烦人的工作。"

(2)工作丰富化

工作丰富化,即在规定的作业中增加难度更大、更具挑战性的工作内容,工作丰富化实质上是一种纵向的扩大工作的范围,是从深度方面的扩展。通过向员工提供更多地从事有意义的工作的机会,员工在计划和控制等方面有更多的自主权,增强员工的责任感和成就感,使他们感受到工作的意义,从而满足员工个人发展和自我实现的需求。

(3)工件轮换

工作轮换,是将员工定期地从一个部门或一种工作岗位轮换到另一个部门或另一种工作岗位。工作轮换通过为员工提供不同的工作体验,拓宽了员工的技能和人际关系,可以使员工发现自己的兴趣所在,给了他们更多的发展机会。同时,工作轮换增进了各个部门、岗位之间的相互了解,促进了工作之间的有效合作。

但是,工作轮换只限于一少部分对任职资格要求的差异没那么大的工作,比如让研发部门的员工轮换到技术支持的岗位,但是如果让其轮换到法律顾问的岗位上,就明显不切实际。而且,由于轮换之后,员工需要有对新工作的熟悉过程,这就增加了培训成本,还会导致绩效的暂时下降。另外,非自愿的工作轮换可能会导致旷工和事故增加。

(4)工作特征模型

哈克曼和奥德海姆(Hackman & Oldham)提出了工作特征模型。这个模型把所有与工作有关的因素分为五个方面,即五个特征,分析了每个特征如何影响员工的绩效。

这个模型的一个重要贡献是把每个特征可能产生的激励效果揭示出来。这五个核心特征是:技能多样性,即完成这项工作需要的技能数量;工作完整性,即整个工作是否由一个人完成,程度有多大;工作重要性,即这项工作对组织内其他活动的重要性;工作自主性,即从事这项工作的人以自己喜欢的方式完成工作的自由程度;反馈,即关于工作绩效的信息,可以从工作本身获得(如观察产品),也可以通过同事或上司获得。

此模型表明,一项工作的这五个核心特征会影响工作者的心理状态,心理状态又进一步影响工作的结果。这个模型考虑了四种工作结果:内在工作动机、工作绩效的质量、工作满意度、缺勤和流动。工作动机以三种心理状态为基础:感受到的责任、感觉到的工作意义、对工作结果的了解。

这个模型还指出,三个因素会影响核心工作特征与工作结果的关系:一个因素是员工成长需要的强度(GNS);第二个因素是从事工作所需要的知识和技能;第三个因素是背景满意度。成长需要的强度是一个人使自己变得更好的基本要求。一个成长需要强度很低的人可能满足于五个核心特征都低的工作,在这种情况,即使把这项工作的特征设计得都很高,他也不会有更高的积极性,工作结果也不会好。如果一个人不具备从事一项工作所需要的基本知识和技能,即使这项工作的五个特征都很突出,也难以调动他的积极性,更谈不上工作效果。工作本身可能很有挑战性,但如果一个人觉得他根本不懂得这项工作的话,这种挑战就没有意义了。第三个因素是背景满意度,所谓背景是指工作的外部环境。如果一项工作的外部环境令人不愉快,从事这项工作的人也很难受到工作特征的激励。

(五)工作时间设计的新思路

以上工作设计方法更多的是针对工作内容而进行的设计。除了这些方法以外,还有一些新的方法可以对工作时间进行设计。它们改变了员工个人工作时间的严格规定,并且也产生了促进生产率的作用,可以把它们作为辅助的工作设计方法。

1.缩短工作周

缩短工作周是指在保证员工每周工作时间不超过40个小时的前提下,灵活安排工作时间,延长日工作时间,缩短每周工作时日,典型的情况是每周工作4天,每天工作10个小时,达成每周四天工作制。企业一般会让员工错开工作时间,使得在所有的传统工作日都有员工工作。

缩短工作周的优点是员工每周工作的次数减少,使得缺勤率和迟到率都下降,有助于经济上的节约。员工在路上的时间减少,工作的交易成本下降,工作的满足感提高。

缩短工作周的缺点是,工作日延长使工人感到疲劳并可能导致危险,员工在工作日的晚间活动还会受到影响。实行缩短工作周的企业与实行传统工作周(5天×8小时)的企业在联络时会发生时间上的障碍。缩短工作周期员工可以有3天到4天的休息日和家人相处或从事个人活动,但是,在工作日较长的工作时间可能会让员工觉得压力大,并觉得倦怠。

2.弹性工作制

弹性工作制给予员工在决定何时上下班的这个问题上有一定的自由处理权。员工每周的工作时间是特定的,但在一定的范围内又可以自由改变工作安排。在每天的工作实践中,有一个共同的核心工作时间段,要求所有的员工必须在岗,除了这段时间外,员工可以自由选择其上下班时间。

其典型做法是:企业要求员工在一个核心期间(如上午10点到下午3点)必须工作,但是上下班时间由员工自己决定,只要工作时间的总量符合要求即可。弹性工作制的优点是员工可以自己掌握工作时间,为实现个人要求与组织要求的一致创造了条件,降低了缺勤率和离职率,提高了工作绩效。弹性工作制的缺点是每天的工作时间延长增加了企业的公用事业费,同时要求企业有更加复杂的管理监督系统来确保员工工作时间总量符合规定。

另外,弹性工作制还有其自身缺陷,即它不能适用于所有类型的工作。对于与本部之外的人接触量有限的工作人员来说,这种方式效果良好。但对于接待人员、零售店的销售人员以及其他要求员工在事先确定的时间内为别人提供全面服务类的工作来说,这就不是一种可行的方法了。

总之,弹性工作制虽然对企业的生产率没有很明显的影响,但却能使员工受益。目前美国实行弹性工作制的企业越来越多,特别是工作比较独立的专业人员。

3.电子办公

电子办公也被称为"在家办公"。对于许多人来说,这也许是一种接近理想化的工作方式:不用乘车往返于公司上下班,工作时间灵活,穿着随意,几乎没有同事打搅。在这种工作方式下,员工在家处理工作并把工作结果通过电子方式传送到公司。在多数情况下,员工只是按照事先安排,在特定的时间去公司参加会议或与同事见面沟通。

由于不受他人的干扰,电子办公可以提高员工的工作效率,而且在家办公的员工越多,公司就越节省办公时间及各类开支。虽然电子办公是目前发展最为迅速的工作方式之一,但是由于这种办公方式有可能会使在家的员工错过一些重要会议,不能及时参加与公司内部的一些新政策和新想法的交流活动,也不能与其他员工很好地沟通,逐渐减少在家员工的社会支持,使员工感到不安,同时在公司晋升、增薪时,较少的社会支持可能造成负面作用,因此有些员工宁愿每天很辛苦地到公司上班,也不愿待在家里办公。

每个组织使用的工作设计方法都可能不同。在一个组织中,可以对不同层次的员工和不同的工作类别,使用不同的工作设计方法。而且一个组织可以使用一种工作设计方法,也可以同时使用几种工作设计方法。

二、工作评价

工作评价就是评定工作的价值,制定工作的等级,以确定工资收入的计算标准。因此,工作评价是工作分析的逻辑结果,其目的是提供工资结构调整的标准程序。

(一)工作评价的含义与功能

1.工作评价的含义

工作评价(Job evaluation)即评定工作的价值。在工作分析的基础上,按照一定的客观衡量标准,对职位的工作任务、繁简难易程度、责任大小、任职资格条件等方面进行系统评比与估价。中心是"事"而非人,是对企业各类职位的相对价值进行衡量的过程。工作分析的结果就是衡量与评价工作相对价值的一把尺子。工作相对价值反映了一种工作在达到组织整体经营目标过程中的重要性或做出的贡献的大小。

2.工作评价的功能

从纵向看,工作评价是企业管理工作分析的延伸与反馈,与工作分析一样,也是企业建立科学人力资源管理机制的平台,是基础性工作。

从横向看,工作评价是建立在工作分析与薪酬设计之间的不可或缺的环节。工作评价中的评价标准因素,反映不同职务在相对价值上的差别程度,建立职位价值序列,从而决定职位工资报酬水平的高低。工作评价是薪酬制度设计的工具和理论基础。

(二)工作评价的步骤

采用不同的方法进行工作评价,实施步骤有所不同,但一般都包括以下六个步骤。

1.组建评价工作组

由于进行工作评价是一个主观判断的过程,组建工作小组应该注意"什么人参与评价"的问题,主要包括人力资源专家、工作评价专家、主管人员、员工代表等。同时,应就工作评价的意义、工作评价的相关方法等进行培训与解释。小组共同讨论,制定具体工作计划,确定详细的实施方案。

2.收集相关信息

按工作性质将企业的全部职位分类,这也是工作设计后的职位归类工作,收集有关职位的各种信息,信息来源于工作分析的成果——工作描述与工作规范。

3.分析处理信息,制定评价标准

以资料为基础,找出与职位有直接联系、密切相关的各种主要因素。讨论并规定统一的衡量标准,设计各种问卷和表格。

4.对各职位进行评价

一般先以几个重点单位作为试点,发现问题、总结经验、及时纠正,然后全面实施工作评价,比如按照评价标准对职位进行打分等。

5.编制工作评价报告书

对评价资料进行整理汇总、数据处理分析,编制各个职位的评价报告书,将这些提供给各有关部门,其中包含各职位的薪点数(职位相对价值高低的数字体现)。

6.反馈与总结

应用于职位定薪,检验工作分析与工作设计的效果等。对其中产生的问题进行积累分析,适时做局部调整,总结本次工作评价过程中的问题,积累经验。

(三)工作评价的方法

常用的工作评价方法有如下四种。

1.排序法

排序法是指评价者在工作分析的基础上,根据一个简单的标准,如工作复杂性或工作对企业战略的重要性,把所有的职位从高到低进行排序,适用于生产单一、职位较少的中小企业。对大公司来说,采用这种方法需要以部门为单位给每个部门的职位进行排序,再对每个部门进行排序,并确定相应的系数,通过系数进行转化,确定每个职位的价值大小。排序法需要参与排序的人要对所有职位的情况非常了解,排序结果的处理可以用简单算术平均,也可以根据评分人对职位的熟悉情况进行加权平均。

排序法的优点在于方法简单、容易操作,但主观性强,特别是当某一职位受特殊因素的影响(如在高空、高温环境下工作时),常会将职位的相对价值估计过高导致评价结果的准确程度不高且不稳定。

2.分类法

分类法的要点是:先分类,再排序。根据职位工作职责、任职条件等方面的不同性质和要求,将所有职位分为不同的类别。比如,按职位层级可以分为经营层、管理层和操作层,按不同序列可分为行政人事类、财务投资类、营销类、技术研发类和生产制造类等,然后根据每一类职位确定一个职位价值范围,并且对同一类职位进行排序,从而确定每一个职位的相对价值。

3.评分法

评分法,也称点数法、因素计点法。首先,评定职位的主要影响因素,采用一定点数(分值)表示每一因素(报酬因素),然后按预先规定的衡量标准,对现有职位的各个因素逐一评比、估价,求得点数,经过加权求和,最后得到各个职位的总点数(薪点)。

评分法不直接对每个职位的具体职责、工作内容、工作环境和任职资格等进行相互比较,而是将所有职位的工作特性抽象成若干个计酬要素,再将职位的具体内容与这些要素标准相比较,从而得到每个职位的价值分数,然后通过分数排序就得到了职位价值序列。

评分法容易被人理解和接受,评定的准确性高,但工作量大、费时费力,在选定评价项目及定权数时也带有主观性。它是一种定量方法,是目前运用最广泛的工具,尤其适用于生产过程复杂、职位类别与数目繁多的大中型企业。

4.因素比较法

因素比较法的操作步骤是:先选定具有代表性的职位作为标准职位,按被大多数人认可的评价因素对标准职位进行评分定级并制定出标准职位分级表(将标准职位总分数分配到各个因素,确定各个因素不同水平的分数),再将其他职位与标准职位分级表比较,确定其相对价值,并用分数表示。

这是一种混合方法,兼有排序法和评分法的特征。因素比较法和评分法均为建立在报酬因素的评价基础上的定量方法,不同在于因素比较法是参照标准职位相对打分,评分法是对照标准绝对打分。

第三节 人员配备

人员配备是把工作设计的成果由书面转化为现实的必要一步,也是事得其人的必要环节。科学合理的人员配备是人力资源管理工作的重要内容。

一、人员配备的概念及作用

人员配备是根据组织目标和任务正确选择、合理使用、科学考评和培训人员,以合适的人员去完成组织结构中规定的各项任务,从而保证整个组织目标和各项任务完成的职能活动。也就是让合适的人去做合适的事。

要科学地组织生产,企业必须在生产过程中使劳动力、劳动手段和劳动对象得到最佳的结合。为保证现代企业顺畅运转,就应对各生产环节进行细致的了解,并对定员情况进行合理的配备,进而使劳动力得到最充分的运用。人员配备的作用是要使各个部门事事有人做、人有事做、岗位不重复、工作无遗漏,实现管理的规范化、合理化和科学化,人尽其才、才尽其用,组织目标得以实现。

二、人员配备的原则

(一)以实现组织目标为中心,科学、合理地进行人员配备

人力资源管理的任何工作都应围绕着组织目标的实现来进行。对企业而言,人员配备应本着保证整个企业经营过程连续协调进行、劳动生产率得以提高的原则,科学、合理地进行。

所谓科学,就是要符合劳动管理的一般规律,做到"精简但又有效",即满负荷的工作精神,在保证生产和工作需要的前提下,与国家制定的部颁标准、行业标准或条件大体相同的企业所确立的标准相比较,要能体现出组织机构精干、用人相对较少、劳动生产率相对较高的特点。

所谓合理,就是要从企业的实际出发,实事求是地结合本企业技术装备水平、管理水平和员工素质,考虑到提高劳动生产率和挖掘员工潜力的可能性来确定定员数。在此基础上,如果能超出国家主管部门颁布的或行业颁布的定编定员标准,当然更好。但具体到某一个企业定员时,不能以

达到部颁标准或行业标准为目的,重要的是考虑自己企业的实际情况,进行合理的定编定员。

（二）因事择人、量才使用

因事择人就是员工的选聘应以职位的空缺和实际工作的需要为出发点,以职位对人员的实际要求为标准,选拔、录用各类人员。量才使用就是根据每个人的能力大小而安排合适的岗位。人的个体差异是客观存在的,一个人只有处在最能发挥其才能的岗位上,才能干得最好。人员配备工作中要做到知人善任,关键不在于如何减少人的短处,而在于如何发挥人的长处,使人们各得其所,各遂其志,人尽其才,才尽其用①。

（三）各类人员的比例关系要协调

要正确处理企业直接与非直接经营人员的比例关系、直接与非直接经营人员内部各种岗位之间的比例关系、管理人员与全部员工的比例关系,从而保证各类工作都能有序进行,将"忙闲不均"的现象减至最低。其中,管理人员占员工总数的比例与企业的业务类型、专业化程度、自动化程度、员工素质、企业文化及其他一些因素有关。

（四）以专家为主,走专业化、程序化、规范化道路

人员配备是一项专业性、技术性比较强的工作,它涉及生产技术和经营管理的方方面面。对于从事这项工作的人,不仅应具备比较高的理论水平,同时还要具备丰富的生产管理经验。只有这样,才能保证其结果的科学性和合理性。同时,人员配备还必须遵循一定的标准和程序、对条件许可的岗位,应多采取公开竞争的方式来予以配备。只有严格按照规定的程序和标准办事,才能公平、公正地为组织的各岗位配备到称职的员工,保证人员配备工作在过程与结果两方面的质量。

三、定编定员

人员配备最重要的一项内容就是定编定员。所谓定编定员,是指在组织既定战略规划的指导下,进行组织结构设计及职能的分解,根据需要设置岗位,确定组织的编制,然后再确定具体岗位的任职员工的过程。定编定员工作不仅要从数量上解决好人力资源的配置,而且还要从质量上规定使用人员的标准,从素质结构上实现人力资源的合理

①陈彩琦,马欣川. 工作分析与评价[M]. 武汉:华中科技大学出版社,2017.

配备。

定编定员是一种科学的用人标准。它要求根据企业当时的产品方向和生产规模,在一定的时间内和一定的技术条件下,本着精简机构、节约用人、提高工作效率的要求,规定各类人员必须配备的数量。它所要解决的问题是企业各工作岗位配备什么样的人员以及配备多少人员。它通过对企业用人方面的数量规定,促进企业少用人,多办事,从而不断提高劳动生产率。定编更多的是从"编制"这个角度进行分析,定员则更多的是从"人数"这个角度进行分析。

由于企业内各类人员的工作性质不同,总的工作量和劳动效率不同,技术条件及管理水平不同,加上其他影响定员的因素,因而进行定员的具体方法也不同。常用的方法主要有:按劳动效率定员,按设备定员,按岗位定员,按比例定员,按组织机构、职责范围和业务分工定员等五种。在这五种基本定员方法中,按效率定员是基础。在企业定员工作中,可根据企业内各部门和各类人员的特点加以灵活运用,也可以将几种方法结合起来运用。任何企业都应从实际出发,结合国家、行业颁布的定员标准,采用适当的定编定员方法,并对比同类企业的情况,制订本企业的定员方案。

工作分析与工作设计是人力资源管理工作中十分重要的部分,它是各项人力资源管理工作的起点,是建立人力资源管理制度的基础,也是各项人力资源管理活动必须参考的标准,对于整个组织的运行与管理也有着重要的基础性作用。

随着技术进步和社会发展的步伐越来越快,企业在结构、任职人员和技术等各个方面都在不断变化,进而企业需要不断地变革,企业内的工作也需要不断地予以新的分析与设计,以保证企业能不断适应内外部环境的变化,使企业能有效、高效地生存和发展。为此,企业需要通过适时的工作再设计和制定规范的工作说明书来从基础上保证企业实现自己的目标,同时也能有效地满足员工日益增强与变化着的多样化需求,把以人为本的管理理念落到实处。

第五章 人力资源招聘与录用

第一节 人员招聘概述

随着经济全球化的飞速发展,组织之间对产品、技术、市场的激烈竞争,归根到底就是对高素质人力资源的竞争。能否吸引大量高素质求职者,并从中甄选出合适的人才是影响企业兴衰的关键所在。

一、员工招聘的内涵与作用

(一)基本概念

员工招聘是人力资源管理中最基础的职能活动,也是出现最早的工作。员工招聘是招募和选拔聘用的总称。其中,招募是指企业在某些岗位空缺的时候,向内部或外界发布消息,吸引人应聘的过程;选拔聘用是指在应聘的候选人当中,通过科学的筛选办法,寻找出最适合该岗位的人选的过程。招募是选拔聘用的基础和前提,选拔聘用是招募的目的。所以,员工招聘所包含的整体意思是,企业从某些岗位空缺开始到岗位空缺被填补为止,制定的一系列决策和实行的一整套措施。

招聘一般是从招聘需求的提出和确定开始的,招聘需求产生于人力资源规划和工作分析。从而,员工招聘是建立在人力资源规划和岗位分析的基础上的。这两方面工作的质量如何,对招聘工作的质量和效率有着直接的重要影响。人力资源规划是运用科学的方法对企业人力资源需求和供应进行分析和预测,判断未来的企业内部各岗位的人力资源是否达到综合平衡,即在数量、结构、层次多方面平衡。从而,人力资源规划明确了招聘的目标,即企业所需要的人员数量和类型。工作分析就是对企业中的某项职务进行全面系统的调查分析研究。分析职务本身的各项内容以及雇员对此职务应承担的责任和应具备的素质等。工作分析明确了招聘职位的责任和聘用标准,这些职位的工作内容有哪些,什么样特点的人能够胜任这些职位。两者的结合使得招聘工作的科学性大大加强。

(二)重要意义

人力资源的使用与配置是企业成功的关键,而人力资源的使用与配置包括人力资源的"进""用""出"等几个环节。在这几个环节中,人力资源的"进"又是关键中的关键。人员招聘属于"进"这一环节,具体而言,人员招聘的作用具体表现在以下几个方面。

1.招聘是组织获取人力资源的重要手段

组织只有通过人员招聘才能获得人力资源,尤其是对新成立的企业来说,人员的招聘无疑更是企业成败的关键。如果企业无法招聘到合乎企业发展目标的员工,企业在物质、资金、时间上的投入就会浪费,完不成企业最初的人员配备,企业就无法进入运营。对已经处于运作之中的企业来说,人力资源的使用与配置,也因企业的战略、经营目标、计划与任务以及组织结构的变动和自然原因而处于经常的变动之中。因此,招聘不仅关系到能否解决企业目前人力资源紧缺的问题,而且可能影响到企业发展战略能否顺利实现。

2.招聘是人力资源管理的基础

人力资源管理包括招聘、培训、考核、薪酬、人力资源保护、劳动关系、奖惩与激励制度等环节。招聘不是分离于其他人力资源管理活动而独立存在的,而是与其他人力资源管理职能活动紧密相关的。招聘是人力资源管理系统的输入环节,直接影响企业人力资源的输入和引进质量。如果招聘的人员不能够胜任,或不能满足企业要求。那么,企业人力资源管理的工作效益得不到提高,各项工作的难度将增加。

3.招聘是人力资源投资的重要形式

从人力资源投资的角度出发。招聘也是企业人力资源投资的重要形式。如果招聘工作的质量高,不仅能为企业招聘到优秀人员,而且也能为企业减少由于录用人员不当所带来的潜在损失,促进组织健康、快速、高效的发展,更好地实现组织的战略与发展目标。例如,招聘到优秀的人员能够为企业节约培训费用,而且还可能具有原有人员经培训也达不到的效果。相反,如果人员招聘工作出现失误,选错了人,将增加企业人才的重置成本,甚至可能影响企业的生产经营。例如,与客户打交道的员工如果缺乏技巧有可能使企业丧失商业机会;在工作团队中,聘用人员缺乏人际交往技能,就会打乱整个团队的工作节奏和产出效益。

4.招聘能够提高企业的声誉

员工招聘历来都是双向的,公司在筛选求职者,求职者也在挑选用人单位。招聘是企业与外界交往的一个重要窗口,成功的招聘与选拔活动,将能够使企业在求职者心中、公众心目中留下美好的形象。良好的企业文化与形象,有利于企业招聘到比其他企业更多更好的人才。例如,一次成功的校园招聘活动不仅意味着招募到优秀的人才,同时还可以在学生心中树立良好的企业形象,从而为未来的人才争夺打下基础。

5.招聘能够鼓舞员工士气

企业在不断发展的时期,自然会产生一些空缺职位,需要从外部寻找合适的人选来填补空缺。一方面,引进"新"的员工可以带来新的思想,使员工队伍充满新的活力;另一方面,也为"老"员工带来新的竞争,使他们在招聘的岗位上获得新的挑战机会。

总之,招聘并不仅仅是解决职位空缺或企业扩张所引起的人员需求的问题,还起到储备人才、提升企业知名度和增加团队凝聚力、激励员工士气等作用。[①]

二、影响员工招聘的因素

影响招聘成功的因素主要包括外部因素、组织因素、应聘者特征和招聘人员特征。

(一)外部因素

影响企业招聘的外部因素概括起来可以分为:经济因素、劳动力市场、技术进步以及法律和政府政策。

1.经济因素

经济因素包括当地的经济发达水平和生活环境等。经济发达地区对人才的磁吸效应要远远高于欠发达地区。主要原因在于经济发达地区提供给求职者的岗位数量较多,求职者的就业机会较多。生活环境反映了城市生活便利程度,向往便利、舒适的生活是人们的普遍心理,良好的生活环境有利于吸引人才。

---

① 李燕萍,李锡元. 人力资源管理[M]. 武汉:武汉大学出版社,2012.

2.劳动力市场

劳动力市场是招聘工作进行的主要场所和前提条件,在人力资源配置中发挥着主导作用。劳动力市场的供求变化直接影响就业和招聘的质量;劳动力市场的完善程度将影响招聘成本。劳动力市场条件关系到劳动力达到供求平衡的快慢,完善的劳动力市场能够迅速、便捷地在企业和求职者之间架起沟通的桥梁,能够迅速地帮助企业实现人力资源的供求综合平衡。

3.技术进步

技术进步对人力资源招聘既有直接影响,又产生间接影响。其影响主要表现为四个方面。

(1)技术进步引起招聘职位分布以及任职资格要求的变化

技术进步的不平衡性使人力资源由高生产率部门向低生产率部门或新部门转移。因此,技术进步对社会职业的种类和职业活动的内容产生了极大的影响。全新的组织职位种类、分布情况以人及职位活动内容对招聘工作提出了新的要求。

(2)技术进步对应聘者的基本素质提出更高要求

随着企业大量采用新技术、新工艺和新设备,自动化程度的提高,企业不但对人力资源的需求越来越强烈,而且对人力资源的素质不断提出新的、更高的要求。

(3)技术进步对招聘职位数量变化的影响

技术进步及其应用导致资本投资增加,从而使资本对劳动的替代效应发生改变,因此会出现减员增产或增产不增人的现象,导致招聘职位的绝对或相对减少。

(4)技术进步可以提高招聘效率

随着信息技术的不断进步和普及,网络招聘已经被越来越多的企业所接受。与传统招聘会相比,网络招聘具有不受地域限制、覆盖面广、成本低廉、沟通及时、招聘效率明显提高等独特优势。

4.法律和政府政策

法律和政府政策主要指劳动就业法规、社会保障法以及国家的就业政策等内容。当政府购买某类产品和服务的时候,该类企业在劳动力市场上的需求也会相应增加;另一方面,政府可以直接通过就业政策和就业指导中心等机构直接影响企业的招聘。法律和法规成为约束雇主招聘和选拔的重要因素。在我国,《中华人民共和国劳动法》(1994年)和《中华人民共和国劳动合同法》(2007年)在招聘中起着重要的约束作用。劳动立法的主要精神就是保障公平就业以及雇员的工作生活质量。

(二)组织因素

组织因素包括企业所处的发展阶段、工资率以及职位要求等。在扩张阶段,企业对劳动力的需求是很旺盛的,招聘工作将围绕数量进行;在收缩阶段,企业的工资和劳动力需求都会下降,招聘工作的重心将转向质量。

企业的工资率提高,产品成本会上升,产品需求会下降,劳动力需求也会下降。于是,企业会减少劳动投入比重,会相应降低雇佣水平;企业的工资率下降带来其产品成本减少,而对产品的需求将会增加,同时企业对劳动力的需求也会有所上升,此时,企业会增加其雇用水平。

职位要求则限定了招聘活动进行的地点、选择的沟通渠道以及进行选拔的方法。在招聘过程中,企业有不同的渠道可以选择,招聘职位的性质决定招聘渠道的选择,不同招聘岗位也对应着不同的选拔方式。

(三)应聘者特征

面对大量的招聘启事,求职者多数抱着"等待观望"的态度,以便寻求理想的工作。应聘者的求职范围取决于应聘者可以看到的企业数量、他们胜任职位的可获得性以及他们愿意选择这些职位的程度。从应聘者的求职过程来看,影响企业招聘的应聘者个人因素主要有:个人资格、求职强度、动机与偏好。求职者个人在智力、体力、经验、能力等方面都存在差别,这些差别也影响着招聘活动的开展和招聘的结果。应聘者的求职动机各有不同,有的是出于经济方面的压力,有的是出于对成就的追求和自我实现的需要,不同的求职动机引发强度各异的求职行为。求职者各不相同的求职动机和强度决定着求职者不尽相同的求职行为和对未来工作的期望,这都在一定程度上影响着企业招聘人力资源的数量和质量。

(四)招聘人员特征

招聘实质上就是招聘者和应聘者互动作用的过程:一方面,招聘者不仅影响职位空缺的性质,而且还影响到所产生人选的性质;另一方面,应聘者对企业的印象是在应聘过程中形成的。特别是在同招聘者的接触中形成的,而对企业的印象好坏又会决定着应聘者的求职行为,进而对企业招聘产生影响。招聘执行者对企业招聘的影响主要体现在以下方面。

1.招聘者的个人素质

招聘工作其实是一件极其复杂而又条理清楚的工作,需要招聘者具有一系列特定的技能、知识和详细的工作计划。招聘者表现出的素质高低会直接影响应聘者做出是否到企业工作的决定,尤其是对于一些素质较高的员工。一个成功的招聘者需要具备以下几个方面的素质。

第一,热心、热情、公正、强烈的责任心。热心能够反映出招聘者对应聘者的关心程度和对应聘者为组织做贡献的热心程度;热情能够唤起应聘者的共鸣,使应聘者主动、坦诚地呈现自己的特点;公正能使优秀者脱颖而出;强烈的责任心使招聘者在工作繁重的时候,能够克服工作压力,为企业做好形象宣传。

第二,具有以人为本的意识。在招聘过程中,招聘者应该尊重应聘者,尊重应聘者的个人喜好、生活习惯和个人隐私,并且要让应聘者深深感知到招聘者为他们所做的一切。

第三,具有专业的招聘技巧与能力。表达能力、观察能力和交际能力是招聘者应具备的最重要的能力。同时,招聘者还需要专门的招聘技巧。例如,帮助应聘者迅速进入状态,使之在有限的时间里充分地表现自我;招聘者必须避免做出一些会导致求职者对公司产生错误印象的行为。

2.招聘者的心理偏差

作为招聘者,在招聘过程中最重要的事情就是要保障招聘活动的公平和公正。为了确保这一点,招聘者需要努力克服心理偏差。心理偏差主要有三种:优势心理、自眩心理、定式心理。优势心理是指招聘者因处于主导地位而产生的居高临下的心理倾向。表现为在招聘中的随意性、分析判断上的主观性以及对测验评定的个人倾向性。自眩心理是指招聘者的优势心理引发的自我表现心理,表现为责难那些测验中表现出色的应聘者。定式心理是指招聘者以自己的思维、兴趣等方面的习惯来判断、评价应聘者的倾向,即成见。企业应该以团队的方式代替个人来进行招聘。在招聘团队中使人力资源专家和直线部门领导及专业技术人员融洽协调地工作,以此来规避招聘者的心理偏差对招聘产生的不利影响。

三、员工招聘流程

员工招聘流程包括确定招聘策略,人员招募,人员甄选,人员录用和招聘评估五个步骤。

招聘策略是在正式开展招聘之前,对实现招聘目标的具体行动进行计划的过程。主要包括以下内容:招聘时间和地点的确定,招聘信息发布渠道的确定,招聘渠道的选择,招聘的宣传策略等。

人员招募就是企业在做出招聘决策后,通过各种渠道发布招聘信息,最大可能地获得职位候选人。企业通过一系列科学的或直观的测试方法,对招募到的候选人的任职资格及其对工作的胜任度进行客观测量和评价,从而帮助企业挑选出符合组织和岗位要求的人员。在对求职者的申请资料进行初步审核后,企业要向初次录用者发出通知,告诉其何日何时来何地报到,参加录用测试。通过人员甄选,企业可以做出录用初步决定。接下来企业要对这些初步入选者进行背景调查和健康检查,合格者就可与企业签订试用协议。经过试用合格后,企业可以做出正式录用决定。

企业通过对人员招聘工作的每一个步骤进行检查,对照招聘目标或计划方案,对招聘成本—收益、录用人员数量和质量、招募渠道的质量衡量、甄选方式的效果等进行评估,确定招聘工作的成功与否,并发现招聘过程中有效和无用的东西,帮助企业不断改进招聘行为,改善招聘效果。最后,以招聘小结的形式进行总结。

四、员工招聘原则

(一)宁缺毋滥原则

从长远来看,一个岗位宁可暂时空缺,也不要让不合适的人占据。为了避免岗位空缺的时间过长给企业带来损失,这就要求人力资源部门在制定招聘计划时要有一个提前量。企业是一个创造效益的单位,机构臃肿、人浮于事会大大降低企业的效率,所以在可招可不招人员时尽量不招,在可少招可多招时尽量少招,以保证员工工作的饱满度。

(二)公开公平原则

通过公开的招聘渠道能吸引足够多的应聘者,能够使招聘者有广阔的选拔余地;通过公平竞争能使人才脱颖而出,能够吸引真正的人才,进而能够对企业内部员工起到激励作用。公开与公平竞争原则能够帮助企业形成一种积极的企业文化,使企业更有凝聚力。

(三)真实原则

向应聘者陈述真实的工作岗位。包括职位的优势和不足,让应聘者比较充分地了解该工作岗位,使应聘者形成一种更加接近真实情况的预期,有助于降低员工流失率、缺勤率以及减少其他由于预期不能满足而引发的消极行为。因此,真实原则有助于降低雇员的流失率,提高雇员的工作满意度,减少由于人才流失造成的更大损失。

第二节 招聘程序

人力资源是企业最重要的资源,招聘是企业与潜在的员工接触的第一步,人们通过招聘环节了解企业,并最终决定是否为它服务。从企业的角度看,只有对招聘环节进行有效的设计和良好的管理,才能得到高质量的员工,否则就只能得到平庸之辈。但是,如果高素质的员工不知道企业的人力需求信息,或者虽然知道但是对这一信息不感兴趣,或者虽然有些兴趣但是还没有达到愿意来申请的力度,那么企业就没有机会选择这些有价值的员工。有效的招聘方法要取决于劳动力市场、工作空缺的类型和组织的特征等多种因素,但是不管怎样,以下四个问题是人力资源部门在制定招聘策略时必须牢记的:第一开展招聘工作的目标;第二,需要招到怎样的员工;第三,需要工作申请人接收到什么样的信息;第四,这些信息怎样才能最好地传达给工作申请人。

招聘和选拔员工,是企事业组织最重要也最困难的工作之一。员工招聘和选拔出现错误,对组织会产生极其不好的影响。生产线上的员工如果不符合标准,就可能导致花费额外的精力去进行修正。与客户打交道的员工如果缺乏技巧,就可能使企业丧失商业机会。在小组中工作的人缺乏人际交往技能,就会打乱整个团队的工作节奏,影响产出效率。招聘的错误还关系到企事业组织员工队伍的构成。员工的等级越高,其招聘和选拔就越难。要想估计一个一般工人的价值,几天甚至几个小时就够了;但是如果要评判一个工段长的价值,有时需要几周甚至几个月的时间;要想评判一个大企业管理者的价值,则要几年时间才能确切地评价。因此,在招聘和选拔高层管理人才方面,一定不能出现失误。

在当今知识经济发展的新格局下,处于组织人力资源金字塔顶端的人才资源,在企业事业发展中的重要地位越来越突出。而人才的形成基础是平时对人力资源的招聘和选拔。人才对组织的发展来说是至关重要的。

一、招聘的制约因素

招聘的成功取决于多种因素,如外部影响、企事业职务的要求、应聘者个人的资格与偏好等。有许多外部因素对企事业招聘决策有影响。外部因素主要可以分为两类:一是经济条件,一是政府管理与法律的监控。

有许多经济因素影响招聘决策,这些因素是人口和劳动力、劳动力市场条件、产品和服务市场条件。

二、招聘过程的重要性

招聘过程的第一步是确定与组织人力资源供给相关的劳动力市场。第二步是以此为对象开展征召活动。对组织的征召活动做出积极的事实反应的人就成为工作申请人。第三步是组织对申请人的挑选工作,由此产生录用的员工。再经过组织在人力资源管理方面对员工的保持工作,那些持续在组织服务的员工就成为组织的长期雇员。

征召环节在整个招聘过程中具有重要地位,因为今天来应聘的员工有可能成为组织明天的高级主管。在这种意义上,招聘工作实际上决定着组织今后的发展与成长。即使组织的员工选拔技术和日后的员工保持计划十分有效,但是如果在征召环节上没有吸引到足够数量的合格申请人,这些选拔技术和保持计划无识别结果作用。因此,我们一定要记住,招聘的成效是申请人的数量、申请人的质量、组织的选拔技术和员工保持政策共同作用的结果。[1]

三、招聘人的选择

组织在进行招聘过程中,工作申请人是与组织的招聘组成员接触而不是与组织接触,而且招聘活动是工作申请人与组织的第一次接触。在对组织的特征了解甚少的情况下,申请人会根据组织在招聘活动中的表现来推

---

[1]唐志红.人力资源招聘培训考核[M].北京:首都经济贸易大学出版社,2011.

断组织其他方面的情况。因此,招聘人员的选择是一项非常关键的人力资源管理决策。

一般来说,招聘组成员除了包括组织人力资源部门的代表以外,还可以包括直线经理人等。申请人会将招聘组作为组织的一个窗口,由此判断组织的特征。因此,招聘组成员的表现将直接影响到申请人是否愿意接受组织提供的工作岗位。那么,这些"窗口人员"什么样的表现能够增加申请人的求职意愿呢? 有研究显示,招聘人员的个人风度是否优雅、知识是否丰富、办事作风是否干练等因素都直接影响着申请人对组织的感受和评价。

四、招聘收益金字塔

招聘从企业获得应征信函开始,经过笔试、面试等各个筛选环节,最后才能决定正式录用或试用。在这一过程中,应征者的人数变得越来越少,就像金字塔一样。这里所谓的招聘收益指的是经过招聘过程中的各个环节筛选后留下的应征者的数量,留下的数量大,我们就说招聘收益大;反之就说招聘的收益小。企业中的工作岗位可以划分为许多种,在招聘过程中针对每种岗位空缺所需要付出的努力程度是有差别的。为招聘到某种岗位上足够数量的合格员工应该付出多大的努力,可以根据过去的经验数据来确定,招聘收益金字塔就是这样一种经验分析工具。

假设根据企业过去的经验,每成功地录用到1个销售人员,需要对5个候选人进行试用,而要挑选到5个理想的候选人又需要有15人来参加招聘测试和面谈筛选程序,而挑选出15名合格的测试和筛选对象又需要有20人提出求职申请。那么,如果现在企业想最终招聘到10名合格的销售人员,就需要有至少200人递交求职信和个人简历,而且企业发出的招聘信息必须有比200多很多的人能够接收到。由此可见,招聘收益金字塔可以帮助企业的人力资源部门对招聘的宣传计划和实施过程进行准确的估计与有效的设计,可以帮助企业决定为了招聘到足够数量的合格员工需要吸引多少应征者。

在确定工作申请资格时,组织有不同的策略可以选择。一种策略是把申请资格设定得比较高,于是符合标准的申请人就比较少,然后组织花费比较多的时间和金钱来仔细挑选最好的员工。另一种策略是把申请资格设定得比较低,于是符合标准的申请人就比较多。这时,组织有比较充分的选择余地,招聘的成本会比较低。一般而言,如果组织招聘的工作岗位对于组织而言至关重要,员工质量是第一位的,就应该采取第一种策略。如果劳动力市场供给形势比较紧张,组织也缺乏足够的招聘费用,同时招聘的工作对于组织不是十分重要,就应该采取第二种策略。

在招募新员工时,组织面临的问题是如何在众多的工作申请人中挑选出合格的、有工作热情的应征者,特别是在我国现阶段,就业形势严峻,劳动力过剩将是一个长期存在的现象。那些经营业绩出众的大公司,在招聘中面对的将是申请人众多的情况。组织的招聘是一个过滤器,它影响着什么样的员工能成为组织的一员。一个理想的录用过程的一个重要特征是被录用的人数相对于最初申请者的人数少得多,这种大浪淘沙式的录用可以保证录用到能力比较强的员工,而且能力强的员工在接受培训后的生产率提高幅度将高于能力差的员工经过相同的培训后的生产率提高幅度。

五、真实工作预览

在招聘过程中,公司总是会使用各种办法来吸引工作申请人。公司常用的项目包括奖励、工作条件、职业前景、技能训练、自助餐厅、住房优惠贷款和工作的挑战性等。但是需要指出的是,公司在想方设法吸引外部人才加盟时,不能顾此失彼,导致新员工与原有员工之间的不公平。企业在吸引工作申请人时,公司不应该只暴露公司好的一面,同时也应该让申请人了解公司不好的一面,以便使申请人对组织的真实情况有一个全面的了解。真实工作预览的优点是:第一,展示真实的未来工作情景,可以使工作申请人首先进行一次自我筛选,判断自己与这家公司的要求是否匹配。另外,还可以进一步决定自己可以申请哪些职位,不申请哪些职位,为日后降低离职率奠定了良好的基础。第二,真实工作预览可以使工作申请人清楚什么是可以在这个组织中期望的,什么是不可以期望的。这样,一旦他们加入组织,就不会产生强烈的失望感,而是会增加工作满意程度、投入程度和长期服务的可能性。第三,这些真实的未来工作情景可以使工作申请人及早做好思想准备,一旦日后的工作中出现困难,他们也不会回避难题,而是积极设法解决难题。第四,公司向工作申请人全面展示未来的工作情景,会使工作申请人感到组织是真诚的、可以信赖的。

公司在准备实际工作预览的内容时,应该注意以下五个方面。

第一,真实性。

第二,详细程度。公司不应该仅仅只给出休假政策和公司的总体特征这样一些宽泛的信息,还应该对诸如日常的工作环境等细节问题给出详细的介绍。

第三,内容的全面性。公司应该对员工的晋升机会、工作过程中的监控程度和各个部门的情况逐一介绍。

第四,可信性。

第五,工作申请人关心的要点。一个公司的有些方面是申请人可以从公开渠道了解的,因此这不应该成为真实工作预览的重点。真实工作预览应该着重说明那些申请人关心的但是又很难从其他渠道获得的信息。

六、招募过程管理与招聘周期

企业的招募工作很容易出现失误,而且一旦招募过程出现失误就可能损害组织的声誉,为此应该遵循以下原则。

第一,申请书和个人简历必须按照规定的时间递交给招聘部门,以免丢失。

第二,每个申请人在招聘过程中的某些重要活动(如来公司见面),必须按时记录。

第三,组织应该及时对申请者的工作申请做出书面答复,否则会给申请人造成该组织工作不力或傲慢的印象。

第四,申请人和雇主关于就业条件的讨论应该以公布的招聘规定为依据,并及时记录。如果同一个申请人在不同的时间或不同的部门得到的待遇相差很大,必然会出现混乱。

第五,没有接受组织雇用条件的申请者的有关材料应该保存一段时间。

企业招聘周期的长度要受到许多因素的影响。首先,不同的工作岗位空缺填补的时间有所不同;在不同的社会中,劳动力市场的发达程度不同,组织的招聘周期也不一样;此外,组织人力资源计划的质量对招聘周期也有影响。一般而言,组织中空缺持续的时间既反映了发现申请人的难度,也反映了组织招聘和选择过程的效率。

第三节 内部招聘与外部招聘

获取职位候选人是招聘的一个重要环节,它是吸引对组织特定职位有兴趣的人来应聘的过程,其目的是吸引足够多的求职者,使组织在人才选择上有更大的空间。招聘通常有内部招聘和外部招聘两种类型,不同的招聘类型能够满足组织人才的不同需要,组织在招聘的过程中要具体问题具体分析,要根据组织的具体需要确定招聘类型。

一、内部招聘

内部招聘,即主要从组织内部现有的员工中招聘组织需要的和未来需要的人员。相对来说,内部资源包括组织现有的员工、组织以前的员工、员工的朋友以及以前的应聘者。组织内部的招聘有许许多多的优点,而这一点往往被许多人力资源管理者所忽视。

(一)内部招聘适用的条件

通常来说,由于内部招聘有其自身的特殊性,因此,企业是否符合内部招聘的条件,要根据企业自身的实际情况来定,并不能由企业领导或人力资源管理部门领导随意指定。一般来说,企业要进行内部招聘基本要具备以下条件。

第一,企业内部有比较雄厚的人力资源储备。也就是说,企业可以通过内部平调或职位升迁等办法解决职位空缺的问题。随着人才市场竞争的日趋激励,许多大型企业都设立了自己的人才储备库,一旦职位出现空缺,就能够有足够的人才迅速填补空缺职位,从而尽量减少不必要的损失。

第二,企业内重要管理人才的选拔。一般来说,企业对重要管理人才的选拔,都通过企业内部招聘的方式来解决。一方面企业内部人员比较熟悉企业经营战略和企业文化,能够迅速适应岗位需求,从而降低风险;另一方面通过内部招聘也可以加强组织内部员工的积极性、主动性和创造性,使企业内部形成一种良好的竞争氛围。

第三,企业对其内部的人力资源已经进行了比较合理的筹备。从目前国际人力资源管理的流行趋势来看,企业建立人才储备库已经成了各大企业的必然趋势,人才的竞争,尤其是高级人才的竞争,已经到了一种非常残酷的地步。未来的企业解决人力资源问题可以利用自己的人才库,只要对人力资源进行比较合理的筹备,企业内部的人力资源就相对比较丰富。

第四,企业内部的人才的确适合企业自身需要。如果企业内部的人才比较富裕,而且能力能够达到企业发展的要求,那么利用内部招聘的方式也就比较理想。

(二)内部招聘的优点

内部招聘的优点主要表现在以下几方面。

内部招聘可以为组织节省招聘成本。内部招聘不仅为组织节约了外部招聘所需要的大量广告费、招聘人员餐旅费以及招聘机构代理费等直接开支,而且还节约了新员工上岗培训费和熟悉组织的花费等开支。

内部招聘可以节省时间。内部招聘不仅可以为组织节省上岗培训和熟悉组织等花费,更重要的是还可以省时省力,不必花费过多的时间对内部成员进行岗前培训和专业技能培训。

内部招聘的员工相对更加可靠。由于内部员工熟悉组织文化,了解组织战略目标,他们更容易适应新岗位,热爱新岗位,这样就可以降低外部招聘出现的新员工容易离职的风险。同时,由于管理者对内部员工比较了解,这样就更容易对他们进行管理。

内部招聘有利于激励员工。内部员工如果在招聘中获得新的发展机会,这就使他们坚信只要忠诚于组织,只要全心全意为组织服务,就一定会得到晋升和提拔,从而加强了他们工作的积极性、主动性和创造性。这样做更大的一个好处是可以避免因新员工和内部员工有冲突而导致内部员工产生抵触情绪的现象,有利于整个组织的良性循环[1]。

内部招聘可以提高员工的忠诚度和为组织献身的精神,有利于组织从长远上对人力资源的管理工作。

(三)内部招聘的不足之处

内部招聘的不足之处主要表现在:①近亲繁殖,不利于组织的成长和长期发展;②申请参与竞聘而未被提升者可能会产生不满情绪,士气会比

---

①冯涛.人力资源招聘与培训的内在关系[J].人力资源,2020(18):118-119.

较低落,影响整个组织内其他员工的积极性和工作效率;③容易因职位竞争而产生政治性的钩心斗角现象;④在内部招聘时,在人员的使用上往往容易出现分歧,使招聘工作无法进展,而最终浪费时间。⑤会使必要的外部招聘受到抵制;⑥为进行内部招聘企业内部必须制定相应的管理和培养计划,效率不高。

(四)内部招聘的主要来源

通常来说,内部招聘的来源主要有两个。

1.晋升

晋升是指从组织内部提升员工来填补高一级的职位空缺。晋升是组织内部招聘的重要来源,晋升能够促成组织人力资源的垂直流动。由于员工对组织内的工作环境相对来说比较熟悉,容易适应工作,更重要的是通过晋升能够鼓舞组织内其他员工的士气,能够激发其他员工的工作积极性,从而不断提升组织的工作效率。现代企业都必须建立良好的竞争机制,要确保内部员工得到公平、公正的待遇,只有这样,才能确保整个组织长期的良性循环和工作效率的不断提高。

2.工作调换

工作调换主要是指组织内劳动力的横向流动,具体是指在职务级别不变的情况下,在组织内调换员工的工作岗位。这样做一方面可以避免组织内人才的浪费,弥补职位的空缺,另一方面可以拓展员工的知识面,有助于员工的培养和发展。通过岗位调换的员工能将本岗位与新岗位的知识结合起来,从而更有效地工作,这样有利于整个组织知识的系统化和丰富化,也有利于激发员工的工作积极性和工作热情,为组织的技术创新、产品创新做出新的贡献。

(五)内部招聘的一般原则

1.适用原则

内部招聘必须坚持适用原则。一般来说,通过内部招聘的人员由于在本企业工作多年,对组织的经营目标、经营策略、长远发展规划都比较了解,因此他们更容易安心本职工作。

2.管理者优先原则

一般来说,进行内部招聘一般适用于招聘管理者。相对来说,对于普通员工的招聘,基本不采用内部招聘的方法。

3.高层决策的原则

内部招聘政策一般要由管理高层来决定。一般是董事会决定招聘高级经理人员;总经理决定招聘其下属管理人员。

4.坚持标准的原则

进行内部招聘时,一定要严格把关,也就是说一定要按照原则办事,要在公平、公正的基础上选择德才兼备的人才。

5.合理竞争原则

企业的内部招聘,其实质是企业内部的合理竞争。企业应该为各类人才的公平竞争创造必要的平台,只有这样,才能真正加强组织内部的活力,提高工作效率。

(六)内部招聘的主要方法

1.组织内部公开招聘

组织内部公开招聘是组织通过广播、公告栏或口头传达等方式让全体员工了解现有职位的空缺数以及申请人资格限制等信息,鼓励员工积极应聘,争取更好的工作机会的方法。组织内部公开招聘不仅有利于激发员工的积极性、主动性和创造性,也有利于组织内劳动力的有效利用,这是内部招聘的主要方法。但是,组织在进行内部招聘时必须注意,在信息的公布、选拔程序的制定以及申请人资格的限定等方面一定要做到公平、公正原则,要保证组织内部招聘渠道的畅通。

2.内部员工推荐

内部员工推荐是指当员工了解到组织的人力资源需求后,向组织推荐其熟悉的内部或外部人员并进行考核的一种方法。选择这种方法的优点是由于员工对任职资格已经有了相对的了解,所以他们所推荐的人都是有备而来,这样有助于人力资源管理者节省时间;另外,出于对引荐者的尊重,这类被推荐者一般不会轻易辞职,并且,他们的个人经历、背景信息相对来说更加可靠。

3.利用组织人才库及其相关信息

对于现代企业来说,大多都有一个相对完善的人才库,组织可以利用这些人事档案信息和相应的技术信息进行招聘。在现代企业中,组织内员工的任何能测量的数据都储备在技能数据库里,它事实上是对组织人力资源信息的最大化的量化处理。组织通过技能数据库能快速有效地在内部员工中挑选可能的候选人来填补空缺,这样不仅节省了时间,而且提高了人力资源管理的效率。

4.继任计划

根据调查,目前国际上大型企业中约有3/4的企业有继任计划。一般来说,继任计划是在人才储备的基础上进行的。比较流行的继任计划大致有如下几种。

(1)把人力资源管理与人力资源开发结合起来

也就是说,企业必须对未来几年的人员需求进行预测,制定很好的人力资源规划,为重要的管理岗位专门培养人才。

(2)规定管理要求

继任规划要明确规定每个工作岗位所需人员的资格要求。

(3)评估管理潜力

企业必须定期或不定期地对组织内的员工进行综合评估,从而识别出那些能够提拔或攀升到管理层、具有一定潜力的人员。

(4)确定职业生涯途径

组织要为组织内那些具备管理能力、具有一定发展潜力的候选人进行一定的人生规划,使其不断向着明确的目标前进。

二、外部招聘

外部招聘,即主要从组织外部人力资源的来源招聘组织所需要的人员。组织进行外部招聘的主要原因是:企业的产品/技术更新换代过快来不及培养适用人才;组织内出现职位空缺而组织内部缺乏胜任者;或者出于在更大范围进行比较来选拔更优秀的人才的考虑。

(一)外部招聘适用的条件

为了吸引企业内部所不具备的高新技术人才。

企业为了获取企业内部员工所不具备、不掌握的技术、技能、技巧等。

企业需要或即将需要补充初级员工的工作岗位,并要求尽快补充。

为了获得具备不同背景、不同文化层次,能够为企业提供新思想、新观念的创新性员工。

为吸收更多的人才建立企业自身的人才库。

吸收新生力量和优秀的稀缺人才,从而能够很好地调整人才结构。

为竞争对手竞争某些特殊的、具有战略性的人才。

人力资源市场人才相对比较丰富,且招聘成本合理。

随着高科技的发展和人才市场的逐步完善,高级人才的竞争日趋激烈,越来越多的企业开始通过外部招聘的方式来寻找高级管理人才,而不是通过自己培养的方式来获得。

(二)外部招聘的优点

通常来说,通过外部招聘都会给组织带来新的活力,外部招聘具有很多的优点。

外部招聘的优点主要表现在:①新鲜血液有利于组织拓宽视野,能够为组织带来新技术和新观念,能够加快组织的技术革新步伐;②通过外部招聘比内部培养更快捷、更高效、更廉价,尤其是对于高级管理专业人才;③有利于组织文化的建设和培养;④有利于加强组织内部员工的积极性、主动性和创造性;⑤外部招聘的员工受现有人际关系的影响相对较小。

(三)外部招聘的不足之处

外部招聘可能引来组织机密的窥探者,相对来说具有更大的危险性。

招聘的人员可能不适应该职务或不能融入企业文化。

可能导致组织内部未被选拔人员的士气低落。

新员工需要较长时间的适应和调整期。

(四)外部招聘的主要来源

组织外部人力资源的来源主要是大中院校应届毕业生和相应的人才服务机构、劳动就业中心等。

(五)外部招聘的原则

1.要坚决按市场原则办事

人员的招聘要坚决按照人力资源规划的标准去执行,不能随意提高或降低标准,要完全按照企业的实际需要进行招聘。

2.招聘工作要重点突出

通常来说,企业通过外部招聘的都是企业急需的专业性人才、高科技人才、具有很大发展潜力的青年员工、急需填补的关键职位的人才以及适应时代发展的战略性人才等。

3.要强调企业的战略性需要形成以人为本的核心竞争力团体

这主要是指招聘合适的高级管理人才,满足企业不断创新的需要;招聘高级的技术人才,以满足不断开发新产品的需要;招聘市场营销的高级人才,不断拓展市场的需要;招聘具有特殊技能的人才,满足组织巩固实力的需要。

4.新颖独特的招聘方案

招聘政策要有利于吸引各类优秀的人才,并要保证费用控制在招聘费用预算之内。

招聘方案的制定要科学、规范,既要能够为企业吸引到优秀的人才,也要为企业的成本预算考虑。

（1）广告招聘

广告招聘是指通过广播、报纸、杂志、电视等新闻媒体面向社会大众传播招聘信息,通过详细的工作介绍和资格限制吸引潜在的应聘者。广告招聘对任何职务都适用,它是现代社会非常普遍的一种招聘方式。

采用广告招聘时广告内容的设计非常重要,通常来说,广告内容要包括公司基本情况介绍、职位描述、应聘者资格要求、联系方式和应聘方式等。

另外,在进行广告招聘时,要对广告媒体进行慎重的选择。现在最常见的广告媒体有报纸、杂志广播、电视、网络等,在进行广告媒体的选择时,要考虑以下几点:第一,选择的媒体要能够及时地将有效信息传播给目标受众。组织在进行广告媒体的选择时,要考虑应该吸引到哪些人而不是吸引多少人,因此对广告媒介的选择要注重目标性。

第二,要注意所选择媒体上同类广告的数量和质量。求职者总是希望在同一个媒体上找到比较多的适合自己的职位,便于选择和比较。如果所选择的媒体相应职位较少或没有,那么这不利于求职者进行选择,在进行媒体选择时就要坚决避免此类媒体。

第三,在选择广告媒体时,要结合组织所需要的人才具体地选择广告媒体,如果组织需要高级管理人才,那么就不能选择那些级别相对较低的媒体。

第四,要充分发挥广告媒体涉及面广的特点。如果组织需求的人员相对较多,且层次较高,可以考虑多种媒体综合运用。这样一方面有利于招聘信息的大面积传播,另一方面对组织形象也是一种很好的宣传。在进行广告招聘时,广告的设计也非常关键。一个好的广告不仅能够准确地传达招聘信息,更重要的是对企业形象的宣传也有很好的作用。一般来说,进行广告设计时要注意以下几个方面:

第一,趣味性。广告最重要的是要有趣味性,要新颖别致,要能在第一时间内吸引目标受众,要有让目标受众长时间关注的兴趣点。

第二,创意。一个好的创意是广告的生命之源,只有有了好的创意,才能准确地表达思想,才能引起人们的注意。

第三,策略。任何一个好的广告都有一个非常好的策略,这个策略就是吸引目标受众的策略。

第四,设计。广告的设计一定要独特,要坚决避免千篇一律的现象,要在第一时间内抓住目标受众的视角,使其能够有立即行动的决心和信心。

第五,广告的撰写要做到真实、合法、简洁、准确。虚假广告不仅影响企业的招聘效果,而且还破坏企业的形象,甚至组织还可能为此承担法律责任。

事实上,广告招聘是一种比较科学的方法,它有很多优点。

第一,广告招聘的信息迅速而广泛,组织可以在短时间内找到招聘目标。

第二,由于广告招聘的信息量大,因此吸引的应聘者相对较多,人员层次也相对丰富,能为组织的人员选拔提供充足的空间。

第三,信息的反馈比较灵活。在广告招聘中,应聘者可以通过电话、网络、直接访问和信函等方式与招聘人员联系,这样就非常有利于他们工作的进展和实施。

第四,广告招聘有利于提高组织形象。良好的广告宣传不仅可以吸引大量的应聘者,而且还可以加强组织的对外宣传,从而提高组织的知名度和美誉度。

(2)校园招聘

对于现代企业来说,面向校园招聘正式或临时人员是非常普遍的一种方式。现代企业在校园进行招聘的方式越来越多,我国每年都有大量的应届毕业生通过校园招聘的方式走向工作岗位。企业为了能吸引到更多的优秀毕业生,往往会在第一时间内到学校进行宣传、开招聘会,有些企业为了扩大企业影响,常常通过赞助学校文艺、学术等活动的方式来扩大知名度;有些企业还通过设立奖学金的办法与学校建立长期的稳定关系,使学校真正成为员工的来源之地。

在校园招聘的过程中,大型企业可以通过举办大型专场招聘会的方式进行招聘,而一般企业会选择校园广播、校园网络、公告栏或学院推荐等渠道进行招聘。这些局部的、小规模的、低成本的信息传播渠道不仅满足了企业的需要,还为广大学生的就业提供了方便。

但是,校园招聘也存在它自身的缺陷性,主要表现在以下几方面。

第一,受招聘时间限制。对于企业来说,随时都有补充新员工的需要,而应届毕业生每年只能招聘一次,并且要受到时间的限制。企业如果需要对人才进行储备,就必须编制人才储备预算,在预算控制下进行招聘,以免出现人才浪费。

第二,实际工作经验缺乏。一般来说,校园招聘大多都招收应届毕业生,而学生在校园里以书本知识为主,他们缺乏实际工作经验,需要企业对他们进行一定程度的培训才能真正发挥作用。对于那些急于用人的企业来说,进行校园招聘很难达到目的。

(3)猎头公司

所谓猎头公司就是为企业寻找高层管理人员的服务机构。猎头公司一方面为企业搜寻高级管理人才,另一方面也为各类高级人才寻找合适的工作。猎头公司拥有自己的人才库,他们掌握着大量的求职和招聘信息,他们熟悉各类企业对特殊人才的需求,因此利用猎头公司进行招聘一般成功率较高,但相应的费用也较高。

猎头公司在中国还是一个新兴的行业,还有许多地方需要进一步规范和完善。企业在利用猎头公司进行招聘时一定要小心谨慎,以免带来不必要的损失。

(4)利用网络进行招聘

随着网络的普及和计算机技术的发展,利用网络进行电子化招聘已经越来越广泛地被企业所采用。用这种方法传递信息时快捷而准确,影响范围又十分广泛,且费用低廉,不受其他因素的影响。目前已经有许多企业在自己的网站上设立了专门的招聘专栏,这不仅为求职者带来了极大的方便,对公司形象的宣传也起到了非常好的效果。事实上,除了上面介绍的几种招聘方式之外,企业还可以通过人才交流会、人才服务中心、职业介绍所等方式进行外部招聘。

第四节 员工挑选

一、员工录用

当应聘者通过了各种筛选环节,最后一个步骤就是录用与就职。员工录用是指对从招聘选拔阶段被层层筛选出来的候选人中选择出符合组织需要的人做出最终录用决定,通知其报到并办理就职手续的过程。人员录用对组织来说至关重要,有效的人员录用可以为组织节省费用,降低员工被辞退与辞职风险。

(一)人员录用的程序

企业通过人员甄选,做出初步录用决定后,要对这些入选者进行背景调查、健康检查,合格者与企业签订试用协议。同时,企业应及时通知未被录用的应聘者。

第一,背景调查。背景调查的主要目的是了解应聘者与工作有关的一些背景信息,刘应聘者做一个更为全面的了解,也可以对他的真诚性进行考察。背景调查主要包括学历学位调查、工作经历调查以及不良记录调查等方面。这些信息可以向应聘者过去的雇主、过去的同事甚至客户了解。进行背景调查时,注意把重点放在与应聘者未来工作有关的信息上,尽量从各种不同的信息渠道验证信息的准确性,避免偏见,同时要注意避免侵犯应聘者的个人隐私。进行背景调查主要有四种方式:电话调查、正式商业信函、传真发信、与应聘者提供的证明人进行面谈。电话会谈是比较经济和便捷的方式。正式商业信函和传真发信可作为书面的确认记录,便于归档。而与前单位负责人进行面谈,则可更加深入和全面地了解应聘者的能力及原绩效情况、表现情况,不过成本也是最高的。[1]

第二,健康检查。健康检查是看应聘者的身体状况是否适合其所谋求

---

① 王林雪. 新编人力资源管理概论[M]. 西安:西安电子科技大学出版社,2016.

的职务和环境。健康检查可以保证每一位被录用的员工身体健康和体能状况符合工作要求,如视力正常、能举起重物和能站立工作等,这样可以避免员工投诉企业的工作环境危害健康而要求赔偿,并且可以防止疾病传播。在选拔过程中,健康检查一般放在后期进行,因为这项程序费用较高,待其他不合格的申请者被淘汰之后再对剩下的申请者进行体检,可以降低成本。

第三,签订试用协议。企业与被录用者签订试用协议,以法律形式明确双方的权利以及义务。

第四,被录用者报到。被录用者携带录用通知书和其他材料到企业人事部注册报到。试用合格后,与企业正式签订用工合同。未被录用的应聘者的回复也不可忽视,因为未被录用的应聘者以后还有可能成为企业的一员,或成为企业的顾客与竞争者。不过,企业在回复未被录用的应聘者时,用语要非常谨慎。首先可以对他们参加公司的招聘表示感谢,同时还可以对应聘者的某些优点表示欣赏,然后再告知公司暂时没有合适的职位给应聘者。

(二)人员录用的原则及方法

1.人员录用的原则

(1)补偿性原则

补偿性原则是指求职者在招聘测评中成绩较好的项目的分数可以补偿成绩较差的项目的分数。一般来说,在评价时会对不同项目设置不同的权重,权重越高的项目,其录用价值也越高。但特殊情况下,不能光看总成绩的高低来确定录取结果,而应根据对不同职位的要求,侧重对某一项目的测评结果,从而确定录取结果。如果成绩高的项目恰是侧重的项目,这样我们就认为成绩低的项目就不重要了,可以录用。补偿性原则可以用于选择具有特殊才能的人才,这样可以使其不至于因总成绩不高而被淘汰。

(2)多元最低限制原则

多元最低限制原则是指求职者在测评的每个方面都必须达到某个最低的标准,如达不到就被淘汰。这一原则适合与综合素质有关的测评项目,并且特别适合广度测试。

（3）混合原则

组织在录用过程中,经常会遇到这样的问题,即在某个方面对员工有最低的要求,但是在其他几方面对员工没有最低的要求,这时就可以运用混合原则。具体的步骤是:首先对求职者运用多元限制原则淘汰一部分,然后运用补偿性原则对求职者进行综合评价。

2.录用的主要方法

（1）逐渐筛选淘汰模式

逐渐筛选淘汰模式中,每一步骤都被视为一关,通过这一关的人方能进入下一关,在整个甄选过程中,求职者人数逐渐减少,选择目标逐渐集中。在人员甄选工作量较大的情况下通常可采取这种模式。

（2）信息累积综合评价选拔模式

这种模式的甄选过程中的每一个步骤都是为了了解求职者情况、积累有关信息,在对每个求职者在每个步骤的表现或成绩进行综合评价和比较之后,再做出取舍决定。采用这种模式可以避免在甄选过程中淘汰不应淘汰的人,但甄选工作量比采取逐步淘汰方式的工作量要大。

（三）人员录用须注意的问题

人员录用涉及的方面很多,因此,在录用的过程中要注意以下几方面问题。

第一,正式录用后,要及时通知已录用应聘者,同时,对于未录用的应聘者,要由人力部经理亲笔签名委婉地拒绝。

第二,录用后的合同签订、试用期的培训等工作必不可少,它是关系到企业形象的重要工作。

第三,除非这个空缺的岗位的工作即将有很大的发展前景,否则要小心,不要录用一个能力超强的人,对工作感觉不充实的员工会很快就对工作感到厌烦,并会很快地离职。

第四,有些应聘者只想暂时找一份工作安身,然后再慢慢找一个更稳定的永久工作,对这些人要特别留心,很可能在他们身上投入了三个月的人员训练,而他们却在工作快要进入状态时离去。在甄选人员时,一定要就这一点对应聘者诚恳地表达质疑。

第五,对那些频频更换老板的求职者,需要特别小心,他们现在也许会责怪他们以前老板的不是,但同样地,他们也有可能在几个月之后在别人的面前数落你。一个不诚恳的应聘者并不是企业所想要用的人。

第六,在决定录取某一个人员时,要考虑这个人是否能跟小组的其他成员和谐相处,可以邀请他到部门去呆半天,便可知分晓。

第七,记住一点,一个人的一生如果一直都很顺利,充满成就和许多成功的记录的话,那这个人通常也会继续成功,而对那些自称运气不好的应聘者,需要特别小心,不论他们解释得如何言之有理,也不要轻易地相信。

第八,永远不要企图能在"百坏中选一好"。如果明知某人不是很适合,但仍加以录用,那等于是告诉自己,不久之后你又得把这整个招聘程序重新来一遍。

第九,假如面试后合适的应聘者有好几个,就需要利用考试的方法,找出最佳人选。千万不要急着做决定,尤其不要因为有某一个应聘者急着想要知道结果,便受到影响,当已经选定人选后,要再想一想。假如你的上级经理不满意招聘人员的方式,认为甄选成本过高或是费时过长时,你可以提醒他,不要忘了用错人时所付出的代价有多高。

二、招聘评估

招聘评估是招聘过程中必不可少的一个环节。招聘评估通过成本与效益核算能够使招聘人员清楚地知道费用的支出情况,区分出哪些是应支出项目,哪些是不应支出项目,这有利于降低今后招聘的费用、为组织节省开支。招聘评估通过对录用人员的绩效、实际能力、工作潜能的评估及通过录用员工质量的评估,检验招聘工作成果与方法的有效性,有利于招聘方法的改进。

(一)招聘工作的定性评估

招聘工作的定性评估,一般根据候选人的数量、质量和职位填补的及时性以及对招聘过程服务的满意度、新员工所在职位的部门负责人对招聘工作的满意度等指标进行评估。

1.职位填补的及时性

职位填补的及时性体现在招聘部门的反应是否迅速,能否在接到用人要求后,短时间内找到符合要求的候选人。招聘部门应该在平时参加商务会议或其他活动时,有意识地寻找将来可能会对公司有用的候选人,为这些潜在候选人建立档案库,以供将来随时使用。另外,招聘工作人员的工作效率也影响招聘工作的及时与否。

2.用人单位或部门对招聘工作的满意度

用人单位或部门对招聘工作的满意度包括对新录用员工的数量、质量的满意度以及对招聘过程的满意度：是否按照用人单位或部门的要求招募到合适的人选，是否及时和用人单位或部门密切联系，共同招募和筛选候选人，负责招聘的人员是否花时间与部门经理们一起讨论他们对应聘人员的要求，对所招的新员工的绩效的满意度等。[①]

3.招聘渠道的吸引力

招聘渠道的吸引力包括所吸引的有效候选人的数量，如网上招聘就是点击该招聘的数量、写申请求职的人员的数量、符合职位要求的求职者的数量、所收有效简历的数量、有效电话咨询的数量等。

4.新员工对所在岗位的满意度

新员工对所在岗位的满意度，可用员工满意调查表来衡量。优秀的候选人大部分都以职业为重，但也非常关心自己能否得到特殊的对待、自己的工资待遇等条件能否得到满足以及对工作的环境和企业文化的接受度。

（二）招聘工作的定量评估

1.招聘成本评估

招聘成本评估是指对招聘过程中的费用进行调查、核实，并对照预算进行评价的过程。招聘成本是鉴定招聘效率的一个重要指标，具体可以划分为六个方面。

第一，招募成本，是为吸引和确定企业所需要的人力资源而发生的费用，主要包括招聘人员的直接劳务费用、直接业务费用、其他相关费用等。

第二，选拔成本，是指对应聘人员进行鉴别选择，以做出决定录用或不录用哪些人员所支付的费用。

第三，录用成本，是指经过招聘选拔后，把合适的人员录用到企业所发生的费用。录用成本包括录取手续费、调动补偿费、搬迁费和旅途补助费等由录用而引起的相关费用。

第四，安置成本，是指为安置已被录取员工到具体工作岗位所发生的费用。安置成本由为安排新员工的工作所必须发生的各种行政管理费用、为新员工提供工作所需要的装备条件以及录用部门因安置人员所损失的

---

①於澄莹.基于人与组织匹配理论的企业网络招聘绩效评估研究[D].武汉：武汉科技大学,2017.

时间而发生的费用构成。

第五,离职成本,一般是指因招聘不慎,员工离职而给企业带来的损失,一般包括直接成本和间接成本两部分。

第六,重置成本,是指因招聘方式或程序错误致使招聘失败而重新招聘所发生的费用。

2.招聘成本效用评估

招聘成本效用评估是对招聘成本所产生的效果进行的分析,它主要包括招聘总成本效用分析、招募成本效用分析、人员选拔成本效用分析及人员录用成本效用分析。具体计算方法如下。

$$总成本效用=录用人数÷招聘总成本$$

$$招聘成本效用=应聘人数÷招募期间的费用$$

$$选拔成本效用=被选中人数÷选拔期间的费用$$

$$人员录用效用=正式录用的人数÷录用期间的费用$$

$$招聘收益=所有新员工为组织创造的总价值÷招聘总成本$$

显然,这些指标越高越好。各公式计算出的比例越大,说明各项费用开支的使用效率越高。

3.录用人员评估

录用人员评估是指根据招聘计划对录用人员的质量和数量进行评价的过程。

(1)录用人员数量评估

数量评估是对招聘工作的有效性检验的一个重要方面。这一方面的评估指标主要有应聘比、录用比和招聘完成比。这三项指标评估方法如下。

应聘比计算公式为:

$$应聘比=应聘人数÷计划招聘人数×100\%$$

应聘比说明员工招聘的挑选余地和信息发布状况。该比率越大,说明组织的招聘信息发布得越广、越有效,组织的挑选余地也就越大,招聘信息发布效果越好,同时说明录用人员素质高的可能性越大;反之,该比率越小,说明组织的招聘信息发布不适当或无效,组织的挑选余地也越小。

录用比计算公式为:

$$录用比=实际录用人数÷应聘总人数×100\%$$

录用比越小,表明对企业来说可供选择的人员越多,实际录用者的素质就可能越高;反之,说明可供筛选者越少,则实际录用者的素质较低的可能性越大。

招聘完成比计算公式为:

招聘完成比=录用人数÷计划招聘人数×100%

招聘完成比率说明新员工招聘计划的完成情况。如果招聘完成比等于或大于100%,则说明在数量上全面或超额完成了招聘计划;比率越小,说明招聘员工数量越不足。

(2)录用人员质量评估

录用人员质量评估是对员工的工作绩效行为、实际能力、工作潜力的评估,主要是分析评估新员工的素质、能力等是否能满足应聘岗位的要求和组织工作的需要,它是对招聘的工作成果与方法的有效性检验的另一个重要方面。绩效考评是录用人员质量评估的重要方法。

(三)招聘方法评估

招聘方法评估主要是对招聘过程中采用各种招募渠道的招聘效果进行评估。通过将各种招聘工作定量评估指标与招募渠道相联系,评价出不同招聘渠道的产出率。

三、招聘信度与效度评估

(一)招聘信度评估

1.招聘信度的概念

招聘信度是指招聘的可靠性程度,具体指通过某项测试所得的结果的稳定性和一致性。应聘者多次接受同一测验或有关测验时,若其结果相同或相近,我们认为该测验的可靠性较高。任何一种测试手段,如果其信度很低,就不可能是有效的,这就犹如我们在同一台磅秤上测量体重,如果每次测量的体重都不同,最后得出的结果不可信。招聘信度这一指标又具体体现为:稳定系数、等值系数和内在一致性系数。

2.招聘信度三项指标系数的测定

稳定系数。稳定系数是指用同一种测试方法对一组应聘者在两个不同时间进行测试的结果的一致性,一致性程度可用两次结果之间的相关系数来测定。

等值系数。等值系数是指对同一应聘者使用两种对等的、内容相当的测试题所得结果之间的一致性程度。如对同一应聘者使用两张内容相当的个性测试量表时,两次测试结果应当大致相同。等值系数可用两次结果之间的相关程度(即相关系数)来表示。

内在一致性系数。内在一致性系数是指把同组应聘者进行的同一测试分为若干部分加以考察,各部分所得结果之间的一致性程度,它可用各部分结果之间的相关系数来判别。

(二)招聘效度评估

1.招聘效度的概念

招聘效度是指招聘的有效性。具体指用人单位对应聘者真正测到的品质、特点与其想要测的品质、特点的符合程度,因此,一项测试必须能测出它想要测定的功能才算有效。在人员选拔过程中,测试效度高是指实际测到应聘者的特征与想要测的特征符合程度高。招聘效度测试指标主要有预测效度、内容效度和同测效度三个。

2.招聘效度三项指标系数的测定

预测效度。预测效度用来预测将来行为的有效性,通过对应聘者在选拔中所得分数与其被录用后的绩效分数相比较来了解预测效度。二者相关性越大,则说明所选的测试方法、选拔方法越有效;若相关性很小或不相关,说明此法在预测人员潜力上效果不大。

内容效度。某测试的各个部分对于测量某种特性或做出某种估计有多大效用?测试是否代表了工作绩效的某些重要因素?在测试内容效度时,主要考虑所测得的内容是否与想测试的特性有关。例如,招聘打字员,测试其打字速度和准确性、手眼协调性和手指灵活度的操作测试的内容效度是较高的,因为准确性、灵活性是打字员应具备的职业特性。内容效度多用于知识测试与实际操作测试,而不适用于对能力和潜力的测试。

同测效度。同测效度是指对现在员工实施某种测试,然后将测试结果与员工实际工作绩效考核得分做比较,若二者相关性很大,则说明此测试效度高。这种测试效度的特点是省时,可以尽快检验某种测试方法的效度,但当将其用到人员选拔测试时,难免会受到其他因素的干扰而无法准确地预测应聘者未来的工作潜力。因此,同测效度不适用于选拔员工的测试,而适用于现有员工的测试。

第六章 员工培训与开发

第一节 培训与开发概述

一、培训与开发的含义

"培训"与"开发"两个术语被相互替用,实际上两者并不相同。员工培训是指企业有计划地实施有助于员工学习与工作相关能力的活动,这些能力包括知识、技能和对工作绩效起关键作用的行为,即使员工能在自己现在或未来工作岗位上的工作表现达到组织的要求而进行的培养及训练。员工开发是指为员工未来发展而开展的正规教育、在职实践、人际互动以及个性和能力的测评等活动。开发活动以未来为导向,员工要学习与员工当前从事的工作不直接相关的内容。

在传统意义上,培训侧重于近期目标,重心放在提高员工当前工作的绩效,进而开发员工的技术性技巧,以使他们掌握基本的工作知识、方法、步骤和过程;开发则侧重于培养提高管理人员的有关素质(如创造性、综合性、抽象推理、个人发展等),以帮助员工为企业的其他职位做准备,提高其未来职业能力。还帮助员工更好地适应由新技术、工作设计、顾客或产品市场带来的变化。培训通常侧重于提高员工当前工作绩效,员工培训具有一定的强制性;而开发活动只是针对认定其具有管理潜能的员工。传统观念认为,培训的对象是员工与技术人员,而开发的对象主要是管理人员。

随着培训的战略地位的凸显,员工培训将越来越重要,培训与开发的界限已日渐模糊,培训与开发同等重要,两者都注重员工和企业当前与未来发展的需要,而且员工、经营者都必须接受培训与开发。在学习型组织中,培训被看作是所设计的智力资本构建系统的一部分。[①]

---

① 张彩霞,梁远帆,杨安宁等. 人力资源管理[M]. 长沙:湖南师范大学出版社,2015.

二、培训与开发中的学习原理

培训与开发可以帮助员工尽快掌握关系企业生存与发展的知识和技能,从本质上说是一种学习过程。因此,在开展培训与开发之前,了解一些人类学习的规律是非常重要的。

(一)学习理论

1.操作学习理论

该理论认为人们的行为是其结果的函数。人们的行为学习或改变并非由先天或反射(即个体意识控制之外的无意识或自动的反应)决定,而是由操作行为——主动或习惯的行为决定的,因此,人们低效工作行为的改变是通过主动性的操作行为学习而实现的。人们在实施具体的行为之后就将创设令人满意的结果——强化物。会增加这种行为的出现频率。人们高效的工作行为就是操作学习的结果,它将不断强化人们对这种行为的巩固和模仿。例如,某种工作行为得到奖励或表扬时,就会被人们重复或仿效。

2.社会学习理论

该理论认为,个体不仅可以通过操作行为学习直接经验,还可以通过观察或听取发生在他人身上的事情进行社会学习。因此,人们的知识、技能或行为既可以通过自己积累的直接经验学习,又可以通过间接经验——观察和借鉴别人的行为及行为成果这两种途径学习。

3.期望理论

该理论认为,一种行为倾向的强度取决于个体对这种行为可能带来的结果的期望强度,这种结果对行为者的吸引力。即一个人的行为倾向基于行为预期、实现手段和效价(个人对一种成果的评价)。

根据期望理论可知,企业开展的培训与开发活动必须同时具备以下三个因素,方能实现其有效性,并充分发挥其应用效能。第一,员工相信自己有能力完成培训与开发项目的内容,并能够达到培训开发项目要求(行为预期);第二,员工相信参加该培训开发项目与加薪、领导与同事的认同、工作改进等(实现手段)特定成果之间存在一定关联性;第三,员工认为参加培训开发项目可能获得的这些成果具有(满足自身需要的)价值。

有效的培训与开发应当在吸取操作学习、社会学习和期望理论的核心思想基础上。结合企业特定培训开发目标、资源、对象、内容等要素,合理运用代理性学习和亲验性学习两种学习方法,促使其共同发挥效应,这样培训开发方能取得佳绩。

(二)学习原则

1.学习曲线

为了提高培训与开发的效率,国内外学者对人类的学习过程进行了大量的研究,其中学习曲线就是有关学习过程的研究成果。

典型的学习过程大致经历了初始期、平坦期和上升期这三个过程。初始期学习曲线急速上升,表明人们在较短时间内迅速掌握了很多的信息和技能;之后就是平坦期,人们的学习速度在一段时间内保持稳定;在经历了知识的积累和沉淀以后,人们的学习过程又会迎来新的上升期,人们的学习成果和学习能力都将得到较大提高。学习曲线的形状与学习者的状态、教与学的方式、学习条件等要素紧密相关。

2.学习原则

学习原则是研究学习曲线的影响因素,在实际教与学的过程中要适当选用教学方式,以极大限度地提高学习效率的原则。学习原则是由参与性、重复性、相关性、可迁移性和反馈五个因素组成。参与性是指在学习过程中学习者的参与程度,当学习者积极参与学习过程,便会提高学习效果,缩短学习时间。重复性是指在教学过程中对教学内容的重复程度,如果学习内容重复性高,就可以加深学习者的印象,巩固学习内容,相关性是指学习内容与学习者当前或未来工作是否密切相关,只有当学习内容对学习者而言是有意义的,他们才会有动力来学习。可迁移性是指学习者可以将所学内容应用到实际的程度,如果培训内容可以很快地应用到工作中去,那么培训效果将会十分明显。反馈是指在学习过程中对学习者的学习进度、效果、内容等进行及时评价与反馈,适当及时地对学习过程进行反馈,可以帮助学习者判断其学习效果,调整学习行为。

在企业培训开发员工的过程中,培训人员可以利用学习曲线和学习原则有针对性地设计培训方案,选择合适的培训方式,并综合运用代理性学习和亲验性学习两种学习方法,将员工培训开发效果提升到一个较为理想的境界。

三、员工培训的内容与形式

（一）培训的内容

员工培训的内容与形式必须与企业的战略目标、员工的职位特点相适应，同时考虑适应内外部经营环境的变化。一般而言，任何培训都是为了提供员工知识、技能和态度三方面的学习与进步。知识学习是员工培训的主要方面，包括事实知识与程序知识的学习，员工应通过培训掌握完成本职工作所需要的基本知识。知识的运用必须具备一定技能培训，应针对不同层次的员工进行岗位所需的技术性能力的培训，即认知能力与阅读、写作能力的培训。态度是影响能力与工作绩效的重要因素。员工的态度与其接受培训的效果和工作表现是直接相关的。

（二）培训的组织形式

为适应不同的培训目的、不同的培训内容、不同的受训者等，员工培训的组织形式也多种多样。第一，从培训职能部门的组建看，培训有学院模式、客户模式、矩阵模式、企业办学模式和虚拟培训组织模式等各种模式。第二，从培训的对象看，培训有管理人员培训、专业技术人员培训、基层员工培训及新员工培训。第三，从员工培训的时间看，培训有全脱产培训、半脱产培训与业余培训等。

第二节　员工培训系统模型

有效的员工培训系统是员工培训的重要保障。精心设计员工培训系统是非常重要的。员工的培训系统包括培训需求分析、培训目标确定、培训方案设计、培训实施、培训评估和培训反馈等几个环节。企业应如何构建并实施员工培训系统呢？下面详细介绍。

一、培训的准备阶段

在员工培训的准备阶段，必须做好两方面的工作：一是培训需求分析；二是培训目标确定。

（一）培训需求分析

培训需求分析主要是为了明确是否需要进行培训。它包括组织分析、任务分析与人员分析三项内容。

1.组织分析

组织分析是要在企业的经营战略下，确定相应的培训，并为其提供可利用的资源、管理以及企业对培训活动的支持。这里需要分析三个问题：①从战略发展高度预测企业未来在技术、销售市场及组织结构上可能发生什么变化，对人力资源的数量和质量的需求状况进行分析。确定适应企业发展需要的员工能力。②分析管理者和员工对培训活动的支持态度。③对企业的培训费用、培训时间及培训相关的专业知识等培训资源的分析。

2.任务分析

任务分析包括任务确定及对需要在培训中加以强调的知识、技能和行为等进行的分析。任务分析用以帮助员工准确、按时地完成任务。任务分析的结果是有关工作活动的详细描述，包括员工执行任务和完成任务所需的知识、技术和能力的描述。这里对工作任务的分析并不同于工作分析。主要研究怎样具体完成各自所承担的职责和任务，即研究具体任职人的工作行为与期望的行为标准，找出其间的差距，从而确定其需要接受的培训。

3.人员分析

人员分析可帮助培训者确定谁需要培训，即通过分析员工目前绩效水平与预期工作绩效水平来判断是否有进行培训的必要。影响员工绩效水平与学习动机的因素：个体特征，即员工是否具有完成工作所应具备的知识、技术、能力和态度；工作输入，即员工是否得到一些指导，例如应该干些什么、怎样干和什么时候干等；工作输出，即员工是否了解工作的目标；工作结果，即与业绩相关的奖励是否有足够的激励作用；工作反馈，即员工是否能得到执行工作中的有关信息。

（二）培训目标确定

培训目标一般包括三方面的内容：一是说明员工应该做什么；二是阐明可被接受的绩效水平；三是受训者完成指定学习成果的条件。培训目标确定应把握以下原则：一是使每项任务均有一项工作表现目标，让受训者了解受训后所达到的要求,具有可操作性;二是目标应针对具体的工作任务,要明确;三是目标应符合企业的发展目标。[①]

二、培训的实施阶段

在培训的实施阶段,企业要完成两项工作:培训方案设计和培训实施。从培训工作的系统来看,培训的成功与员工培训项目设计有很大关系。

(一)培训方案设计

培训方案的设计是培训目标的具体操作化,即目标告诉人们应该做什么,如何做才能完成任务、达到目的。主要包括以下一些问题:选择设计适当的培训项目;确定培训对象;培训项目的负责人,包含组织的负责人和具体培训的负责人;培训的方式与方法;培训地点的选择;根据既定目标,具体确定培训形式、学制、课程设置方案、课程大纲、教科书与参考教材、培训教师、教学方法;考核方法、辅助器材设施等。

(二)培训实施

培训实施是员工培训系统关键的环节。在实施员工培训时,培训者要完成许多具体的工作任务。要保证培训的效果与质量,必须把握以下问题。

1.选择和准备培训场所

首先,培训场地应具备交通便利,舒适、安静、独立而不受干扰,能为受训者提供足够的自由活动空间等特点。其次,注意座位的安排,即应根据学员之间及培训教师与学员之间的预期交流的特点来布置座位。总之,选择和准备培训场所应以达到培训效果为目的。

2.课程描述

课程描述是有关培训项目的总体信息,包括培训课程名称、目标学员、课程目标、地点、时间、培训的方法、预先准备的培训设备、培训教师名单以及教材等,它是从培训需求分析中得到的。

3.课程计划

详细的课程计划非常重要,包括培训期间的各种活动及其先后次序和管理环节。它有助于保持培训活动的连贯性而不论培训教师是否发生变化;有助于确保培训教师和受训者了解课程和项目目标。课程计划包括课

[①]林忠,金延平.人力资源管理[M].沈阳:东北财经大学出版社,2015.

程名称、学习目的、报告的专题、目标听众、培训时间、培训教师的活动、学员活动和其他必要的活动。

4.选择培训教师

员工培训的成功与否与培训教师有着很大相关关系。特别是21世纪的员工培训,教师已不仅仅是传授知识、态度和技能,而且是受训者职业探索的帮助者。企业应选择那些有教学愿望,表达能力强,有广博的理论知识、丰富的实践经验、扎实的培训技能,热情且受人尊敬的培训教师。

5.选择培训教材

培训的教材一般由培训教师确定。教材有公开出版的、企业内部的、培训公司的以及教师自编的四种。培训的教材是对教学内容的概括与总结,包括教学目标、练习、图表、数据以及参考书等。

6.确定培训的时间

应确定合适的培训时间,明确何时开始,何时结束,每个培训周期培训的时间等。

三、培训的评估阶段

培训评估是员工培训系统中的重要环节。一般包括五个方面的工作:确定评估标准、评价方案设计、培训控制、培训评估以及结果评估。

(一)确定评估标准

为评估培训项目,必须明确根据什么来判断项目是否有效,即确立培训的结果或标准。只有目标确定后才能确定评估标准,标准是目标的具体化,同时又为目标服务。培训结果可以划分为五种类型:认知结果、技能结果、情感结果、效果以及投资净收益。评估标准通常由评估内容、具体指标等构成。制定标准的具体措施步骤分为:一是对评价目标进行分解;二是制定出具体标准;三是组织有关人员讨论、审议,征求意见,加以确定;四是试行与修订。在确定标准时必须把握一定的原则;各评估标准的各部分应构成一个完整的整体;各标准之间要相互衔接、协调;各标准之间应有一定的统一性与关联性。

(二)评价方案设计

企业可以采用不同的评价方案来对培训项目进行评价。主要有以下几种:①培训前和培训后的比较。即将一组受训者与非受训者进行比较,对培训结果的信息要在培训之前和之后有针对性进行收集。如果受训者小组的绩效改进大于对比小组,则培训有效。②参训者的预先测验。它是让受训者在接受培训之前先进行一次相关的测试,即实验性测试。一方面,可以更好地引导培训的侧重点;另一方面,可对培训效果进行评估。③培训后测试。它只需收集培训的结果信息。如果评价设计中找到对比小组,操作则更方便。④时间序列分析。即利用时间序列的方法收集培训前、后的信息,以此来判断培训的结果。它经常被用于评价会随着时间发生变化的一些可观察的结果(如事故率、生产率及缺勤率等)。

(三)培训控制

培训控制贯穿于整个培训实施过程之中,即根据培训的目标、员工的特点等调整培训系统中的培训方法、进程等。它要求培训者具有观察力,并经常与培训教师、受训者沟通,以便及时掌握培训过程中所发生的意外情况。

(四)培训评估

进行培训评估时应对培训目标、方案设计、场地设施、教材选择、教学的管理以及培训者的整体素质等各个方面进行评价。因此,评估内容包括评估培训者、评估受训者、评估培训项目本身等三方面。评估的过程:首先是收集数据,如进行培训前和培训后的测试、问卷调查、访谈、观察、了解受训者观念或态度的转变等;其次是分析数据,即对收集的数据进行科学的处理、比较和分析,并得出结论;最后是把结论与培训目标加以比较,提出改进意见。

(五)结果评估

结果评估就是对培训效果转移的评估,即指对员工接受培训后在工作实践中的具体运用或工作情况的评估。对培训效果的评价要考虑评价的时效性。有些培训的效果是即时性的,如对操作人员进行一种新设备操作技能的培训,其培训效果在培训中或在培训结束后就会表现出来,则即时性评价能说明培训的效果;而有些培训的效果要通过一段时间才能表现出来,如对管理人员进行的综合管理能力的培训,在这种情况下,对受训者长期的或跟踪性的评价则是必需的。

四、培训的反馈阶段

培训的反馈阶段是员工培训系统中的最后环节。通过对培训效果的具体测定与量化,可以了解员工培训所产生的收益,把握企业的投资回报率;也可以对企业的培训决策及培训工作的改善提供依据,以更好地进行员工培训与开发。

(一)培训效果测定

关于培训效果的测定问题,有不少学者对其进行了研究。美国著名学者 D·L·柯克帕特里克提出了四层次框架体系,他认为培训效果测定可分成四个层次。

(二)培训效果测定方法

培训效果测评的量化是一项十分复杂的工作。投资回报率是一个重要的培训成果量化指标。下面介绍员工培训的成本—收益分析方法,即通过财务会计方法确定培训项目的经济收益。

1.确定成本

培训成本包括直接成本与间接成本。确定成本的方法主要有两种:一种是根据企业员工培训系统模型。对培训的不同阶段(培训项目设计、实施、需求分析、开发和评估)所需的设备、设施、人员和材料的成本进行比较(这种方法有助于比较不同培训项目成本的总体差异),或将培训不同阶段所发生的成本用于项目间的比较。另一种是用会计方法计算成本。

2.确定收益

企业应分析培训的原因,如培训是为了降低生产成本或额外成本等。有许多方法可以确定收益:一是运用技术、研究及实践与特定培训计划有关的收益;二是在公司大规模投入资源前,通过实验性培训评价一部分受训者所获得的收益;三是通过对成功的工作者的观察,确定其与不成功工作者绩效的差别。

例如,一家木材厂专门生产承包商用作建筑材料的镶板。工厂有工人300人,48名一线主管,7名轮值监督管理人员与1名工厂经理。在工厂的经营中出现了三个问题;第一,每天生产的2%的镶板因质量被淘汰;第二,生产领域环境管理不佳,如镶板堆放不正确,有砸到员工的危险;第三,可避免的事故高于行业水平。为消除这些问题,对管理人员进行了培训:①强调要对质量问题和与员工不良工作习惯有关的绩效管理和人际关系技能进行培训。②强调要表彰绩效有提高的员工。一线主管人员、轮值监督管理人员和工厂经理都参加了培训。为了培训,在工厂附近的一家咨询机构购买了培训资料,其中包括录像资料,而且,该培训项目的指导者是一名咨询专家。

通过评价培训计划目标和实际结果,可确定培训的收益。培训成果评价指标包括镶板的质量、环境管理以及事故发生率,将培训收益与成本进行比较,可得到培训的投资回报率。该工厂的培训投资回报率为670%,即每投资1美元就可以获得6.7美元的收益。

成本—收益分析还有其他的方法。如效用分析法,即根据受训者与未受培训者之间的工作绩效差异、受训者人数、培训项目对绩效影响的时间段以及未受培训者绩效的变化来确定培训的价值。这种方法需利用培训前测与后测方案。还有一种是经济分析,即对培训为企业或政府带来的经济效益进行评价。主要通过计算直接和间接成本、政府对培训的奖励津贴、培训后受训者工资的提高、税率和折扣率进行评估。

第三节 管理人员的培训与开发

一、管理人员培训与开发的特点

（一）重要性、效果的潜在性

目前,很多企业对管理人员的培训不是很重视,迷信个人经验,把管理当科学,认为一个有几年的实际管理经验或基础工作经验的管理人员的经验放之四海而皆准,可以凭个人经验正确行事。而真正管理人员要胜任管理工作,必须开发出他的决策能力、组织协调能力、人事能力、沟通能力、洞察能力等。这些能力的开发必须接受专业人员、专业机构提供的专业培训。"管理出效益",管理人员的培训和开发对企业带来的效益是深远的和持久的,只是效果具有潜在性,可能在短时间内不会明显地表现出来。

（二）重点突出理论和理念

管理人员的开发与培训同普通员工相比，在培训内容上更突出对管理理论和理念的传输，使管理人员在管理方式和方法上得到提高。学习课程有管理与组织发展、经济分析与决策、市场管理、决策学、战略计划等，以提高管理人员的业务能力；也可以学习社会心理学和行为科学等课程。作为管理人员，除了提高管理能力外，还得做好人事工作，懂得如何激发下级的积极性，懂得如何处理好上下级的关系。

（三）培训时间有长有短，办学形式灵活多样

由于管理人员工作繁忙，很难抽出时间进行长时间的集中学习，企业管理人员的学习时间长短不一，短则数日、数周，长则数月、一年或两年。一般来说，期限较长的中、高级管理人员培训，学习内容与战略问题有关，期限较短的基层管理人员学习重点是解决一两个技术性问题。

（四）管理人员培训与开发是企业整个培训工作中的一个重要组成部分

管理人员的培训与开发是整个培训工作的有机组成部分。企业在培训需求调查和制订培训计划时，既要考虑基层员工的培训，也要考虑管理人员的培训与开发，而且要把它放在一个比较重要的地位[1]。

二、管理人员培训与开发的内容

针对不同层次的管理人员，培训与开发内容不同。

基层管理人员培训与开发内容包括：生产管理、沟通技巧、协调技巧、时间管理、计划的制订和实施等。

中层管理干部培训与开发内容包括：人力资源管理、市场营销、沟通技巧、时间管理、执行力培训、协调技巧等。

高层管理人员培训内容包括：宏观战略管理组织行为学、领导科学、财务管理等。

三、管理人员培训与开发的形式

管理人员培训与开发的形式有如下几种。

---

[1]邓秋香. 企业人力资源培训与开发的问题与解决对策[J]. 商业观察，2021(33)：36-38.

（一）在职开发

大多数管理人员的培训与开发是在工作中进行的。提高实际工作能力，熟悉企业的基本情况，积累管理经验，独立地展示自己的才能，也对下级进行实际的考察。这种方式的优点是：不会使替补训练的人产生不切实际的想法，也不会打击那些未被晋升的人的积极性。缺点是：培训和开发的系统性不足，不全面，不严格；培训和开发昂贵、费时，效率低；只局限于企业内部，对外界的新知识新思维、新方法吸收不够。这种方式一般不单独使用。

（二）替补训练

替补训练是将每一名管理人员指定为替补训练者，在完成原有责任外，还要求熟悉本部门上级的工作。通过熟悉上级的工作，了解管理工作，从而锻炼管理能力。这种培训与开发方式的优点是：有利于管理的连续性，并且训练周密，管理人员在预订接替的工作环境和职位上工作，为管理人员指明了一条明确的晋升路线，有利于管理人员职业生涯的规划和发展；不会出现因上级管理人员离职而无人管理的现象。缺点是：将打击未被指定替补人员的积极性，引发员工内部的不当竞争，也使部分上级因害怕被替代而不愿意对替补训练者进行培养；也容易导致培训开发只局限于企业内部，对外界的新知识、新思维、新方法吸收不够；培训与开发比较分散。

（三）短期理论学习

短期理论学习是提高管理人员管理水平和理论水平的一种主要方法。它有助于提高受训员工的理论水平，了解某些理论的最新发展动态，并在实践中及时运用一些最新的管理理论和方法。主要方式是把管理人员集中数天、数周，按照明确的管理培训课程进行集中培训与开发。短期学习经常是委托专业培训机构、商学院进行的。优点是管理人员能够在短时间里集中精力学习，短时间内提升快，学习内容集中，学习有针对性；缺点是管理人员需要脱离工作一段时间，而且学习内容与工作联系不是很紧密。这种培训与开发方式适合于专项学习。

（四）职务轮换

职务轮换是受训管理人员在不同部门的不同主管岗位或非主管岗位

上轮流工作,使其全面了解整个企业的不同岗位的工作内容,获得不同的工作经验,为以后晋升高层次管理岗位做准备。职位轮换有三种情况:非主管工作的轮换、主管职位间轮换、事先未规定的主管职位间轮换。

1.非主管工作的轮换

即管理人员在企业的基层第一线进行轮岗。通过这种轮换,使受训员工了解企业最基层的各类业务活动、工作流程;了解基层非主管人员的工作情况和精神状况。优点是受训管理人员能够了解企业的各种业务活动、工作流程,密切与基层员工的关系。不足是时间不好控制,时间长了费用太大,也会影响受训者的积极性;时间短了,不容易了解和把握各类业务活动的实质,达不到培训的目的。这种培训与开发方式在中国企业使用较多。

2.事先未规定的主管职位间轮换。

这种培训与开发方式,事先未规定受训管理人员到哪个主管岗位轮换和轮换时间,根据受训主管人员的具体情况,来确定轮换岗位和时间长短。这种轮换方式需要培训主管部门制订一个计划和监控措施,经常对受训人员的情况进行评估,调整轮换岗位。不足之处是受训管理人员对培训工作无明确的时间划分,有时候影响工作安排。

3.主管岗位间轮换。

即受训人员在同一层次的各个不同部门的主管岗位上轮换。目的是使受训管理人员在不同的岗位上根据各个部门的不同特点,学习实际管理经验,积累不同部门的管理经验,全面提高管理技能。优点是:可以开阔受训管理人员的视野,培养全面管理能力。缺点是:轮换可能会影响到各个部门的相对稳定性,各个部门轮换时间也不好控制;轮换中的管理人员缺乏管理权限,不承担真正进行管理工作时所负的责任,不能完全考察出受训人员的管理能力。

岗位轮换的目的有:使管理人员学会按照管理的原则从全局而不是从岗位方面来思考问题;培养管理人员全面管理的能力和技巧。

(五)决策训练

决策训练即解决问题和处理问题的方法训练,让受训管理人员正确地掌握决策的步骤,如提出问题,提出假设、收集数据、制订方案、分析方案、选择方案、测定结果。这种培训与开发方法重在逻辑推理、数学模型、计算机和创造力分析等方面进行探索,目的是提高决策的有效性,使受训管理人员形成科学的决策思维习惯和模式。缺点是模型下的决策相对理想化,在实际操作中需要结合企业和行业的实际情况进行相应的校正。

(六)决策竞赛

培训中模拟出企业管理中常常发生的各种事件,让参加者做出决策。决策竞赛经常由许多人分成小组,由小组做出决策,各组之间展开比赛,看谁的决策效果最佳。提高决策竞赛培养受训人员的思维能力、决策能力。

目前,国际上流行一种决策竞赛是CMC(国际企业管理挑战赛)。竞赛的规则是:首先假定当前的经济条件、市场状况、生产设备、人员和资金情况,在指定的时间内,要求参赛者就销售研发人事、生产设备、服务等方面如何运用资金做出决策。决策被记录在专门的表格上并提交给裁判,由裁判输入计算机,计算机经过模拟运行后输出结果,包括新的市场供求状况、各小组(公司)的股价变化情况。结果反馈给参赛者,让他们做出新的决策。如此循环,一般经过30轮左右的比赛确定胜负,整个比赛持续一年左右的时间。通过比赛,受训员工培养了在多种变化情况下的决策能力、协调能力,沟通能力等。

(七)角色扮演

角色扮演是管理人员培训与开发中常用的方法。角色扮演前,先要构造出一个类似于日常管理工作的特定情景,受训者被要求将自己假设为该特定情景中的一个角色,然后受训者在角色扮演中扮演和发展这个角色的行为,常应用于商业沟通、企业伦理、战略管理、多方谈判,环境问题管理跨文化沟通等内容的培训。角色扮演是主动学习方法,通过让受训者扮演某一特定情景下的角色,营造出使受训者主动参与的学习环境,能促使受训者在特定情景的模拟中主动地投入学习活动,有助于受训者理解在解决或评价管理问题时所遇到的各种人际关系。角色扮演适合于学习和探索组织的人际心理因素的作用,通过角色扮演可以到达3种目的:一是使初学者获取其职业发展所需要的人际沟通技能与经验;二是探索现代组织中人际关系因素的相互作用;三是探索企业或组织机构制定决策的过程及其规律。角色扮演要成功,需要指导教师具备较强的指导与控制能力。

（八）敏感性训练

敏感性训练是直接训练管理人员对其他人的敏感性。因为管理人员必须通过他人来完成任务，要想工作上取得成功，就必须重视自己的上级、下级、同事的情感、态度和需求。敏感性训练经常准备有成套的边听边看的课程，并设计一些活动，让学员在相互影响的实践中，亲自体验相互影响是怎样进行的。敏感性训练强调的不是训练的内容，而是训练的过程；不是思想的训练，而是感情上的体验。这种培训方式需要受训人员认真体会，从内心深处产生共鸣，使自己以后在工作中利用正确的方式调动周围人员的积极性，共同完成生产、经营目标。

（九）跨文化管理训练

跨文化管理训练主要是跨国公司管理人员培训的重要内容，随着经济全球化进程的加快，这是企业跨国经营、发展的需要。培训的目的是让受训人员了解并尊重各国不同的文化价值观念，使员工树立一种观念，即"各种文化没有好坏之分，只是各不相同，我们必须理解和尊重各自的文化"，在日常的管理工作中，与各国员工和平共处、顺利沟通、充分合作，共同完成企业的经营目标和发展。培训的方式有授课、讨论、观看录像，有条件的出国亲身体验。

（十）企业大学

企业大学又称公司大学，是指企业出资，以高级管理人员、一流商学院教授及专业培训师为师资，通过实战模拟、案例研讨、互动教学等实效性教育手段，对内部员工或外部合作伙伴进行企业文化培训，战略宣导知识更新及工作能力开发，满足员工终身学习需要的一种新型教育、培训体系。

企业大学是公司为了应对不断变化的内外部环境，增强竞争优势而采取的战略，在国际上比较流行。据统计，世界500强企业中已有80%以上建立了自己的企业大学。一系列实践证明，企业大学是创建学习型组织十分有效的手段，有助于企业提升管理效益。

根据企业运营的内在特点和企业大学教学的主导内容，可分为：①生产技能型；②服务沟通型；③科技创新型。

按照创建模式分类，可分为：①自主创建型；②校企合作型；③IT导入型。其特点包括大学性、企业性、针对性、虚拟性和合作性。

第四节 培训的组织管理工作

一、培训中的控制管理

管理控制是为了预防可能发生的组织管理,实施过程中出现偏差,保证管理工作的效果和质量。而培训中的控制管理是保证培训工作按计划顺利进行,实现培训目的,提高和改善培训效果的保证。为了减少培训所造成的损失,及时纠正错误,培训中的控制管理采用阶段性控制和主动控制,在培训工作的各个阶段引进控制管理,以保证培训工作的顺利开展。具体来讲,就是在培训需求确定、培训目标确定、培训实施、培训的考核和评估等四个阶段实施控制管理。

（一）培训需求确定阶段的控制

是否准确地确定培训需求直接影响着培训成本和效果,也是培训工作开展的第一个环节。在对培训需求进行确定时,应该进行控制管理,要求与培训工作有关的各个方面人员共同确定培训需求,即人力资源部培训主管、培训组织部门的组织者及其直接上级、岗位任职人员、直接主管上级、各级领导都参与培训需求的工作中,共同确定培训需求,从而准确地确定培训需求,预测培训需求,制订培训计划。

（二）培训目标的确定和控制

在准确地确定了培训需求后,接着需要正确地确定培训的目标。在确定培训目标时,也需要进行控制管理。也要求与培训工作有关的各个方面人员共同确定培训目标,即人力资源部培训主管、培训组织部门的组织者及其直接上级、岗位任职人员、直接主管上级、各级领导都认真确定培训目标,既要考虑员工的培训需求、员工的工作现状,同时需要结合培训的方式和方法、培训经费的预算,确定合理的培训目标,切忌目标过高或过于理想化①。

（三）培训实施过程的控制

培训计划和培训目标都是通过具体的培训工作来实现的,在培训实施过程中,需要依据培训计划对培训的开展进行控制。控制内容主要有培训完成质量的控制、培训时间的控制、问题和反馈控制、受训员工出席培训课程的状况的控制、培训费用的控制等方面。

（四）培训考核和评估的控制

对培训考核和评估的控制是事后控制,虽然对本次培训过程没有实用价值,但对以后培训工作的提高具有重要意义,而且也可以对人力资源的其他相关工作提供有用的信息。培训考核和评估的控制主要是严格按培训计划中的考核方式和方法进行考核、认真收集培训的有关信息、认真地进行考核评估、正式渠道公布培训考核结果并实施适当的奖惩办法。企业应该重视对培训考核和评估的控制工作,形成对培训考核和评估重视的氛围,以便在以后的培训工作中,受训员工和相关领导积极、严格地按培训要求参与培训工作,增强培训效果。

二、培训师的选择和培训

培训计划的落实由培训师通过各种活动组织完成,培训师的知识面、业务熟悉程度、培训技能和技巧、个人魅力等方面影响着培训效果的好坏,所以对培训师的选择和培训是培训工作的重要内容。

（一）培训师的来源

培训师主要有两大来源:企业外部聘请和内部培训。这两种来源各有利弊,培训组织者应根据企业的实际情况,确定适当的内部培训师和外部培训师的比例,增强培训效果。

1.外部聘请培训师

企业外部聘请培训师主要是高等学校的专业教师,专门培训机构的培训教师和其他企业的行业专家。优点是:这类培训师理论水平高;擅长组织培训活动、幽默风趣;培训师能给企业带来许多新的理念;企业选择范围大;对受训对象有一定的吸引力。缺点是:培训费用较高,而企业对这

---

①张华瑛.国有企业员工的培训组织管理与实施措施[J].商场现代化,2018(14):84-85.

类培训师了解不是很全面。

2.内部培训师

内部培训师主要是人力资源部培训主管、企业的管理人员和业务专家。优点是：他们对企业文化、企业环境、培训需求、企业员工现状比较了解，能为受训员工带来大量的第一手的经验和知识；培训费用也比较低（多数费用包含在工资中），而且培训时间好安排；培训相对易于控制。缺点是：培训业务技巧可能比外部聘请培训师要差一些；企业对培训师的选择有限；培训师看问题有一定的局限性。

（二）培训师的选择标准

培训师必须具有较高的素质，才能适应培训教学的需要。企业在选择培训师时，虽然不能面面俱到，但可以参照以下标准进行：①拥有培训热情和教学愿望，对培训有热情和兴趣；具有培训授课经验和技巧；能够熟练运用培训中的培训教材与工具。②具有良好的交流与沟通能力、组织能力、互动能力、表演能力、场面控制能力，能很好地组织培训活动。③善于在课堂上分析问题、解决问题，帮助学员解决工作中的难题；具有引导学员自我学习的能力和启发学员进行思维的能力。④对培训内容所涉及的问题应有实际工作经验；积累与培训内容相关的案例与资料，充分挖掘学员工作中的案例。⑤具备经济类、管理类和培训内容方面的专业理论知识，全面熟悉企业人力资源管理的相关内容。⑥了解、熟悉、掌握培训内容所涉及的一些相关前沿问题，具有敏锐的洞察力、较强的学习能力和创新能力；充分了解当前国内外的宏观经济形势。

（三）培训师的培训

1.培训培训师的意义

基于培训师对培训工作圆满完成的重要性，企业应该培训培训师。培训培训师有如下作用。

给知识：传授知识，传授经验。

给系统观念：新观念是旧元素的新组合，价值在于给出系统化的新思路。

给思想：思想方法决定行为方式，培训师的行为包含着自己独特的思想理念，传达给学员。

给体验:互动交流中,把自己的心得体会带给学员,共同创新。

2.培训培训师的内容

培训授课基本技巧。授课的基本技巧包括语言的使用技巧、体态、教材的编写、教学环境的布置、时间掌控技巧、授课进度的掌控技巧、课堂氛围的营造技巧、课间游戏设计和使用、授课的开头与结尾、课间提问技巧和答问技巧等内容。

教学工具的使用培训。对培训工作中经常使用的投影仪幻灯机、录像机、摄像机等工具操作使用的培训。

培训内容的培训。针对不同来源的培训师进行相应培训内容的培训。对外部聘请的培训师进行企业的实际情况如企业文化、规章制度、工作流程等内容培训;对内部培训师进行专业的理论新动向或新技术等知识的培训。

其他与培训工作有关的专业知识培训。为了让培训师正常开展工作,可以对培训师进行如企业内部战略规划、企业内部对象层次划分、培训管理等专业方面的培训。

培训师职业道德的培训,如职业信条、职业操守、培训师的主要职责、历史使命等。

3.培训师培训的方法

对培训师的培训可以参照前面谈到的培训方法进行,如脱产培训(参加人力资源管理方向的脱产学习)、在职培训(利用业余时间参加培训)、自学(直接主管指定学习资料,培训师自我学习)等。

三、培训的成本管理

(一)培训成本预算

培训成本预算就是对培训项目进行成本—收益分析,主要是利用会计方法决定培训项目的经济收益的过程,从成本和收益两个方面进行考虑。

培训成本有直接成本和间接成本。主要有培训师费用、交通费用培训项目管理费用、培训对象受训期间工资福利、培训中的各种开支、员工因参加培训代替他们工作的临时工的成本或产生的损失。

企业在进行成本预算时,要考虑如下因素:①参加培训员工的数量和层次;②每期有多少员工同时离岗培训?离岗时间多长?③员工离开岗位,部门主管安排其他同事代替是否要额外支付报酬?整个培训项目中总共多少?④培训师与受训员工的最佳比例是多少?最多可以容纳多少员工受训但不影响培训效果?⑤参加培训计划的人员成本、设施费用、培训地点费用等;⑥培训从计划设计、安排、协调、实施到培训评估所需要的时间、人力、物力;⑦培训在哪些方面会产生直接和间接的效益,直接效益的计算方法;⑧培训成本分担期限的界定及人数或成本中心的计算方式应合理确定;⑨培训计划是企业自己设计还是参加企业外部专门培训结构的培训,或购买现成的训练套装,与培训人数、次数、培训目的、培训目标有关。

(二)计算培训成本

培训成本的计算有很多方法,目前比较常用的是资源需求模型计算法和会计计算法。

1.资源需求模型计算法

该方法是通过对培训各个阶段(培训需求调查、培训项目设计实施、培训评估)所需的设备、设施、人员和材料的成本的计算,得到整个培训总成本。该方法有助于明确不同培训项目成本的总体差异,以及不同阶段的成本。也可以利用该数据对培训的不同阶段进行调整。

2.会计计算法

该方法是对培训过程中的各种成本利用会计方法进行计算,从而确定培训成本。计算的成本有培训项目开发或购买成本、向培训师和受训员工提供的培训材料成本、培训设备和硬件成本、设施成本、交通及住宿和用餐成本、受训员工及辅助人员工资、员工参加培训而损失的生产效益等。会计计算法计算培训成本浅显易懂,也便于掌握和操作,是运用比较多的计算方法。

(三)培训收益的估算

培训的收益有些是显性的,但大部分是隐性的、长远的。主要有时间效益(培训使员工任务完成的单位工作时间缩短)、质量效益(完成任务的质量的提高)、成本效益(因培训而减少受训员工的师傅及岗位领导辅导其工作期间的工资、奖金、补贴的减少)、经济效益(因培训提高了生产率、生产量、销售量而产生的经济效益的提高)、战略效益(培训为企业中远期的发展打下了智力基础,提高了员工的素质,增加了企业的整体工作效益和质量,增强了企业的生产竞争力和核心能力)等。培训收益的确定方法有:①运用技术、科学研究及实践证实与特定培训计划有关的收益;②在企业大规模投入资源之前通过试验性培训,评价一小部分受训者所获得的收益,从而推算整个培训的收益;③通过对成功工作者的观察,帮助企业确定成功与不成功的工作者的绩效差异,从而判断培训产生的收益。培训收益多数情况下是定性的收益,定量的收益相对少一些。

四、培训效果评估

(一)培训效果评估机制的建立

培训效果的评估是所有培训工作的难点,从战术角度而言,问题常源自培训效果的测试难度。

因此,建立科学的效果评估机制必须从以下两个方面入手。

1.合理的评价指标体系

企业可以建立全面、科学的三级评价指标体系:一级评价的对象包括员工个人,该级指标主要包括员工参加培训的态度、考试或考核的成绩等,评价的结果应与员工的晋级及绩效工资直接挂钩;二级评价的对象是职能部门或分公司,该级指标主要包括各职能部门或分公司对培训的参与、支持程度及参训人员在培训中的表现及所得到的评价等,该级的评价结果则与部门的绩效奖金、部门领导的绩效评价相挂钩;三级评价的对象是整个公司,该级指标是公司整体培训效果。评价时应把定性评价与定量评价、短期评价与长期评价结合起来,同时采用联席评价会议的方式进行。该级评估结果仅作为公司下一步培训改进借鉴用,并作为公司档案保存,而不与任何单位、部门、个人的利益相挂钩。

2.评估方式的正确选择

采用的评估方式主要有4种:后测、前后测、后测加对照组、前后测加对照组。评估方式的选择不是任意的,应根据企业进行评估的目的选择。若评估目的是为了比较两个项目的效率或判断员工培训前后技能的变化,则采用相对严谨但费用较大的前后测加对照组;若为了测试培训成果转化后的职业行为是否达到绩效水平,则只需选择较便捷和节省费用的后测方案即可。总之,应尽量考虑到效果与效率。

（二）培训效果有关的信息种类

进行培训效果的评价,必须进行培训效果相关信息的收集,一般收集下面这些信息:①培训及时性方面的信息,即培训的实施与需求在时间上是否相对应;②培训目的和目标设置方面的信息,即培训目的和目标是否能真正满足培训需求;③培训内容设计方面的信息,即培训内容是否能达到培训目的,适合受训员工的培训需求;④培训教材选用与编写方面的信息,即培训教材是否符合培训的需求,教材内容的深度和细致程度能否被受训员工接受,培训资料的印刷质量是否符合要求;⑤培训师选配的信息,即培训师能否有能力完成培训工作,对受训员工基本情况,企业所在的行业情况和企业的基本情况是否熟悉,是否具有教学组织能力;⑥培训时间的安排信息,即培训时机的选择是否得当,培训的具体时间安排和培训时间的长度是否合适;⑦培训场地选择的信息,即培训场地是否适合培训的内容、形式、方法和经费预算;⑧受训对象确定的信息,即受训对象是否是真正需要培训的员工,受训对象的层次选择是否恰当;⑨培训形式选择方面的信息,即培训形式是否与培训内容、经费预算相符;⑩培训的组织和管理方面的信息,即培训的后勤服务、培训整个组织和协调工作情况。

（三）培训效果信息的收集方法

确定了培训效果收集的信息后,就需要采用恰当的方法对培训效果信息进行收集。不同的培训,评估信息收集的渠道和收集的方法不同。经常采用的培训效果信息的收集方法有以下几种。

1.资料收集法

常用的资料包括:①培训方案;②有关培训方案的领导批示;③培训的录音、录像;④培训需求的调查问卷、原始资料、统计分析资料;⑤培训实施人员写的会议纪要、现场记录;⑥培训教材和辅导资料;⑦培训考核或考评资料;⑧受训员工对培训的反馈意见。

2.观察法

观察内容包括:①培训组织准备工作观察;②培训实施现场观察;③受训员工出勤情况观察;④培训后受训员工工作效率、工作流程等的观察。

3.访谈法

访谈对象包括:①受训员工;②培训师;③培训组织者;④受训员工的

领导和下属。访谈内容包括:①培训需求定位是否正确;②培训时间、地点、长度、内容是否合理;③受训对象是否合理;④培训过程中后勤工作的优点和不足;⑤员工对培训工作的建议。

4.调查法

调查内容包括:①培训需求;②培训组织情况;③培训内容和形式;④培训师的培训情况;⑤培训效果。

(四)企业培训效果评估结果的应用

企业对培训效果评估的结果可以用于以下几个方面:①总结经验教训,改进培训工作;②反馈培训结果,提高组织绩效;③宣传培训成果,争取更多支持。

员工培训是现代组织人力资源管理的重要组成部分,是一项长期性的工作,要配合企业战略的落实,按需施教、学以致用,将考核与奖惩相结合,兼顾培训工作的经济性。培训可以按培训对象、培训与工作岗位关系及培训方式进行分类。根据受训者在培训活动中是否处于主体地位和培训进行的地点可以将培训分为课堂讲授培训、现场培训、自学,各种形式又有很多具体的方式。培训的方法有很多,常用的有管理案例法、课堂讲授法研讨法、模拟法、实践法、游戏法等。

要完成一次培训工作,要经过培训需求分析、培训方法设计、培训资料开发、培训实施、培训工作评估等几个步骤。培训管理主要从培训中的控制管理、培训师的选择和培训、成本管理、效果评估几个方面进行。管理人员的培训是企业员工培训中的重点内容之一,主要分为基层管理人员、中层管理人员、高层管理人员培训,各个层次培训内容不同。常用的培训方法有在职开发、替补训练、短期理论学习、职务轮换、决策训练、决策竞赛、角色扮演、敏感性训练跨文化管理训练等。

第七章 绩效管理

第一节 绩效管理概述

一、绩效管理相关概念

(一)绩效管理内涵

所谓绩效,就是员工在工作过程中所表现出来的与组织目标相关的并且能够被评价的工作业绩、工作能力和工作态度。

绩效管理是指制定员工的绩效目标并收集与绩效有关的信息,定期对员工的绩效目标完成情况做出评价和反馈,以改善员工工作绩效并最终提高企业整体绩效的制度化过程。绩效管理的目的在于提高员工的能力和素质,改进与提高公司绩效水平。

(二)绩效管理的意义

无论企业处于何种发展阶段,绩效管理对于提升企业的竞争力都具有巨大的推动作用,企业进行绩效管理是非常必要的。绩效管理不仅能促进组织和个人绩效的提升,而且能促进管理流程和业务流程的优化,最终保证组织战略目标的实现。

1.绩效管理促进组织和个人绩效的提升

绩效管理通过设定科学合理的组织目标、部门目标和个人目标,为企业员工指明了努力的方向。管理者通过绩效辅导沟通及时发现下属工作中存在的问题,给下属提供必要的工作指导和资源支持;下属通过工作态度以及工作方法的改进,保证绩效目标的实现。绩效管理能使内部人才得到成长,同时能吸引外部优秀人才,使人力资源能满足组织发展的需要,促进组织绩效和个人绩效的提升。根据翰威特咨询(Hewitt Associates)公司对美国所有上市公司的调查显示,具有绩效管理系统的公司在企业绩效的各个方面明显优于没有绩效管理系统的公司,表7-1是该项调查的结果。

表7-1 绩效管理对企业绩效的影响

指标	没有绩效管理系统	具有绩效管理系统
全面股东收益率	0.0%	7.9%
股票收益率	4.4%	10.2%
资产收益率	4.6%	8.0%
投资现金流收益率	4.7%	6.6%
销售实际增长	1.1%	2.2%
人均销售额	126100美元	169900美元

2.绩效管理促进管理流程和业务流程优化

企业管理涉及对人和对事的管理,对人的管理主要涉及激励和约束问题,对事的管理主要涉及流程问题。在绩效管理过程中,各级管理者都应从公司整体利益出发,尽量提高业务处理的效率,不断进行优化调整,使组织运行效率逐渐提高,在提升了组织运行效率的同时,逐步优化公司管理流程和业务流程。

3.绩效管理保证组织战略目标的实现

企业一般有比较清晰的发展思路和战略,管理者将公司的年度经营目标向各个部门、各个岗位分解,制定每个部门和岗位的关键业绩指标。对于绩效管理而言,企业年度经营目标的制定与分解是比较重要的环节,这个环节的工作质量对于绩效管理取得预期效果起到非常关键的作用。绩效管理能促进和协调各个部门以及员工按照企业预定目标努力,形成合力,最终促进企业经营目标的完成,保证企业近期发展目标以及远期目标的实现。

(三)绩效管理与绩效考核

绩效考核是对员工的工作绩效进行评价,以形成客观公正的人事决策的过程。绩效考核以制定考核计划开始,接着确定考评的标准和方法,对员工前一阶段的工作态度、工作业绩等进行分析评价,最后将考核结果运用到相关人事决策(晋升、解雇、加薪、奖金)中去。

1.绩效管理与绩效考核的联系

绩效考核是绩效管理不可或缺的组成部分,绩效考核可以为组织的绩效管理的改善提供资料,帮助组织不断提高绩效管理的水平和有效性,使绩效管理真正帮助管理者改善管理水平,帮助员工提高绩效能力,帮助组织获得理想的绩效水平。绩效管理以绩效考核的结果作为衡量的参照,通过与考核标准的比较,寻找两者之间的差距,提出改进方案,并推动方案的实施。

2.绩效管理与绩效考核的区别

从涵盖的内容来看,绩效管理的内容更丰富。绩效考核更多的是强调员工考核的结果,侧重于判断和评估;而绩效管理不仅包括上述内容,还着重强调了绩效信息的分析、员工绩效的改进与提升,侧重于信息沟通与绩效提高。

从实施的过程来看,绩效管理更加完善。绩效考核包括考核标准的制定与衡量、绩效信息的反馈,注重员工的绩效结果;绩效管理是一个完善的管理过程,作为一种管理模式贯穿于企业运作的始终,具有延续性、灵活性,更注重员工的行为与结果的考核。

从实施的角度上看,绩效管理更注重从组织的战略整体出发。绩效考核以员工或部门为基础,强调对员工或部门的工作绩效的"衡量";但绩效管理更加强调从整体、战略的高度出发,注重员工与管理者之间的沟通。绩效管理与绩效考核的主要区别如表7-2所示。

表7-2 绩效管理与绩效考核的区别

绩效管理	绩效考核
从战略的高度对绩效进行管理	对个人或部门的绩效进行评价
着眼于组织绩效和长远发展	着眼于个人或部门的绩效
一个完善的管理过程	管理过程中的局部环节和手段
侧重于信息沟通与绩效提高	侧重于判断和评估
伴随管理活动的全过程	只出现在特定的时期
事前的沟通与承诺	事后的评估

其实对于很多企业来说,虽然讲的是"绩效管理",但实际操作的通常是"绩效考核"。这两个概念的混淆已经成为企业进行绩效管理的一大误区。要想使绩效管理成功,企业必须溯本清源,纠正错误的认识,使组织的绩效管理系统与组织的战略目标联系起来,把绩效管理视为整个管理过程中的一个有效工具。[①]

二、绩效管理系统的设计

绩效管理系统(Performance Management System,PMS)是一套有机整合的流程系统,专注于建立、收集、处理和监控绩效数据。它既能增强企业的决策能力,又能通过一系列综合平衡的测量指标来帮助企业实现战略目标和经营计划。

绩效管理系统的设计包括绩效管理制度的设计与绩效管理程序的设计两个部分。绩效管理制度是企业单位组织实施绩效管理活动的准则和行为的规范。绩效管理程序的设计又分为管理的总流程设计和具体考评程序设计两部分。

绩效管理的总流程设计包括五个阶段:准备阶段——实施阶段——考评阶段——总结阶段——应用开发阶段。

(一)准备阶段

1.明确绩效管理的对象以及各管理层级的关系

一般情况下,绩效管理会涉及以下五类人员:一是考评者,涉及各层级管理人员(主管)、人力资源部门专职人员。二是被考评者,涉及全体员工。三是被考评者的同事,涉及全体员工。四是被考评者的下级,涉及全体员工。五是企业外部人员,涉及客户、供应商等与企业有关联的外部人员。

在绩效管理的活动过程中,根据不同的考评目的,有时需要由多方面的人共同对被考评者进行全面的考评,有时可能是部分人员分别对绩效进行考评。

2.根据绩效考评的对象,正确的选择考评方法

在绩效考评的对象确定的情况下,首先应当解决采用什么方法进行绩效考评的问题。据不完全统计,自20世纪30年代以来,国外管理学派已经

---

①郝倩,陈冬方,周丽彦.人力资源管理[M].成都:四川科学技术出版社,2016.

提出了近20种适用于企业不同类别岗位人员的考评方法,这些方法具有不同的特点和适用范围。

3.根据考评的具体方法,提出企业各类人员的绩效考评要素(指标)和标准体系

绩效考核要素应包括被考核者的工作成果、劳动过程中的行为表现以及员工的潜质(员工的心理品质和能力素质)。

4.对绩效管理的运行程序、实施步骤提出具体要求

具体要求包括考评时间和考评期限的设计、工作程序的确定。

(二)实施阶段

实施阶段是在完成企业绩效管理系统设计的基础上,组织全体员工贯彻绩效管理制度的过程。在这个过程中,无论是上级还是下级,无论是绩效的考评者还是被考评者,都必须严格地执行绩效管理制度的有关规定,认真地完成各项工作任务。企业绩效管理在实施阶段应当注意以下两点:一是通过提高员工的工作绩效来增强核心竞争力;二是收集信息并注意资料的积累。

(三)考评阶段

考评阶段是绩效管理的重心,不仅关系整个绩效管理系统运行的质量和效果,也涉及员工的当前利益和长远利益,需要人力资源部门和所有参与考评的主管高度重视,并注意从以下几方面做好考评的组织实施工作:一是考评的准确性;二是考评的公正性;三是考评结果的反馈方式;四是考评使用表格的再检验;五是考评方法的再审核。

(四)总结阶段

总结阶段是绩效管理的一个重要阶段。总结阶段不仅是上下级之间进行绩效面谈,沟通绩效信息,相互激励的过程,也是企业对整体绩效管理体系,乃至总体管理状况和水平进行必要的检测、评估和诊断的过程。

在总结阶段要完成的工作有:第一,各个考评者完成考评工作,形成考评结果的分析报告(包括上下级绩效面谈记录在内的各种相关资料的说明);第二,针对绩效诊断所揭示的各种涉及组织现存的问题,写出具体详尽的分析报告;第三,制定下一期企业全员培训与开发计划,薪酬、奖励、员工升迁与补充调整计划;第四,汇总各方面的意见,在反复论证的基础

上,对企业绩效管理体系、管理制度、绩效考评指标和标准、考评表格等相关内容,提出调整和修改的具体计划。

（五）应用开发阶段

应用开发阶段是绩效管理的终点,也是下一轮绩效管理工作循环的起点。此阶段应从以下几个方面入手,进一步推动企业绩效管理活动的顺利开展。

第一,考评者绩效管理能力的开发。第二,被考评者的绩效开发。第三,绩效管理系统的开发。第四,企业组织的绩效开发。

三、绩效管理系统的运行

绩效管理系统在运行过程中可能会遇到很多困难和问题,主要原因有两个:一是系统故障,即考评的方式方法、工作程序等设计和选择不合理;二是考评者以及被考评者对系统的认知和理解存在偏差。为了保证绩效管理系统的有效运行,各级主管应当掌握绩效面谈的方法和技巧,并且能够及时做出绩效诊断,协助员工改进绩效。

（一）提高绩效面谈质量的措施

1.做好绩效面谈的准备工作

为了提高和保证绩效面谈的质量和效果,考评者应当注意做好以下两项准备工作:一是拟定面谈计划,明确面谈的主题,预先告知被考评者面谈的时间、地点以及应准备的各种绩效记录和资料。二是收集各种与绩效相关的信息资料。

2.采取有效的信息反馈方式

在绩效面谈中,企业仅仅要求员工回顾和总结自己的工作绩效是不够的,还必须使考评双方对组织的状况和下属员工的绩效有深入、全面、具体、清晰的认识。因此,为保证绩效面谈的质量,企业除了应做好绩效面谈前的各种准备工作之外,更重要的是采取有效的信息反馈方式,使得信息反馈具有针对性、真实性、及时性、主动性和适应性。

（二）绩效诊断与绩效改进

1.绩效诊断

绩效诊断就是分析引起各种绩效问题的原因,通过沟通寻求支持与了解的过程。绩效诊断的作用在于帮助员工制定绩效改善计划,作为上一循环的结束和下一循环的开始,连接整个绩效管理循环,使绩效不断循环上升。影响绩效的原因非常多,除了能力素质外,还受到企业内外部环境的影响。企业要使绩效改进有的放矢,建立绩效诊断系统非常重要。绩效诊断的主要内容包括以下几个方面。

(1)对企业绩效管理制度的诊断

现行的绩效管理制度在执行的过程中,哪些条款得到了落实,哪些条款遇到了障碍难以贯彻,绩效管理制度存在哪些明显不科学、不合理、不现实的地方。

(2)对企业绩效管理体系的诊断

绩效管理体系在运行中存在哪些问题,各子系统相互协调配合的情况如何,目前亟待解决的问题是什么等。

(3)对绩效考评指标和标准体系的诊断

绩效考评指标与评价标准体系是否全面完整、科学合理、切实可行,有哪些指标和标准需要修改调整等。

(4)对考评者全面全过程的诊断

在执行绩效管理的规章制度以及实施考评的各个环节中,有哪些成功的经验可以推广,有哪些问题亟待解决,考评者自身的职业品质、管理素质、专业技能存在哪些不足等。

(5)对被考评者全面的、全过程的诊断

在企业绩效管理的各项活动中,员工持何种态度,通过参与绩效管理活动,员工态度有何转变,实际工作取得何种成果,职业品质和素养有哪些提高等。

2.绩效改进

绩效管理的目的不仅是建立员工薪酬、奖惩、晋升等人事决策的依据,更重要的是促进员工能力的不断提高及工作绩效的持续改进。

所谓绩效改进,即确认组织或员工工作绩效的不足和差距,查明原因,制定并实施有针对性地改进计划和策略,不断提高员工竞争力的过程。绩效改进计划通常是在管理者和员工进行充分沟通之后,由员工自己提出,管理者予以确认后制定的。绩效改进的内容通常包括绩效改进项目、改进原因、目前的水平和期望的水平、改进方式及达标期限。

（三）绩效管理中的矛盾冲突与解决方法

由于管理者与被管理者、考评者与被考评者所处的位置不同,观察问题的角度不同,权责与利害关系不同,因而他们在绩效管理的活动中不可避免地经常出现一些矛盾和冲突。因此,各级主管需要掌握并运用人事管理的艺术,通过积极有效的面谈,抓住主要矛盾和关键性问题,尽最大可能及时地化解冲突。建议采用以下措施和方法。

第一,在绩效面谈中,公司主管应当做到以行为为导向,以事实为依据,以制度为准绳,以诱导为手段,本着实事求是的态度,与下属进行沟通交流。

第二,在绩效考评中,一定要将过去的、当前的以及今后可能的目标适当区分,将近期绩效考评的目标与远期开发目标严格区分。

第三,适当下放权限,比如,原来由主管负责登记下属的工作成果,改为由下属自己登记。

（四）设计绩效评估系统的五大原则

建立有效的绩效评估流程,首先要明确定位,让企业上下明确知道,绩效评估是唯一的正式沟通渠道,上司与下属都有责任和义务利用好此渠道;其次,定位清楚后,企业应设计适合的绩效系统。现提出以下原则供大家参考。

1.目标要清晰

大量调研结果显示,员工对上司最大的意见就是"目标不清晰"。上司在没有充分准备的情况下,将一个不清晰的目标传达给下属,双方会因此产生种种误会。所以,上司必须花时间厘清绩效评估工作,明确目标,这比任何激励机制都更有效。

2.设计自己的KPI(关键绩效指标)

当前,管理层面临人力资源管理的最大挑战是怎样提升员工对工作的投入度。《驱动力》一书提到,如果要员工全身心投入工作,最好让员工设定自己的工作目标。每年设定新目标时,上司应将工作思路、策略同下属谈清楚,然后让下属设计工作目标;下次见面时,下属向上司阐释其目标和计划,并说明可行性。这样上司可以了解下属,同时,从下属设定的目标里,上司可以看清下属的思维方式,有时会收获意外惊喜。当然,这不仅需要时间成本,而且此方法不太适合新员工。

3.个人提升计划

有效的绩效评估流程应该包括员工个人提升计划。业务目标的评估固然重要，但员工个人提升计划的评估亦不可省去。上司除了要与员工一起制定个人提升计划之外，还应该帮助员工完成计划。比如，如果员工在个人提升计划中列出"报读某商学院"，那么上司需要做出相应的配套安排，尽量帮助员工实现计划。

4.沟通机会

绩效评估是上司与员工建立有效沟通的好机会，因此千万不要一年才沟通一次。相隔时间太长，沟通很难顺畅。建议每季度保证一次沟通，沟通地点不一定是很正式的场合，沟通可以在吃饭、喝咖啡时进行，只要沟通内容能覆盖绩效评估中应沟通的内容即可。同时，沟通中上司要让下属展现过去的业绩，即使上司已知道，仍需制造机会让下属直接表达并给予认可。

5.沟通心态

绩效评估应改为"绩效沟通"。上司的出发点应该是沟通而不是评估。沟通不仅能让上司知道员工的工作进度，更能了解他们处理事情的方式方法以及能给予的帮助。上司与下属沟通时，只要抱着帮忙的心态，沟通就会有成效。绩效评估难免要讨论下属"需要改善"的地方，当谈到这些问题时，上司必须态度真诚，对事不对人，希望下属成功。应牢记，上司的责任是将下属的潜力尽量发挥出来，所以，一切沟通、反馈都应该基于此目标出发。

（五）绩效管理系统的开发

1.绩效管理系统的检查与评估

企业之所以要构建并完善绩效管理系统，是为了实现组织发展、员工效能提高等基本目标。科学有效的绩效管理系统应当充分地体现人事决策及开发人力资源的双重功能。为了检查和评估企业绩效管理系统的有效性，通常可以采用以下几种方法。

（1）座谈法

通过专题座谈会，企业可以广泛地征询各级主管、考评者与被考评者对绩效管理制度、工作程序、操作步骤、考评指标和标准、考评表格形式、信息反馈、绩效面谈、绩效改进等方面的意见，并根据会议记录撰写分析报告书,针对目前绩效管理系统存在的主要问题,提出具体的调整方案和改进建议。

(2)问卷调查法

有时为了节约时间,减少员工之间的干扰,充分了解各级主管和下属对绩效管理系统的看法和意见,企业可以预先设计一张能够检测系统故障和问题的调查问卷,然后发给相关人员填写。企业采用问卷调查的方法,有利于掌握更详细、更真实的信息,对特定的内容进行更深入、全面的剖析。

(3)工作记录法

为了检验管理系统中考评方法的适用性和可行性,企业可以采用查看绩效管理原始记录的方法,做出具体的评价,判断考评的结果是否存在中心化倾向、近因误差、晕轮效应等。如通过查看各个下属单位的奖励记录,企业可以发现绩效考评被利用的程度,通过查看绩效面谈的记录,企业可以发现绩效面谈中存在的问题等。

(4)总体评价法

为了提高绩效管理的水平,企业可以聘请企业内外的专家,组成评价小组,运用多种检测手段,对企业绩效管理系统的总体功能、总体结构、总体方法、总体信息以及总体结果进行分析。

2.企业绩效管理系统的再开发

为了保障企业绩效管理系统的正常运行,提高系统的有效性和可靠性,充分发挥绩效管理系统的双重功能,企业应当对总体系统进行诊断和分析,及时发现问题,查找原因,及时进行必要的调整和改进。

第二节 绩效管理的流程

按照绩效的周期绩效管理的内容可以分为绩效计划、绩效沟通、绩效考核和绩效反馈四个环节。绩效管理的实施过程就是逐步实现这些内容的过程,该过程可以按照先后顺序分为四个阶段:准备阶段、实施阶段、反馈阶段和应用阶段,在实践当中,这四个阶段并不是严格分离的,而往往是相互影响、共同推进的。

一、准备阶段

准备阶段是整个绩效管理过程的开始,这一阶段主要是制订绩效计划,确定员工的绩效考核目标、考核周期以及相应的考核方法,为顺利开展绩效管理奠定基础。

(一)绩效考核目标

绩效考核目标,或者叫作绩效目标,就是组织希望员工达到的工作目标,是对员工在绩效考核期间的工作任务和工作要求所做的界定,这是对员工进行绩效考核时的参考系。绩效目标由绩效内容和绩效标准组成。

1.绩效内容

绩效内容界定了员工的工作任务,也就是说员工在绩效考核期间应当做什么样的事情,它包括绩效项目和绩效指标两个部分。绩效项目是指绩效的维度,也就是说要从哪些方面来对员工的绩效进行考核。按照前面所讲的绩效的含义、绩效的维度,绩效项目包含工作业绩、工作能力和工作态度。

绩效指标也就是绩效考核的具体内容,它可以理解为对绩效项目的分解和细化,例如对于某一销售主管的职位,其业绩项目可以分解为销售额、销售费用、应收账款比例、坏账率等几项业绩考核指标;其工作能力项目可以分解为分析判断能力、沟通协调能力、组织指挥能力、开拓创新能力、公共关系能力以及决策行动能力等六项具体的考核指标。[①]

对于工作业绩,设定指标时一般要从数量、质量、成本和时间四个方面进行考虑;对于工作能力和工作态度,则要具体情况具体对待,根据各个职位不同的工作内容来设定不同的指标。绩效指标的确定有助于保证绩效考核的客观性。确定绩效指标时,应当注意以下几个问题。

(1)关键绩效指标原则

理论上,绩效指标的设计应当涵盖员工的全部工作内容,这样才能够准确体现对员工工作的全部要求,准确评价出员工的实际绩效。而实际上要使绩效指标面面俱到,体现对员工工作的所有要求是非常困难的,也是

---

① 孙超群. 黑龙江省制造业双视角人力资源管理沟通模型构建及应用研究[D]. 哈尔滨:哈尔滨商业大学,2020.

不现实的。这就要求在指标设计的时候,充分考虑组织在这一考核周期的具体要求,使考核指标能够体现该职位的最关键的要求。

(2)绩效指标应当具体

绩效指标要明确地指出到底是要考核什么内容,不能过于笼统,否则考核主体就无法进行考核。

(3)绩效指标应当明确

当绩效指标有多种不同的理解时,应当清晰地界定其含义,避免让不同的考核主体产生不同的理解。例如对"工程质量达标率"这一指标,就有两种不同的理解,一是指"质量合格的工程在已经完工的工程中所占的比率";二是指"质量合格的工程在应该完工的工程中所占的比率",这两种理解就有很大的差别,因此应当指明到底是按照哪种含义来进行考核。

(4)绩效指标应当具有差异性

这包括两个层次的含义:一是指对于同一个员工来说,各个指标在总体绩效中所占的比重应当有差异,因为不同的指标对员工绩效的贡献不同。例如,对于总经理办公室主任来说,公关能力相对比计划能力要重要。这种差异是通过各个指标的权重来体现的。二是指对于不同的员工来说,绩效指标应当有差异,因为每个员工从事的工作内容是不同的,例如,销售经理的绩效指标就应当和生产经理的不完全一样。此外,即使有些指标是一样的,权重也应当不一样,因为每个职位的工作重点不同,例如,计划能力对企业策划部经理的重要性就比对法律事务部经理的要大。

(5)绩效指标应当具有变动性

这也包括两个层次的含义:一是指在不同的绩效周期,绩效指标应当随着工作任务的变化而有所变化。二是指在不同的绩效周期,各个指标的权重也应当根据工作重点的不同而有所区别,职位的工作重点一般由所在组织的工作重点决定。

2.绩效标准

绩效标准明确了员工的工作要求,也就是说对于绩效内容进行界定,明白员工应当怎样做或者做到什么样的程度,绩效标准的确定,有助于保证绩效考核的公正性,否则就无法确定员工的绩效到底是好还是不好。

(1)绩效标准应当明确

按照目标激励理论的解释,目标越明确,对员工的激励效果就越好,因此在确定绩效标准时应当具体清楚,不能含糊不清,这就要求尽可能地使用量化的标准。

要使绩效标准具体明确,首先尽可能量化绩效标准。量化的绩效标准应当这样来规定:①收到其他部门的人力资源需求后,在5个工作日内招聘到合适的人员;②员工的招聘成本应当控制在每人150~200元。此外,能力和态度的工作行为方面的考核指标,往往很难量化或者量化的成本比较高,对于这些指标,明确绩效标准的方式就是给出行为的具体描述,从而使这一指标的绩效标准相对比较明确。

(2)绩效标准应当适度

按照目标激励理论的解释,目标太容易或太难,对员工的激励效果都会大大降低,因此绩效标准的制定应当在员工可以实现的范围内确定,就是说制定的标准要具有一定的难度,但是员工经过努力是可以实现的。

(3)绩效标准应当可变

这包括两个层次的含义:一是指对于同一个员工来说,在不同的绩效周期,随着外部环境的变化,绩效标准有可能也要变化。二是指对于不同的员工来说,即使在同样的绩效周期,由于工作环境的不同,绩效标准也有可能不同。

对于绩效目标的设计要求,可将其概括为"明智"原则。第一,绩效目标必须是具体的,以保证其明确的牵引性;第二,绩效目标必须是可衡量的,必须有明确的衡量指标;第三,绩效指标必须是可以达到的,不能因指标的无法达成而使员工产生挫折感,但这并不否定其应具有挑战性;第四,绩效目标必须是相关的,它必须与组织的战略目标、部门的任务及职位职责相联系;第五,绩效目标必须是以时间为基础的,即必须有明确的时间要求。

(二)绩效考核周期

绩效考核周期是指多长时间对员工进行一次绩效考核、考核周期过长或过短对组织发展都是不利的,由于绩效考核需要耗费一定的人力、物力,考核周期过短会增加组织管理成本,甚至干扰正常的管理工作;管理周期过长,则降低绩效考核的准确性,不利于对员工工作的检查和督促。因此,在绩效管理的准备阶段,还应当确定出恰当的绩效考核周期。

绩效考核周期的确定,要考虑到以下几个因素。

1.职位的性质

不同的职位,工作的内容是不同的,因此绩效考核的周期也应当不同,一般来说,职位的工作绩效比较容易考核,考核周期相对要短些。

2.指标的性质

不同的绩效指标,其性质是不同的,考核的周期也应当不同。一般来说,性质稳定的指标,考核周期相对要长一些;相反,考核周期相对就要短一些。

3.与管理周期相结合

在确定考核周期时,还应当联系管理实践,将考核周期与管理周期相结合。如很多单位都有月(季、年)计划会议、月(季、年)总结会议,将考核周期定为月(季、年),与其他管理相互配合,有利于提高管理效率,推动考核结果的广泛应用。

二、实施阶段

准备阶段完成之后,就是绩效管理的实施阶段了,这一阶段主要是完成绩效沟通和绩效考核两项任务。

(一)绩效沟通

绩效管理的根本目的是通过改善员工的绩效来提高组织的整体绩效,只有每个员工都实现了各自的绩效目标,组织的整体目标才有可能实现。每一个管理者都必须肩负起帮助下属提高工作能力、端正工作态度和提升工作业绩的重要责任。

绩效沟通的过程就是管理的过程,是指在日常管理过程当中,或者说在整个绩效考核周期内,上级就绩效问题持续不断地与员工进行交流和沟通,给予员工必要的指导和建议,帮助员工实现确定的绩效目标。

(二)绩效考核

绩效考核就是指在考核周期结束时,选择相应的考核主体和考核方法,收集相关的信息,对员工完成绩效目标的情况进行评价。

1.考核主体

考核主体是指对员工的绩效进行考核的人员。只有了解员工工作情况的人才有可能成为考核主体,所以考核主体一般包括这样五类人员:上级、同事、下级、员工本人和客户。

（1）上级

上级直接对下级进行考核，这是大多数考核实践中普遍采用的方法，其优点是显而易见的，由于上级对员工承担直接的管理责任，因此他们通常最了解员工的工作情况。此外，用上级作为考核主体还有助于保证管理的权威，实现管理的目的。上级考核的缺点在于考核信息来源单一，容易产生个人偏见。

（2）同事

由于同事和被考核者在一起工作，因此他们对被考核者的工作情况也比较了解；同事一般不只一人，可以对员工进行全方位的考核、避免个人的偏见。此外，还有助于促使员工在工作中与同事配合。同事考核比较适用于注重团队建设的情况。同事考核的缺点是人际关系的因素会影响考核的公正性，和自己关系好的就给高分，不好的就给低分；大家有可能协商一致，相互给高分；还有可能造成相互的猜疑，影响同事关系。

（3）下级

用下级作为考核主体，优点是由于下级是被管理的对象，因此最了解上级的领导管理能力，能够发现上级在工作方面存在的问题；可以促使上级关心下级的工作，建立融洽的员工关系。下级考核比较适用于重视员工成长的情况。下级考核的缺点是由于顾及上级的反应，往往不敢真实地反映情况；有可能削弱上级的管理权威，造成上级对下级的迁就。

（4）员工本人

让员工本人作为考核主体进行自我考核，优点是能够增加员工的参与感，加强他们的自我开发意识和自我约束意识，有助于员工对考核结果的接受。比如一些科研人员，他们工作积极性很高，而其他人对科研人员的专业工作很难熟悉，这种情况下非常适合员工本人考核。员工本人考核的缺点是员工对自己的评价往往容易偏高，当自我考核和其他主体考核的结果差异较大时，容易引起矛盾。

（5）客户

由员工服务的对象来对他们的绩效进行考核，这里的客户不仅包括外部客户，还包括内部客户。客户考核有助于员工更加关注自己的工作结果，提高工作质量。例如，不少银行对柜台服务员工就进行客户考核——每个顾客办完业务后都可以通过面前的评价机器对这次服务进行是否满意的评价,这样的评价方式本身就可以促进员工提高服务质量。它的缺点是客户更侧重于员工的工作结果,不利于对员工进行全面的评价。

由于不同的考核主体收集考核消息的来源不同,对员工绩效的看法也会有所不同。为了保证绩效考核的客观公正,应当根据考核指标的性质来选择考核主体,选择的考核主体应当是对考核指标最为了解的。例如,"协作性"由同事进行考核,"培养部属的能力"由下级进行考核,"服务的及时性"由客户进行考核等。由于每个职位的绩效目标都由一系列的指标组成,不同的指标又由不同的主体来进行考核,因此每个职位的评价主体也有多个。此外,当不同的考核主体对某一个指标都比较了解时,这些主体都应当对这一指标做出考核,以尽可能地消除考核的片面性。

2.绩效考核结果的控制

一般来说,正常发展中的组织的考核结果应当符合正态分布的规律,组织可以按照正态分布的规律来检验考核结果是否正常也可以提前设定员工绩效的等级比例,比如,可以按照下述比例原则来确定员工的工作绩效分布情况:绩效最高的15%,绩效较高的20%,绩效一般的30%,绩效低于要求水平的20%,绩效很低的15%。

当然,也可以按照四等分来分,并且赋予各部门比例分别为:20%、30%、30%、20%或者15%、35%、35%、15%等。这个比例不是固定的,组织高层管理者可以根据员工总体绩效水平的高低来确定这个比例关系。考核结束后,按照实际考核结果与事先确定的比例关系相比较,如果差别较大,应查找原因,可以调整某些考核指标的考核标准。

三、反馈阶段

绩效反馈阶段主要是完成绩效反馈的任务,也就是说上级要就绩效考核的结果和员工进行面对面的沟通——绩效反馈面谈,指出员工在绩效考核期间存在的问题,并一起制定绩效改进的计划。为了保证绩效的改进,还要对绩效改进计划的执行效果进行跟踪。

(一)绩效反馈面谈的准备

1.对员工的考核资料进行整理和分析

将员工本次考核结果与以前考核结果相比较,分析其进步和不足之处。

2.给员工以充分的准备时间

至少提前一周通知员工使其有时间对自己的工作进行审查,分析自己工作中所存在的问题,搜集需要提出的问题和意见。

3.选择适当的面谈时间和地点

面谈往往需要指出员工工作的不足,提出改进建议,为了达到最佳效果,需要考虑合适的面谈时间和地点,一般来说,与基层操作类员工的面谈不应该超过1个小时,而与管理人员所进行的面谈则往往要花费2~3个小时。不仅如此,面谈地点应当具有相对的安静性,以免面谈被电话或来访者所干扰。

(二)绩效反馈应注意的问题

1.绩效反馈应当及时

在绩效考核结束后,上级应当立即就绩效考核的结果向员工进行反馈绩效反馈。目的是要指出员工在工作中存在的问题,从而有利于他们在以后的工作中加以改进,如果反馈滞后的话,那么员工在下一个考核周期内还会出现同样的问题,这就达不到绩效考核的目的。

2.绩效反馈要指出具体的问题

绩效反馈是为了让员工知道自己到底什么地方存在不足,因此反馈时不能只告诉员工绩效考核的结果,而是应当指出具体的问题。

3.绩效反馈要指出问题出现的原因

除了要指出员工的问题外,绩效反馈还应当和员工一起找出造成问题的原因,并帮助员工有针对性地制订出改进的计划。

4.绩效反馈不能针对人

在反馈过程中,针对的只能是员工的工作绩效,而不能是员工本人,避免伤害员工造成抵触情绪,影响反馈的效果。

5.注意绩效反馈时说话的技巧

由于绩效反馈采用面谈的方式,因此说话的技巧会影响反馈的结果。在进行反馈时,首先,要消除员工的紧张情绪,建立起融洽的谈话气氛;其次,在反馈过程中,语气要平和,不能引起员工的反感;再次,要给员工说话的机会,允许他们解释,绩效反馈是一种沟通,不是在指责员工;最后,该结束的时候一定要结束,否则就是在浪费时间。

四、应用阶段

绩效管理实施的最后一个阶段是应用阶段,就是说要将绩效考核的结果运用到人力资源管理的其他职能中去,从而真正发挥绩效管理的作用,保证绩效管理目的的实现。

绩效考核结果的应用包括两个层次的内容:一是直接根据绩效考核结果做出相关的奖惩决策;二是对绩效考核的结果进行分析,从而为人力资源管理其他职能的实施提供指导或依据。

第三节　绩效考评的方法和技术

一、行为导向型主观考评方法

(一)排列法

亦称排序法、简单排列法,是绩效考评中比较简单易行的一种综合比较方法。它通常是由上级主管根据员工工作的整体表现,按照优劣顺序依次进行排列。有时为了提高其精度,也可以将工作内容做出适当的分解,分项按照优良的顺序排列,再求总平均的次序数,作为绩效考评的最后结果。优点:简单易行,花费时间少,能使考评者在预定的范围内组织考评并将下属进行排序,从而减少考评结果过宽或趋中的误差。在确定范围内可以将排列的考评结果,作为薪资奖金或一般性人事变动的依据。缺点:由于排序法是相对对比的方法,考评是在员工间进行主观比较,不是用员工工作的表现和结果与客观标准进行比较,因此具有一定的局限性,不能用于比较不同部门的员工,个人取得的业绩相近时很难进行排列,也不能使员工得到关于自己优点或者缺点的反馈。

(二)选择排列法

也称交替排列法,是简单排列法的进一步推广。选择排列法利用的是人们容易发现极端、不容易发现中间的心理,在所有员工中,挑出最好的员工,然后挑出最差的员工,将他们作为第一名和最后一名,接着在剩下的员工中再选择出最好的和最差的,分别将其排列在第二名和倒数第二名,依此类推,最终将所有员工按照优劣的先后顺序全部排列完毕。选择排列法是较为有效的一种排列方法,采用本法时,不仅上级可以直接完成排序工作,还可将其扩展到自我考评、同级考评和下级考评等其他考评的方式之中。

(三)成对比较法

亦称配对比较法、两两比较法。其基本程序是:首先,根据考评要素如工作质量,将所有参加考评的人员逐一比较,按照从最好到最差的顺序对被考评者进行排序;然后再根据考评要素进行两两比较,得出本要素被考评者的排列次序;依次类推,经过汇总整理,最后求出被考评者所有考评要素的平均排序数值,得到最终考评的排序结果。[①]

优点:能够发现员工在哪些方面比较出色,哪些方面存在明显的不足和差距,在涉及的人员范围不大、数目不多的情况下宜采用此方法。

缺点:员工数目过多,不但费时费力,其考评质量也将受到制约和影响。

(四)强制分布法

亦称强迫分配法,硬性分布法。假设员工的工作行为和工作绩效整体呈正态分布,那么按照状态分布的规律,员工的工作行为和工作绩效好、中、差的分布存在一定的比例关系,在中间的员工应该最多,好的、差的是少数。强制分布法就是按照一定的百分比,将被考评的员工强制分配到各个类别中。类别一般分为五类,从最优到最差的具体百分比可根据需要确定,既可以是10%、20%、40%、20%、10%,也可以是5%、20%、50%、20%、5%等等。

优点:可以避免考评者过分严厉或过分宽容的情况发生,克服平均主义。

缺点:如果员工能力分布呈偏态,该方法就不适合了。强制分布只能把员工分为有限的几种类型,难以具体比较员工的差别,也不能在诊断工作问题时提供准确可靠的信息。

(五)结构式叙述法

它是采用一种预先设计的结构性的表格,由考评者按照各个项目的要

---

①郝忠胜,刘海英. 人力资源管理与绩效评估[M]. 北京:中国经济出版社,2005.

求,以文字对员工的行为做出描述的考评方法。采用本方法,考评者能描述出下属员工的特点、长处和不足,并根据自己的观察分析和判断,对其提出建设性的改进意见和建议。

优点:简便易行,特别是有被考评者的参与,使考评结果的正确性有所提高。

缺点:受考评者的文字水平、实际参与考评的时间和精力的限制,使其可靠性和准确性大打折扣。从考评的性质和特点上看,行为导向型的主观评价方法是将所有员工的个体工作绩效,通过一个标准即整体绩效来进行了衡量,整体绩效作为一个全面的绩效考量指标,它是单一的、缺乏量化的、没有客观依据的一种考评标准,因而使考评结果受到考评者主观因素的制约和影响。

二、行为导向型客观考评方法

(一)关键事件法

也称重要事件法,在某些工作领域内,员工在完成工作任务过程中,有效的工作行为导致了成功,无效的工作行为导致失败。关键事件法的设计者将这些有效或无效的工作行为称之为"关键事件",考评者要记录和观察这些关键事件,因为它们通常描述了员工的行为以及工作行为发生的具体背景条件。这样,在评定一个员工的工作行为时就可以利用关键事件作为考评的指标和衡量的尺度。关键事件法对事不对人,以事实为依据,考评者不仅要注重对行为本身的评价,还要考虑行为的情境,可以用来向员工提供明确的信息,使他们知道自己在哪些方面做得比较好,而在哪些方面又做得不好。重要事件法考评的内容是下属特定的行为,而不是他的品质和个性特征,如忠诚性、亲和力、果断性和依赖性等。由于这种方法强调的是:选择具有代表最好或最差的行为表现的典型和关键性活动事例,作为考评的内容和标准。因此,一旦考核评价的关键事件选定了,其具体方法也就确定了。

优点:具有较大时间跨度,因此可与年度、季度计划的制定与贯彻实施密切地结合在一起。本方法可以有效弥补其他方法的不足,为其他考评方法提供依据和参考,例如:为考评者提供了客观的事实依据;考评的内容不是员工的短期表现,而是一年内整体表现,具有较大的时间跨度,可以贯穿考评期的始终;以事实为根据,保存了动态的关键事件记录,可以全面了解下属是如何消除不良绩效、如何改进和提高绩效的。

缺点:关键事件的记录和观察费时费力;能做定性分析,不能做定量分析;不能具体区分工作行为的重要性程度,很难使用该项方法在员工间进行比较。

(二)强迫选择法

也称强制选择业绩法。在本法中,考评者必须从3~4个描述员工某一方面行为表现的项目中选择一项(有时选择两项)作为单项考评结果。考评者可能会发现所有的选项都描述员工的绩效,不过他只能从中选出一个或者两个最能描述员工行为表现的项目。和一般的评级量表现方式不同,本法在各个项目中对所列举的工作行为表现,由于谨慎地使用了中性的描述语句,使考评参与者对该项工作表现是积极的还是消极的认知是模糊的。因此,考评者不知道下属员工的考评结果是高、是低,还是一般。

采用本法可以避免考评者的趋中倾向、过宽倾向、晕轮效应或者其他常见的偏误。本法不但可以用来考评特殊工作行为表现,也可适用于企业更宽泛的不同类别人员的绩效描述与考评。与其他评级量表法一样,本法同样是一种定量化考评方法。强迫选择法在使用的过程中,往往容易使考评者试图揣测哪些描述是积极的,哪些描述是消极的。此外,本法难以在企业人力资源开发方面发挥作用,因为考评者完成考评工作填写考评表格以后,将其交给人力资源管理部门或者直接上级,最终的考评结果不会反馈给员工个人。

(三)行为定位

也称行为锚定等级评价法,行为决定性等级量表法或行为定位等级法。它将关键事件和评价有效结合在一起,通过一张行为等级评价表可以发现,在同一个绩效维度中存在一系列的行为,每种行为分别表示这一维度中的一种特定绩效水平,将绩效按等级量化,可以使考评的结果更有效、更公平。

优点:对员工的绩效考量更加准确、绩效考评标准更加明确、具有良好的反馈功能、具有良好的连贯性和较高的信度、考评的维度清晰,各绩效要素的相对独立性强,有利于综合评价判断。

缺点:设计和实施的费用高、比许多考评方法费时费力。

(四)行为观察法

也称行为观察评价法、行为观察量表法、行为观察量表评价法。行为观察法是在关键事件法的基础上发展起来的,与行为锚定等级评价法大体接近,只是在量表的结构上有所不同。本方法不是首先确定工作行为处于何种水平上,而是确认员工某种行为出现的概率,它要求评定者根据某一工作行为发生频率和次数的多少来对某一被评定者打分。如:从不(1分)偶尔(2分)有时(3分)经常(4分)总是(5分)。既可以对不同工作行为的评定分数相加得到一个总分数,也可以按照对工作绩效的重要性程度赋予工作行为不同的权重,经加权后再相加得到总分。总分可以作为不同员工间比较的依据。发生频率过高或者过低的工作行为不能选取为评定项目。

优点:克服了关键事件法不能量化,不可比,以及不能区分工作行为重要性的缺点。

缺点:编制一份行为观察量表较为费时费力,同时完全从行为发生的频率考评员工,可能会使考评者和员工双方忽略行为过程的结果。

(五)加权选择法

是行为量表法的另一种表现形式。其具体的形式是用一系列的形容性或描述性的语句,说明员工的各种具体的工作行为和表现,并将这些语句分别列进量表中,作为考评者评定的依据。在打分时,如果考评者认为被考评者的行为表现符合量表中所列出的项目,就做上记号,如用"Y"或者"N"表示。

具体设计方法是:通过工作岗位调查和分析,采集涉及本岗位人员有效或者无效行为表现的资料,并用简洁的语言做出描述;对每一个行为项目进行多等级(一般为5~9级)评判,合并同类项目,删除缺乏一致性和代表性的事项;求出各个保留项目评判分的加权平均数,将其作为该项目等级分值。

优点:打分容易、核算简单,便于反馈。

缺点:适用范围小、采用本法时需要根据具体岗位的工作内容、设计不同内容的加权选择考评量表。

三、结果导向型考评方法

（一）目标管理法

体现了现代管理的哲学思想，是领导与下属之间双向互动的过程。是由员工与主管共同协商制定个人目标，个人的目标依据企业的战略目标及相应的部门目标而确定，并尽可能保持一致；该方法用可观察、测量的工作结果作为衡量员工工作绩效的标准，以制定的目标作为对员工考评的依据，从而使员工个人的努力目标与组织目标保持一致，减少管理者将精力放到与组织目标无关的工作上的可能性。

目标管理法的基本步骤如下。

1.战略目标的设定

考评期内的目标设定首先是由组织的最高层领导开始的，由他们制定总体的战略规划，明确总体的发展方向，提出企业发展的中长期战略目标、短期的工作计划。

2.组织规划目标

在总方向和总目标确定的情况下，分解目标，逐级传递，建立被考评者应该达到的目标，这些目标通常成为被考评者进行评价的根据和标准。制定目标时应该注意目标的具体性和客观性，目标的数量不宜过多，目标应做到可以量化、可测量，且长期与短期并存；目标由管理层和员工共同参与制定；设立目标的同时，还应制定达到目标的详细步骤和时间框架。

3.实施控制

目标实施过程中，管理者提供客观反馈，监控员工达到目标的进展程度，比较员工完成目标的程度与计划目标，根据完成程度指导员工，必要时修正目标。在一个考评周期结束后，孵出专门的时间对目标进行回顾和分析。

优点：评价标准直接反映员工的工作内容，结果易于观测，所以很少出现评价失误，也适合对员工提供建议，进行反馈和辅导。由于目标管理的过程是员工共同参与的过程，因此，员工工作积极性大为提高，增强了责任心和事业心。

缺点：因为没有在不同部门、不同员工之间设立统一目标，因此难以对员工和不同部门间的工作绩效作横向比较，不能为以后的晋升决策提供依据。

（二）绩效标准法

与目标管理法基本接近，它采用更直接的工作绩效衡量的指标，通常适合于非管理岗位的员工，采用的指标要具体、合理、明确，要有时间空间、数量质量的约束限制，要规定完成目标的先后顺序，保证目标与组织目标的一致性。绩效管理法比目标管理法具有更多的考评标准，而且标准更加详细具体。依照标准逐一评估，然后按照各标准的重要性及所确定的权数，进行评分数汇总。

优点：由于被考评者的多样性，个人品质存在明显差异，有时某一方面的突出业绩与另一方面的较差表现有共生性，而采用这种方法，能对员工进行全面的评估。绩效标准法为下属提供了清晰准确的努力方向，对员工具有更加明确的导向和激励作用。

缺点：需要占用较多的人力、物力和财力，需要较高的管理成本。

（三）短文法

又称书面短文法或者描述法。对本方法有以下两种解释：第一种说法认为，该方法是由被考评者在考评期末撰写一篇短文，对考评期内所取得的重要的突出业绩做出描述，以作为上级主管考评的重要依据。另一种说法认为，本方法是由考评者写一篇短文以描述员工绩效，并特别列举其长处和短处的事实。无论由谁来拟定绩效总结的报告，其内容和形式具有一定的相同性。

优点：考评者撰写绩效考评的报告，迫使考评者讨论绩效的特别事项，从而能减少考评的偏见和晕轮效应。由于考评者以事例说明员工表现，而不是使用评级量表，也可以减低考评的趋中和过宽的评价误差。

缺点：由考评者为每个员工写一篇独立的短文，其所花费时间和精力是可想而知的，因此，在下属众多的情况下根本无法推行本方法。另外，由于短文法仅适用于激发员工表现，开发其技能，而不能用于员工之间的比较，以及重要的人事决策，使它适用范围很小。由被考评者自己撰写考评短文，虽然节省了上级主管的时间，但又受到个人写作能力的限制，水平低的人往往不得要领、表述不清，水平高的人，又容易夸大其词。由此可见，本方法具有较大的局限性。

（四）直接指标法

直接指标法是在员工的衡量方式上,采用可监测、可核算的指标构成若干考评要素,作为对下属工作表现进行评估的主要依据。如对于非管理人员,可以衡量其生产率、工作数量、工作质量等。工作数量的衡量指标有:工时利用率、营业额、销售量等;工作质量的衡量指标有:顾客抱怨率、废品率、新产品包装缺损率、顾客投诉率,不合格返修率等。对管理人员的考评,可以通过对其所管理的下属的缺勤率、流动率的统计得以实现。

特点:简单易行、节省人力物力和管理成本。运用时,需要加强企业基础管理,建立健全各种原始记录,特别是一线人员的统计。

（五）成绩记录法

是新开发出来的一种方法,比较适合于从事科研教学工作的人员,如大学老师、律师等,因为他们每天的工作内容是不同的,无法用完全固化的衡量指标进行考量。这种方法的步骤是:先由被考评者把自己与工作职责有关的成绩写在一张成绩记录表上,然后由其上级主管来验证成绩的真实准确性,最后由外部的专家评估这些资料,决定个人绩效的大小。

缺点:因为本方法需要从外部请专家参与评估,因此,人力、物力耗费较高,耗费时间也很长。

（六）劳动定额法

劳动定额法是比较传统的绩效考评方法,具体步骤如下。

第一,进行工作研究,从宏观到微观,运用科学方法对工作上的生产流程、作业程序和员工的操作过程进行全面的调查分析,使其组织形式和作业方法达到精简、高效、健康、舒适、安全等方面的要求,最终实现劳动组织最优化,工作环境条件安全化、作业流程程序标准化、人工操作规范化、人机配置合理化,生产产出效率化的目标。

第二,在工作研究的基础上,进行时间研究,运用工作日写实、测时和工作抽样等工时研究方法,采用经验估工、统计分析、类推比较或技术测定的技术,对劳动者在单位时间内生产某种产品或者完成某项工作任务的劳动消耗量做出具体限定,即制定出工时定额或产量定额,作为员工绩效考评的主要依据。

第三,通过一段试行期,开始正式执行新的劳动定额,根据不同的工种和工序,企业可以采取多种不同形式的劳动定额,如工时定额、产量定额、综合定额、单项定额、看管定额、服务定额、工作定额、计划定额、设计定额、现行定额、不变定额等多种多样的形式和方法,对员工绩效进行考评。

四、综合型考评方法

（一）图解式评价量表法

也称图表评估尺度法、尺度评价法、图尺度评价法、业绩评定法,此表由美国公关公司设计,曾经在美国工商企业中广泛使用。

本方法首先是将岗位工作的性质和特点,选择绩效有关的若干评价要素。个体方面的因素,如判断能力、适应性、积极性等;与工作成果有关的因素,如工作质量、数量等;与行为有关的因素,如合作程度、工作态度等。其次,以这些评价因素为基础,确定具体的考评项目指标,每个项目分成5~9个等级,用数字或者文字表示,如最优、良好、一般、较差、极差或1、2、3、4、5,并对各个等级尺度的含义做出具体说明。最后,制成专用的考评量表。在应用的过程中,考评者根据对下属工作的观察和了解,只需要在量表的每个项目等级评估的尺度上做出记号,待全部项目考评完成后,将各个项目所得的相加,即可得到考评的总结果。

优点:由于本方法所采用的效标涉及范围较大,可以涵盖员工个人的品质特征、行为表现和工作结果,使其具有广泛的适应性;同时该方法具有简单易行、使用方便、设计简单、汇总快捷等。

缺点:考评的信度和效度取决于考评因素、项目的完整性、代表性以及考评人评分的准确性和正确性,在考评要素选择确定以及考评人存在问题的情况下,本方法极容易产生晕轮效应或者集中趋势等偏误。

（二）合成考评法

为了提高考评的质量,有些企业将几种比较有效的方法综合在一起,采用合成的绩效考评的方法。合成考评法的开发与应用实例说明,由于企业单位的主客观环境和条件的不同,企业完全可以因地制宜、因人制宜、因时制宜,设计更加适用可行的绩效考评方法。有些企业根据管理人员的特点,采用一定的表格形式,在对各评价要素做出明确的描述和界定的基础上,将考评与绩效改进计划有效地结合在一起,通过管理绩效的考评,找出存在的问题和不足,并提出今后改进的措施和办法。这些描述性表格与绩效改进计划合成在一起的考评方法,虽然不能进行人员的横向比较,但对每个管理人员来说,由于各自岗位的工作内容和特点上存在明显的差异,具有更强的针对性和适用性,从而有助于提高绩效管理的水平。

(三)日清日结法

1.设定目标

日清日结法也是一种动态优化的目标管理方法,对全公司所有的工作、物品及区域进行详细分工,形成人人都管事,事事有人管的目标管理体系,同时每人每天根据当天工作发现的问题及找出的差距,确定第二天提高的目标,进行动态的调整。公司推行计划管理时,总部可以制定年度和月度计划,各个业务部门则应制定和推行周计划,并将计划再细化分解,实行日计划,确定每天的工作目标,每天对工作进度和实际完成的情况进行小结。公司的计划有多种类型,如:目标型计划——为实现特定的目标制定的计划,一般也称为项目,其制定执行的过程便称为项目管理工作。例行型计划——经常重复的例行工作计划,一般把这些计划制定成为标准化作业程序。问题型计划——以解决问题为主的计划,一般也称为问题求解计划。

2.控制

日清日结法将管理工作的循环周期压缩到一天,对反映出来的问题随时进行纠偏,使偏差在最短时间、最小环节内得到控制消除,减少了损失和浪费,提高了质量和效率,提高了管理工作的及时性和有效性。最主要的是可以提高工作效率,通过日清避免了工作积压、拖延和扯皮,使"今日功课今日毕,明天还有新功课",有效地克服了人们素有的心理惰性。(如果没有计划,没有总结,可能会出现某项工作没有连续做,结果放置几天之后就忘记的现象,致使工作停滞,效率低下。)

3.考评和激励

根据日清日结记录进行考评评价,使员工的绩效考评有据可查、事实清楚,体现了"客观、真实、公正、公平和公开"的原则,从而使薪酬奖励制度的"保障与激励"双重功能得以充分发挥。

4.评价中心法

主要采用以下六种技术,广泛地观察被考评者的特质和行为,从而为绩效考评提供可靠真实的依据。

（1）实务作业或称套餐式练习

实务作业是模拟某一个管理岗位，让被考评者在一定时间内，参与所有相关文件、文书（包括备忘录、信函等）的起草和处理，并解决工作中出现的各种问题。例如，让参与者（假设他是经理）处理这些信函及备忘录，并在两个小时内做出批复；或者由下属提出几个工作中遇到的难题，请求其立即做出指示或者决断。被考评者在限定的时间内比如两小时之内完成作业后，由考评者对其作业完成情况做出评定。通过对被考评者的"工作环境的适应性""文件处理的质量和速度""对待专业问题的认识和理解以及决断情况"等诸多方面的考评，以检验其决策能力、分析判断能力、授权技巧以及应变能力等。

（2）自主式小组讨论

被考评者参加一个多人以上的团体讨论会议，讨论会可在有领导者主持或者没有指定领导者的情况下进行，与会者围绕某些专题进行讨论，并最终做出一个整体的决定。讨论的题目可以包括组织变革和组织发展、人事决策、薪酬福利政策等等。考评人仔细观察小组讨论的互动情况，如对各种问题的诊断分析、策略的制定、资源的分配等，根据与会者的表现，对其人际关系技巧、团队合作精神、领导能力、语言表达感染力、个人魅力和影响力等做出评价。

（3）个人测验

在评价中心被考评者要完成数种测验，如智力测验、人格测验、对管理与督导的态度测验等。如果评价中心的活动时间太短，这些测验可以在参

（4）面谈评价

被考评者在评价活动期间，接受由一人或者多人主持的面谈。面谈的主要内容涉及个人职业生涯的设计和发展，主要是了解其成长背景、以往的经验、学习经历、工作表现、未来期待、兴趣及目标等。

（5）管理游戏

企业管理游戏是通过被考评者的某种角色扮演或者团体讨论，在一定的情景模拟的环境和条件下，考察其策略思想、谋划能力、组织能力以及分析解决问题的能力。管理游戏活动的内容涉及市场竞争策略、生产计划与组织、商品推广与营销、仓储调运与管理、作业流程与优化等多领域问题。

(6)个人报告。

在评价中心,被考评者需要根据某一特定的管理题目,在众人面前作一陈述分析报告,考评者通过陈述报告,检测其表达能力和雄辩能力。

五、绩效考核中的偏差及纠正

(一)考核中的偏差

绩效考核是一种人对人的评价,虽然在实践中力求将绩效考核指标设计得客观考量,但仍然难免存在一些主观上的偏差而影响考核的结果。绩效考核中容易产生的偏差,一般有以下几种。

1.晕轮效应

晕轮效应,也叫"哈罗效应",就是指以员工某一方面的特征为基础而对总体做出评价,通俗地讲就是"一好遮百丑"。在绩效考核方面,这就意味着你对下属的某一绩效要素的评价较高,就会导致你对此人所有的其他绩效要素也评价较高,当评价对象是那些对评价人表现特别友好的员工时,这种问题是最容易发生的。

2.对比效应

西方有句古老的谚语,不要跟在孩子和动物之后演出你的节目。因为普遍的看法是观众都极为喜欢孩子和动物,在这种对比之下会降低你的节目效果,所以从事同样工作的两个员工表现差别比较大的时候,考核人会倾向于给表现好的员工以比实际水平高的评价,给表现差的员工以比实际水平低的评价。

3.投射效应

当被考核的员工某些特点与考核人相似的时候,"推己及人",考核人会倾向于推断被考核员工其他特点也与自己相似,而忽视实际情况究竟是怎样的。

4.偏松或偏紧倾向

有些考核人倾向于对从属员工的工作绩效做出较高的评价,而另外一些人却倾向于给员工较低的评价,就像有些老师向来就愿意给学生高分,而有些老师向来就只给学生较低的分数一样。

5.居中趋势

与偏松或偏紧倾向相反,有些考核人倾向于给所有员工的考核成绩都居中。这样的考核结果会使绩效考核工作流于形式,对于企业做出晋升、工资和培训方面的决定几乎没有什么积极作用。

6.近因效应

实际上每位员工都准确地知道何时安排对自己的绩效考核。尽管员工的某些行为可能并不是有意识的,但常常是在考核之前的几天或几周内,员工的行为会有所改善,劳动效率也趋于上升。对于考核人员来说,最近行为的记忆要比遥远的过去行为更为清晰,这是很自然的事情。然而,绩效考核通常贯穿一个特定的时期,因此评价个人的业绩应当考虑其整个时期的业绩。

7.首因效应

与近因效应相反,考核人对考核初期的员工表现记忆深刻,考核人根据员工起初的表现而对整个绩效考核周期的表现做出评价。例如,在刚布置考核工作的时候,大家都会对考核比较重视,员工在绩效周期开始时非常努力地工作,绩效也非常好,即使他后来的绩效并不怎么好,上级还是根据开始的表现对他在整个考核周期的绩效做了较高的评价。

(二)如何纠正考核中的问题

1.选择正确的绩效考评方法

每一种考核方法都有其优点和不足,要根据组织实际情况给予取舍,建立和完善适合自己的指标考核体系,形成有效的方法组合。

2.加强对考核主体的培训

对考核者进行相关培训,确保考核者对绩效考评中容易出现的问题以及正确的做法都有清楚的了解,避免以上问题的出现。

3.完善绩效考核制度

绩效考核的实施过程涉及目标设定、谁来进行绩效考评、什么时候进行、以何种方式进行等一系列问题,对于问题的详细规定应该体现在考核制度之中。[①]

通过不断完善考核制度,使绩效考核深入组织的管理过程当中,在员工中引起足够的重视,有利于避免考核问题的出现,这些考核制度应主要包含以下内容:①绩效考核的原则;②绩效考核主体与权限;③绩效考核

---

①张旭东.胜任力模型在建筑企业人力资源管理中的应用研究[D].唐山:华北理工大学,2020.

指标体系;④绩效考核过程的组织实施;⑤绩效结果的应用与反馈;⑥绩效考核制度的解释与修订。

六、绩效管理体系构建

绩效管理是企业运营层面上的管理系统,是实现企业愿景、使命、价值和战略的一整套流程,是实现企业经营方向和战略重点快速转变的有效工具。

绩效管理能够为实现企业战略提供有效的支持;能够将企业的资源集中在最重要的任务上;能够鼓励部门与员工有正确的行为表现,并促进部门与员工进行持久的改进;能够加强对部门和员工表现的可衡量性。绩效管理是将企业的战略、资源、业务和行动有机地结合起来所构成的一个完整的管理体系。绩效管理体系的实施目的是给企业管理层提供及时、准确的绩效表现情况,用以保证和推动企业中的每位成员能根据企业的战略目标来组织工作,发挥才能,带动企业的发展。

(一)绩效管理的基础

从人力资源的角度出发,职位说明书和目标管理是绩效管理的基础,一切的绩效管理活动都应从职位说明书出发,根据职位说明书的任务描述和职责要求,结合公司的战略目标与年度计划,在充分沟通和协商的基础上确立员工的年度绩效目标。

1.职位分析

职位分析是绩效管理实施的基础。职位分析的结果——职位说明书看似游离于绩效管理之外,实则不然。在绩效管理中,绩效目标的设定,绩效档案的记录,绩效沟通的持续不断进行以及绩效考评,这些都离不开员工的职位,时刻都要以职位说明书作为依据。所以,在没有对职位进行准确分析之前,先不要着急去实施绩效管理方案,那样只会适得其反。

(1)职位分析的方法

观察法:观察法是指职位分析人员通过对员工正常工作的状态进行观察,获取工作信息,并通过对信息进行比较、分析、汇总等方式,得出职位分析成果的方法。观察法适用于对体力工作者和事务性工作者,如搬运员、操作员、文秘等职位。由于不同的观察对象的工作周期和工作突发性有所不同。所以观察法具体可分为直接观察法、阶段观察法和工作表演法。

①直接观察法。职位分析人员直接对员工工作的全过程进行观察。直接观察适用于工作周期很短的职位,如保洁员的工作基本上是以一天为一个周期,职位分析人员可以一整天跟随着保洁员进行直接工作观察。②阶段观察法。有些员工的工作具有较长的周期性,为了能完整地观察到员工的所有工作,必须分阶段进行观察。比如行政文员,他需要在每年年终时筹备企业总结表彰大会,职位分析人员就必须在年终时再对该职位进行观察。③有时由于时间阶段跨度太长,职位分析工作无法持续很长时间,这时采用"工作表演法"更为合适。工作表演法对于工作周期很长和突发性事件较多的工作比较适合。比如保安工作,除了有正常的工作程序以外,还有很多突发事件需要处理,如盘问可疑人员等,职位分析人员可以让保安人员演示盘问的过程,从中进行该项工作的观察。

问卷调查法:职位分析人员首先要拟订一套切实可行、内容丰富的问卷,然后由员工进行填写。问卷法适用于脑力工作者、管理工作者或工作不确定因素很大的员工,如软件设计人员、行政经理等。问卷法比观察法更便于统计和分析。要注意的是,调查问卷的设计直接关系着问卷调查的成败,所以问卷一定要设计得完整、科学、合理。我们可以根据企业的实际情况,来自制职位分析问卷,这样效果会更好些。

面谈法:面谈法也称采访法,它是通过职位分析人员与员工面对面的谈话来搜集职位信息资料的方法。在面谈之前,职位分析人员应该准备好面谈问题提纲,一般在面谈时能够按照预定的计划进行。面谈法对职位分析人员的语言表达能力和逻辑思维能力有较高的要求。职位分析人员要能够控制住谈话的局面,既要防止谈话跑题,又要使谈话对象能够侃侃而谈。职位分析人员要及时准确地做好谈话记录,并且避免使谈话对象对记录产生顾及。面谈法适合于脑力职位者,如开发人员、设计人员、高层管理人员等。

参与法:参与法也称职位实践法。顾名思义,就是职位分析人员直接参与到员工的工作中去,扮演员工的工作角色,体会其中的工作信息。参与法适用于专业性不是很强的职位。参与法与观察法、问卷法相比较,获得的信息更加准确。要注意的是,职位分析人员须真正地参与到工作中去,去体会工作,而不是仅仅模仿一些工作行为。

典型事件法:如果员工太多,或者职位工作内容过于繁杂,应该挑选具有代表性的员工和典型的时间进行观察,从而提高职位分析的效率。

材料分析法:如果职位分析人员手头有大量的职位分析资料,如类似的企业已经做过相应的职位分析,比较适合采用本办法。这种办法最适用于新创办的企业。

专家讨论法:专家讨论法是指请一些相关领域的专家或者经验丰富的员工进行讨论,来进行职位分析的一种方法。这种方法适合于发展变化较快,或职位职责还未定型的企业。由于企业没有现成的观察样本,所以只能借助专家的经验来规划未来希望看到的职位状态。

上述这些职位分析方法既可单独使用,又可结合使用。由于每个方法都有自身的优点和缺点,所以每个企业应该根据本企业的具体情况进行选择。最终的目的是一致的:为了得到尽可能详尽、真实的职位信息。

(2)职位分析的步骤

第一步,职位梳理。职位梳理是职位分析的基础,任何企业的经营管理体系都是个完整的系统,因而人力资源管理体系绝不能脱离企业的战略、文化、组织与流程等而独立存在和运行,职位分析也不例外。所以,我认为职位分析是建立在战略目标确定的基础上的,战略目标改变了,我们就需要调整组织结构,以支撑战略目标的实现。同时,根据战略目标分解,审视各个部门的职责情况,在目标战略发生变化之后,也许部门的职责要发生剥离和更改,只有在部门职责确定的情况下,我们才能更好地进行职位分析。职位梳理的第一步是对各部门的职位现状进行梳理,列出各部门现有的职位以及具体的岗位编制,针对目前的职位现状,结合目前部门职责的情况以及相关工作量,对部门内所有的职位进行重新设计整理。一般说来,工作负荷低于30%的职位可以取消,将其工作并入到其他的岗位中,或者工作负荷太大,则需要进一步进行分解。对民营企业说来,这种情况是很少存在的,工作量大部分是饱和的,所以在工作设计方面可以不用考虑太多的时间,但在一些刚起步的企业,职位名称的随意性很强,或者在职位分析时有些新的职位产生,那么就需要对部分职位名称进行规范、更改等,使职位名称反映该职位工作的主体工作职责,让人看了之后马上就能知道该岗位主要从事什么工作;在职位梳理的同时,我们也应该遵循以战略为导向的原则,面向未来,结合公司战略目标,思考公司在1~

2年内该职位是否要增加人员,增加多少,减少多少,具体什么岗位增加、减少等。

第二步,部门职责分配表和职位说明书的编写。在部门职责确定之后,我们需要将部门职责进一步分解到具体岗位,形成部门职责分配表。职责分配表提供了一个整个部门进行职责梳理的便捷方式,该表强调的是职位的职责上下左右都不重叠,且需要穷尽部门的所有职责。

当然,得出部门职责分配表并不是一件很容易的事情,需要花费大量的时间和精力,先进行职位分析的培训、宣讲,然后由各部门主管领取职位说明书和职责分配表模板,需要强调的是,职责分配表的填写是部门主管和员工双向沟通的过程,但实际上他们都是各行其是,很少进行沟通,员工编写自己的职位说明书,主管完成职责分配表,这样的结果会导致职责分配表的岗位职责和职位说明书的职责有很大的出入,甚至出现很多空白地带,出现某项非常重要的职责根本就没有人"认领"的情况,也进一步说明主管和员工并没有就职责这块达成一致,这时候就要借助外面的专业力量或者人力资源部门扮演资深职位分析师的角色,把任职者以及任职者主管召集到一起,通过多次讨论、沟通及专家的牵引指导,协助任职者和主管完成对职位职责的系统思考,总结及提炼,最后使得部门职责分解到具体岗位。这样,既使得职位本人清楚自己的职责,又能让部门主管对下属的工作内容有更清楚的了解,就不会存在空白和交叉,并且在职责分配表中,我们应该做到尽可能穷尽所有的职责,以做到职责不遗漏。

第三步,职位说明书的评审。职位说明书是职位分析的一个直接结果,在职责分配表完成之后,职位说明书编写的工作也就大概完成了30%,只是岗位具体人员需要根据职责分配表按职位说明书编写的要求做适当的整理,因为在职责分配表中体现更多的是流程性的任务活动,我们需要按重要性先后顺序整理出4~8项重要的工作,作为职位的主要职责,这些都发生在职责分配表评审之后。在职位说明书整理之后,我们需要再次进行评审,根据职位分析的目标导向原则,有针对性地对职位说明书内容进行评审。例如,是要以考核为导向,还是要以薪酬为导向,或者二者兼顾等。当然评审的过程也是讨论、沟通的过程,但在过程中有项重要的原则就是不要对应到岗位具体人员,职位说明书只是针对岗位的,如果对应到具体人员,对很多事情就很难做出公正的评价。

（3）职位分析的结果——职位说明书

职位说明书是职位分析最直接、最明显的成果，也是绩效管理的基础之一。典型的职位说明书内容常包括职位识别、职位概述、职位职责与工作任务、工作关系、绩效标准、工作条件等内容。

2.目标管理

（1）目标管理是绩效管理的基础

目标管理法为企业绩效管理在组织层次的上下贯通提供了基础框架。以此为基础平台，可以很容易地将绩效管理工作寓于企业战略管理过程之中，以主管与员工事先确定的目标及其实现程度作为依据和衡量的标准，对员工个人绩效、团队绩效和总体绩效进行考核评价。其实施步骤一般如下：明确整个组织下一工作周期的总战略目标和任务；部门与组织领导共同商定分部门的工作绩效目标；部门主管与下属员工协商讨论，确定每个员工的个人工作目标，即为实现本部门目标任务自己需做出什么样的贡献；根据既定的具体量化目标，在期末对员工个人的工作绩效进行考核评估；定期召开绩效会议反馈信息，对每个员工和部门及团队的目标实现程度和进度及今后改进方向等提出指导意见。

（2）绩效改善目标的设定

绩效改善目标的设定通常是希望明确指出某个员工必须对其个人行为做出调整。例如，要求一个经常迟到的客户服务人员"每天早晨8点之前准时到岗，做好客户服务工作的各项准备"，或考察一个屡遭投诉的销售人员是否做到了"每个季度，将自己所接到的客户投诉控制在三次以内"等，都是绩效改善目标设定的典型方式。并非所有的员工都需要这种目标。然而，这种方式将有助于通过一种清晰的、可衡量的途径，设置员工的绩效目标，目标设置得合理，会使绩效管理流程变得更加有意义。①

（3）工作目标设计

所谓工作目标，是指员工未来绩效所要达到的目标，它可以帮助员工关注那些对于组织更为重要的项目。鼓励其以较好的计划分配关键资源（时间、金钱等），并且激发其为达到目标而做的行动计划准备。员工个人绩效目标源于组织、部门的总体目标的分解，即通过一种专门设计的过程

①胡景涛.基于绩效管理的政府会计体系构建研究[M].沈阳：东北财经大学出版社，2019.

使目标具有可操作性,这种过程一级接一级地将目标分解到组织的各个单元。

　　工作目标设计需具备职位分析能力、背景知识、工作职责描述能力、设定有效衡量的能力等技能。设定工作目标时,应与关键绩效指标的设计遵循同样的原则,特别要注意那些不易进行量化衡量的领域;职能部门人员的工作目标是关键绩效指标的补充,而基层员工的工作目标则是基于全年的绩效计划而设定的;只选择对组织价值有贡献的关键工作区域进行设定,而且是对所有工作内容都设定工作目标;不同的工作目标应针对不同工作方面,它们之间不能重复。对工作目标的完成效果进行评价,根据完成情况的不同,就会形成不同的评价结果,也就产生了不同的评价级别。这些完成效果的考核,特别是关键绩效指标的考核,在很大程度上不是由现在的数据决定的,而是根据过去若干年的生产经营统计数据得出的。一般来说,是由上级对下级的工作目标完成效果进行评价。总结工作目标设定时的规律,可以按照如下的流程来设定工作目标:了解组织的发展战略及年度绩效计划,并根据组织的战略和年度计划来决定本部门的工作任务和目标;对职位进行分析,通过职位分析,明确职位的工作性质、内容以及任职资格条件等;对工作活动内容进行归纳,形成详细的工作职责描述;对工作目标进行分析,判断出每项工作目标的重要性,并根据这个重要性的不同来决定每项工作目标的权重;对设定的目标进行检查,看看其是否与原理保持一致性以及目标内部是否具有一致性。

　　(4)工作目标分解

　　为保证各项规划的实施,各牵头部门在与相关部门进行沟通与交流的基础上,按职责将目标分解到相关部门,各相关部门根据"年度发展规划与目标",按职责分解为部门内各部分的年度目标、季度目标和实施计划,形成"部门季度计划";重要干部或职位,要按月分解,制订月工作计划;员工要落实到与职位责任书对应。把企业宗旨和目标分解到个人的职位责任书,为监控和考核打下扎实基础。

　　(二)绩效管理的组织系统

　　绩效管理是一项系统工作,需要成立相关组织,建立完善的绩效管理组织责任体系,确定各职能部门的职责范围——确认职责、分清角色并协调各个部门的工作,最终将绩效管理融入各层级管理人员的工作中,保证绩效管理的正常运转。

现代人力资源管理特别强调各层级管理人员的职责和参与,绩效管理不仅仅是人力资源部门的事情,也是企业各级组织、各级管理者及全体员工的责任,应准确定位、明确分工,推进绩效管理工作顺利进行。

(三)绩效管理的误区

绩效管理是企业管理中的难题,虽然有很多管理思想和技术可以借鉴,但在实际操作中,由于操作者的理解和执行能力有差异,还是会产生很多问题,使得执行效果不佳。常见的绩效管理误区有以下10条。

第一,绩效管理与战略、文化脱节。主要表现在:一是绩效指标方向不明或方向错误,不能反映组织战略目标,不利于组织的长远发展,不利于组织核心能力的提升;二是绩效管理既不能促进良好组织文化的形成,又得不到现有组织文化的支持。

第二,绩效管理责权不清,管理人员能力不足。主要表现在:组织主要负责人不重视,绩效管理没有被列入各级管理者的职责,仅仅是人力资源部门的事情;各级管理者的责任、分工、定位模糊不清,意识与能力短缺。

第三,绩效管理关注结果,忽视过程与行为。主要表现在:只盯住过去,不关注未来;只看结果,不关注产生结果的原因;只关注财务指标,不关注非财务指标;只关注"秋后算账",不关注能力和绩效的提高。

第四,组织绩效目标与部门(团队)、个人绩效目标脱节。主要表现在:没有将组织绩效目标层层传递到部门与个体,未建立系统的绩效责任体系;个人绩效考核结果与团队考核结果、组织绩效考核结果"两张皮";重个人绩效,轻组织绩效和团队绩效。

第五,绩效考核指标不合理。主要表现在:考核指标的结构设置不合理,重点不突出;考核标准模糊,难以量化,难以操作;考核指标烦琐与单一(片面)、缺失与溢出的现象并存;考核指标间缺乏内在逻辑关系及内在一致性。

第六,绩效管理方法脱离实际。主要表现在:绩效管理方法不符合组织的行业特点和发展阶段;绩效管理方法不能适应不同的业务部门和不同类型的员工;绩效管理方法不能随组织内外环境的变化而及时调整。

第七,绩效管理没有与组织管理的改进有效结合。主要表现在:不能通过绩效管理发现并分析组织经营管理过程中的问题,因而难以提出切实可行的改进措施。

第八,绩效管理缺乏制度保障及其他管理系统的支持和配合。主要表现在:绩效管理没有制度的支持,没有合理的流程和工具;绩效管理孤军深入,得不到相应的支持和帮助,难以有效展开。

第九,绩效管理的信任与承诺关系难以建立。主要表现在:绩效考核结果没有成为组织激励系统设计的依据;绩效管理制度未得到遵守,使绩效考核与管理流于形式,缺乏有效性。

第十,缺乏沟通。主要表现在:绩效考核只是简单地对工作结果进行考核,忽视通过沟通就绩效目标达成共识、提高工作过程的效率、提升能力,通过沟通提供指导、帮助和支持。

(四)绩效管理的侧重点

针对绩效管理的误区,今后绩效管理的侧重点在于:①绩效管理是战略落地的工具,实现组织战略目标是绩效管理的根本出发点,组织文化与绩效管理相互影响,不可偏废。②各级管理者应是企业绩效管理的第一责任人及直接责任人。许多企业的高层管理者误认为绩效考核是人力资源部的事情,因而从制定绩效指标到最后的绩效反馈都不参与。这样的观点是错误的,因为只有高层管理者的积极参与和支持,才能解决在考核过程中出现的种种问题和矛盾。绩效考核的主要执行部门是人力资源部,但是高层管理者也要积极参与其中。③由关注单一结果到关注过程,进行全面绩效管理。绩效管理不仅是对员工表现和工作效果进行考核管理,而且还应以企业战略目标为依据与员工沟通,共同制订绩效计划。④加强组织、部门、个人绩效目标的联动,实现个人绩效与组织绩效的有效结合。⑤考虑绩效考核指标与标准设置的科学程序与方法以及绩效考核指标设计的SMART原则:具体的、可衡量的、可达到的、相关的以及以时间为基础的。⑥注重分层分类的绩效管理体系的建立以及绩效考核方法与模式的动态适应性。⑦绩效改进是绩效考核与管理的核心内容,重视组织的绩效总结与中期述职报告。⑧建立绩效管理的机制与制度保障,确保绩效管理的执行。⑨加强绩效管理制度的严格执行。⑩沟通是绩效管理的生命线,是提升组织绩效与员工能力的有效途径。在绩效管理过程中沟通是贯彻始终的,从绩效目标的订立到考核结果的反馈都需要管理者与员工的不断沟通才能得以实现。让员工了解管理目标、实施情况、管理结果等,不仅可以增强员工参与的积极性而减少管理中的阻力,还可以激发员工的信心与斗志,促进其对考核结果的接受度。而绩效管理中的沟通也可以使管理者更加全面地了解员工,消除一些管理过程中可能会产生的感性误差、偏见误差等心理因素的影响。

（五）绩效管理中的沟通与辅导

企业绩效管理中关键的一个环节就是与员工的沟通。在沟通过程中除了要考虑如何与员工进行有效的沟通外,还要注意通过沟通要达到使员工明确如何提高自己绩效的目的。

员工在工作中表现不佳的原因有很多:员工不清楚做这项工作的原因;员工不清楚应该如何完成这项工作;员工不清楚自己该做什么工作;员工觉得你的做法没办法实行;员工觉得自己处理问题的方法比较好;员工觉得其他事情更重要;员工觉得已经按照你的要求在做事情;员工觉得做对的事情反而会获得负面的后果;员工的努力得不到任何回报;员工做了应该做的事情,却得到了惩罚;员工没有做该做的事情,反而获得了奖励;即使工作表现比较差,也不会有任何负面后果;在员工控制之外的各种障碍;由于员工的能力所限,不能够有良好的表现;员工的个人问题;没有其他员工办得到。

员工工作表现不佳的原因与企业的绩效沟通做得好不好息息相关。与员工进行绩效沟通中要注意以下一些关键问题和沟通技巧。

1.绩效沟通的注意事项

一些企业过于注重绩效考核的成绩,片面强调考核成绩与薪酬挂钩,忽略了将企业的整体发展和战略计划与员工沟通的重要性,使员工产生不清楚为什么要做这项工作的情况。在不了解原因的前提下,想要高效率地完成工作比较困难,这样通常就会导致员工工作表现不佳。

企业管理者应该充分理解绩效管理的内涵。绩效管理不仅是对员工绩效指标的考核,而且还要注意员工的发展和提高。绩效管理要求所有管理者和员工都要参与进来,对企业战略、各自职责和管理方式及手段进行明确的沟通。经过沟通与讨论确定下来的管理方法才最有效,员工才可能执行得最彻底。

经过充分沟通可以使员工更加努力,将自己的目标与企业的战略目标结合起来,共同实现企业的经营目标和战略规划。

因此,沟通是企业绩效管理的第一要素。只有有了有效的沟通,才能实现高效的绩效管理。

2.绩效辅导的注意事项

绩效辅导的类型:①一对一的具体指导。对于那些在完成工作时可能缺乏相关知识或技巧的员工要给予这种类型的绩效辅导。将其所要完成的工作进行拆分,将完成的步骤逐一讲解给员工,这样可以使其清楚地了解应该如何完成这样的任务,在今后遇到类似的任务时就能够很好地处理。②大体方向的指导。有些员工在完成工作时,遇到某些特定的情况会出现没有处理经验或缺乏相关处理技巧的情况,针对这种情况可以给予员工大体方向上的指导,让其明白应该本着怎样的态度和目的来处理这样的问题。通过指导来增强员工的工作技能和知识,以取得良好的长期效果。③鼓励和建议。这种类型的辅导适用于那些具备完善知识和专业技能的员工。对于这些员工在完成工作时给予一定的支持和鼓励,在某些情况下给予一定的建议就可以很好地提高这类员工的绩效表现。

绩效辅导的时机。员工在遇到困难或有新的想法,或者创意需要得到认可时,会主动请求绩效辅导。针对初级员工,直属上级主管应不断了解下属的工作进展情况,在员工遇到问题时给予及时的绩效辅导,以使员工充分了解应如何处理问题,明确自己该做什么,如何完成自己的工作。当发现员工的某些工作可以通过更好、更有效率的方法进行改进时,可以对该员工进行绩效辅导。当员工通过培训学习了新的技能时,直属上级主管应该通过绩效辅导鼓励员工将新的技术运用到实际工作中。

绩效辅导的内容。对于表现良好的员工,主要是对其进行鼓励和表扬,使其能够保持进取心,以取得更大的进步;对于一些有需要对其工作进行指导和帮助的员工,绩效辅导的内容要更加具有针对性,对具体员工所遇到的问题或企业希望员工达到的目标来进行绩效辅导。无论出于哪种目的,绩效辅导内容中最关键的是如何进行辅导,也就是辅导的技巧。辅导的技巧关键在于,如何运用问题的力量及在什么情况下给出正确的解答。在绩效辅导的过程中,最佳辅导方式就是问答的方式,即用问题来启发员工,使其能够主动思考解决问题的方法,再根据其思考的方法进行讨论,之后再进行总结和解答。这个方法可以使员工学会处理问题,以达到绩效辅导真正的目的——提高员工自我解决问题的能力。

绩效辅导的步骤。首先,绩效辅导要使员工明白绩效辅导的重要性和必要性;其次,询问员工在工作中遇到的具体问题及能够解决问题的方法,并且适当地给出建议;其次,根据企业的战略目标与员工通过沟通共同协商彼此希望达到的绩效目标;最后,根据确定的目标,共同商讨可以采取的办法,并确定下次交流的时间。

3.有效进行绩效沟通的关键

绩效沟通是指考核者与被考核者就绩效考评反映出的问题以及考核机制本身存在的问题展开实质性的面谈,并着力于寻求应对之策,服务于后一阶段企业与员工绩效改善和提高的一种管理方法。

绩效沟通虽然非常重要,然而在现代企业的绩效管理过程中,这一环节通常被忽视,或由于沟通的草率而缺乏正规性与针对性。并且由于我国的上下级关系长期受等级观念影响,绩效沟通中通常缺少互动,多为管理者对下级的单向沟通,这些原因使得绩效沟通难以发挥其应有的作用。

绩效沟通需要秉持正确的理念。绩效管理不是为了对员工进行核查、质询、监控和评价,而是出于对员工负责、希望员工成长的角度进行的管理活动。因此,在绩效沟通的过程中,管理者应鼓励员工多表达,只在过程中适当地进行引导和激励。在沟通过程中,也需要注重激励和辅导,针对具体工作事件而非泛泛之谈,既要关注现有工作中的问题和困难如何解决,又要注重辅导下一步工作如何开展。

绩效沟通需要设计沟通过程。例如,在绩效评估结果反馈阶段的沟通,其沟通过程可能包括事前准备、预约沟通、员工陈述、管理者点评、告知考核结果、员工对考核结果的反馈、沟通下一步工作计划等过程。相对于管理者临时把员工叫进办公室、花十分钟时间来进行的"沟通",上述过程复杂的绩效沟通明显具有更高的正规性,也表明了管理者对此次沟通的重视态度。当绩效沟通具有较高的正规性、针对性,沟通的内容更能得到员工的重视,沟通效果也就得到了一定程度的保证。

各阶段绩效沟通的主要内容和目标,应当根据绩效管理的各环节而变化。在不同阶段,沟通的目标、内容和方式有所不同和侧重。

在考核的前期准备阶段,主要进行理念沟通。通过宣传、培训等手段,让员工认识到,绩效考核不是为了对员工进行监控乃至淘汰,而是为了促使其自身绩效水平的提升、为其提供更好的工作环境；让管理者们意识到，考核对于他们不是威胁，而是可以帮助他们提高部门的业绩管理水平的工具。这一阶段，绩效沟通的目的就是实现让全员由抵触到接受，甚至主动沟通的理念转变。

绩效计划的制订阶段是整个绩效管理体系中非常重要的一环，即确定员工在考核期内应该完成什么工作和达到什么绩效目标。因此，需要管理者与下属就绩效计划进行反复沟通，最终达成一致。这一阶段适宜采取一对一面谈的形式。

考核过程中的绩效沟通是绩效能否如计划开展的关键控制点，在这一阶段，管理者需要与员工频繁沟通，以确保及时发现并纠正员工在完成计划中的行为偏差，并及时给予帮助与指导。同时，管理者应当鼓励员工如果在计划实施中遇到了意想不到或无法解决的障碍时及时与自己沟通，双方一起分析问题的来源，以找出解决办法。

绩效结果反馈阶段非常重要，管理者应积极、正式地与下属进行绩效沟通。管理者要对考核的结果进行反馈与肯定，鼓励员工提出对考核结果的意见，双方尽量达成共识；对于考核结果未达标的下属，管理者还需要与下属共同分析结果产生的原因，努力寻求一个解决方案；管理者应对下属采取鼓励的态度，激励员工取长补短、在未来更进一步。绩效沟通的目的在于让管理者了解员工实施改进措施的情况，及时进行提醒、纠正与提供支持。

绩效沟通是绩效管理的核心，通过恰当、有效的绩效沟通，管理者可以及时了解企业或部门内外部管理上存在的问题，并及时实施改进的策略。同时，积极的绩效沟通也有助于帮助员工的工作绩效及工作满意度的提升，推动企业整体战略目标的达成。

第八章 薪酬管理

第一节 薪酬与薪酬管理

在现代企业管理中,薪酬管理是人力资源管理的主要手段之一,也是人力资源管理中的一个难点。在企业中,最能直观体现人力资源价值大小的指标就是薪酬。对企业而言,薪酬支出属于企业的运营成本,成本不能超出员工的创造价值,否则企业就会亏损。随着经济的发展,人力成本在企业总成本中占的份额不断增加,这使企业更加重视人力资源的管理。所以,薪酬管理已成为企业管理者和员工共同关心的内容。

一、薪酬的含义及其构成

（一）薪酬的含义

薪酬是指员工从事企业所需要的某种工作而得到的以货币形式或非货币形式所表现的价值补偿,是支付给员工的劳动薪酬,包括经济收入、福利、服务和待遇。薪酬的含义和工资的含义不同,工资是薪酬的一部分,薪酬既有货币形式,也有非货币形式。

（二）薪酬的构成

从广义的角度看,薪酬由经济性薪酬和非经济性薪酬构成,经济性薪酬是员工从企业获得的各种货币形式的收入和可间接转化为货币或可用货币计量的其他形式收入的总和。

经济性薪酬:以货币支付的薪酬,包括基本薪酬、激励薪酬、补偿薪酬。

1.基本薪酬

它是以员工的劳动熟练程度、工作复杂程度、责任大小、工作环境、劳动强度为依据,并考虑劳动者的工龄、学历、资历等因素,按照员工实际完成的劳动定额、工作时间或劳动消耗而计付的劳动薪酬。它包括职务薪酬、岗位薪酬、结构薪酬、技能薪酬和年功薪酬等几种主要类型。

2.激励薪酬

激励薪酬是指员工超额完成了任务或取得优秀工作成绩而支付的额外薪酬。基本薪酬虽然能帮助员工避免收入风险,但它与员工的工作努力程度和劳动成果没有直接联系,激励薪酬是对员工额外完成了任务或取得优秀工作成绩的奖励。

3.补偿薪酬

补偿薪酬是指根据员工的特殊劳动条件和工作特性,以及特定条件下的额外生活费用而计付的劳动薪酬,其作用在于鼓励员工在苦、脏、累、险等特定岗位工作。一般情况下把属于生产性质的称为津贴,属于生活性质的称作补贴。

非经济性薪酬是指无法用货币等手段衡量的由于企业工作特征、工作环境和企业文化带给员工的愉悦的心理效用。[1]

二、薪酬管理的作用

（一）吸引人才

在目前市场经济中,薪酬无疑是吸引人才的有效工具,但并不是说,薪酬越高越能吸引人才,但是薪酬系统的完备与积极性一定能吸引更多的人才。

（二）留住人才

一个优秀的薪酬系统能够为企业留住人才,使员工认识到,在该企业中工作时间越长,对企业的贡献越大,回报越高。

（三）激励人才

使人才为实现企业目标努力工作是薪酬系统有效运作的主要标准。优秀的薪酬系统应该使每位员工都能自觉地为企业目标努力工作,使员工的工作潜力和工作积极性都能得到充分激发。

（四）满足企业的需要

薪酬既是企业对员工提供的收入,同时也是企业的一种成本支出,它代表了企业和员工之间的一种利益交换关系,无论是对于员工来说,还是

---

①陈伟.腾讯人力资源管理[M].苏州:古吴轩出版社,2018.

对于企业来说,这种经济交换关系都是至关重要的。企业的一项基本目标是以较低的成本来获取合理的利润,一个优秀的薪酬系统应该既满足员工的需要,又满足企业的需要。薪酬系统作用模型是表示薪酬、员工工作满意感、工作价值三者间关系的模型。

薪酬高低与员工的工作满意感和工作价值有关,因而,为了提高员工工作满意感,一方面可加大薪酬力度,另一方面可使员工认识到工作是有价值的;若只加大薪酬力度,而忽视了工作价值,则员工工作满意感程度不会很高。

三、薪酬的构成

薪酬由工资、奖金与福利三部分构成。

薪酬系统主要分为两大部分:金钱薪酬和非金钱奖励。其中非金钱奖励又可分为两部分:职业性奖励和社会性奖励。金钱薪酬也可分为两部分:直接薪酬和非直接薪酬。直接薪酬主要包括工资与奖金,非直接薪酬主要包括公共福利、个人福利、有偿假期和生活福利。

四、薪酬设计的原则

薪酬设计过程中,一般遵循以下几条原则。

(一)公平原则

公平是薪酬设计的基础,是制定薪酬体系首要考虑的一个重要原则,要使员工认识到人人平等,只要在相同岗位上,做出相同的业绩,都将获得相同的薪酬。只有在员工认为薪酬设计是公平的前提下,才可能产生认同感和满意度,才可能产生薪酬的激励作用。员工对公平的感受通常包括五个方面的内容:①与外部其他类似企业(或类似岗位)比较所产生的感受,②员工对本企业薪酬体系分配机制和人才价值取向的感受,③将个人薪酬与企业其他类似职位的薪酬相比较所产生的感受,④对企业薪酬制度执行过程中的严格性、公正性和公开性所产生的感受,⑤对最终获得薪酬多少的感受。

薪酬系统是否公平,会直接反映在员工工作的努力程度和工作态度上。当员工对薪酬系统感觉公平时,会受到良好的激励并保持旺盛的工作热情和积极性;当员工对薪酬系统感觉不公平时,通常会采取消极的应对措施,如降低对工作的投入和责任心,不再珍惜这份工作,对企业的责任心降低,寻找低层次的比较对象以求暂时的心理平衡,或者辞职等。

(二)竞争原则

员工将自己的薪酬与其他组织中类似职位的员工薪酬相比较,如果感到薪酬是公平的,他就感知到了自己的薪酬在外部的竞争性,即本组织的薪酬在劳动力市场上的对外吸引力。企业想要获得具有真正竞争力的优秀人才,必须要制定出一套对人才具有吸引力并在行业中具有竞争力的薪酬系统。如果企业制定的薪酬水平太低,那么在与其他企业的人才竞争中必然处于劣势地位,甚至本企业的优秀人才也会流失。在进行薪酬设计时,除了突出较高的薪酬水平和恰当的薪酬价值观外,企业还应针对各类员工的自身特点制定灵活、多元化的薪酬结构以增强对员工的吸引力。

(三)激励原则

激励原则即强调员工的报酬应该与其业绩挂钩,根据绩效水平的高低对薪酬进行调整。科学合理的薪酬系统对员工的激励是最持久的也是最根本的,因为科学合理的薪酬系统解决了人力资源所有问题中最根本的分配问题。对一般企业来说,通过薪酬系统来激励员工的责任心和工作的积极性是最常见和最常用的方法。

简单的高薪并不能有效地激励员工,只有一个能让员工有效发挥自身能力和承担责任的机制、一个努力得越多回报就越多的机制、一个不努力就只有很少回报甚至没有回报的机制、一个按绩效分配而不是按"劳动"分配的机制,才能有效地激励员工,也只有建立在这种机制之上的薪酬系统,才能真正解决企业的激励问题。

(四)经济原则

经济原则在表面上与竞争原则和激励原则是相互对立与矛盾的。竞争原则和激励原则提倡较高的薪酬水平,而经济原则提倡较低的薪酬水平,但实际上三者并不对立也不矛盾,而是统一的。当三个原则同时作用于企业的薪酬系统时,竞争原则和激励原则就受到经济原则的制约。这时企业管理者所考虑的因素就不仅是薪酬系统的吸引力和激励性了,还会考虑企业承受能力的大小、利润的合理积累等问题。经济原则的另一方面是要合理配置劳动力资源,当劳动力资源数量过剩或配置过高,都会导致企业薪酬的浪费。只有企业劳动力资源的数量需求与数量配置保持一致,学历、技能等的要求与配置大体相当时,资源利用才具有经济性。

（五）合法原则

薪酬系统的合法性是必不可少的,合法是建立在遵守国家相关政策、法律法规和企业一系列管理制度基础之上的合法。如果企业的薪酬系统与现行的国家政策、法律法规、企业管理制度相抵触,则企业应该迅速进行改进,使其具有合法性。

五、影响薪酬的主要因素

从企业外部看,国家的宏观经济、行业特点、行业竞争、人才供应状况等,都对薪酬定位和工资增长水平有不同程度的影响。在企业内部,盈利能力、支付能力、人员的素质、企业发展阶段、人才稀缺度、招聘难度、企业的市场品牌、综合实力,也是重要影响因素。

（一）内部因素

影响薪酬设计与管理的内部因素很多,主要有以下几种。

1.工作量与员工工作能力

员工薪酬水平受到员工所提供给企业的劳动量大小的限制,一般来说,员工提供给企业的工作量与企业支付给员工的工资水平成正比,工作量越大,工资水平越高;反之,则越低。同时,员工的工作能力也有所差别,对企业产生的效能也会导致薪酬水平的不同。

2.员工技能水平

一般来说,技能水平越高,所获得的薪酬也会越高。高薪不仅能够弥补员工在学习技术时所耗费的直接成本(时间消耗、体能消耗、心理压力等)以及因为学习而减少收入所产生的机会成本,而且还具有积极的激励作用,从而促使员工不断地学习新技术,提高生产率。

3.工作环境的特殊性

由于某些工作环境恶劣(如高温作业、高危作业等),导致对员工本身造成危害,那么这些工作人员的工资就应当比在舒适环境下工作的人员的工资高。

4.福利

福利是国家机关、企事业单位为员工在改善直接的劳动条件之外,从生活的诸多侧面,以确保和提高员工及其家属生活而开展的活动和措施的名称。企业为员工提供的福利是员工的间接薪酬,福利在整个薪酬体系中的比重越来越大。

（二）外部因素

影响薪酬的外部因素是指与从事的工作性质以及状况无关但却对薪酬有影响的因素。主要包括以下几点。

1.企业的发展能力

员工的薪酬与企业的发展能力息息相关,企业的发展能力包括企业的生产率提高以及企业开拓市场的能力,企业发展能力的大小是影响企业员工薪酬的关键和保证性因素。

2.生活费用与物价水平

企业在制定员工工资率时,保证员工及其家庭获得维持生活的费用以及当时的社会物价指数是基本的考虑。

3.劳动力的市场状况及替代状况

在市场经济条件下,劳动力的市场供求水平是影响劳动力工资水平的重要因素,即劳动力的工资水平在很大程度上应视劳动力的供求状况而定。另外,除了受劳动力市场直接影响之外,还会受到间接影响比如机器,也可能是人的潜在替代物,都会成为影响劳动力工资水平的因素。

4.行业与地区间的工资水平

企业在制定员工的工资水平时,企业所在地和企业所属的行业环境是企业不得不考虑的因素。企业顺应这种大的环境要求来制定工资水平,将不会被市场竞争所淘汰,使企业可以尽量减少员工的流动,以保证企业的稳定发展。

（三）影响薪酬的个人因素

1.员工所处的地位

员工所处的地位是员工个人基本薪酬的重要基础,也是内部公平性的主要体现。职位对员工薪酬的影响并不完全来自他的级别,而主要是职位所承担的工作职责以及对员工的任职资格要求。

2.员工的绩效表现

员工的绩效表现是决定其激励薪酬的重要因素,在企业中,激励薪酬往往都与员工的工作绩效密切联系在一起,具有正相关的关系。一般情况下,员工的绩效越高,其激励薪酬就越高。

3.员工的工作年限

在实际工作中,年龄与工龄通常作为影响工资收入的重要因素。在年工资体系下,这种影响更加明显。一般来说,工龄越长和年龄越大的员工,其薪酬水平也会高一些。

六、薪酬体系设计程序

建立一套对内具有公平性,对外具有竞争力的薪酬体系,是目前我国很多企业的当务之急,也是企业人力资源管理的难点所在。要设计出合理科学的薪酬体系和薪酬制度,一般要经历以下几个步骤。

(一)制定薪酬策略

企业薪酬策略是企业人力资源管理的重要内容,企业的薪酬策略是在企业的总体战略指导下制定的。薪酬策略也是薪酬设计环节的前提,对后者起着重要的指导作用。它包括对员工本性的认识,对员工总体价值的评价,对管理骨干及高级专业人才所起作用的估计,还包括由此衍生的有关薪酬分配的政策和策略,如薪酬等级间差异的大小,工资、奖金、福利的分配比例标准等。

(二)进行工作分析与工作评价

通过工作分析,形成工作说明书。重点包括该职位的主要工作职责、业绩标准、任职资格要求、工作条件以及工作特征,从而使人能了解这一职位的要求。工作分析是确定薪酬的基础。结合企业经营目标,企业管理层要在业务分析和人员分析的基础上,明确部门职能和职位关系,工作分析的结果是形成各职位的工作说明书。

工作评价是建立职位工资最主要的基础和前提。工作评价的目的是确定每一工作相对于同一企业中其他工作而言,对企业的相对价值的大小。工作评价过程的结果是得到一个工作等级,即从企业中具有最高价值的工作到最低价值的工作的一个严格的等级排序。

工作评价重在解决薪酬的对内公平性问题。工作评价的目标有两个:一是比较企业内部各个职位的相对重要性,得出职位等级序列;二是为进行薪酬调查建立统一的职位评估标准,消除不同企业间由于职位名称不同或即使职位名称相同但实际工作要求和工作内容不同所导致的职位难度差异,使不同职位之间具有可比性,为确保工资的公平性奠定基础。它是工作分析的自然结果,同时又以工作说明书为依据。

（三）薪酬调查

薪酬调查是指在确定相关劳动力市场的基础上,通过各种正规的手段获取相关企业各职位的薪酬水平及相关信息。对薪酬调查的结果进行统计和分析,可以为企业的薪酬管理决策提供有效的依据。

薪酬调查重在解决薪酬的对外竞争力问题。企业在确定工资水平时,需要参考劳动力市场的工资水平。企业可以委托比较专业的咨询企业进行这方面的调查,调查的对象最好是与自己有竞争关系的企业或同行业的类似企业,重点考虑员工的流失去向和招聘来源。薪酬调查的数据,要有上年度的薪酬增长状况、不同薪酬结构对比、不同职位和不同级别的职位薪酬数据、奖金和福利状况、长期激励措施以及未来薪酬走势分析等。

只有采用相同的标准进行工作评价,并各自提供真实的薪酬数据,才能保证薪酬调查的准确性。

（四）薪酬结构设计

薪酬结构设计是建立在企业工作评价结果和薪酬政策基础之上的一个关键步骤。这一步骤,无论采用哪种方法,总可得到表明每一工作对本企业相对价值的顺序、等级、分数或象征性的金额,即工资范围系数。一般来说,工作的完成难度越高,对本企业的贡献通常就越大,对企业的重要性也就越高,意味着它的相对价值越大。

薪酬结构是指企业的企业结构中各项职位的相对价值及其对应的实付薪酬间保持怎样的关系。薪酬结构设计的第一种用途,是开发企业的薪酬系统,使每一职务的薪酬都对应于它的相对价值,因而具有一定的内在公平性。薪酬结构设计的另一用途是用来证明已有薪酬制度的合理性。

（五）薪酬定位

工作评价完成后,企业根据其确定的薪酬结构线,将众多类型的职务薪酬归并组合成若干等级,形成一个薪酬等级（或称职级）系列。通过这一步骤,就可以确定企业内每一职务具体的薪酬范围,保证员工个人的公平性。

在分析同行业的薪酬数据后,需要做的是根据企业状况选用不同的薪酬水平。影响企业薪酬水平的因素有内部因素,也有外部因素。在薪酬定位上,企业可以选择领先策略或跟随策略。薪酬上的领头羊未必是品牌最响的企业,因为品牌响的企业可以依靠其综合优势,不必花费最高的工资也可能找到最好的人才。往往是那些后起之秀最易采用高薪策略。它们大多处在创业初期或快速上升期,投资者愿意用金钱买时间,希望通过挖到一流人才来快速拉近与龙头企业的差距。

(六)薪酬体系的实施和管理

企业薪酬制度一经建立,要使其正常运作并对之实行适当的控制与管理,使其发挥应有的功能,这是一个相当复杂的问题,也是一项长期的工作。在建立了薪酬体系之后,必须继续对其进行管理以确保其有效性。内外环境施加在薪酬体系之上的压力需要进行监督、评价、修正和控制,从而使薪酬管理者能够保证这一系统无障碍地运行。

在确定薪酬调整比例时,要对总体薪酬水平做出准确的预算。在制定和实施薪酬体系过程中,及时的沟通、必要的宣传或培训是保证薪酬实施与修正的因素之一。从本质意义上讲,劳动薪酬是对人力资源成本与员工需求之间进行权衡的结果。不存在绝对公平的薪酬方式,只存在员工是否满意的薪酬制度。为保证薪酬制度的适用性,企业应该对薪酬的定期调整做出明确的规定。

第二节 薪酬设计

一、薪酬设计的理论假设

在人力资源管理中,组织如何确定员工所获得的薪酬,主要取决于员工对组织的价值和贡献,这种价值和贡献可以归结为员工的绩效。在绩效管理讨论中可以知道,一个员工的绩效,就是员工在工作过程中所表现出来的与组织目标相关的并且能够被评价的工作业绩、工作能力和工作态度。其中工作业绩就是指工作的结果,工作能力和工作态度则是指工作的行为。从这个逻辑上讲,员工所获得的薪酬应该按照员工的绩效,即工作业绩、工作能力和工作态度来衡量,如果直接按照业绩付酬,则成为以业绩为基础的薪酬体系;工作能力和工作态度是完成工作所必需的过程性要素,如果以这些因素为主来确定员工的价值,便成为以能力为基础的薪酬体系;业绩产生的过程就是工作的完成过程,胜任这些工作的员工其能力是已经得到组织确认的,所以由组织安排在相应的职位上,如果以所处职位相关因素来确定员工的价值,便成为以职位为基础的薪酬体系。上述三种视角仅仅是从员工价值创造的内部角度来思考员工对企业或组织的价值,除此之外,还可以从外部角度来确定员工的价值,即按照市场价值来付酬,这便是以市场为基础的薪酬体系。[①]

在这几种不同的薪酬设计模式中,以职位为基础和以能力为基础的薪酬体系是最为基本的薪酬体系,而以市场为基础和以业绩为基础的薪酬体系的应用范围则相对较窄,并且往往依附于前两种基本的薪酬模式进行使用。

二、薪酬支付的依据

所谓薪酬,在本质上是对员工为企业或组织所创造的价值的一种回报,同时还兼有满足员工的内在需求,激励员工的工作积极性,传递组织的价值观等基本职能。因此,薪酬体系设计,必须在科学合理地评价员工为企业或组织所创造的价值的基础上,对企业或组织的经济价值进行科学的分配。而在如何衡量员工为企业或组织所创造的价值时,在操作上存在着四种不同的衡量方式,于是便产生了薪酬设计四种不同的支付基础。

第一种是通过对员工的职位进行价值评价,即依据员工所承担的职责和承担职责所需要的任职资格等因素,来确定其为企业或组织创造的价值,这便形成以职位为基础的薪酬体系。

第二种是通过对员工能力进行评价,即依据员工所具备的与工作相关的知识、技能、经验和胜任能力等因素,来确定其为企业或组织创造的价值,这便形成了以能力为基础的薪酬体系。

第三种是通过对员工的业绩结果进行评价,即依据员工的关键业绩指标和关键行为、态度指标的完成情况,来确定其为企业或组织创造的价值,这便形成了以业绩为基础的薪酬体系。

第四种则是借助于外部劳动力市场来对员工的价值进行评价,从而形

[①]葛立佳. 人才激励机制及薪酬体系分析[J]. 中国集体经济,2020(36):123-124.

成了以市场为基础的薪酬体系。

上述四种不同的薪酬支付基础往往在同一家企业或组织中并存,即针对不同的职位类型和人员类型形成分层分类的薪酬体系。

三、薪酬设计的模型

美国著名学者米尔科维奇和纽曼合著的《薪酬管理》一书中,提出了薪酬体系设计的模型,来概括薪酬设计时所需要考虑的主要方面,成为薪酬体系设计的基本原则。该薪酬设计模型包括三大部分:①薪酬目标,②薪酬设计的原则与政策,③薪酬设计技术。

(一)薪酬目标

薪酬设计和管理的基本目标为效率、公平和合法。将效率目标进一步细化,可分为:①提高绩效、质量,取悦消费者;②控制劳动成本。

公平是薪酬设计和管理的基础。"公平对待所有员工"或"按劳分配",这些表述反映了对公平的关注。因此,公平目标试图确保每一名员工获得公平的薪酬,它强调在设计薪酬制度时,既能体现员工的贡献,如支付业绩突出或经验丰富、训练有素的员工更高的薪酬又能满足雇员的需要,如支付公平薪酬,而且分配的工作程序公平。

程序公平与薪酬决策的过程有关。对雇员来说,这就意味着薪酬决策方式和决策结果同等重要。合法作为薪酬决策的目标之一,包括遵守各种全国性和地方性的法律法规,一旦这些法律法规发生变化,薪酬制度也应做相应的调整,以继续保持一致。

(二)薪酬设计的原则与政策

薪酬设计的原则与政策主要有:内部一致性、外部竞争性、激励性和管理可行性。

所谓内部一致性,又称内部公平性,主要是指员工会感觉到,相对于同一组织中从事相同工作的其他员工,相对于组织中从事不同工作的其他员工,自己的工作获得了适当的薪酬。比如,一个书记员会将自己的薪资与行政助理、会计等同一组织中的其他工作的薪资进行比较。如果他认为相对于组织中的其他工作,自己的工作获得了公平的薪酬(对组织越重要的工作获得的报酬也越多,组织需要越少、越不重要的工作获得的报酬也越少),他就感到了内部一致性。内部一致性主要是通过工作分析、建立职位说明书、职位评价和建立内部薪酬结构来实现的。

另一方面,他也可能将自己的薪酬与其他组织中的书记员相比较。如果他认为相对于其他组织中的类似工作而言,自己的薪酬也是公平的话,他就感受到了外部竞争性,即本组织的薪酬水平对于劳动力市场的其他人员来讲是具有吸引力的。外部竞争性主要是通过外部相关劳动力市场界定、市场调查、建立薪酬政策线,并在此基础上调整薪酬结构来实现的。

激励性主要是强调将员工的报酬与业绩挂钩,根据绩效水平的高低来对薪酬进行调整。那么,从事相同工作具有相同能力的不同员工可能就会由于绩效考核结果的差异,导致其获得的报酬出现较大的差异。激励性主要是通过绩效考核,并依据考核结果来确定激励方案而实现的。

管理上的可行性主要是指对薪酬体系必须进行科学的规划,以保证薪酬体系能够得以有效运行,确保前面三项目标的实现。管理上的可行性,主要包括计划、预算、沟通和评估等主要环节。

一个组织通过建立起具有内部一致性、外部竞争性、激励性和管理可行性的薪酬体系,它就能够有效地吸引、激励和保留它所需要的员工,以实现组织的薪酬目标。

(三)薪酬设计技术

按照薪酬设计的原则和政策,实现薪酬目标的手段和方法,就是薪酬设计技术。简单来说,实现内部公平性主要是通过职位评价来实现的,实现外部竞争性主要是通过薪酬调查来实现的,实现内部公平性和外部竞争性是对组织基础工资体系设计的主要要求,另外激励性的实现是通过对激励薪酬的设计达到的。

第三节 员工福利

员工福利是薪酬体系的重要组成部分,是企业或其他组织以福利的形式提供给员工的报酬。福利是对员工生活的照顾,是组织为员工提供的除工资与奖金之外的一切物质待遇,是劳动的间接回报。

一、福利的含义及特点

(一)福利的含义

福利是国家机关、企事业单位为员工在改善直接的劳动条件之外,从生活的诸多侧面,以确保和提高员工及其家属生活而开展的活动和措施的总称。它一般包括给员工提供的带工资的节假日、女工的产假、医疗和安全等方面的保险、员工丧失劳动力后获得的物质等方面的待遇以及企业的各种文娱活动等。福利是员工的间接薪酬,福利在整个薪酬体系中的比重越来越大。

(二)福利的特点

补偿性、均等性和集体性是员工福利的三个主要特点。

1.补偿性

员工福利是对劳动者为企业提供劳动的一种物质补偿,也是员工工资收入的一种补充形式。

2.均等性

员工福利的均等性特征是指履行了劳动义务的本企业员工,均有享受各种企业福利和平等权利。由于劳动能力、个人贡献及家庭人口等因素的不同,造成了员工之间在工资收入上的差距,差距过大会对员工的积极性和企业的凝聚力产生不利的影响。员工福利的均等性特征,在一定程度上起着平衡劳动者收入差距的作用。[①]

3.集体性

兴办集体福利事业、员工集体消费或共同使用公共物品等是员工福利的主体形式,因此集体性也是员工福利的一个重要特征。

二、福利的形式

每个企业除了法律政策规定的福利以外,可以提供任何有利于企业和员工发展的福利项。

(一)公共福利

指法律规定的一些福利项目。主要有医疗保健、失业保险、养老保险、伤残保险金等。

---

①吕菊芳.人力资源管理[M].武汉:武汉大学出版社,2018.

（二）个人福利

指企业根据自身的发展需要和员工的需要选择提供的福利项目。主要有退休金、互助金、住房公积金、交通补贴、工作午餐、海外津贴、人寿保险等。

（三）带薪假期

指员工在有薪酬的前提下，享有一定时间假期的一类福利项目。主要有病假、事假、公休、探亲假、节假日、年假、旅游（企业全额或部分资助）等。

（四）生活福利

指企业为员工的生活提供的其他各类福利项目，主要有托儿所（企业办的）、内部优惠产品、子女教育费等。

三、员工福利设计程序

（一）福利的设计目标

福利的设计必须符合企业长远目标，必须符合企业的薪酬政策，必须考虑员工眼前需要和长远需要，激励大部分员工，而且企业担负得起，符合当地政府法规政策。

（二）福利的调查

福利的调查对于福利设计十分必要，主要涉及三种调查。

第一，定福利前的调查，主要了解员工对某一福利项目的态度、看法与需求。

第二，员工年度福利调查，主要了解员工在一个财政年度内享受了哪些福利项目，各占比例多少，满意程度如何。

第三，福利反馈调查，主要调查员工对某一福利项目实施的反应如何，是否需要进一步改进，是否要取消。

（三）确定福利设计的要点

企业提供的福利反映了企业的目标、战略和文化，福利种类的确定、运作管理对企业的发展至关重要。

有些企业由于不善于设计福利，虽然在福利方面投入了大量金钱，效果却不理想，许多优秀人才纷纷离职，企业效益明显下降，福利的设计要点涉及以下几个方面:福利的成本核算;福利沟通;福利调查;福利实施。

（四）进行福利的成本核算

这是福利管理中的重要部分,人事主管应会同财务人员花较多的时间与精力投入福利的成本核算,主要涉及以下方面:①通过销量或利润计算出企业最高可能支出的福利总费用。②与外部福利标准进行比较,尤其是与竞争对手的福利标准进行比较。③做出主要福利项目的预算。④确定每位员工福利项目的成本。⑤制定相应的福利项目成本计划。⑥尽可能在满足福利目标的前提下降低成本。

（五）福利沟通

要使福利项目最大限度地满足员工的需要,福利沟通相当重要。并不是福利投入的金额越多,员工越满意,员工对福利的满意程度与对工作的满意程度呈正相关。人事主管应做好福利沟通工作,向员工解释清楚企业的福利政策、目的等内容。福利沟通可以采用以下方法:①用问卷法了解员工对福利的需求。②用录像带介绍有关的福利项目。③找一些典型的员工面谈了解某一层次或某一类型员工的福利需求。④公布一些福利项目让员工自己挑选。⑤利用各种内部刊物或其他场合介绍有关的福利项目。⑥收集员工对各种福利项目的反馈。

四、薪酬管理公平性对员工的影响

在经济全球化和我国改革开放的浪潮中,各企业都面临着日益激烈的市场竞争,这就要求企业必须建立一支具备高效率和高质量人才队伍,并重视他们的态度,让他们能够为企业创造经济利益。为了让员工充满工作热情,提升他们的满意度,就要建立科学合理的薪酬制度,并对其进行公平管理,提高他们对薪酬的满意度。

（一）薪酬管理公平性对员工薪酬满意感的影响

薪酬管理公平性与员工薪酬满意感之间的关系。数据分析结果表明,企业薪酬管理公平性(结果、程序、交往和信息公平性)与企业守法程度是影响员工各类薪酬满意感(薪酬水平、福利、奖金、加薪、薪酬制度与管理满意感)的重要因素;企业薪酬管理公平性会对员工的归属感、工作积极性和工作绩效产生显著的直接或间接影响。

1.薪酬管理的公平性概述

在社会主义市场经济的大环境中,现代企业要想在激烈的市场竞争中占有一席之地,最关键的就是要建立一支能创造经济价值的高素质和高效率的人才队伍,而要想充分发挥人才的作用,就必须增强员工对企业的认同感和归属感,其中加强薪酬管理的公平性就是一种重要手段。因为薪酬不仅是员工努力工作的报酬,更是对他们自身价值的评价,公正的薪酬管理能提升他们的薪酬满意感,会促使他们高效率地完成本职工作,对于企业的发展具有重要意义。为此,我们将从以下几个方面具体论述薪酬管理的公平性和员工对薪酬满意感的影响。

(1)薪酬管理公平性的内涵

在大多数情况下,当企业对员工的工作予以肯定时就会给予他们一定的报酬,即我们这里所讨论的薪酬。报酬除了是对员工工作的肯定之外,也是企业对员工工作的一种计划预定。从这一点来说,薪酬是企业对员工能力的认可,代表着他们在企业内的发展空间。因此,薪酬管理对企业和员工的发展都具有非常重要的作用。

如果不能实现薪酬管理的公平性,就会对员工的心理产生极大的伤害。下面我们就从四个方面讨论薪酬管理公平性的具体要求。

(2)薪酬管理公平性的具体要求

第一,薪酬结果的公平性。员工会就自己的薪酬进行衡量,自己的薪酬是不是与自己的劳动付出相匹配。简而言之,就是员工的薪酬要与他们的劳动结果相匹配。第二,薪酬程序的公平性。这一要求主要是指企业对每一位员工的薪酬评定和加薪是公平对待的,不存在偏袒或歧视现象。第三,薪酬信息的公平性。这一要求就是指企业对每一位员工的薪酬信息都是公平的,并能对不同的薪酬待遇给出合理的说明。第四,薪酬交往的公平性。这就是指企业的高层主管和普通员工之间的交往是平等的。①

2.薪酬管理的公平性对薪酬满意感的重要影响

薪酬管理的公平性对薪酬满意感的影响主要体现在两个方面,一方面是它的四条要求对员工薪酬满意感的影响,另一方面是相关的法律法规对员工薪酬满意感的影响。下面我们就对这两方面的内容进行具体分析。

第一,薪酬管理公平性的影响。据相关研究数据表明,对员工薪酬满

---

①徐东华.公共部门人力资源管理[M].北京:金城出版社,2020.

意度影响最大的是薪酬结果的公平与否。这是因为,薪酬的结果是员工最关注的方面,所以员工对它的期待值也最大。而薪酬管理的程度公平则和员工接受薪酬的心理感受直接相关,具体表现在员工是否认可现有的薪酬管理制度和认可的程度等,所以也会对员工的薪酬满意感产生一定的影响。薪酬管理信息的公平程度也是影响员工薪酬满意感的因素,这是因为当员工的薪酬变化时,企业能否对这一变化进行合理解释和说明,沟通越有效,就越能提升他们的满意感。基于此,企业在进行薪酬管理时,一定要严格照章办事,进一步推动薪酬管理信息的公开化和透明化,最大限度地提升员工对企业薪酬管理的满意感。

第二,相关法律法规的影响。为了全面保障劳动者的合法利益,国家和劳动监管部门从多个方面制定了很多规范企业薪酬管理的法律、法规和文件,各省市也明确规定了最低的工资标准。但是我们在实际的工作中发现,很多企业并没有按照相关的法律法规给予员工应有的薪酬,降低薪酬标准的现象普遍存在,甚至还存在恶意拖欠薪酬的现象。企业对相关薪酬法律法规的依从性越高,薪酬管理的公平性和员工对薪酬的满意感也越高。这就要求劳动监管部门要切实行使自己的监管职能,督促企业切实执行国家的法律法规,将薪酬政策彻底落到实处。

3.实现薪酬管理公平性的主要措施

当现实情况的反应达到人们的心理预期之后所呈现出的心理反应,也被称为满意感。所以员工对薪酬的满意感就是指企业发放给员工的实际薪酬达到了他们的预期薪酬,即企业在薪酬上满足了员工对自己劳动付出认可的心理需求。具体来说,就是薪酬满意感是企业员工对所获得薪酬的态度。从市场角度来看,薪酬满意感就是员工对企业人力资源价格的判断和心理评估。从市场分配的角度来看,薪酬满意感就是员工对自己劳动所得的心理预期。影响员工对薪酬满意感的因素有很多,主要包括加薪因素、奖金多少、福利待遇、平均的薪资水平和薪酬管理制度等。

(1)保证薪酬管理的目标和企业的管理目标一致

企业经营的主要目的就是获得经济效益。在市场化的条件下,很多企业管理者认为,企业的内部和外部都要实现最大化的经济效益,为了达到实现内部利益的最大化,很多管理者会选择降低或克扣员工的薪酬来节省成本。这种行为只能让企业在短时期内获得利益,却不利于其长期发展,是非常片面的。这里正确的做法是企业的管理者要充分认识到员工对薪酬的满意度,就会直接关系到其价值的体现程度和归属感。如果企业不能最大限度地保障薪酬管理的公平性,企业员工就会大量流动,无法建立一支稳定的人才队伍。而且经常性的人员流动还会增加企业培训新员工的时间成本。这样一来就会影响企业工作流程的正常衔接,还会增加不必要的培训成本。所以,企业要想在激烈的市场竞争中获得长远的发展,就必须让薪酬管理公平性的目标和企业发展的目标保持高度一致,不要拘泥于短期利益而丧失长远发展的机会。

(2)进一步完善薪酬管理制度和绩效薪酬标准

企业体现薪酬管理的公平性的主要表现就是建立一套科学、合理、完善的薪酬管理制度和绩效制度,既要从全局上保证对所有员工的公平性,还要在细节上满足工作效率较高、工作质量高以及工作态度端正等员工的需求。这也是目前企业普遍采用无责任底薪加绩效薪酬的薪酬管理制度。要想建立完善的薪酬管理制度,最重要的就是要熟悉市场同行业或者同等职位的薪酬水平,在对员工的薪酬进行定位时,要和同行业或同等职位基本持平,甚至略高于平均值。在调查的过程中企业者要将无责任底薪和绩效薪酬的上升空间都考虑在内,但是在实际的操作过程中体现无责任底薪的部分即可。这种做法的优势就是能为企业吸收更多的优秀人才,而后期的绩效保障也能有效预防人才的流失。

3.根据不同的工作性质制定梯度的薪酬管理制度

无论是在哪一个行业的企业、都会有一些不具有创新性,不具有高效益性,具有简单性、容易操作等特点的工作。比如说清洁工、内勤等。显然可以知道其工作方向上没有绩效薪酬的管理计算范围,这时候则需要企业为员工提供可供发展的平台。在企业内部网站公布企业内部对于不同职位员工的需求情况,以供员工通过竞争等方式调换工作的岗位,以达到对薪酬的满意程度。还可以通过提建议悬赏的方式,积极踊跃地促进员工参与到企业当中,这不但可以有效地促进企业和员工间的有效互动,减少员工对于企业错误观念的认识,增加归属感,还可以培养员工对于工作的认真程度。员工针对不同的提建议情况,需要对企业的不同职位的职能有了解,也需要对本职工作进行细致的了解。

我们必须深刻认识到薪酬管理的公平性对员工薪酬满意度的重大意

义。因为对薪酬进行公平管理是一项非常重要也非常复杂的工作,所以要求企业的管理者一定要对此高度重视,认真学习和研究,结合企业薪酬管理的实际状况,不断提升薪酬管理的公平程度。当然,在企业的薪酬管理中,员工也可以积极参与进来,这样有助于提升整个企业对薪酬管理的公平性以及员工对薪酬满意度的认知水平,有助于促进整个企业的发展,从而实现经济效益的最大化。

(二)企业薪酬管理公平性对员工工作态度和行为的影响

企业薪酬管理公平性是影响员工薪酬满意感的重要因素,员工的薪酬公平感和满意感会影响他们的情感性归属感,薪酬管理信息公平性会影响员工的工作积极性和工作绩效,员工的薪酬满意感与他们的工作积极性和工作绩效存在双向因果关系。

1.薪酬管理公平性是影响员工薪酬满意感的重要因素

员工感知的薪酬管理公平性是员工的薪酬满意感的前因变量,四类薪酬管理公平性对员工的各类薪酬满意感有不同的影响。薪酬管理程序公平性影响员工的薪酬水平满意感;薪酬管理信息公平性影响员工的奖金满意感和薪酬制度与管理满意感;薪酬管理结果公平性和交往公平性对员工的各类薪酬满意感没有显著的正向影响。

一些学者认为,结果公平性或程序公平性更可能影响员工的薪酬满意感。但是,他们通常采用横断调研法,只研究两类公平性对员工薪酬满意感的影响。在此项研究中,我们采用纵断调研法,同时检验四类组织公平性对员工的五类薪酬满意感的影响。在四类组织公平性中,只有程序公平性和信息公平性对员工的薪酬满意感有比较持久的影响。

2.薪酬管理交往公平性对员工的情感性归属感有显著的正向影响

美国学者科伊斯(Daniel J.Koys)的研究结果表明,如果员工认为企业的人力资源管理措施是公平的,相信企业是为了吸引并留住优秀的员工而采取某些具体的人力资源管理措施,就会对企业产生归属感;如果员工认为企业只是为了提高员工的劳动生产率,或只是为了遵守劳动法规而实施某些人力资源管理措施,则不会对企业产生情感性归属感。加拿大学者迈耶(John P.Meyer)和史密斯(Catherine A.Smith)根据科伊斯等人的研究成果指出,“员工会根据企业采取的人力资源管理措施,判断企业的动机”。企业公平地对待员工,在人力资源管理工作中关心员工,可增强员工的情感性归属感。他们认为,要增强员工的情感性和道义性归属感,企业必须采取公平的、支持员工的人力资源管理措施。

薪酬管理交往公平性直接影响员工对企业的情感性归属感。我们的研究结果支持贝斯和莫格提出的"与程序公平性相比,交往公平性对员工对企业的归属感有更大的影响"的观点。我国企业的员工比较重视人际关系,交往公平性更可能影响我国企业员工的情感性归属感。管理人员与员工公平交往,可增强员工对企业的情感性归属感。

3.员工的薪酬晋升满意感直接影响员工对企业的情感性归属感

员工的薪酬晋升满意感对他们的情感性归属感有显著的正向影响。员工对自己晋升的薪酬感到满意,就更可能产生正面情感,更可能接受企业的价值观念和行为准则,他们的个人目标也更可能与企业目标一致,即他们更可能相信他们可随着企业的发展逐步实现自己的个人目标,从而对企业产生情感性归属感。

4.员工的薪酬满意感与他们的工作积极性和工作绩效可能存在双向因果关系

美国著名服务管理学者施奈德等人的研究结果表明,与员工的总体满意感和员工的工作保障满意感对企业绩效的影响相比较,企业的绩效对员工的总体满意感和工作保障满意感有更大的影响,员工的薪酬满意感与企业的绩效存在更明显的双向影响。他们认为,企业的绩效与员工的薪酬满意感存在互为因果关系。他们指出,绩效较好的企业可为员工提供较多福利、较多薪酬,更能吸引并留住员工,进而增强员工的薪酬满意感、工作保障满意感和总体满意感。

员工的薪酬水平满意感影响他们的工作积极性和工作绩效,员工的奖金满意感影响他们的工作积极性,员工的工作积极性和工作绩效也会影响他们对薪酬制度与管理的满意感,表明员工的薪酬满意感与他们的工作积极性和工作绩效可能存在双向因果关系。

如果员工对自己的薪酬比较满意,就更可能努力工作,提高工作绩效。此外,工作绩效较好的员工又可能获得较高的薪酬,获得较多的奖励以及薪酬晋升和职务晋升的机会。因此,员工的工作积极性、工作绩效也会影响他们的薪酬满意程度。企业管理人员在薪酬管理工作中不仅应尽力提高员工的薪酬满意程度,而且应尽力做好员工绩效考评与反馈工作,根据员工的贡献,确定员工的薪酬,既激励员工努力工作,为企业做出更大的贡献,又帮助某些员工正确地评估自己的工作绩效,明确他们今后的努力方向。

5.薪酬管理信息公平性是影响员工的工作积极性和工作绩效的重要因素

美国学者林德(R.Allen Lind)等人指出,管理人员发动员工参与制定企业的绩效目标,授予员工"发言权",员工就更可能影响企业最终确定的绩效目标。此外,员工与管理人员讨论工作绩效目标,可获得工作任务信息,就更可能了解他们应如何工作,增强他们的自我效能感。员工参与制定企业的绩效目标,就更可能接受企业最终确定的工作绩效目标,提高自己的工作绩效。在四类公平性中,员工感知的薪酬管理信息公平性对他们的工作积极性和工作绩效有更持久的影响。

长期以来,许多学者和企业管理人员都把薪酬管理公平性作为"保健因素",认为"不公平"会挫伤员工工作积极性,但"公平"并不一定能激发员工的工作积极性。我们的研究结果表明,公平不仅是"保健因素",而且是"激励因素"。管理人员在薪酬管理工作中坚持信息公平性原则,向员工解释企业的薪酬制度,为员工提供充分的薪酬管理信息,员工不仅更可能接受企业的薪酬制度,而且更能理解他们的工作绩效与薪酬之间的关系,了解自己今后应如何改进工作,提高工作绩效。这可能是我们在本项研究中得出"与其他三类公平性相比较,信息公平性更能调动员工工作积极性"结论的主要原因。

(三)企业薪酬管理公平性对员工工作绩效的影响

企业薪酬管理的基本原则是对待所有员工都要公平公正。员工的主动性和积极性与薪酬是否公平也是息息相关的,而且企业在员工心中的满意度也与合理公平的薪酬有关,员工是否能够对企业忠诚也取决于薪酬管理是否公平。同时员工的绩效工作方式与薪酬管理的公平性之间的联系也是密不可分的。现代管理结构重要的组成部分之一就是企业对于员工进行工作绩效管理。对员工工作也有着很大的激励作用。质和量的两个方面是绩效管理主要包含的内容,相应的评价工作也是通过考核机制和科学方式来进行的,企业需要在某些方面进行改革和企业中员工的贡献都是以考核的结果作为依据。对员工的公平评价和员工对企业的贡献都可以通过绩效管理来实现,员工的自我价值和企业的发展也都是以绩效管理为基础而实现的。而需要很好执行员工工作绩效的管理就需要满足相应的条件。企业薪酬管理的公平性与员工工作绩效管理之间的联系是密不可分的,也是绩效管理工作顺利开展最基本、最必要的条件。

1.薪酬公平性的重要性

学术界对企业中员工对薪酬的满意情况和公平感对比员工自身的工作行为进行了研究。研究表明员工对企业的感情和对企业的忠诚度与员工对薪酬的满意程度有着莫大的关联,但员工工作受到的激励作用也并非全部与员工对薪酬的公平感有关。

薪酬不能够有效地激励员工对工作的努力程度是一些国外学者提出的,而企业激励员工的重要措施必然会采用薪酬的公平性是国内多数研究者所认同的。

同时许多学者将"保健因素"定义到企业薪酬公平性中,认为员工工作的积极性确实会受其影响,但员工对工作的积极性不会因为薪酬的公平而有明显的提升。薪酬公平不仅能够起到激励作用还能够起到"保健"作用,这是基于国内企业进行研究和分析之后得出的,薪酬的公平是企业发展的关键,也是企业立足的根本。

2.薪酬管理的影响

在过去20多年里,学术界对组织公平性与员工工作态度之间的关系进行了大量的实证研究。澳大利亚的教授伊萨克(Joe E.Isaac)指出,管理人员在员工薪酬管理工作中坚持公平性原则,员工才会自愿与管理人员合作,努力提高工作效率。然而,国内外企业管理学者对员工的薪酬公平感、薪酬满意感与他们的工作积极性和工作绩效之间的关系仍缺乏深入的理论研究和实证检验。

(1)公平性是基本前提

企业在薪酬管理中应该首先达到的目标就是公平性,也是综合考虑了多种因素之后得出的结论。员工工作绩效管理推行的基础要求就是企业中薪酬管理要具有公平性,员工对企业的信任度和满意程度都取决于企业中薪酬管理的公平性。创造企业价值的主体无疑就是企业的员工,企业在经营管理中的各个环节都是员工支撑起来的,要使员工能够为企业创造更多的价值,能够克忠职守,就必须要让员工认可薪酬管理的公平性。不然,员工的积极性会因为薪酬管理不公平而消磨殆尽,员工离职以及员工对企业产生排斥心理都是可能出现的。也导致了不能实现对员工工作的绩效管理。员工在认可企业薪酬管理之后就会为企业的发展去竭尽全力地工作,企业也将能获得员工更多的创造价值。同时,和谐环境的形成也取决于企业薪酬管理是否公平,企业长远的可持续发展战略目标也能够更容易实现。要使企业对员工实行工作绩效管理更加有资本就必须要保证企业薪酬具有公平的管理。

(2)制定绩效管理的标准

不仅企业内部员工薪酬之间的公平性被企业的薪酬管理所包含,其余更加广泛的内容也都被包含其中。外部薪酬的管理和企业内部的薪酬管理之间的比较也都被包含在了其中,尽管多方面的因素影响着企业薪酬的管理,一般薪酬在各个岗位不能够比同类岗位的薪酬低。企业要使市场竞争能得到增加,要想吸引到更多的员工就必须要先保证薪酬管理在外部能够公平公正。良好的运营管理方案是企业生产发展的必要条件,合理的管理制度在企业运营中的各个环节都能为企业创造出更多的价值,企业也会因为有合理、科学的管理制度将企业自身的精神面貌展现出来,在与其余企业竞争时也能够凭借有效的管理措施而遥遥领先。

从员工的绩效管理来看,其管理标准的制定应该合理公平。薪酬管理的全部要求与内涵得到了充分的把握之后,科学的绩效管理标准才能够切实有效的制定出来,员工工作绩效管理在实施过程中才有坚实的基础。企业员工工作绩效在具有科学性和可行性并且企业薪酬管理很公平的情况下才有自身的意义,操作性也才能更强。

让员工能够明白自身对企业的贡献和自身岗位存在的价值是薪酬管理公平性的主要目的。员工工作绩效管理的标准也只能在满足上述情况之后才能够得到有效的定制。较强的合理性与科学性是员工工作绩效管理在定制过程中所必须满足的,要结合实际并不断在企业中进行实践。

(3)执行绩效管理的效率

工作绩效和员工岗位存在的价值是在薪酬分配中必须反映的。管理者、操作人员都是身处各个不同阶层的,一项艰巨而重要的任务就是将他们之间的关系进行协调,也更高地要求了企业薪酬管理的公平性工作。

企业在发展和经营的过程中,管理者应该担负起重要责任,对于危机和负担也要能够勇于面对。通常潜在的效益都是他们带给企业的,同时还兼任了企业中至关重要的人力资源。往往他们扮演的是挽救大局的角色,而在平时工作中他们付出的脑力劳动也是非常复杂的。企业要注重他们自身的人力资源价值,将其充分体现出来,企业面对重大战略中他们所做出的战略决策企业也应该表示肯定和认同,而这些都是必须要体现在员工绩效管理工作中的。同时也考验了薪酬管理是否真的具有了公平性。

公平性要是在薪酬管理中不合理的话,企业中运用工作绩效管理就难以切实地执行,要让员工工作绩效管理在薪酬缺少公平性的前提下不现实地执行是不可能的,即使能够执行也会遇到各种阻碍和问题,薪酬不能公平造成员工在生产过程中总会带有负面情绪,出现工作不认真、不仔细的现象,甚至为了发泄心中不满而在企业中恶意制造破坏,有损企业的形象,企业也会为此而形象大跌,极有可能给企业造成严重的损失,以及企业在管理过程中也不能将有效可行的管理方案切实执行,为企业管理造成很大的难度。执行效率也会因为薪酬公平性而大大降低。

(4)更具人性化

在企业实际运营过程中,对每个员工的工作都进行标准的量化,实施起来是非常难的。从而切实说明薪酬的公平性支撑起了员工工作绩效管理,量化的标准要根据员工工作的质量、内容和员工对企业做出的贡献为依据。薪酬的公平性和运用工作绩效之间一直都有着密不可分的关系。能够激励员工的有效方式就是尽可能地保证薪酬具有公平性,同时,现代的企业管理理论也是参照此重要依据建立起的,企业的凝聚力和员工工作管理人性化也都能得到切实有效的增加,企业团体的温暖也能够使员工更好地感受到。

企业薪酬管理实现公平性确实也需要有漫长的时间和过程,需要的参与和努力也是多方面的,同时其他制度科学合理的配合完成也是相当必要的。

员工工作绩效和薪酬管理是现代企业管理理论中所包含的重点,这种先进理论是基于现代企业形式在发展中所产生的,也是企业必须要采用的,同时这种工作方法在现代企业的管理中也是不可回避的。传统的降低成本、节省开支等方法都不能从根本上将问题解决,企业管理与经营的现状也得不到根本的改善。企业的发展战略必须要有先进的管理方式来支撑起才能够实现可持续性发展。诸多的企业因此就将员工工作绩效管理实施在企业管理中,这种科学的管理方法能够将员工的创造性和积极性充分调动起来,使员工能够将自身的价值发挥到为企业创造价值的工作中,为企业带来更多的效益,企业经营和发展的现状也能够得到更有效的改善。而企业在运用员工工作绩效管理之前一定要落实薪酬管理的公平性。薪酬公平性的落实情况和其本身具有的重要意义一定要引起企业管理者的重视,同时,企业管理人员也要重视企业在实施员工绩效管理过程中所受到薪酬公平性的影响,实现企业更长远的发展战略。

第九章 劳动关系管理

第一节 劳动关系概述

一、劳动关系的概念及表现形式

（一）劳动关系的概念

劳动关系的基本含义，是指管理方与劳动者个人及团体之间产生的，由双方利益引起的，表现为合作、冲突力量和权力关系的总和。它受到一定社会中经济、技术、政策、法律制度和社会文化背景的影响。

劳动关系是社会生产和生活中人们相互之间最重要的联系之一。全世界大多数劳动人口正在用主要精力从事"工作"，并将"工作"作为主要收入来源。劳动关系对劳动者、企业（雇主）和整个社会有着深刻的影响。对劳动者来说，工作条件、工作性质、薪酬福利待遇将决定他们的生活水平、个人发展的机会、个人的尊严、自我认同感和身心健康。对于企业来说，员工的工作绩效、忠诚度、工资福利水平都是影响生产效率、劳动力成本、生产质量的重要因素，甚至还会最终影响企业的生存和发展。对整个社会而言，劳动关系还会影响经济增长、社会财富和社会收入的总量和分配，并进一步影响全体社会成员的生活质量。因而，研究劳动关系具有重要的理论和现实意义。

（二）劳动关系的主体

从狭义上讲，劳动关系的主体包括两方，一方是员工及以工会为主要形式的员工团体，另一方是管理方以及雇主协会组织。二者构成了劳动关系的主体。从广义上讲，劳动关系的主体还包括政府。在劳动关系的发展过程中，政府通过立法介入和影响劳动关系，调整、监督和干预作用不断增强,因而政府也是广义的劳动关系的主体。①

（三）劳动关系的表现形式

劳动关系既是经济关系,又是社会关系。劳动者以其符合管理方需要的工作能力从事劳动,获得报酬。同时,劳动力作为一种特殊商品,具有人身和社会属性,在获取经济利益的同时,还要从工作中获得作为人所拥有的体面尊严和满足。双方由于经济目标而结合,是由处于一定社会环境下的心态、期望、人际关系、行为特征等各异的个体和人群组成的社会体系。劳动关系的本质是双方合作、冲突、力量和权力的相互交织。在劳动关系中,双方存在潜在的力量和权力较量、合作与冲突。因此,力量、权力、合作与冲突共同构成了劳动关系的表现形式。

1.合作

合作是指在就业组织中,双方共同生产产品和服务,并在很大程度上遵守一套既定制度和规则的行为。这些制度和规则是经过双方协商一致,以正式的集体协议或劳动合同的形式,甚至是以一种非正式的心理契约形式,规定双方的权利和义务。协议内容非常广泛,涵盖双方的行为规范,员工的薪酬福利体系,对员工的努力程度的预期,对各种违反规定行为的惩罚,以及有关争议的解决、违纪处理和晋升提拔等的程序性规定。

2.冲突

劳动关系双方的利益、目标和期望不可能完全一致。对于员工及工会来说,冲突的形式主要有罢工、旷工、怠工等,辞职有时也被当作一种冲突形式。对用人方而言,冲突的形式主要有惩处或解雇不服从领导的员工。

3.力量

力量是影响劳动关系结果的能力,是相互冲突的利益、目标和期望以何种形式表现出来的决定因素。力量分为劳动力市场的力量和双方对比关系的力量。劳动关系双方都具有这两种力量,双方选择合作还是冲突,取决于双方力量的对比。

（1）员工的力量

员工的劳动力市场力量,反映了劳动力的相对稀缺程度,是由劳动者在劳动力市场供求中的稀缺性决定的。一般而言,劳动者的技能越高,其

---

①张婷婷. 现代企业人力资源管理中薪酬管理体系存在的问题及对策研究[J]. 现代工业经济和信息化,2020,10(10):133-134.

市场力量就越强。

员工的关系力量,是指劳动者进入就业组织后,所具有的能够影响雇主行为的程度。关系力量有很多种,尤以退出、罢工、岗位三种力量最为重要。"退出"即劳动者辞职,它会给雇主带来额外的成本,如招聘和培训顶替辞职员工的费用。"罢工"即劳动者停止工作,它也会给雇主带来损失或成本。"岗位"是指劳动者仍旧在工作岗位上,由于主观故意或疏忽而造成的雇主的损失,如员工缺勤率上升、产品残次程度增加,给雇主带来的生产成本的增加。

员工的行为能够导致雇主的损失,所以员工就具有关系力量。劳动力市场的力量显示了员工个人获得一份好工作的能力;而关系力量则显示了员工在雇佣关系中会得到的待遇。例如,在核电厂工作的员工的关系力量就比较强。因为在核电厂,对员工的替代需要管理方付出较高的培训费用,由于巨额投资又使罢工给雇主带来的损失更加高昂,一个或少数员工的偷懒会产生灾难性的后果。相反,在只需要低技术水平的服装加工厂,员工的关系力量就会较弱。因为这类员工几乎无须培训,如果他们罢工也很容易被顶替,而偷懒和怠工的影响相对也不那么重要。所以,在其他条件相同的情况下,雇主的态度会对前者更为有利,因为如果雇主不做更多的让步,就会承担更多的由于雇员的退出罢工和怠工而带来的成本。

(2)管理方的力量

管理方也具有一定的劳动力市场力量和关系力量。管理方的劳动力市场力量,是指在劳动力市场上,管理方对寻找工作的人的需求,它反映了该工作的相对稀缺程度。例如,在劳动力市场上的某个阶段,对护士这一职业供不应求,那么,此时对于某一医院而言,其劳动力市场的力量就要弱一些。反之,如果秘书职业供大于求,对于招聘秘书的公司来说,其劳动力市场的力量就要强一些。

管理方的关系力量,是指一旦员工出于这种雇佣关系之后,管理方所能控制员工表现的程度。与员工的三大关系力量相对应,管理方也具有退出、停工和岗位的力量。管理方的岗位力量体现在:它具有指挥、安排员工工作的权力,如可以根据其个人的好恶来安排员工工作,使员工受到影响。而员工退出、罢工或辞职,或采取任何其他针对管理方的抵制活动,对管理方无论是否能起到作用,对员工而言都会造成损失。例如,员工会迫于保证金被没收的压力而减少其退出、罢工的可能,管理方控制员工的能力就强一些。管理方和员工具有各自的力量,双方的力量不是一成不变的,而是随着其他因素的影响消长变化。

4.权力

权力一般指他人做决策的能力。在劳动关系中,权力往往集中在管理方,拥有权力的管理方在劳动关系中处于主导优势地位。管理方的权力包括:①对员工指挥和安排的权力,这是最为重要的管理方权力;②影响员工的行为和表现的各种方式,管理方行使这一权力,比较重要的途径是通过提供大量的资源,增加员工的认同感和工作绩效;③其他相当广泛的决策内容,包括产品的研发设计、对工厂和设备的投资、制定预算以及其他与组织的生存和发展、与就业岗位有关的决策等。

由于这种向管理方倾斜的权力的存在,管理方在劳动关系中处于优势地位。但这种优势地位并不是绝对的,在某些时间和场合会发生逆转。同样,这种优势地位也不是无可非议的,当员工认为这些权力不是法律赋予的,或与工人遵守的基本准则不一致,或者无法理解、不公平时,员工会采取辞职、罢工或怠工等行为。通常,管理方为保证其优势权力,会采取恩威并施的办法。同时,这种权力在多数国家也在一定程度上受到法律的保护。

二、劳动法——调整劳动关系的法律

(一)劳动法与劳动关系

1.劳动法的概念

劳动法,是指调整特定劳动关系及与劳工关系密切联系的社会关系的法律规范的总称。劳动法所研究的劳动是职业性的、有偿的和基于特定劳动关系发生的社会劳动、劳动条件、报酬和保险福利,决定着劳动者的生活基础,在劳动关系领域,劳动者、工会和用人单位受法律的制约和规范。

2.劳动法的功能

劳动关系方面的法律主要有三个功能:①保护劳动关系双方的自愿安排并为之提供保护,如劳动合同、集体合同制度。②解决纠纷,劳动法不仅赋予劳动者享有劳动权和保障权,而且还规定了保证这些权利实现的司法机制,这是民主法治的基本要求。③确定基本劳动标准,如最低工资、最低就业年龄、工作时间和休息休假以及安全卫生标准等。

3.劳动法调整劳动关系

劳动法是通过平衡雇员和雇主双方之间的权利、义务关系达到调整劳动关系的目的,通过规定雇员和雇主双方的权力、义务关系,将其行为纳入法治的轨道。《中华人民共和国劳动法》规定,劳动者享有平等就业和选择职业的权利、取得劳动报酬的权利、休息休假的权利、享受社会保险和福利的权利、提请劳动争议处理的权力以及法律规定的其他劳动权利。同时,劳动者应当完成劳动任务,提高职业技能,执行劳动安全卫生规程,遵守劳动纪律和职业道德。权利与义务是一致的、相对应的。劳动者的权利,即用人单位的义务;反之,劳动者的义务,即用人单位的权利。

4.劳动关系的调整机制

(1)法律调整机制

劳动关系在社会关系体系中居于重要地位,对劳动关系进行规范和调整,是各国劳动法的重要任务,也是劳动法产生的社会条件。劳动立法在各国都是调整劳动关系的主要机制。

(2)企业内部调整机制

企业内部调整劳动关系的机制主要有:集体协商和谈判机制。谈判比较正规、严肃,一旦破裂容易发生争议行为。协商则比较灵活,气氛融洽,有缓冲的余地,它可以在多层次开展,如车间、分厂、总厂。协商的内容可以从日常生活到企业经营活动,无所不包。这种经常性的交流、沟通式的协商是融洽稳定劳动关系的重要制度。

(3)劳动争议处理机制

通过处理劳动争议案件和不当劳动行为案件来调整劳动关系,是普遍采用的一种比较成熟的调整劳动关系机制。因为劳动争议是劳动关系双方发生冲突、矛盾的表现,争议的有效解决就是使劳动关系双方由矛盾、冲突达到统一、和谐。

(4)三方协商机制

在制定劳动法规、调整劳动关系、处理劳动争议和参与国际劳工会议方面,政府、雇主和雇员代表共同参与决定,互相影响和制衡,这是在调整劳动关系的实践中形成的有效机制。三方协商机制是国际通行的做法,也是国际劳工组织着重推行的基本原则。

（二）工资的法律保障

1.工资的法律含义

工资是雇员生活的主要来源,支付工资是雇主与雇员劳动义务相对应的一项重要义务。劳动法中,工资是雇主依据国家有关规定或劳动合同约定,以货币形式直接支付给劳动者的劳动报酬。一般来说,工资总额由以下部分组成:计时工资、计件工资、奖金、津贴和补贴、加班工资、特殊情况下支付的工资。工资的种类可以是货币工资、实物工资和混合工资,其形式包括了计时工资、计件工资、奖励工资、津贴、佣金和分红等。工资的给付水平直接决定了劳动力的成本,它是由劳动生产率、通货膨胀率和市场竞争强度决定的。在市场经济条件下,工资作为劳动合同的重要条款,是由雇员和雇主定期协商决定的。

2.工资支付原则

（1）协商同意原则

工资的给付标准和数额,由劳动力市场最终决定。工资应当由雇员和雇主平等地决定。当事人协商确定工资标准,是工资支付的一般原则。工资集体协商是与市场经济相适应的工资决定和制衡机制。在工资问题上实行平等协商,可以使最敏感的问题从"模糊"变为公开,员工的意见通过工会与企业协商及时得到沟通,矛盾得以化解。协商可以集思广益,使工资分配更加合理,从源头上避免矛盾和争议的产生。经协商确定的工资集体协议具有法律效力,双方都要依法履行。一旦发生争议,也能依法调解。实行工资集体协商制度,带来的是双赢,是企业的发展、员工权益的保障。

（2）平等付酬原则

同工同酬是《中华人民共和国劳动法》始终坚持的原则,该法第四十六条规定:"工资分配应当遵循按劳分配原则,实行同工同酬。工资水平在经济发展的基础上逐步提高。国家对工资总量实行宏观调控。"

（3）紧急支付原则

当劳动者遇有生育、疾病、灾难等非常情况急需用钱时,雇主应当提前支付劳动者应得的工资。

（4）依法支付原则

依法支付原则是指要按照法律规定或合同约定的标准、时间、地点、形式和方式发放工资。

（5）工资应当以法定货币支付

工资应该以法定货币支付，不得以实物及有价证券替代货币支付。

（6）工资应当按时支付

公司必须在用人单位与劳动者约定的日期支付，如遇节假日或休息日，则应提前在最近的工作日支付。工资至少每月支付一次，实行周、日、小时工资制的，可按周、日、小时支付。

对完成一次性、临时性劳动或某些具体工作的劳动者，用人单位应按有关协议或合同规定在其完成劳动任务后支付工资。劳动者与用人单位在依法接触或终止劳动合同时，用人单位应同时一次性付清劳动者工资。用人单位依法破产时，应将劳动者的工资列入清偿顺序，首先支付。

（7）工资须直接支付

工资应当支付给劳动者本人，劳动者因故不能领取工资时，可由其亲属或委托他人代领。用人单位可委托银行代发工资。支付工资时，用人单位必须书面记录支付劳动者工资的数额、时间、领取者的姓名以及签字，并保存两年以上备查，应向劳动者提供一份其个人的工资清单。

3.工资的法律保障

（1）工资处理不受干涉

工资处理不受干涉指任何人不得限制和干涉雇员处理其工资的自由。雇主不得以任何方法要求甚至强迫雇员到雇主或其他任何人的商店购买商品，亦不得强迫工人接受雇主提供的劳务服务。任何限定工资使用地点和方式的协议都是非法的、无效的。

（2）禁止克扣和无故拖欠劳动者工资

第一，不得克扣和拖欠工资。任何组织和个人无正当理由不得克扣和拖欠劳动者的工资。克扣和拖欠劳动者工资是一种侵权行为。所谓克扣劳动者工资，是指在正常情况下，劳动者依法律或合同规定完成了生产工作任务，用人单位未能足额支付规定的报酬，或借故不全部支付劳动者工资。通常劳动者和用人单位在一个工资支付周期内会事先商定具体付薪时间，并形成制度，超过商定付薪时间未能支付工资就是拖欠工资。拖欠原因有的是用人单位生产经营困难，资金周转受到影响，暂时不能支付，有的则是故意延期支付。任何人不得直接或间接用武力、偷窃、恐吓、威胁、开除或其他任何方式,不经雇员同意,扣除其任何数量的工资,或引诱其放弃部分工资。雇员赊贷雇主的财务一般不得在工资项目中扣除,但以原价供给的生活品、房屋租金、取暖费,及为雇员利益而设定的储蓄互助金、统筹金等除外。

第二,扣除工资的限制。《工资支付暂行规定》第十六条规定,因劳动者本人原因给用人单位造成经济损失的,用人单位可按照劳动合同的约定要求其赔偿经济损失。经济损失的赔偿,可从劳动者本人的工资中扣除。但每月扣除的部分不得超过劳动者当月工资的20%。若扣除后的剩余工资部分低于当地月最低工资标准,则按最低工资标准支付。

第三,对代扣工资的限制。我国《工资支付暂行规定》对代扣工资也做了具体规定,用人单位不得克扣劳动者工资。有下列情况之一的,用人单位可以代扣劳动者工资:①用人单位代扣代缴的个人所得税;②用人单位代扣代缴的应由劳动者个人负担的各项社会保险费用;③法院判决、裁定中要求代扣的抚养费、赡养费;④法律、法规规定可以从劳动者工资中扣除的其他费用。

(3)特殊情况下的工资支付

特殊情况下的工资,是指依法或按协议在非正常情况下,由用人单位支付给劳动者的工资。

第一,履行国家和社会义务期间的工资。我国法律规定,劳动者在法定工作时间内依法参加社会活动期间,用人单位应视同其提供了正常劳动而支付工资。社会活动包括:依法行使选举权或被选举权;当选代表出席乡(镇)区以上政府、党派、工会、青年团、妇女联合会等组织召开的会议;出任人民法庭证明人;出席劳动模范、先进工作者大会;不脱产工会基层委员会因工会活动占用的生产或工作时间;其他依法参加的社会活动。

第二,年休假、探亲假、婚假、丧假工资。根据《中华人民共和国劳动法》及相关规定,劳动者依法享受年休假探亲假、婚丧假期间,用人单位应当按劳动合同规定的标准支付工资。

第三,延长工作时间的工资支付。根据《中华人民共和国劳动法》的规定,有下列情形之一的,用人单位应当按照下列标准支付高于劳动者正常工作时间工资的工资报酬:①安排劳动者延长工作时间的,支付不低于工资的百分之一百五十的工资报酬;②休息日安排劳动者工作又不能安排补休的,支付不低于工资的百分之二百的工资报酬;③法定休假日安排劳动者工作的,支付不低于工资的百分之三百的工资报酬。在实践中要正确使用加班工资的规定。

第四,停工期间的工资。根据《工资支付暂行规定》,非因劳动者原因造成单位停工、停产在一个工资支付周期内的,用人单位应按劳动合同规定的标准支付劳动者工资。超过一个工资支付周期的,若劳动者提供了正常劳动,则支付给劳动者的劳动报酬不得低于当地的最低工资标准;若劳动者没有提供正常劳动,应按国家有关规定办理。

(4)破产时工资的优先权

企业破产或司法清理时,劳动者对于企业破产或清理前应得的工资,享有优先清偿的权利。因为工资是劳动者以自己的劳动所获得的债款,所以比其他债款有优先受清偿的权利。根据《工资支付暂行规定》,用人单位依法破产时,劳动者有权获得其工资。在破产清理中,用人单位应按《中华人民共和国企业破产法》规定的清偿顺序,首先支付本单位劳动者的工资。

4.最低工资法

最低工资指劳动者在法定工作时间内提供了正常劳动的前提下,其所在企业应支付的最低劳动报酬。最低工资法是国家指定的最低工资标准的法律。国家通过立法制定最低工资标准,确保用人单位支付劳动者的工资不得低于最低工资标准。最低工资法的目的在于保证工资劳动者的最低收入,使其得以维持生活、改善劳动条件,有利于安定工人生活,提高劳动力素质,确保企业公平竞争,同时有助于社会经济发展。最低工资法本身具有救济、援助最低工资收入者的重要作用,同时对确保社会公正也十分必要。

(三)工作时间和加班时间

1.工作时间立法

工作时间是法律规定的,是劳动者每天工作的时数或每周工作的天数。

工作时间是最重要的劳动条件之一,工作时间制度是否优良,不仅影响劳动者工作权益的保障,也高度影响着企业的日常经营活动,甚至影响企业的竞争力。全球化时代的来临,高新技术的普遍应用以及知识经济的发展,对落实劳动者权益的保障提出了新的要求,工时制度弹性化的调整是国际发展潮流,也是主要发达国家工时制度的发展趋势。

2.工作时间法规

(1)标准工作日

标准工作日是国家统一规定的。我国的标准工作日为每日工作8小时,每周工作40小时。

(2)缩短工作日

缩短工作时间是指法律规定的少于标准工作日时数的工作日,即每天工作时数少于8小时或者每周工作时数少于40小时。我国实行缩短工作日的情况主要有:①从事矿山井下、高山、有毒有害、特别繁重体力劳动的劳动者;②夜班工作;③哺乳期工作的女职工。

(3)不定时工作日

不定时工作日是指没有固定工作时间限制的工作日,主要适用于因工作性质和工作职责限制,不能实行标准工作日的劳动者。主要包括:①企业的高级管理人员、外勤人员、推销人员、部分值班人员和其他工作无法按标准工作时间衡量的职工;②企业中的长途运输人员、出租汽车司机和铁路、港口、仓库的部分装卸人员以及因工作性质特殊,需机动作业的职工;③其他因生产特点、工作特殊需要或职责范围的关系,适合实行不定时工作制的职工。

实行不定时工作制,应履行审批手续。经批准实行不定时工作制的职工,不受劳动法规定的日延长工作时间和月延长工作时间标准的限制,其工作日长度超过标准工作日的,不算作延长工作时间,也不享受超时劳动的加班报酬,但企业可以安排适当补休。

(4)弹性工作时间

弹性工作时间是指在标准工作时间的基础上,每周的总工作时间不变,每天的工作时间在保证核心时间的前提下可以调节。弹性工作时间制度是20世纪60年代末从德国率先发展起来的,目前发达国家已普遍实行,我国在个别地区和行业开始试行。

(5)计件工作时间

计件工作时间是指以劳动者完成一定劳动定额为标准的工作时间。《中华人民共和国劳动法》规定,对实行计件工作的劳动者,用人单位应当根据标准工时制度合理地确定其劳动定额和计件报酬标准。实行计件工作的用人单位,必须以劳动者在一个标准工作日或一个标准工作周的工作时间内能够完成的计件数量为标准,合理地确定劳动者每日或每周的劳动定额。

3.加班加点

(1)加班加点的概念

加班加点,即延长劳动时间,是指劳动者的工作时数超过法律规定的标准工作时间。加班是指劳动者在法定节日或公休假日从事生产或工作。加点是指劳动者在标准工作日以外继续从事劳动或工作。为维护劳动者的身体健康和合法权益,国家法律法规严格限制加班加点。劳动法严格限制加班加点,规定了企业在生产需要的情况下,实施加班加点的条件、时间限度和补偿方式。

(2)加班加点的工资支付

用人单位安排劳动者延长工作时间,都应当支付高于劳动者正常工作时间的工资报酬。因为加班加点,劳动者增加了额外的工作量,付出了更多的劳动和消耗,这样规定,能够补偿劳动者的额外消耗,同时也能有效地抑制用人单位随意延长工作时间。

4.休息休假法规

休息休假,是指劳动者在国家规定的法定工作时间以外自行支配的时间。休息休假的规定是劳动者休息权的体现。根据相关法规规定,劳动者的休息时间主要有以下几种。

工作日内的间歇时间,即一个工作日内给予劳动者休息和就餐的时间。

两个工作日之间的休息时间,即一个工作日结束后至下一个工作日开始前的休息时间。

公休假日,即工作满一个工作周以后的休息时间。我国劳动者的公休假日为两天,一般安排在周六和周日。

法定休假日,即国家法律统一规定的用于开展庆祝、纪念活动的休息时间。

年休假,即法律规定的劳动者工作满一定年限后,每年享有的保留工作带薪连续休假。《中华人民共和国劳动法》第四十五条规定,国家实行带薪年休假制度。劳动者连续工作一年以上的,享受带薪年休假。

探亲假,即劳动者享有的探望与自己分居两地的配偶或父母的休息时间。

(四)工作场所的规则

1.劳动就业标准

第一,禁止歧视。《中华人民共和国劳动法》第十二条条明确规定,劳动者就业,不因民族、种族、性别、宗教信仰不同而受歧视。

第二,禁止强迫劳动。不得因政治见解、发展经济、劳动纪律、惩罚罢工、种族、民族宗教歧视等原因使用强迫劳动。

第三,禁止使用童工。

2.女工保护标准

根据妇女的生理特点,对妇女劳动者在劳动过程和劳动市场中实施特殊保护,是保证人类健康繁衍生存和劳动力再生产质量的大事。国际劳工组织先后制定了对女职工进行特殊保护的公约和建议书。我国也制定了一系列关于女职工特殊保护的法律、法规。

(1)就业权利的保障

妇女享有同男子平等的就业权利。凡适合妇女从事劳动的工作,不得以性别为由拒绝录用妇女或者提高对妇女的录用标准;不得以结婚、怀孕、产假、哺乳等为由辞退女职工或者单方面解除劳动合同;男女同工同酬,同等劳动应领取同等报酬,不得因女工怀孕、生育、哺乳而降低其基本工资。女职工生育期间,享受法律规定的产假和医疗待遇,产假期间应由所在单位照发工资。

(2)女职工禁忌从事的劳动

禁止女职工从事不利于身体健康的工作。《中华人民共和国劳动法》第五十九条规定,禁止安排女职工从事矿山井下、国家规定的第四级体力劳动强度的劳动和其他禁忌从事的劳动。

(3)四期保护

针对女职工生理机能的变化,相关法律法规对女职工的经期、孕期、产期和哺乳期对定了特殊保护。主要内容包括:①经期保护。不得安排女职工在经期从事高处、低温冷水作业和国家规定的第三级体力劳动强度的劳动。②孕期保护。不得安排女职工在怀孕期间从事国家规定的第三级体力劳动强度的劳动和孕期禁忌从事的劳动。对怀孕7个月以上的女职工，不得安排其延长工作时间和夜班劳动。③产期保护。女职工生育享受不少于90天的产假。难产的增加产假15天。多胞胎生育的，每多生育一个婴儿，增加产假15天。女职工怀孕流产的，也应给予一定时间的产假。④哺乳期保护。不得安排女职工在哺乳未满一周岁婴儿期间从事国家规定的第三级体力劳动强度的劳动和哺乳期禁忌从事的其他劳动，不得安排其延长工作时间和夜班劳动。对有不满一周岁婴儿的女职工，其所在单位应当在每班劳动时间内给予其两次哺乳(含人工喂养)时间。女职工每班劳动时间内的两次哺乳时间可以合并使用，哺乳时间和本单位内哺乳往返中的时间，算作劳动时间。

3.未成年工保护标准

未成年工，指年满16周岁、未满18周岁的劳动者。对未成年工，我国相关法律法规对未成年工的特殊保护做了专门规定，主要内容包括：①最低就业年龄的规定。禁止用人单位招用未满16周岁的未成年人，文艺、体育部门需招收未满16周岁的未成年人的，必须严格依照法律规定办理。②禁止未成年人从事有害健康的工作。不得安排未成年人从事矿山井下、有毒有害、国家规定的第四级体力劳动强度的劳动和其他禁忌从事的劳动。③定期体检。用人单位应当对未成年工定期进行健康检查。④实行登记制度。用人的范围招收使用未成年工，除符合一般用工要求外，还须向所在地的县以上劳动行政部门办理登记。

4.劳动安全和卫生

针对劳动过程中的不安全和不卫生因素，劳动法规定了劳动者有获得劳动安全卫生保护的权利，以保障劳动者在劳动过程中的安全和健康。国际劳工公约和建议书中涉及劳动安全卫生内容的约占一半左右。《中华人民共和国劳动法》对劳动安全卫生做了专章规定，其主要内容有以下几点。

(1)劳动安全卫生管理法规

为保障劳动者在劳动过程中的安全和健康，用人单位应根据国家有关规定，结合本单位实际制定有关安全卫生管理的制度。《中华人民共和国劳动法》第五十二条规定，用人单位必须建立、健全劳动安全卫生制度，严格执行国家劳动安全卫生规程和标准，对劳动者进行劳动安全卫生教育，防止劳动过程中的事故,减少职业危害。内容包括:①企业管理者、职能部门、技术人员和职工的安全生产责任制;②安全技术措施计划制度;③安全生产教育制度,用人单位必须对劳动者进行安全卫生教育,从事特种作业的劳动者必须经过专业培训并取得特种作业资格;④安全卫生检查制度;⑤安全卫生监察制度;⑥伤亡事故报告和处理制度。

(2)劳动安全技术规程

劳动安全技术规程,是防止和消除生产过程中的伤亡事故,保障劳动者生命安全和减轻繁重体力劳动强度,维护生产设备安全运行的法律规范。《中华人民共和国劳动法》第五十三条规定,劳动安全卫生设施必须符合国家规定的标准。新建、改建、扩建工程的劳动安全卫生设施必须与主体工程同时设计、同时施工、同时投入生产和使用。劳动安全技术规程的内容主要包括:①技术措施,如机器设备、电气设备动力锅炉的装置,厂房、矿山和道路建筑的安全技术措施;②组织措施,即安全技术管理机构的设置、人员的配置和训练,以及工作计划和制度。

(3)劳动卫生规程

劳动卫生规程,是防止有毒、有害物质的危害和防治职业病发生所采取的各种防护措施的规章制度。包括各种行业生产卫生、医疗预防、健康检查等技术和组织管理措施的规定。职业危害主要有:①生产过程中的危害,如高温噪声、粉尘、不正常的气压等;②生产管理中的危害,如过长的工作时间和过强的体力劳动等;③生产场所中的危害,如通风、取暖和照明灯。

(4)伤亡事故报告和处理制度

伤亡事故报告和处理制度是对劳动者在劳动过程中发生的伤亡事故进行统计、报告、调查、分析和处理的制度。《中华人民共和国劳动法》第五十七条规定,国家建立伤亡事故和职业病统计报告和处理制度。县级以上各级人民政府劳动行政部门、有关部门和用人单位应当依法对劳动者在劳动过程中发生的伤亡事故和劳动者的职业病状况,进行统计、报告和处理。

(5)劳动者的权利和义务

劳动者在劳动过程中必须遵守安全操作规程。劳动者对用人单位管理人员违章指挥、强令冒险作业,有权拒绝执行;对危害生命安全和身体健康的行为,有权提出批评、检举和控告。用人单位必须为劳动者提供符合国家规定的劳动安全卫生条件和必要的劳动防护用品,对从事有职业危害作业的劳动者应当定期进行健康检查。

三、劳动合同法

(一)劳动合同法概述

1.劳动合同的概念

劳动合同是劳动者与用人单位确立劳动关系,明确双方权利和义务的协议。《中华人民共和国劳动合同法》第十六条规定,建立劳动关系应当订立劳动合同。劳动合同是确立劳动关系的凭证,是建立劳动关系的法律形式,是维护双方合法权益的法律保障。根据劳动合同,劳动者加入企业、事业机关、团体等用人组织内,担任一定职务或从事某种工作,并遵守所在单位的内部劳动规则和制度;用人方按照劳动的数量和质量支付劳动报酬,依法提供劳动条件,保障劳动者依法享有劳动保护、社会保险等合法权利。

2.劳动合同的种类

劳动合同可以按照不同的标准进行划分。

(1)按照劳动合同的期限划分

《中华人民共和国劳动法》第二十条规定,劳动合同的期限分为有固定期限、无固定期限和以完成一定的工作为期限。劳动者在同一用人单位连续工作满十年以上,当事人双方同意续延劳动合同的,如果劳动者提出订立无固定期限的劳动合同,应当订立无固定期限的劳动合同。劳动合同的期限是企业根据生产、工作特点和需要,合理配置人力资源的手段,也是劳动者进行职业生涯设计、分期实现就业权的方式。固定期限的劳动合同,是指明确约定合同终止时间的合同。它可以是长期的,如5年或10年,也可以是短期的,如1年或3年。无固定期限的劳动合同,是为了保护劳动者职业的稳定和安全,防止企业只在劳动者"黄金年龄"阶段进行雇用。以完成一定工作为期限的劳动合同,指以完成某项工作或某项工程的日期作为合同终止日期的劳动合同。适用于建筑业、铁路交通和水利工程等。

（2）按照产生劳动合同的方式划分

按照产生劳动合同的方式，劳动合同可分为以下几种方式。

录用合同，指用人方通过面向社会公开招收、择优录用的方式所签订的劳动合同。

聘用合同，指聘用方与被聘用的劳动者之间签订的明确双方责、权、利的协议。一般用于聘请专家顾问和其他专门人才。

借调合同，指借调单位、被借调单位与借调人员之间确立借调关系，明确相互责任、权利和义务的协议。适用于借调单位为调剂余缺、互相协作而签订的劳动合同。借调合同应明确约定借调人员借用期间的工资、社会保险（包括工伤保险）及其他福利待遇，以避免产生争议。

（二）劳动合同的订立

1.订立劳动合同的原则

《中华人民共和国劳动法》第十七条规定，订立和变更劳动合同，应当遵循平等自愿、协商一致的原则，不得违反法律、行政法规的规定。劳动合同依法订立即具有法律约束力，当事人必须履行劳动合同规定的义务。订立劳动合同必须遵循的原则有以下几点。

（1）平等自愿，协商一致

所谓平等，指劳动合同双方当事人在签订劳动合同时的法律地位是平等的，不存在任何依附关系，任何一方不得歧视、欺压对方。只有在法律地位平等的基础上订立、变更劳动合同条款，才具有协商的前提条件。所谓自愿，指劳动合同双方当事人应完全出于自己的意愿签订劳动合同。凡事采取强迫、欺诈威胁或乘人之危等手段，把自己的意志强加于对方，或者所订条款与双方当事人的真实意愿不一致，都不符合自愿原则。

（2）依法订立

依法订立，指订立劳动合同不得违反法律、法规的规定。这是劳动合同有效并受法律保护的前提条件，也是把劳动关系纳入法制轨道的根本途径。依法订立包括：①主体合法。订立劳动合同的双方当事人必须具备法律、法规规定的主体资格，劳动者这一方必须达到法定劳动年龄，具有劳动权利能力和劳动行为能力；用人方必须具备承担合同义务的能力。②目的和内容合法。劳动合同所设定的权利义务、合同条款必须符合法律、法规，不得以合法形式掩盖非法意图和违法行为。订立劳动合同，用人单位不得以任何形式收取抵押金、抵押物、保证金、定金及其他费用,也不得扣押劳动者的身份证及其他证明。实践中,要特别注意劳动合同附件、企业内部规则不得与法律法规相抵触。③程序合法。订立劳动合同要遵循法定的程序和步骤,要约和承诺要符合法律规定的要求。一些地方法规具体规定了双方订立劳动合同的知情权,即用人单位应当如实向劳动者说明岗位用人要求、工作内容、工作时间、劳动报酬、劳动条件、社会保险等情况;劳动者有权了解用人单位的有关情况,并应当如实向用人单位提供本人的身份证、学历、就业状况、工作经历、职业技能等证明。④形式合法。劳动合同有书面形式和口头形式,我国法律规定,劳动合同应采用书面形式。劳动合同一式两份,双方当事人各执一份。

2.订立劳动合同的程序

劳动者和用人方在签订劳动合同时,应遵循一定的手续和步骤。签订劳动合同的程序一般为以下几点。

(1)提议

在签订劳动合同前,劳动者或用人方提出签订劳动合同的建议,称为要约,如用人方通过招工简章、广告、电台等渠道提出招聘要求,另一方接受建议并表示完全同意,称为承诺。一般由用人方提出和起草合同草案,提供协商的文本。

(2)协商

双方对签订劳动合同的内容进行认真磋商,包括工作任务、劳动报酬、劳动条件、内部规章、合同期限、保险福利待遇等。协商的内容必须做到明示、清楚、具体、可行,充分表达双方的意愿和要求,经过讨论、研究,相互让步,最后达成一致意见。要约方的要约经过双方反复提出不同意见,最后在新要约的基础上表示新的承诺。在双方协商一致后,协商即告结束。

(3)签约

在认真审阅合同文书,确认没有分歧后,用人单位的法定代表人(负责人)或者其书面委托的代理人代表用人单位与劳动者签订劳动合同。劳动合同由双方分别签字或者盖章,并加盖用人单位印章。订立劳动合同可以约定生效时间。没有约定的,以当事人签字或盖章的时间为生效时间。当事人签字或者盖章时间不一致的,以最后一方签字或者盖章的时间为准。

3.无效劳动合同确认

无效劳动合同,是指劳动者与用人方订立的违反劳动法律、法规的协议。无效劳动合同从订立时起就不具有法律效力,不受法律保护。无效劳动合同主要有:①以欺诈胁迫的手段或者乘人之危,使对方在违背真实意思的情况下订立或者变更劳动合同的。②用人单位免除自己的法定责任、排除劳动者权利的。③违反法律行政法规强制性规定的。

4.劳动合同的内容和条款

劳动合同应当具备以下条款:①用人单位的名称、住所和法定代表人或者主要负责人。②劳动者的姓名、住址和居民身份证或者其他有效身份证件号码。③劳动合同期限。④工作内容和工作地点。⑤工作时间和休息休假。⑥劳动报酬。⑦社会保险。⑧劳动保护、劳动条件和职业危害防护。⑨法律、法规规定应当纳入劳动合同的其他事项。

劳动合同除前款规定的必备条款外,用人单位与劳动者可以约定试用期、培训、保守秘密、补充保险和福利待遇等其他事项。

(三)劳动合同的履行和变更

劳动合同的变更,指劳动合同在履行过程中,经双方协商一致,对合同条款进行的修改或补充,具体包括工作内容、工作地点、工资福利的变更等。劳动合同的变更,其实质是双方的权利、义务发生改变。合同变更的前提是双方原已存在着合法的合同关系,变更的原因是客观情况发生变化,变更的目的是继续履行合同。

劳动合同的变更一般限于内容的变更,不包括主体的变更。劳动合同依法订立后,即产生相应的法律效力,对合同当事人具有法律约束力。当事人应当按照约定履行自己的义务,不得擅自变更合同。但这并不意味着当事人就没有在合同生效后,变更相应权利义务的途径。恰恰相反,当事人既可以经自由的协商变更合同,也可以在约定或法定的条件满足时,行使合同的变更权。劳动合同的变更,要遵循平等自愿、协商一致的原则,任何一方不得将自己的意志强加给对方。

1.变更条件

订立劳动合同时所依据的法律、法规、规章发生变化的,应当依法变更劳动合同的相关内容。订立劳动合同时所依据的客观情况发生重大变化,致使劳动合同无法履行,当事人一方要求变更其相关内容的,如企业转产、调整生产任务;劳动者部分丧失劳动能力或身体健康状况发生变化而引起的合同变更等。

用人单位发生合并或者分立等情况,原劳动合同继续有效,劳动合同由继承权利义务的用人单位继续履行。用人单位变更名称的,应当变更劳动合同的用人单位名称。

2.变更程序

劳动合同当事人一方要求变更劳动合同相关内容的,应当将变更要求以书面形式送交另一方,另一方应当在15日内答复,逾期不答复的,视为不同意变更劳动合同。具体做法:①提出要求。向对方提出变更合同的要求和理由。②做出答复。在规定的期限内给予答复,同意、不同意或提议再协商。③签订协议。在变更协议上签字盖章后即生效。

(四)劳动合同的解除和终止

用人单位与劳动者协商一致,可以解除劳动合同。劳动者提前三十日以书面形式通知用人单位,可以解除劳动合同。劳动者在试用期内提前三日通知用人单位,可以解除劳动合同。用人单位有下列情形之一的,劳动者可以解除劳动合同:①未按照劳动合同约定提供劳动保护或者劳动条件的。②未及时足额支付劳动报酬的。③未依法为劳动者缴纳社会保险费的。④用人单位的规章制度违反法律、法规的规定,损害劳动者权益的。⑤因《中华人民共和国劳动合同法》第二十六条第一款规定的情形致使劳动合同无效的。⑥法律、行政法规规定劳动者可以解除劳动合同的其他情形。

用人单位以暴力、威胁或者非法限制人身自由的手段强迫劳动者劳动的,或者用人单位违章指挥、强令冒险作业危及劳动者人身安全的,劳动者可以立即解除劳动合同,不需事先告知用人单位。劳动者有下列情形之一的,用人单位可以解除劳动合同:①在试用期间被证明不符合录用条件的。②严重违反用人单位的规章制度的。③严重失职,营私舞弊,给用人单位造成重大损害的。④劳动者同时与其他用人单位建立劳动关系,对完成本单位的工作任务造成严重影响,或者经用人单位提出,拒不改正的。⑤因《中华人民共和国劳动合同法》第二十六条第一款第一项规定的情形致使劳动合同无效的。⑥被依法追究刑事责任的。

有下列情形之一的,用人单位提前三十日以书面形式通知劳动者本人或者额外支付劳动者一个月工资后,可以解除劳动合同:①劳动者患病或者非因工负伤,在规定的医疗期满后不能从事原工作,也不能从事由用人单位另行安排的工作的。②劳动者不能胜任工作,经过培训或者调整工作岗位,仍不能胜任工作的。③劳动合同订立时所依据的客观情况发生重大变化,致使劳动合同无法履行,经用人单位与劳动者协商,未能就变更劳动合同内容达成协议的。

有下列情形之一,需要裁减人员二十人以上或者裁减不够二十人但占企业职工总数百分之十以上的,用人单位提前三十日向工会或者全体职工说明情况,听取工会或者职工的意见后,裁减人员方案经向劳动行政部门报告,可以裁减人员:①依照企业破产法规定进行重整的。②生产经营发生严重困难的。③企业转产、重大技术革新或者经营方式调整,经变更劳动合同后,仍需裁减人员的。④其他因劳动合同订立时所依据的客观经济情况发生重大变化,致使劳动合同无法履行的。

裁减人员时,应当优先留用下列人员:①与本单位订立较长期限的固定期限劳动合同的。②与本单位订立无固定期限劳动合同的。③家庭无其他就业人员,有需要扶养的老人或者未成年人的。

用人单位单方解除劳动合同,应当事先将理由通知工会。用人单位违反法律、行政法规规定或者劳动合同约定的,工会有权要求用人单位纠正。用人单位应当研究工会的意见,并将处理结果书面通知工会。

有下列情形之一的,劳动合同终止:①劳动合同期满的。②劳动者开始依法享受基本养老保险待遇的。③劳动者死亡,或者被人民法院宣告死亡或者宣告失踪的。④用人单位被依法宣告破产的。⑤用人单位被吊销营业执照、责令关闭、撤销或者用人单位决定提前解散的。⑥法律、行政法规规定的其他情形。

有下列情形之一的,用人单位应当向劳动者支付经济补偿:①劳动者依照《中华人民共和国劳动合同法》第三十八条规定解除劳动合同的。②用人单位依照《中华人民共和国劳动合同法》第三十六条规定向劳动者提出解除劳动合同并与劳动者协商一致解除劳动合同的。③用人单位依照《中华人民共和国劳动合同法》第四十条规定解除劳动合同的。④用人单位依照《中华人民共和国劳动合同法》第四十一条第一款规定解除劳动合同的。⑤除用人单位维持或者提高劳动合同约定条件续订劳动合同,劳动者不同意续订的情形外,依照《中华人民共和国劳动合同法》第四十四条第一项规定终止固定期限劳动合同的。⑥法律、行政法规规定的其他情形,经济补偿按劳动者在本单位工作的年限,每满一年支付一个月工资的标准向劳动者支付;六个月以上不满一年的,按一年计算;不满六个月的,向劳动者支付半个月工资的经济补偿。

劳动者月工资高于用人单位所在直辖市、设区的市级人民政府公布的本地区上年度职工月平均工资三倍的,向其支付经济补偿的标准按职工月平均工资三倍的数额支付,向其支付经济补偿的年限最高不超过十二年。《中华人民共和国劳动合同法》中的月工资是指劳动者在劳动合同解除或者终止前十二个月的平均工资。

用人单位违反《中华人民共和国劳动合同法》规定解除或者终止劳动合同,劳动者要求继续履行劳动合同的,用人单位应当继续履行;劳动者不要求继续履行劳动合同或者劳动合同已经不能继续履行的,用人单位应当依照《中华人民共和国劳动合同法》第八十七条规定支付赔偿金。用人单位对已经解除或者终止的劳动合同的文本,至少保存两年备查。

第二节　劳动关系的调整形式

一、劳动者的组织

当劳动者与用人单位之间存在利益冲突时,与任何冲突一样,其结果通常有利于拥有更大影响力(权力)的一方。在劳动者与用人单位之间,劳动者显然在绝大多数情况下都处于弱势地位。因此,劳动者为保护自己的利益,必须团结起来,以集体的力量同用人单位讨价还价,保护自身利益。

在劳动关系的发展历史上,工会一直是劳动者组织的主要形式。例如,在国际上曾经享有盛誉的劳联—产联,被称为是工会组织的代名词。19世纪中期至20世纪后期,工会不仅在一定程度上帮助劳动者保护了自身权益,也推动了整个社会的转型。工会的兴衰,也反映了整个社会发展的趋势。总而言之,当整个社会倾向于盲目地追求经济利益,激烈地竞争;资方在政治上的发言权倾向于扩大的时候,工会就会经历困难时期。相反,在整个社会风气都在强调人的权利,强调草根阶层的权益应该受到保护,社会风气倾向于限制资方的特权和资本触角的无限膨胀时,工会或者其他劳动者的组织会得到更多的社会支持。近年来,国际社会在整体上向右倾斜,工会的艰难岁月正是这种社会倾向的反映。

在我国,全民所有制企业的劳动者还组织成职工代表大会。作为全民所有制企业重要的机构之一,职代会在这类企业的管理中具有非常重要的作用。本节将简单介绍工会和职代会的基本情况。

(一)工会

在市场经济条件下,劳动者完全处在劳动力市场之中。劳动者寻求工作的形势与劳动力市场的供求状况有很大关系。一般而言,在经济快速增长,劳动力相对短缺的情况下,劳动力市场对雇员是有利的。然而,在多数情况下,雇主具有控制雇用人数的优势以及抵挡来自个人压力的经济实力,并且对劳动力市场有更好的了解。因此,从讨价还价方面来说,雇主的优势大于雇员。企业在对它本身有利的情况下会对雇用条件做出调整。雇员用来抵消资方讨价还价的力量来自雇员联合的产物——工会。[①]

在讨价还价中,工会的作用是代表劳动者的利益,平衡雇主的经济实力。为了维护劳动者的利益,工会还扮演更为复杂的角色,在公众、政府机构和政党中寻求同情,因此,工会具有一定的政治特性。工会的核心作用是使劳动者联合起来与资方进行集体谈判。

在多数国家,工会的发展都经历过明显的波峰与波谷,其理念和措施也大相径庭。有的工会完全将工作重点集中在与资方斗争来争取劳动待遇和条件上面,他们的目标被称为"面包与黄油"。当然,也有工会将其目标扩展到社会变革方面。例如,19世纪后期兴起的"劳动者骑士团"(Knights of Labor)就对政治改革非常感兴趣。从工会的成员人数上看,工会的发展有很大的变化。美国各种工会的会员总数,在20世纪70年代达到2000万人以上,但如今已远远低于这个数字了。

在我国,2001年10月27日修订的《中华人民共和国工会法》规定,工会要组织职工参与本单位的民主决策、民主管理和民主监督;维护职工合法权益是工会的基本职责。工会应关心职工的生活,帮助职工解决困难;

①邓颖.劳动者分层保护模式的探究[D].南昌:江西财经大学,2017.

教育职工不断提高思想道德、技术业务和科学文化素质。由此可见,工会在我国的职能非常多。

工会是职工自愿组成的工人阶级群众组织。修订后的工会法明确规定,在中国境内的企业、事业单位、机关社会组织中以工资收入为主要生活来源的劳动者,不分民族、种族、性别、职业、宗教信仰、教育程度,都有依法参加和组织工会的权利。任何组织和个人不得阻挠和限制。工会法明确了工会的职权,特别是在维护职工合法权益方面。例如,用人单位单方面解除职工劳动合同时,应当事先通知工会解除合同的理由,工会认为用人单位违反了法律、法规和有关合同,要求重新研究处理时,用人单位应当研究工会的意见,并将处理结果书面通知工会。工会发现企业违章指挥、强令工人冒险作业,或者在生产过程中发现明显重大事故隐患和职业危害时,有权提出解决的建议,企业应当及时研究答复;发现危及职工生命安全的情况时,工会有权向企业建议组织职工撤离危险现场,企业必须及时做出处理决定。

工会法为工会工作提供了法律保障。例如,上级工会可以派相关人员帮助和指导企业职工组建工会,任何单位和个人不得阻挠。只要个人没有严重过失,尚未达到法定退休年龄,基层工会专职主席、副主席或者委员自任职之日起,其劳动合同期限自动延长,延长期限相当于其任职期;非专职主席、副主席或者委员自任职之日起,其尚未履行的劳动合同期限短于任期的,劳动合同期限自动延长至任期期满。

在社会发展的不同阶段,工会以及其他的劳动者组织的作用及其对于企业管理、社会发展的影响也是不同的。在一些发达国家,工会的力量过于强大,阻碍了经济的发展、企业的进步,并最终影响了工人自身的福祉。例如,美国的汽车工人联合会因为具有非常强大的力量,参加工会的工人的待遇远远高于没有参加工会的工人和其他国家的工人,导致汽车企业陷入诸多困境,不仅造成了其所在企业的危机,也引起了公众的不满。2010年,希腊等国家的工会组织的大罢工,也被很多人批评为不切实际地片面追求过分的福利与保护,忽视了国家和企业的竞争力。

在中国,从总体上来说,工会的力量尚不够强大,在保护工人福祉方面还有诸多不足。但在法律、法规以及舆论越来越重视劳动者保护的大背景下,有些劳动者抱着"不闹白不闹"的态度,抓住企业的某些不合理的措施漫天要价,给企业发展造成过高的代价甚至困境,最终造成"双输"的局面。这种情况需要双方在实践中以更智慧的方式逐步解决。

(二)职工代表大会

职工代表大会(以下简称"职代会")制度是公有制企业中职工实行民主管理的基本形式,是职工通过民主选举,组成职代会,在企业内部行使民主管理权力的一种制度。实行职代会制度是我国国有企业的另一特点。国务院于1986年9月15日发布的《全民所有制工业企业职工代表大会条例》是实行职工代表大会制度的法律依据。按照该条例规定,职代会具有五项职权。

定期听取厂长的工作报告,审议企业的经营方针、长远计划和年度计划、重大技术改造和技术引进计划、职工培训计划、财务预决算、自有资金分配和使用方案,提出意见和建议,并就上述方案的实施做出决议。

审议通过厂长提出的企业的经济责任制方案、工资调整计划、奖金分配方案、劳动保护措施方案、奖惩办法以及其他重要的规章制度。

审议决定职工福利基金使用方案、职工住宅分配方案和其他有关职工生活福利的重大事项。

评议、监督企业各级领导干部,并提出奖惩和任免的建议。对卓有工作成绩的干部,可以建议给予奖励,包括晋级、提职。对不称职的干部,可以建议免职或降职。对工作不负责任或者以权谋私,造成严重后果的干部,可以建议给予处分,直至撤职。

主管机关任命或者免除企业行政领导人员的职务时,必须充分考虑职代会的意见。职代会根据主管机关的部署,可以民主推荐厂长人选,也可以民主选举厂长,报主管机关审批。

在实际操作中,我国在工会、职代会的工作发展、相关法律执行方面仍旧存在很多问题。在国有企业,工会、职代会通常成为摆设,工会干部由企业管理层担任,并非由员工选举产生,其职能侧重在访贫问苦而非维护职工核心权益;职代会会议通常流于形式。这一方面反映了管理层漠视员工的权利;另一方面反映了国企员工缺乏流动性,不敢维护自己的权利。而在一些私企,企业主设法阻止员工组织工会,工会干部在企业受到排挤,也反映出相关法规在执行中的困境。

二、劳动保护

（一）劳动保护的任务

劳动保护是指为了保护劳动者在劳动过程中的安全和健康所采取的各种技术措施和组织措施的总称。经济发展需要人力，广大劳动者在劳动过程中不可避免地要承受劳累，这是创造社会财富、个人收入和个人社会价值的必然代价。然而，经济和社会发展的根本目标，是提高广大人民的物质文化生活水平，以牺牲劳动者健康甚至生命为代价的经济发展，不仅无法为社会进步提供动力，反而构成了社会混乱和退化的重要因素。

生命、健康、安全是人最基本的需要，劳动保护就是为满足劳动者这些最基本的需要而采取的措施，因此，它是提高劳动者工作生活质量的基础，是提高劳动者劳动积极性的先决条件。在经济发展与社会整体进步的大环境下，世界各国在劳动者保护方面都取得了很大的进展。劳动保护，作为人力资源管理中必要的和有效的措施，正在得到越来越多的重视。

劳动保护的主要任务有以下几方面。第一，保证安全生产。采取各种有效措施，减少和消除劳动中的不安全、不卫生因素，改善职工的劳动条件，满足其安全需要。第二，实现劳逸结合。采取各种必要措施，使职工有劳有逸，有张有弛，既要紧张地生产、工作和学习，又要保证劳动者的休息和娱乐。这是劳动力维持再生产的需要，也是提高职工生活质量的需要。第三，实行女工保护。女职工由于其生理特点，受毒敏感性和患病率都比男职工高，特别是在经、孕、产、哺期，女职工的受毒敏感性和患病率比平时更高，而且女职工的健康关系到下一代的人口素质。因此，保护女职工的健康十分重要。第四，组织工伤救护。用人单位要保证劳动者一旦发生工伤事故，能立即得到良好的治疗。第五，做好职业中毒和职业病的预防和救治工作。

（二）《中华人民共和国安全生产法》关于劳动保护的规定

按照这部法律，安全生产管理应坚持安全第一、预防为主的方针。生产经营单位必须遵守相关法律、法规，加强安全生产管理，建立、健全安全生产责任制度，完善安全生产条件，确保安全生产。安全生产法明确了生产经营单位在安全生产方面的义务以及从业人员的权利。例如，从业人员有权对本单位安全生产工作中存在的问题提出批评、检举、控告；有权拒绝违章指挥和强令冒险作业。生产经营单位不得因从业人员对本单位安全生产工作提出批评、检举、控告或者拒绝违章指挥、强令冒险作业而降低其工资、福利等待遇或者解除与其订立的劳动合同。从业人员发现直接危及人身安全的紧急情况时,有权停止作业或者在采取可能的应急措施后撤离作业场所。生产经营单位不得因从业人员在紧急情况下停止作业或者采取紧急撤离措施而降低其工资、福利等待遇或者解除与其订立的劳动合同。

（三）影响劳动保护的因素

在世界范围内,工伤事故和职业病每年造成大约200万人遭遇不幸。国际劳工局在2002年发布的报告中称,只要各国采取良好的保护措施,80%的工伤事故都是可以避免的。为了更好地避免工伤与职业病的危害,我们需要了解它们发生的原因,帮助组织的管理者采取更好地措施避免相应事故的发生。美国管理学家伊万瑟维奇将这些原因分成以下六个方面。

影响劳动保护的最主要因素是工作的性质。例如,煤矿工人受到职业侵害的危险远远高于打字员,因为他们的工作使他们经常要吸入粉尘;操作X光透视设备的技术人员,患癌症的概率远远大于一名小学老师。

影响劳动保护的第二个因素是员工的态度。广大员工在实际工作过程中处于操作的第一线,他们对待劳动保护的态度决定了他们采取的相应措施。如果员工自身对劳动保护漠不关心,或者说抱着一种侥幸心理,觉得自己身体好,不会受影响,那么再好的劳动保护措施也无法发挥作用。很多未受过良好教育和培训的员工对劳动保护认识不足,也是劳动保护问题发生的根源。

影响劳动保护的第三个因素是经济条件。在发达国家,组织与员工都愿意向劳动保护投入更大的财力,相应地,工伤与职业病的发生概率比发展中国家低得多。

影响劳动保护的第四个因素是工会。美国很多企业的工会聘请职业病专家对劳动条件进行评估,以科学的结论同雇主进行谈判,或者利用这些结论在解决劳动纠纷时获得支持;工会还聘请说客来影响政府的立法和决策。

影响劳动保护的第五个因素是管理者的目标。有些富有社会责任感的管理者会主动提供良好的劳动条件,保证劳动者不受到工伤或职业病的威胁,即使法律没有强制要求企业那样做;有些企业一直拿员工的健康和生命来冒险,为的是财务报表上更光鲜的数字和自己口袋里沉甸甸的铜板。

影响劳动保护的第六个因素是政府。各国政府都应采取立法措施,改善职业安全和健康条件。在这中间,公众舆论会发挥十分重要的作用。例如,20世纪70年代以前,在美国公众中充斥着对私营企业的不信任,美国公众认为私营企业在劳动保护方面根本没有尽力,很多任务会和基层劳动者游说国会,最终迫使国会通过了《职业安全与健康法案》,使劳动保护的情况得到了极大的改善。

（四）中国劳动保护存在的问题

在劳动保护方面,我国企业当前面临的问题主要是不够重视。很多企业在劳动保护方面存在严重的问题。据不完全统计,全国有50多万个厂矿存在不同程度的职业危害情况,实际接触粉尘、毒物和噪声等职业危害的职工有2500万人以上。自从我国在20世纪50年代建立职业病报告制度以来,中国内地累计有14万多人逝于职业尘肺病。

人的生命无比宝贵。保护劳动者不受工伤和职业病的危害,是广大劳动者非常关心的问题。鉴于我国安全生产形势的严峻性,很多机构都对我国劳动保护存在的问题进行了研究。相关研究结果表明,我国劳动保护存在的主要问题有以下几方面。

一些地方官员不能摆正安全生产与发展经济的关系,片面追求经济利益,放松对安全生产的监管,致使一些企业在不具备安全生产条件的情况下组织生产,导致生产事故频发。

一些企业安全生产基础工作薄弱,安全生产投入不足,安全防范措施不到位,事故隐患多,以致酿成事故。

一些企业安全培训工作不到位,安全生产管理制度不健全、不落实,违章指挥、违章作业现象严重。

一些煤矿企业在煤炭市场形势好转的情况下,盲目追求产量,忽视安全,导致事故发生。非煤矿山种类繁多、分布广、规模小、户数多、基础差,尤其是一些小型非煤矿山企业无证开采、非法经营、不顾安全,致使事故频发。

切实保护劳动者的合法权益,特别是生命和健康。这不仅是一个社会问题,更是一个企业管理问题。作为企业的所有者和经营者,如果目标是为了企业的长远发展,那么就必须要切实保护好员工的安全和健康。当然,随着社会、经济的发展,国家的法律、法规会逐步完善,法律的执行将更加科学严格,劳动者的自我保护意识也会逐渐增强,从而推动劳动保护情况的改善。

第三节 劳动合同

国家为了保护劳动者的合法权益,调整劳动关系,建立和维护适应社会主义市场经济的劳动制度,促进经济发展和社会进步,于1995年1月1日起开始实施《中华人民共和国劳动法》(以下简称《劳动法》)。各企业与职工签订了不同期限的劳动合同,实行全员劳动合同制。如何建立和完善科学的企业劳动合同管理机制,使劳动合同的管理落到实处,让签订的劳动合同真正起到作用,是各企业的一项重要工作,它有利于劳动合同制度的正常运行,可有效发挥劳动合同制度的激励机制作用,从而达到调动职工积极性,促进企业深化改革,提高企业经济效益的目的。

一、劳动合同的含义

劳动合同是劳动者与用人单位确立劳动关系、明确双方权利义务的协议。订立劳动合同的目的是在劳动者和用人单位之间建立劳动法律关系,规定劳动合同双方当事人的权利和义务。按照《劳动法》规定,订立劳动合同应当采取书面形式。劳动合同的条款分为法定条款和协商条款。法定条款是指法律、法规规定必须协商约定的条款;协商条款是根据工作岗位的不同特点以及合同双方当事人各自的具体情况,由双方选择约定的具体条款。

二、专项协议的含义

专项协议是劳动关系当事人为明确劳动关系中特定权利义务,在平等自愿、协商一致的基础上所达成的契约。

专项协议可以在订立劳动合同的同时协商确定,通常包括服务期限协议、培训协议、保守企业商业秘密协议、竞业禁止协议、补充保险协议、岗位协议书、聘任协议书等；也可以在劳动合同的履行期间因满足主客观情况变化的需要而订立。通常适用于企业劳动制度改革过程中，因为劳动制度的变化、结构调整、企业拖欠劳动者工资、应报销的医疗费或其他债务以及因企业或劳动者个人原因离岗或下岗而签订的有关社会保险费缴纳、下岗津贴等内容的专项协议书。此种专项协议书约定在特定条件下，用人单位和劳动者的权利义务，此时，劳动合同中约定的权利义务暂时中止执行。[①]

劳动关系当事人的部分权利义务可以以专项协议的形式规定。如果专项协议在订立劳动合同时订立，应在劳动合同的附件中注明，以保证其法律效力。如果在劳动合同的履行期间订立，必须要保证与劳动合同的一致性；当出现矛盾时，应及时变更劳动合同的相关内容。

三、事实劳动关系

事实劳动关系是指用人单位与劳动者之间没有签订劳动合同，但劳动者在事实上为用人单位提供有偿劳动的一种劳动关系。

用人单位故意拖延不订立劳动合同，对劳动者造成损害的，应赔偿劳动者损失，赔偿范围包括劳动者工资收入损失、劳动保护待遇损失和工伤医疗待遇损失等。

新劳动合同法施行后，不允许事实劳动关系的存在，用人单位不和劳动者签订书面劳动合同应承担相应责任。

四、劳动合同的特点

（一）劳动合同的主体具有特定性

劳动合同主体的一方是自然人，即劳动者；另一方是法人或非法人经济组织，即用人单位。作为劳动合同主体的劳动者必须年满16周岁以上，有就业要求，具有劳动行为能力的人；用人单位包括企业、个体经济组织以及和劳动者建立劳动合同关系的国家机关、事业组织、社会团体等录用员工的单位。

①王德才，陈维政. 人力资源管理系统与企业绩效关系研究[J]. 西南石油大学学报（社会科学版），2010(03)：74-78.

（二）由于劳动法律关系是双务关系,故劳动合同属于双务合同

劳动合同主体既是权利主体,又是义务主体,任何一方在自己未履行义务的条件下,无权要求对方履行义务。

（三）劳动合同当事人的法律地位

劳动合同当事人的法律地位平等,但在组织管理上具有隶属关系。

（四）劳动合同属于法定要式合同

要式合同是指必须具备特定的形式或履行一定手续方具有法律效力的合同;要式合同由法律直接规定的则是法定要式合同。根据《劳动法》的规定,劳动合同应当以书面形式订立,劳动合同必须具备法定条款等。上述法律规定使劳动合同成为法定要式合同。

五、劳动合同的内容

劳动合同的内容是当事人双方经过平等协商所达成的关于权利义务的条款,包括法定条款和约定条款。企业为招聘员工、协商相互之间的权利义务而提供的劳动合同文本必须依法具备法定条款。

（一）法定条款

法定条款是依据法律规定劳动合同双方当事人必须遵守的条款,劳动合同应当具备的法定条款包括以下内容:①用人单位的名称、住所和法定代表人或者主要负责人。②劳动者的姓名、住址和居民身份证或者其他有效身份证件号码。③劳动合同期限。④工作内容和工作地点。工作内容是劳动者应当为用人单位提供的劳动,即承担何种工作或职务,包括工种和岗位、工作地点和场所。关于工作的数量、质量标准,若不宜具体规定,做出原则性规定即可。⑤工作时间和休息休假。⑥劳动薪酬。⑦社会保险。社会保险是国家通过立法建立的、对符合法定条件的劳动者在其生育、养老、疾病、死亡、伤残、失业以及发生其他生活困难时,给予物质帮助的制度。本项条款应明确双方当事人各自的社会保险缴费项目、缴费标准和缴费办法等。⑧劳动保护、劳动条件和职业危害保护。⑨法律、法规规定应当纳入劳动合同的其他事项。

劳动合同期限是劳动合同规定的双方当事人权利义务的有效时间。劳动合同期限分为三种:①固定期限的劳动合同。此种劳动合同在当事人订立劳动合同时明确约定合同生效和终止的时间,也称定期劳动合

同。②无固定期限的劳动合同。此种合同是没有明确约定合同终止日期的劳动合同。在正常履行劳动合同的情况下,劳动者可以一直工作到退休。③以完成一定工作为期限的劳动合同。此种合同是一种特殊的定期劳动合同,双方当事人把完成某项工作或工程作为劳动合同的存续期限,约定工作或工程完成后合同就可以终止。

劳动薪酬的含义:劳动薪酬是用人单位根据劳动者劳动的数量和质量,以货币形式支付给劳动者的工资。

劳动薪酬条款的内容:此项条款应明确员工适用的工资制度,工资支付标准、支付时间、支付周期、工资计算办法,奖金津贴获得条件和标准;如有必要,还可以明确加班加点工资的计算办法、支付时间以及下岗待工期间的工资待遇等。工资标准不得低于当地最低工资标准,同时也不得低于本单位集体合同规定的最低工资标准。

（二）约定条款

1.试用期限

试用期是劳动者和用人单位为相互了解、选择而约定的考察期。依据新《劳动合同法》的规定:劳动合同期限不满3个月的,不得约定试用期;劳动合同期限3个月以上不满1年的,试用期不得超过1个月;劳动合同期限1年以上不满3年的,试用期不得超过2个月;3年以上固定期限和无固定期限的劳动合同,试用期不得超过6个月。试用期包含在劳动合同期限内。

2.保守商业秘密条款

我国《劳动法》第23条,用人单位与劳动者可以在劳动合同中约定保守用人单位的商业秘密和与知识产权相关的保密事项。商业秘密是指不为公众所熟悉,能为用人单位带来经济利益,具有实用性并经用人单位采取保密措施的技术信息和经营信息。

3.保密事项

劳动过程涉及用人单位的商业秘密的,当事人应当对有关保密事项加以明确规定,使之成为劳动者履行劳动合同的一项基本义务。

4.补充保险和福利待遇

根据法律、法规的有关规定和企业的经营发展战略以及企业效益,选择协商确定补充养老、医疗等保险和适应企业特点的福利待遇。

5.变更、解除合同

劳动合同当事人可以在法定变更、解除条件之外约定变更、解除条件，待条件成熟时，即发生变更、解除合同的效力。

6.当事人协商约定的其他事项

这部分内容只要不违反国家法律和行政法规的规定，一经双方商定，均为合法有效而对当事人具有法律约束力。

六、劳动合同的履行

劳动合同的履行是指合同当事人双方履行劳动合同所规定义务的法律行为，即劳动者与用人单位按照劳动合同的要求，共同实现劳动过程和各自合法权益。劳动合同依法订立就必须履行，这既是《劳动法》赋予合同当事人双方的义务，也是劳动合同对当事人双方具有法律约束力的主要表现。

劳动合同的履行包括完全履行、不完全履行、延迟履行、不履行。具体内容为：①完全履行是指劳动合同当事人双方按照劳动合同约定的标的及其数量、种类、质量、时间、地点、方式等，全面完成自己所承担的全部义务。②不完全履行是指当事人只履行了合同规定的一部分内容，或当事人履行了合同义务，但是履行不符合合同约定的条件。③延迟履行是指劳动合同义务履行期已到，而合同的当事人却没有能按约定的时间履行义务。④不履行是指合同到了履行期，一方当事人有能力履行而故意不履行。

七、劳动合同订立的原则

（一）平等原则

平等原则是指劳动者和用人单位在法律上处于平等地位，平等地决定是否缔约、平等地决定合同的内容，这不仅是民法的基本原则，也是指导劳动合同的基本原则。

（二）自愿原则

当事人地位的平等性要求双方对劳动合同的订立不享有任何特权，当事人签订合同只能出自其内心意愿，用人单位和其他任何机关、团体和个人都无权强迫劳动者签订劳动合同；同理，用人单位也有权拒绝任何单位和个人在超出法律规定的情况下订立劳动合同的要求。

（三）协商一致原则

协商一致原则要求双方当事人就劳动合同的条款达成一致意见，唯有此劳动合同才能成立。如对具体条款意见不一致，劳动合同不能成立。

（四）合法原则

合法原则是指劳动合同的订立不得违反法律、法规的规定。这里的法律、法规既包括现行的法律和行政法规，也包括今后可能颁布的法律和行政法规；既包括劳动法律和法规，也包括民事和经济方面的法律、法规。

八、劳动合同履行的原则

（一）权利义务统一原则

该原则要求合同双方当事人应当按照合同规定的实际标的履行各自的义务、实现各自的权利，而不能用其他标的或方式代替，即使一方当事人违约，也不能用交付违约金或赔偿损失代替合同的履行，除非违约方的履行行为已经没有实际意义。如果当事人一方不履行合同，另一方有权请求法院强制执行。

（二）全面履行原则

全面履行原则是指劳动合同当事人双方按照劳动合同约定的标的及其数量、种类、质量、时间、地点、方式等全面完成自己所承担的全部义务。这是合同履行的最理想模式，只有这样，当事人双方全部的权利与义务才能实现，合同的目的才能达到。因此，履行的标的、期限、地点、方式都要明确，并且要全面履行，不能只履行一部分。

（三）亲自履行原则

合同当事人双方都必须以自己的行为履行各自依据劳动合同所承担的义务，而不得由他人代理。其中劳动者的义务只能由本人履行，用人单位的义务只能由单位行政管理机构和管理人员在其职责范围内履行。

（四）协作履行原则

劳动合同双方当事人的权利与义务是相对的，一方的义务同时也是另一方的权利，当事人应当帮助另一方履行其义务，实质上也是为了自己权利的实现。

九、订立劳动合同的程序

(一)要约和承诺

劳动者或用人单位向对方提出订立劳动合同的建议称为要约,即一方向另一方提出订立劳动合同的要求。提出要求的一方为要约方,与之相对的一方为被要约方。被要约方接受要约方的建议并表示完全同意称为承诺。承诺一旦做出,劳动合同即告成立。这是劳动合同订立的一般程序。通常情况下,要约方往往为用人单位。要约包括工作岗位、工作任务、劳动薪酬、劳动条件、保险福利,以及应招人员应具备的条件等。劳动者通过求职信、求职登记等形式提出要约。

(二)相互协商

被要约方与要约方就订立劳动合同的建议和要求进行平等协商,双方对各自的权利义务达成一致后,协商即告结束。

(三)双方签约

劳动合同当事人双方在签约前应认真审阅劳动合同文本约定的内容是否真实,是否与约定的条件一致。经确认后,劳动者本人和用人单位法定代表人签字、盖章,并填写日期。法定代表人可以书面委托有关人员代理签字。如果当事人双方要求的劳动合同的生效时间与最后一方签字盖章的时间不一致时,必须注明该劳动合同的生效时间。

十、劳动合同的效力

劳动合同的效力是劳动法律赋予依法成立的劳动合同具有约束劳动关系当事人双方乃至第三人的强制力。如果合同没有效力,就没有约束力与强制力。

《劳动合同法》第26条规定,下列劳动合同无效或者部分无效:①以欺诈、胁迫的手段或者乘人之危,使对方在违背真实意思的情况下订立或者变更劳动合同的。②用人单位免除自己的法定责任、排除劳动者权利无效的。③违反法律、行政法规强制性规定的。

十一、劳动合同的续订

劳动合同期满前30日,用人单位应将《续订(终止)劳动合同意向通知书》送达劳动者,经协商有意续订劳动合同的,应在劳动合同期限届满前办理续订劳动合同的手续。续订劳动合同不得约定试用期。依据劳动法的规定,劳动者在同一用人单位工作满10年,双方同意续延劳动合同的,劳动者提出订立无固定期限的劳动合同的,用人单位应当与之订立无固定期限的劳动合同。有固定期限的劳动合同期限届满既未终止又未续订,劳动者与用人单位仍存在劳动关系的,视为续延劳动合同。用人单位应当与劳动者续订劳动合同。当事人就续延劳动合同的期限达不成一致意见的,其期限从签字之日起不得少于一年,或者按原条件履行。

十二、劳动合同的变更、解除和终止

（一）劳动合同的变更

1.劳动合同变更的含义

劳动合同的变更是指劳动合同双方当事人就已经订立的合同条款达成修改或补充的法律行为。通过权利义务关系的调整,使劳动合同适应变化发展的新情况,从而保证合同的继续履行。提出劳动合同变更的一方应提前书面通知对方,并要平等协商一致方能变更合同。

需要注意的是,劳动合同的变更仅限于劳动合同内容的变化,而不是主体的变更。主体变更须另行订立劳动合同。变更劳动合同的原则与订立劳动合同的原则相同,当一些新的情况出现时,应及时变更合同的内容,同时要保证变更后的劳动合同内容的合法性。

2.劳动合同变更的条件

条件如下:①订立劳动合同所依据的法律、行政法规、规章制度发生变化,应变更相关的内容;②订立劳动合同所依据的客观情况发生重大变化,致使劳动合同无法履行,应变更相关的内容。客观情况包括:发生自然灾害或企业事故,企业调整生产任务,企业分立、合并、迁移厂址,以及劳动者个人情况发生变化要求调整工作岗位或职务等。提出劳动合同变更的一方应提前书面通知对方,并要平等协商一致方能变更合同。

（二）劳动合同的解除

劳动合同的解除是指劳动合同签订以后,尚未全部履行之前,由于一定事由的出现,提前终止劳动合同的法律行为。

1.劳动合同的协议解除

协议解除即约定解除,指依据劳动法的规定,经当事人协商一致,劳动

合同可以解除。双方协议解除劳动合同时,应书面提前通知对方。新《劳动合同法》规定:由用人单位提出解除劳动合同的,用人单位应根据劳动者在本单位的工作年限,每满一年发给相当于1个月的工资作为经济补偿金,6个月以上不满1年的,按1年计算;不满6个月的,向劳动者支付半个月工资的经济补偿。新《劳动合同法》第37条规定:劳动者提前30日以书面形式通知用人单位,可以解除劳动合同。劳动者在试用期内提前3日通知用人单位,可以解除劳动合同。

2.用人单位单方解除劳动合同

用人单位单方解除劳动合同的情形可以分为三种。

(1)随时提出解除劳动合同、不承担经济补偿的条件

劳动者在试用期间被证明不符合录用条件的(此种情况在试用期满后不再适用);劳动者严重违反劳动纪律或用人单位规章制度的;劳动者严重失职、营私舞弊,对用人单位利益造成重大损失的;劳动者被追究刑事责任的。

用人单位在解除劳动合同时应注意如下要点。

第一,从劳动者违纪行为到做出处理决定的时间间隔如果超过了处理时效,不能以此解除劳动合同。

第二,以开除的形式解除劳动合同的,应征求工会的意见。

第三,根据罪由法定的原则,劳动者涉嫌违法犯罪被限制人身自由且未被法院做出终审判决期间,不能解除劳动合同。

第四,劳动者违纪或给用人单位利益造成重大损失的依据可以是法律法规规定的,也可以是用人单位经合法程序制定且公示的企业内部管理规则等。

(2)提前30天书面形式通知、承担经济补偿责任的条件

劳动者患病或者非因工负伤、医疗期满后,不能从事原工作也不能从事用人单位另行安排的工作。医疗期是指劳动者患病或非因工负伤停止工作治疗休息不得解除劳动合同的时限。医疗期长度根据劳动者的实际工作年限和在本单位工作年限确定,医疗期应从病休第一天开始,累计计算。病休期间的公休假日和法定节日包括在内。医疗期期限的具体规定如下。

第一,实际工作年限10年以下的,在本单位工作年限5年以下的为3

个月;5年以上的为6个月;累计计算则按照前述期限延长一倍。

第二,实际工作年限10年以上的,在本单位工作年限5年以下的为6个月;累计计算则期限延长一倍;5～10年的为9个月;10～15年的为12个月;15～20年的为18个月;20年以上的为24个月。在本单位工作年限5年以上的,医疗期累计计算则分别延长6个月。

上述情形还要视病情和劳动能力状况,发给一定的医疗补助费。劳动者非因工致残和经医生或医疗机构认定患有难以治疗的疾病,医疗期满,应当由劳动鉴定委员会参照工伤与职业病致残程度标准进行劳动能力鉴定。被鉴定为一级至四级的,应当退出劳动岗位,解除劳动关系,并办理退休、退职手续,享受退休、退职待遇。

劳动者不能胜任工作,经过培训或者调整工作岗位,仍不能胜任工作的。

劳动合同订立时所依据的客观情况发生重大变化,致使原劳动合同无法履行,经当事人协商不能达成一致协议的。

(3)经济性裁员的条件。

裁员的条件:①用人单位濒临破产进行法定整顿期间的。②用人单位生产经营发生严重困难确须裁减人员的。

当出现上述条件时,裁减人员,应向工会或全体职工说明情况,听取工会或职工的意见,并要向劳动行政部门报告。

3.劳动者单方解除劳动合同

劳动者单方解除劳动合同的情形可以分为两种。

(1)随时向用人单位提出解除劳动合同

当下述情况之一出现时,劳动者可以随时向用人单位提出解除劳动合同:①在试用期内,劳动者提前3天提出解除劳动合同并且无须说明理由或者承担赔偿责任。②用人单位未按照劳动合同的约定支付劳动薪酬或者提供劳动条件。③用人单位以暴力、威胁、非法限制人身自由的手段强迫劳动。

(2)提前30天通知用人单位解除劳动合同

此种情况即辞职,劳动者以辞职的形式解除劳动合同必须提前30天书面通知。劳动者如果违反劳动合同的约定解除劳动合同,对用人单位造成损失的,应承担赔偿用人单位的下列损失:①用人单位招收录用所支付的费用。②用人单位支付的培训费用。③对生产经营和工作造成的直接经济损失。④劳动合同约定的其他赔偿费用。

此外,第三方招用未与原用人单位解除劳动合同的劳动者对原用人单位造成损失的,除该劳动者承担直接赔偿责任外,该用人单位承担连带赔偿责任。

4.不得解除劳动合同的条件

不得解除劳动合同的条件主要是针对用人单位而言的,当同时出现可以解除与不可以解除劳动合同的条件时,用人单位应服从不得解除劳动合同的条件,即后者的法律效力大于前者。不得解除劳动合同的条件如下:①从事接触职业病危害作业的劳动者未进行离岗前职业病健康检查,或者疑似职业病病人在诊断或者医学观察期间的。②在本单位患职业病或者因工负伤并被确认丧失或者部分丧失劳动能力的。③患病或者非因工负伤,在规定的医疗期内的。④女职工在孕期、产期、哺乳期的。⑤在本单位连续工作满15年,且距法定退休年龄不足5年的。⑥法律、行政法规规定的其他情形。

5.解除劳动合同的经济补偿

解除劳动合同的经济补偿,是指因解除劳动合同而由用人单位给予劳动者的一次性的经济补偿金。根据《违反和解除劳动合同的经济补偿办法》规定,对解除劳动合同的经济补偿的具体办法如下。

第一,经劳动合同当事人协商一致,由用人单位解除劳动合同的,用人单位应根据劳动者在本单位工作年限,每满1年发给相当于1个月工资的经济补偿金,最多不超过12个月。工作时间不满1年的按1年的标准发给经济补偿金。

第二,劳动者患病或者非因工负伤,经劳动鉴定委员会确认不能从事原工作也不能从事由用人单位另行安排的工作而解除劳动合同的,用人单位应按其在本单位工作年限,每满1年发给相当于1个月工资的经济补偿金,同时还应发给不低于6个月工资的医疗补助费。患重病和绝症的还应增加医疗补助费,患重病的增加部分不低于医疗补助费的50%,患绝症的增加部分不低于医疗补助费的100%。

第三,劳动者不能胜任工作,经过培训或者调整工作岗位,仍不能胜任工作,由用人单位解除劳动合同的,用人单位应按其在本单位工作年限,工作时间每满1年,发给相当于1个月工资的经济补偿金,最多不超过12个月。

第四,劳动合同订立时所依据的客观情况发生重大变化,致使原劳动合同无法履行,经当事人协商不能就变更劳动合同达成协议的,用人单位应按其在本单位工作年限,工作时间每满1年,发给相当于1个月工资的经济补偿金,最多不超过12个月。

第五,用人单位濒临破产进行法定整顿期间或者生产经营状况发生严重困难,必须裁减人员的,用人单位按被裁减人员在本单位工作的年限支付经济补偿金。在本单位工作的时间每满1年发给相当于1个月工资的经济补偿金。

用人单位解除劳动合同后,未按照规定给予劳动者经济补偿的,除全额发给经济补偿金外,还须按该经济补偿金数额的50%支付额外经济补偿金。

在掌握解除劳动合同的经济补偿问题时,应注意明确,在何种情况下劳动者可以享受经济补偿金待遇,在何种情况下用人单位不支付经济补偿金。

（三）劳动合同的终止

劳动合同终止是指劳动合同关系的消灭,即劳动关系双方权利、义务的失效。劳动合同终止分为两类:自然终止和因故终止。

1.自然终止

自然终止的情形包括:定期劳动合同到期;劳动者退休;以完成一定工作为期限的劳动合同规定的工作任务完成。在实际操作中,自然终止的情形出现习惯上应提前30天通知。

2.因故终止

因故终止的情形包括:劳动合同约定的终止条件出现,劳动合同终止;劳动合同双方约定解除劳动关系;一方依法解除劳动关系;劳动关系主体一方消灭(企业破产、劳动者因故死亡);不可抗力导致劳动合同无法履行(战争、自然灾害等);劳动争议仲裁机构的仲裁裁决、人民法院判决亦可导致劳动合同终止。

劳动合同依法解除或终止时,用人单位应同时一次付清劳动者工资;依法办理相关保险手续;用人单位依法破产时,应将劳动者工资列入破产清偿顺序,首先支付劳动者工资。

十三、集体合同的协商与履行

西方国家的集体合同是工人或职员的组织(一般是工会)与企业主或企业主联合会签订的关于出卖劳动力的条件的协议书。在18世纪末资本主义自由竞争时期,英国雇用劳动者团体与工厂雇主签订的劳动协定,是西方国家集体合同的萌芽。它是工人为反对个人雇佣契约苛刻的劳动条件而要求签订的。19世纪中叶,工人要求改善劳动条件的罢工斗争日益强烈,资本家为避免罢工损失,不得不与工人组织谈判,同意签订集体合同。从此,签订集体合同的范围逐渐扩大。但它并不具有法律效力,法院也不受理集体合同案件。

到20世纪初,经过工人阶级的斗争,西方国家的政府才被迫承认集体合同的法律效力,并颁布了关于签订集体合同的法律。德国在1918年发布了《劳动协约、劳动者及使用人委员会暨劳动争议调停令》,并于1921年颁布了《劳动协约法(草案)》。法国于1919年颁布了《劳动协约法》后,又将其编入《劳动法典》。1935年美国公布了《国家劳工关系法》(《华格纳法》),承认了集体合同的法律效力。20世纪60年代以来,集体合同内容普遍扩大,除过去规定的工作时间、工资标准和劳动保护等项内容外,还规定了录用、调动和辞退员工的程序、技术培训、休假期限、辞退补助金、养老金和抚恤金的支付条件以及工人组织的权利和工人参加企业管理办法等项内容。但有些国家还没有关于休假待遇、病假待遇、怀孕和分娩待遇的立法,甚至没有关于成年男子劳动时间和员工休假的立法,工人的劳动条件也缺少保障。[①]

苏联、东欧国家的集体合同企业行政和工会为保证完成或超额完成生产计划、加强劳动保护和改善员工物质文化生活条件而签订的双方相互享受权利与承担义务的集体协议书。苏联于1918年7月2日颁布的第一个集体合同法令是《确定工资定额(工资率)和劳动条件的集体合同批准程序》。1922年《俄罗斯联邦劳动法典》第4章,1970年《苏联和各加盟共和国劳动立法纲要》第2章,都对集体合同做了专门规定。在苏联,签订或修订集体合同按法律规定程序进行,合同期限一般为一年。企业行政、工会依

---

① 田立法.人力资源管理系统与企业绩效理论与对策[M].北京:中国经济出版社,2016.

靠员工群众定期检查合同执行情况。企业行政违反集体合同的,负经济责任、行政责任或刑事责任;员工个人违反集体合同的,亦要追究其责任。在东欧国家,如保加利亚(1951)、匈牙利(1967)、罗马尼亚(1972)、南斯拉夫(1976)等国所颁布的劳动法典中,都有关于集体合同制度的条款。

早在新民主主义革命时期,中国共产党通过中国劳动组合书记部于1922年拟定的《劳动法案大纲》,就提出了"劳动者有缔结团体契约权"的斗争纲领。民国时期,国民党政府于1930年公布《团体协约法》,承认雇主或雇主团体与工人团体有缔结团体协约的权利,但为了反对工人斗争,又规定"团体协约当事团体对其团员有使其不为一切斗争,并使其不违反团体协约规定的义务"。中华人民共和国建立前后,在《中国人民政治协商会议共同纲领》《中华全国总工会关于私营工商企业劳资双方订立集体合同的暂行办法》和《中华人民共和国工会法》等文件中规定,在私营企业(或同行业)中,工会有权代表工人、职员与资本家签订劳资集体合同,以发挥员工劳动热忱或资方经营生产的积极性。集体合同的种类,主要有产业集体合同和企业集体合同两种。期限一般为一年。

(一)集体合同的含义

集体合同(Collective Contract)是指企业职工一方与用人单位就劳动薪酬、工作时间、休息休假、劳动安全卫生、保险福利等事项,通过平等协商达成的书面协议。《劳动合同法》第51条规定:企业职工一方与用人单位通过平等协商,可以就劳动薪酬、工作时间、休息休假、劳动安全卫生、保险福利等事项订立集体合同。集体合同实际上是一种特殊的劳动合同。又称团体协约、集体协议等,是指工会或者职工推举的职工代表代表职工与用人单位依照法律法规的规定就劳动薪酬、工作条件、工作时间、休息休假、劳动安全卫生、社会保险福利等事项,在平等协商的基础上进行协商谈判所缔结的书面协议集体合同草案应当提交职工代表大会或者全体职工讨论通过。

1.集体合同的签订

(1)集体合同的签订应建立在集体协商的基础上

集体协商是指企业工会或职工代表与相应的企业代表,为签订集体合同进行商谈的行为。集体协商应遵守法律、法规的规定和平等、合作的原则。

（2）集体协商的内容、时间、地点应由双方共同商定

在不违反有关保密规定和不涉及企业商业秘密的前提下，协商双方有义务向对方提供与集体协商有关的情况或资料。

（3）集体合同的期限为1～3年，合同期限内，双方代表可对集体合同内容进行变更或解除

由于签订集体合同的环境和条件发生变化，致使集体合同难以履行时，集体合同任何一方均可提出变更或解除集体合同的要求。一方提出变更或修订或解除集体合同时，另一方应给予答复，并在7日内双方进行协商。

（4）集体合同的签订须由双方首席代表签字

由企业工会（未建立工会的由职工民主推举的代表或上级工会组织委派代表）代表职工一方与用人单位指派的代表，就劳动条件、劳动薪酬、福利待遇等进行协商，达成一致后形成集体合同草案，提交职工代表大会或全体职工讨论，经讨论通过，由协商双方首席代表签字。并在签字后10日内将集体合同文本报劳动保障行政部门审查。集体协商的内容、时间、地点应由双方共同商定。双方协商代表协商一致或由于签订集体合同的环境和条件发生变化，致使集体合同难以履行时，可以变更或解除集体合同。

2.集体合同的基本特征

集体合同首先具有一般合同的共同特征，即平等主体基于平等、自愿协商而订立的规范双方权利和义务的协议。除此以外，集体合同还具有其自身特征：①集体合同是特定的当事人之间订立的协议。在集体合同中，当事人一方是代表职工的工会组织或职工代表；另一方是用人单位。当事人中至少有一方是由多数人组成的团体。特别是职工方，必须由工会或职工代表参加，集体合同才能成立。②集体合同内容包括劳动薪酬、工作时间、休息休假、劳动安全卫生、保险福利等事项。在集体合同中，劳动标准是集体合同的核心内容，对个人劳动合同起制约作用。③集体合同的双方当事人的权利义务不均衡。其基本上都是强调用人单位的义务，如为劳动者提供合法的劳动设施和劳动条件。④集体合同采取要式合同的形式，需要报送劳动行政部门登记、审查、备案方为有效。⑤集体合同受到国家宏观调控计划的制约，就效力来说，集体合同效力高于劳动合同，劳动合同

规定的职工个人劳动条件和劳动薪酬标准,不得低于集体合同的规定。⑥集体合同是一项劳动法律制度。⑦集体合同适用于各类不同所有制企业。⑧集体合同的订立,主要通过劳动关系双方的代表或双方的代表组织自行交涉解决。⑨集体合同制度的运作十分灵活,没有固定模式,并且经法定程序订立的集体合同,对劳动关系双方具有约束力。⑩集体合同制度必须遵循的一项重要原则,就是劳动关系双方在平等自愿的基础上相互理解和相互信任。

3.实行集体合同的意义

(1)集体合同能够纠正和防止劳动合同对于劳动者的过分不公平

在签订劳动合同时,单个劳动者处于弱势而不足以同用人单位相抗衡,因而难以争取到公平合理的劳动条件。由工会代表全体劳动者同用人单位签订集体合同,就可以规定集体劳动条件,集体劳动条件是本单位内的最低个人劳动条件。因此,集体合同能够纠正和防止劳动合同对于劳动者的过分不公平,使之比较公平合理,也使劳资双方在实力上取得基本的平衡。

(2)可以约定一般劳动合同中难以涉及职工整体利益

许多在劳动合同中难以涉及职工整体利益问题,可通过集体合同进行约定,如企业工资水平的确定、劳动条件的改善、集体福利的提高等。根据工资方面的法律规定,用人单位在制定工资分配和工资支付制度时应当听取工会和职工代表大会的意见,这实际上就是:工资集体协商的基础。

(3)集体合同可以调整和保障劳动者的利益

在劳动合同的有效期内,如果企业经营状况和社会经济形势等因素发生了较大变化,那么可以通过集体合同调整和保障劳动者的利益。根据劳动法的有关规定,用人单位需要裁减人员,应当征求全体职工意见。因此,在集体合同中明确规定这方面的内容,实际上是将经济性裁员规范化,有利社会的稳定。

(4)可以简化劳动合同的内容,降低签订劳动合同的成本

劳动关系的内容涉及各个方面,如果事无巨细均由劳动合同规定,那么每份劳动合同都将成为一本具有相当篇幅的小册子,订立一份劳动合同将成为一件很不容易的事情。通过集体合同对劳动关系的内容进行全面规定之后,劳动合同只需就单个劳动者的特殊情况做出规定即可,这样就

会大大简化劳动合同的内容,也会大大降低签订劳动合同的成本。由于集体合同和劳动合同具有上述作用,集体合同被认为是劳动合同的"母合同"。

(5)有利于从整体上维护职工的劳动权益

实行集体合同制度,有利于从整体上维护职工的劳动权益,更好地保护劳动者个人的合法权益,调动职工生产劳动的积极性、主动性和创造性,增强职工的企业主人翁意识,实现中国《劳动法》维护职工合法权益的根本立法宗旨,体现中国社会主义市场经济制度的优越性。

(6)可以实现对劳动关系的多方位、多层次调整

实行集体合同制度,在劳动关系的调整上可以在国家劳动法律法规的调整与劳动合同的调整中间增加集体合同的调整这一层次,实现对劳动关系的多方位、多层次调整。

集体合同对劳动关系的调整,同一般的劳动法律法规相比对不同企业劳动关系的针对性比较强,同时也有利于消除或弥补劳动合同存在的某些随意性,给企业劳动关系的调整提供一种新机制,从而使企业劳动关系更和谐、更稳定、更巩固,更有利于促进企业发展。

(7)有利于更好地发挥工会在稳定企业劳动关系中的积极作用

实行集体合同制度,有利于更好地发挥工会在稳定企业劳动关系中的积极作用,使工会在协调劳动关系和维护员工劳动权益的职能发挥得更直接、更生动、更有效,使工会的"维权"职能实现法制化。

(8)有利于缓和和解决劳动争议与劳动矛盾

实行集体合同制度,有利于缓和和解决劳动争议与劳动矛盾,有利于劳动争议案件的减少和处理,有利于职工和企业之间的沟通与理解,有利于维护和发展企业生产经营的良好秩序,促进企业的稳定和发展。

(四)集体合同与劳动合同的区别

1.主体不同

集体合同的当事人一方是企业,另一方是工会组织或劳动者按照合法程序推举的代表。劳动合同的当事人是企业和劳动者个人。

2.内容不同

集体合同的内容是关于企业的一般劳动条件标准的约定,以全体劳动者共同权利和义务为内容。劳动合同的内容只涉及单个劳动者的权利

义务。

3.功能不同

协商订立集体合同的目的是规定企业的一般劳动条件,为劳动关系的各个方面设定具体标准,并作为单个劳动合同的基础和指导原则。劳动合同的目的是确立劳动者和企业的劳动关系。

4.法律效力不同

集体合同规定企业的最低劳动标准,凡劳动合同约定的标准低于集体合同的标准一律无效,故集体合同的法律效力高于劳动合同。

二、集体协商的含义

劳动社会保障部2004年颁布的《集体合同规定》第4条规定用人单位与本单位员工签订集体合同或专项集体合同,以及确定相关事宜,应当采取集体协商的方式。

集体协商亦称集体谈判,是指用人单位工会或员工代表与相应的用人单位代表,为签订集体合同进行商谈的行为,它是签订集体合同的前提条件。在我国,集体协商的形式只有用人单位工会或职工代表与用人单位集体协商这一种形式,而且集体协商只适用于企业和实行企业化管理的事业单位与其工会或职工为签订集体合同而进行的集体协商。

(一)集体协商的特点

1.集体协商代表的身份和人数对等

集体协商代表是用人单位工会或全体职工代表和用人单位,双方人数对等,并且各派一名首席代表。双方另行指定一名记录员。用人单位代表由用人单位行政指派。职工代表,已建立工会的用人单位由工会组织派出代表;未建立工会的用人单位由职工民主推举代表,并须得到半数以上员工的同意。

2.其他特点

内容:①集体协商双方代表的法律地位平等。②集体协商是公开、平等协商。③集体协商是和平协商,双方应遵循合作原则。④集体协商是在法律、法规规定的范围内协商。

在集体协商过程中,任何一方都不得以闭厂、罢工等手段要挟对方,不得损害国家、社会、集体的利益和其他公民合法的自由与权利。

（二）集体协商的形式

集体协商主要采取协商会议的形式,它比一般的民事合同订立要复杂得多。它是一种高度规范化、程序化的商谈。严重违反集体谈判的程序性规范而签订的集体合同应认定为无效。

三、集体合同的订立程序

（一）制定集体合同草案

集体合同应由工会代表职工与企业签订,没有建立工会的企业,由职工推举的代表,与企业签订。一般情况下,各个企业应当成立集体合同起草委员会或者起草小组,主持起草集体合同。起草委员会或者起草小组由企业行政和工会各派代表若干人,推行工会和企业行政代表各一人为主席或组长和副主席或副组长。起草委员会或者起草小组应当深入进行调查研究,广泛征求各方面的意见和要求,提出集体合同的初步草案。

（二）集体协商

工会或职工代表同企业或事业组织为签订集体合同进行商谈。集体协商时,双方代表就双方起草的集体合同草案进行协商,形成双方共同起草的集体合同草案后,提交企业或事业组织的职工大会或职工代表大会讨论通过。

（三）双方签字

集体协商双方代表就集体合同草案经过协商取得一致意见,并经本单位职工大会或职工代表大会讨论通过后,由双方首席代表在集体合同文本上签字,集体合同即告成立。

（四）报送审查

集体合同签订后,应当在7日内由用人单位一方将集体合同一式三份及说明报送劳动行政部门审查。劳动行政部门在收到集体合同书后15日内将《集体合同审查意见书》送达集体合同双方代表。签订集体合同双方在收到劳动行政部门的审查意见书后,对其中无效或部分无效的条款进行修改,并于15日内报送劳动行政部门重新审查。

（五）公布

劳动行政部门自收到集体合同文本之日起15日内未提出异议的,集体合同即行生效。经劳动行政部门审查的集体合同,双方应及时以适当的形式向各自代表的全体成员公布。

四、集体合同的履行

履行集体合同应当遵循实际履行、全面履行和协作履行的原则。在集体合同期限内(一般为1~3年),由于签订集体合同的环境和条件发生变化,致使集体合同难以履行时,任何一方均可提出变更集体合同的要求。签订合同的一方就集体合同的变更提出商谈时,另一方应给予答复,并在7日内双方进行协商。在集体合同规定的期限内,经双方协商一致,也可对集体合同进行修订。对原集体合同进行变更或修订后,应在7日内报送劳动行政部门审查。经集体合同双方协商一致,可以解除集体合同,但是应在7日内向审查该集体合同的劳动行政部门提交书面说明。

集体合同期限届满、集体合同主体一方不复存在、集体合同主体双方约定的终止条件出现,集体合同即行终止。

五、集体合同管辖机构

集体合同管辖机构是指那些有权管理因集体合同所发生争议的机构。

（一）集体合同处于协商争议阶段

集体合同处于协商争议阶段产生的纠纷,按照《集体合同规定》劳动和社会保障部于2004年颁布的第51条规定:集体协商争议处理实行属地管辖,具体管辖范围由省级劳动保障行政部门规定。中央管辖的企业以及跨省、自治区、直辖市用人单位因集体协商发生的争议,由劳动保障部指定的省级劳动保障行政部组织同级工会和企业组织等三方面的人员协调处理,必要时,劳动和社会保障部也可以组织有关方面协调处理。

（二）集体合同履行阶段

集体合同履行阶段产生的纠纷,如果是申请仲裁的,按照2001年10月27日修订的《工会法》第三章第20条规定:企业违反集体合同,侵犯职工劳动权益的,工会可以依法要求企业承担责任;因履行集体合同发生争议,经协商解决不成的,工会可以向劳动争议仲裁机构提请仲裁,仲裁机构不予受理或者对仲裁裁决不服的,可以向人民法院提起诉讼。劳动和社会保障部于2004年颁布的《集体合同规定》第55条也规定:因履行集体合同发生的争议,当事人协商解决不成的,可以依法向劳动争议仲裁委员会申请仲裁。

(三)集体合同诉讼阶段

如果提起诉讼的,则按照诉讼法所规定的诉讼管辖来执行。

六、劳动合同管理

从广义讲,劳动合同的管理是指司法机关、劳动保障行政机关、用人单位、工会组织以及用人单位内部行政和工会组织,在各自的职责范围内,根据法律、法规和政策的要求,运用鉴证、指导、组织、监督、检查、评价、奖惩等手段,分别对企业合同的订立、履行、变更、解除等行为进行管理,并对违反劳动法规的行为予以纠正或者处罚的活动。

从狭义讲,劳动合同的管理仅指劳动保障行政部门依法对劳动合同的订立、履行、变更、解除、终止及违约责任承担等一系列活动进行统一化、专门化的管理。

(一)劳动合同鉴证审查的内容

1.劳动合同鉴证的含义

劳动合同鉴证是劳动行政管理部门对劳动合同内容,订立程序的合法性、真实性进行审查并予以证明的制度,是劳动行政管理、监督、服务的一种手段。劳动行政部门是:劳动合同的鉴证机关,劳动合同鉴证的具体工作由合同签订地或履行地的劳动行政部门承办。

2.劳动合同鉴证审查的内容

内容:①双方当事人是否具备签订劳动合同的资格。②合同内容的合法性,合同条款是否完备、权利义务是否明确;若雇用外籍员工,中外合同文本是否一致。③劳动合同签订程序的合法性。

3.劳动合同鉴证的程序

(1)劳动合同鉴证应提交的材料

鉴证时当事人应提交下列材料:签订的劳动合同文本三份;用人单位法定代表人身份证明或授权委托书。用人单位若不是法人的,应提供主要负责人的身份证明或授权委托书;国家工商行政管理部门颁发的营业执照;劳动者的身份证明等。

（2）双方当事人到场

用人单位一方为法定代表人、主要负责人或委托代理人；劳动者一方为签订合同本人或委托代理人。

（3）签名加盖公章

对审查合格的劳动合同文本鉴证人签名加盖公章、注明鉴证日期。

（二）劳动合同文档管理

1.劳动合同分类管理

按照一定标准将劳动合同划分与归类，实施分类管理。类别划分标准必须符合企业实际，类别划分标志的选择要达到目的明确，做到方便检索、及时反馈。

2.类别划分的方法

（1）按照劳动合同期限进行分类

分类类别：①无固定期限的劳动合同。②有固定期限的劳动合同。有固定期限的合同可以进一步划分为距离合同终止日期一年以内和一年以上的合同两类。③以完成一定工作为期限的劳动合同。④正处于试用期限的劳动合同。①

（2）按照工作岗位分类

劳动合同具体地规定了员工所在的工作岗位，而工作岗位可以划分为一般工作岗位和特殊工作岗位。特殊工作岗位需要加强《特种作业人员操作证》等资格证书检验、专业技术培训等管理工作。

（三）劳动合同台账

1.劳动合同台账的含义

企业组织结构不同、规模不同，劳动与人力资源管理事务分工不同，台账的种类、科目的粗细等存在着比较大的差异。台账种类的确定与记录必须坚持简明、准确、及时和稳定的原则。

2.劳动合同管理台账的内容

劳动合同管理台账一般包括员工登记表（个人信息资料）、劳动合同台账（劳动关系的变化）、员工统计表（组织结构的调整）、岗位（专项）协议台账（特殊情况管理）、医疗期台账（保障员工权益）、员工培训台账（保障企

---

① 刘伟，刘国宁. 人力资源[M]. 北京：中国言实出版社，2005.

业效益)、终止或解除劳动合同员工去向台账(管理绩效)以及其他必要的台账(投入产出分析管理,人力资源发展规划管理)。

第四节 劳动争议

劳动关系是最重要的社会关系之一,劳动关系的和谐直接关系社会和谐。规范用工行为,促进劳动关系和谐,正是《劳动合同法》的目的,但劳动和谐必须建立在法律的基础上,必须体现社会的公平正义。从这一角度看,一定程度上的劳动争议的增多,不仅不能视之为影响劳动关系和谐,而恰恰反映了原先普遍不正常的劳动关系在向着真正的平等和谐转变,起到了预期的积极作用。

一、劳动争议的含义

劳动争议是劳动关系当事人之间,因劳动的权利与义务发生分歧而引起的争议,又称劳动纠纷。其中有的属于既定权利的争议,即因适用劳动法和劳动合同、集体合同的既定内容而发生的争议;有的属于要求新的权利而出现的争议,是因制定或变更劳动条件而发生的争议。

西方国家对劳动争议的处理,有的由普通法院审理,有的由特别的劳工法院处理。由特别的劳工法院处理劳动争议,始于13世纪欧洲的行会法庭,法国1806年于里昂创设了劳动审理所,此后意大利、德国等国才相继设立了劳工法庭。很多国家处理劳动争议采取自愿调解、强制调解、自愿仲裁和强制仲裁4项措施。[①]

劳动纠纷是现实中较为常见的纠纷。国家机关、企事业单位、社会团体等用人单位与员工建立劳动关系后,一般都能相互合作,认真履行劳动合同。但由于各种原因,双方之间产生纠纷也是难以避免的事情。劳动争议的概念包括以下主要内容:①劳动争议是基于劳动关系发生的、有关劳动权利和劳动义务方面的冲突,它不包括由于观念、信仰、理论等分歧引起的争执。凡不是基于劳动关系而发生的争议,不属于劳动争议,如民事争议、劳务纠纷等。②劳动争议是发生在劳动法律关系当事人即用人单位

---

①尹乐,苏杭. 人力资源战略与规划[M]. 杭州:浙江工商大学出版社,2017.

和职工之间的争议。劳动争议的当事人是特定的,因此用人单位与用人单位之间、劳动者与劳动者之间或用人单位与劳动行政部门之间等发生的争议不是劳动争议。③当事人争议的标的必须是属于劳动关系中的权利和义务。不属于劳动关系中的权利义务之争也不是劳动争议,如企业与职工之间因股息分配、集资入股等发生的争议,不属于劳动争议。

二、劳动争议的分类

劳动争议按照不同的标准,可划分为以下几种。

（一）依劳动争议标的的性质不同

划分为劳动权利争议和劳动利益争议。劳动权利争议,是指关于运用法律规定和劳动标准性条件方面的矛盾。劳动利益争议,是指要求新的权利方面的争执。

（二）依争议的职工方人数多寡

划分为单个劳动争议与集体劳动争议。单个劳动争议,是指争议的员工方为一两人,但在参加的程序上视同一人的争议。集体劳动争议,是指争议的职工方人数达到3人及3人以上的多人争议,多人争议应当推举代表参加争议处理活动。

（三）依争议的当事人不同

划分为个别劳动争议和团体劳动争议。个别劳动争议,是指一个（或一对）劳动关系发生的争议。团体劳动争议,是指一类劳动关系的双方团体之间发生的争议。

（四）以当事人的国籍不同

划分为国内劳动争议与涉外劳动争议。国内劳动争议,是指本国的用人单位与本国的职工方发生的争议。涉外劳动争议,是指当事人一方（用工方或者职工）为具有外国国籍的单位或者公民的争议。

三、劳动争议处理的原则

根据《中华人民共和国企业劳动争议处理条例》的规定,处理劳动争议,应当遵循下列原则:着重调解,及时处理;在查清事实的基础上,依法处理;当事人在适用法律上一律平等。

（一）着重调解

着重调解是处理劳动争议的基本手段,并且贯穿于劳动争议处理的始终。无论是调解、仲裁还是审判,都要贯彻先调解原则,能够达成调解协议的首先要达成调解协议,调解的前提是双方自愿,自愿达成的协议必须合法。

(二)及时处理

劳动争议必须及时处理。调解虽然是调解争议的重要手段,但并不是万能的手段,当调解无法达成协议时不能久调不决。为此,《劳动法》第83条及《企业劳动争议处理条例》规定了关于调解、仲裁的期限。

(三)合法原则

以事实为根据,以法律为准绳是法律适用的重要原则,也是劳动争议工作处理的准则。所谓合法,既包括新颁布的《劳动法》,也包括宪法、基本法,还包括规章、制度;既有实体的法,也有程序的法。劳动争议的依法处理要体现出大法优于小法的原则,即有法依法,无法依规定,无规定依规章,无规章依政策,无政策依惯例、情理。但是,也要考虑专业法优于一般法,地方法优于普通法,合同的约定优于法律的规定,以及先程序、后实体,后法优于先法等在劳动争议处理中所体现的法的原则性与灵活性相结合的特点。

(四)公正原则

劳动关系的特征决定劳动关系是一种隶属关系,是一种领导与被领导、组织与被组织、管理与被管理的关系。所以,坚持公正原则是劳动争议的重要原则。鉴于劳动关系的隶属性,在劳动争议处理中应当体现向劳动者当事人倾斜的政策。

四、劳动争议的处理机构及处理形式

(一)劳动争议的处理机构

我国处理劳动争议的机构有:劳动争议调解委员会、劳动争议仲裁委员会、人民法院。

1.劳动争议调解委员会

劳动争议调解委员会是群众性的自治组织,负责调解本企业发生的劳动争议。劳动争议调解委员会由下列人员组成:职工代表、企业代表和企业工会代表。职工代表由职工推举产生,企业代表、工会代表由指定产生,企业代表不得超过代表总数的1/3。无工会的企业,调解委员会的设立由职工和企业双方商定。调解委员会设主任,由工会代表担任,其办事机构设于企业工会委员会。劳动争议调解委员会的职责主要是负责调解本企业发生的劳动争议。

2.劳动争议仲裁委员会

劳动争议仲裁委员会是国家授权、依法独立处理劳动争议案件的专门机构,它向同级人民政属负责并报告工作。地方各级劳动争议仲裁委员会负责处理本地区的劳动争议,省、自治区、直辖市是否设立劳动争议仲裁委员会,由其自行确定并规定仲裁管辖范围。劳动争议仲裁委员会由下列人员组成:劳动行政部门的代表、同级工会的代表和企业的代表;委员会代表的总数应为单数,上列三方代表人数相等;仲裁委员会主任由同级劳动行政机关的负责人担任,仲裁委员会的办事机构是劳动行政机关的劳动争议处理机构。劳动争议仲裁委员会的职责主要是负责处理管辖范围内的劳动争议。

(二)劳动争议的处理形式

我国劳动争议处理适用下列形式:和解、调解、仲裁、诉讼。

1.和解

和解是指争议当事人之间自行约定,通过协商,在法律允许的范围内相互让步或一方让步,从而求得矛盾解决的方法。和解不是劳动争议处理的必经程序,当事人仍有权申请仲裁或起诉。

2.调解

调解是由第三者居间调和,通过疏导、说服,促使当事人互谅互让,从而解决纠纷的方法。由于调解原则贯穿劳动争议处理的始终,因此有诉讼和仲裁中的调解与诉讼和仲裁外的调解。诉讼和仲裁中的调解是指审理和仲裁程序已经开始,于判决或裁决做出之前,在司法、仲裁机关及其工作人员的主持下所进行的调解,它是依法解决纠纷的一种活动。调解达成的结果,具有强制效力。

诉讼和仲裁外的调解包括调解委员会的调解以及进入仲裁、诉讼程序经说服疏导后,当事人自行达成的和解。它具有以下特征:①它不行使任何权力,而是依靠调解人的威望和说服教育的方法解决争议。②调解活动完全遵循自愿原则。③调解活动不受固定程序约束。④不一定产生调解结果,形成调解结果的也不具有强制执行效力。⑤如已立案,经调解结案的,当事人应当撤诉。

诉讼和仲裁中调解与诉讼和仲裁外调解相比较,两者的相同点如下:①都是解决争议的一种手段。②都有第三者参与。③都依法(或政策)进行。④都着重于说服教育。

两者的不同点如下:①主持者不同:诉讼和仲裁中调解的主持者为人民法院或仲裁委员会及其工作人员,诉讼和仲裁外调解的主持者为社会组织(包括调解委员会)或公民。②性质不同:前者属于诉讼活动,后者为非诉讼活动。③程序约束不同:前者必须依严格的程序进行,后者可以不拘程序和形式。④结果的表现形式和效力不同:前者形成的调解书为法律文书,具有强制效力,后者的调解书无此效力。

3.仲裁

仲裁是指一种和平解决争议的方法,也称公断。仲裁是劳动争议处理的必经程序,是提起劳动争议诉讼的必经程序。

4.诉讼

诉讼是当事人不服仲裁裁决而向人民法院提起诉讼,人民法院依法对劳动争议案件进行审理的活动。诉讼是劳动争议处理的最终程序。

(三)劳动争议处理程序和有关制度

1.我国处理劳动争议的程序

我国劳动争议的处理程序为:劳动争议调解委员会的调解程序,劳动争议仲裁委员会的仲裁程序,人民法院的审判程序,集体合同争议的处理程序。

(1)调解程序

即指劳动争议调解委员会对劳动争议案件进行调解应遵循的程序。调解应遵循自愿原则、协商原则。劳动争议当事人可以口头或书面申请调解,调解委员会接到申请书后,应征询对方当事人的意见,双方同意调解后,调解委员会主持进行调解。经调解达成协议的,制作调解书,当事人对调解书应当自觉履行。调解不成的,当事人可在规定期限内申请仲裁。调解不是劳动争议处理的必经程序,当事人不愿调解或调解不成,有权向劳动争议仲裁委员会申请仲裁。

（2）仲裁程序

仲裁是劳动争议处理的必经程序，是提起劳动争议诉讼的必经程序。劳动争议仲裁委员会仲裁争议案件实行一案一庭及合议制，包括案件受理、案件审理和结案三个具体程序。案件开庭审理，经调解达成协议的，应制作仲裁调解书；未达成调解协议或反悔的，进入仲裁程序。仲裁裁决做出后，应当制作仲裁裁决书。仲裁裁决书送达15日内当事人不起诉的，即发生法律效力；仲裁调解书一经送达即发生法律效力。生效的上列文书等同人民法院的判决。责任人逾期不履行生效的法律文书的，另一方当事人可向人民法院申请强制执行。

仲裁中的特别处理程序：依规定，劳动争议当事人职工一方在30人以上，基于同一事实经过，具有共同申诉理由的为集体劳动争议。对集体劳动争议的处理应当由县级以上的仲裁委员会指定3名以上（应为单数）仲裁员组成特别仲裁庭，必要时也可报送市级仲裁委员会处理。特别程序包括以下内容：仲裁委员会自收到申诉书之日起应于3日内做出是否受理的决定。决定不予受理的，应当说明理由；决定受理的应组成特别仲裁庭，并采用书面通知或布告形式通知当事人。仲裁庭处理劳动争议应先行调解，调解成立的，制作调解书；未达成协议的，应及时裁决。仲裁庭处理集体争议应依规定期限结案。结案后应及时向当地人民政府汇报。

特别处理程序中还包括对签订集体合同发生的争议与履行集体合同发生的争议的处理程序。依我国劳动法规定，因签订集体合同发生的争议，采取双方协商和行政协调方式解决；因履行集体合同发生的争议，可采取双方协商、仲裁、诉讼方式解决。

（3）诉讼程序

当事人不服仲裁裁决而向人民法院提起诉讼，可在规定时效内向人民法院民事审判庭起诉，由人民法院民事诉讼程序对劳动争议案件进行审理。诉讼是劳动争议处理的最终程序。

2.处理劳动争议的相关制度

（1）劳动争议处理的回避制度

劳动争议处理中的回避，是指负责处理争议的人员由于与案件或案件当事人有某种特殊关系而不得参与该案件的处理。

（2）我国劳动争议处理程序中的时效制度

时效，是为保证处理劳动争议活动的正常进行而规定的时间范围。违反时效规定的行为将产生一定的法律后果。

当事人应当遵守的时效包括：第一，当事人应当自劳动争议发生之日起60日内向劳动争议仲裁委员会申请仲裁，劳动争议发生之日从当事人知道或应当知道其权利被侵害之日起计算。当事人从知道或应当知道其权利被侵害之日起30日内向劳动争议调解委员会申请调解。第二，被诉人应于收到申诉副本之日起15日内提交答辩书和有关证据。第三，当事人不服仲裁裁决的，应于收到裁决书之日起15日内向人民法院起诉。第四，时效中止，指已经进行的时效期间，因发生法定事由而使时效暂停进行，待中止时效的事由消除，时效继续进行。前后经过的时效期间合并计算，直至时效完成。

调解委员会应当遵守的时效包括：第一，接到调解申请后应征询对方当事人的意见，如对方当事人不愿调解的，应于3日内以书面形式通知申诉人，于4日内做出是否受理的决定。第二，调解委员会调解争议应于受理之日起30日内结束，否则视为调解不成。

仲裁委员会应当遵守的时效包括：第一，自收到申诉书之日起7日内做出是否受理的决定；自决定之日起7日内将申诉书副本送达被诉人；第二，仲裁机关审理争议案件，应于60日内做出裁决；案情复杂需要延期的，应经仲裁委员会批准，延长不得超过30日。第三，当事人申请撤诉的，仲裁庭应于7日内做出裁决。第四，当庭裁决的，应于7日内发送裁决书；定期另庭裁决的，当庭发给裁决书。

（3）送达制度

送达是指司法和执法机关按照法定程序和方式，将法律文书、诉讼文书交付案件当事人的行为；通常有直接送达、留置送达、委托送达、邮寄送达、公告送达等方式。

第十章 员工关系管理

第一节 现代员工关系管理的发展状况

员工关系管理是人力资源管理的一个重要组成部分,人力资源管理归根结底是对人的管理,而员工关系则是指与员工这一群体有关的各种复杂关系的总和。对员工关系的管理即是从理论层面探讨规范化的员工管理制度,其贯穿于招聘配置、培训开发、绩效考核、薪酬管理以及劳动关系等方方面面,员工关系管理始于员工入职时。

一、员工关系管理的发展历程

员工关系管理源于传统的"劳动关系管理",即早期资本主义工业化时代的劳动关系管理。此后随着科学管理理念、行为管理理念、人本主义管理理念等的发展,员工关系管理逐步取代了传统的"劳动关系管理"成为时代的主流。

（一）传统"劳动关系管理"

18世纪中期,西方资本主义国家开始进入工业化时代。随着生产工具、工作方式等的变化,资本主义经济制度发生了本质改变,机器生产取代了原始的手工作业,传统的农业社会过渡到工业社会。在这个时代,工厂生产规模逐渐扩大,企业需要雇用越来越多的劳动力进行生产,同时,由于社会的剧烈变革,大量劳动者失去赖以生存的土地,为了谋生,他们纷纷进入工厂工作。工厂员工的不断增加,催生了新型的雇佣关系,即资本与劳动相结合的劳动关系,上升到理论层面,即劳动关系管理。

此后,随着科学技术的进步、生产力发展水平的迅速提高以及社会结构的深刻变化,劳资关系呈现出了新的时代特征,仅仅用马克思的劳资关系理论难以概括新的劳资冲突与协调的实践。伴随着管理思想的不断发展,员工关系管理逐渐取代传统的"劳动关系管理"。

（二）员工关系管理

19世纪中期到20世纪初期是资本主义自由经济向垄断经济过渡的时期，科学技术不断进步，新技术革命带来了流水线作业的发展，企业规模越来越大，资本渐趋集中，同时，各国经过经济危机的打击逐步认识到政府干预的重要性，政府开始介入企业管理，保障员工的适当利益，稳定社会秩序。20世纪初，西方学者从人力资源管理角度提出了员工关系管理，取代了劳动关系的概念，随后，员工关系管理获得了长足的发展①。

现代企业更加重视"以人为本"的员工关系管理理念，这是经济发展和社会变迁对企业管理提出的新的挑战，是员工关系管理的必然选择。在历史上，人本管理思想的发展经历了X理论、"社会人"理论、Y理论、Z理论、"复杂人"理论以及职工持股等若干演变过程。现代人本管理倡导人既是管理的主体又是管理的客体，认为组织不仅要关心成员的物质利益，更要关心其自我价值的实现。现代人本管理以尊重人、关心人和热爱人为出发点，强调弘扬人性，给人以尊严，提倡开发人的潜能、体现人的价值，最终达到自我实现的目的。

二、我国企业员工关系的管理与企业性质和经济政策环境密切相关

改革开放之前，在计划经济体制下，为了集中力量提高生产力，国家对企业实施严格的控制。企业作为国家机器的附属存在，生产的产品品种、数量、技术、产品的使用方式以及企业职工的劳动报酬都是由国家计划部门统一规定的，企业没有任何的自主权。劳动者去哪一家企业工作，劳动者在企业中所得到的一切利益包括各种待遇都是由国家分配与决定的，企业只不过扮演了一个"中介"角色。

在计划经济体制下，企业的党组织、共青团、工会和妇联等社团组织主要通过政治动员、政治压力、精神鼓励、思想教育、政治与行政处罚等超经济手段来协调各种矛盾，鼓舞职工干劲，没有任何与员工自身利益挂钩的激励方式，职工个人的努力程度与收入之间几乎没有联系。这个时期的人事部门基本上是一个象征，完全服务于国家的政策，配合有关国家政策完成工作。

---

①苏磊.员工关系管理[M].北京:中国财富出版社,2019.

改革开放以来,我国企业员工关系管理经历了最初强烈的物质利益需要后,随着市场经济的深入发展、人们生活水平的提高,以及企业员工素质的不断提升,员工对于工作环境、员工福利和工作氛围等非物质的需求变得更为看重,我国企业管理实践树立起了"以人为本"的管理理念。随着社会主义市场经济、知识经济、信息经济的快速发展,在当代"以人为本"的管理工作过程中,正在逐步形成一种崭新的管理思想和管理思路,这就是以知识、智力、技能和能力为核心内容的"能本管理"。"以人为本"是现代管理的一个基本原则和理念,强调的是人在组织中的主体地位和主导作用,进而强调要围绕人的积极性、主动性和创造性实行管理活动;"能本管理"的理念是以人的能力为本,是人本管理发展的新阶段,是更高层次和意义上的"以人为本"。

第二节　员工关系管理的内容

员工关系是指组织中由于雇佣行为而产生的关系,员工关系管理则是针对管理者、员工和团体之间产生的,由双方利益引起的,并受经济、技术、政策、法律制度和社会文化背景影响的合作、冲突、力量和权利等关系的管理。员工关系贯穿于企业管理的方方面面,员工关系管理的内容包括以下部分。

对员工关系管理进行分析时,管理内容可以细分为劳动关系管理、人员流动管理、员工奖惩管理、内外情报管理、冲突管理、危机管理、沟通管理、社团管理、健康管理、员工申诉管理、企业文化建设、员工激励管理等。从管理职责来看,员工关系管理可以分成九个方面:劳动关系管理、员工纪律管理、员工人际关系管理、企业沟通管理、员工绩效管理、员工心理管理、企业文化建设、员工关系管理培训、服务与支持。

一、劳动关系管理

劳动关系是指劳动力所有者(劳动者)与劳动力使用者(用人单位)之间,为实现劳动过程而发生的一方有偿提供劳动力,由另一方用于同其生产资料相结合的社会经济关系。这种雇佣关系的正常运转需要一定的外在保障力量,否则,恶劣的劳动关系会造成企业和社会的损失。企业劳动关系管理包括员工上岗、离岗面谈及手续的办理、定额定员的管理等日常管理以及劳动争议、人事纠纷和意外事件的处理等。

二、员工纪律管理

无规矩不成方圆。企业的正常运作也离不开企业的规章制度、劳动纪律等。员工纪律管理是指引导员工遵守组织的各项规章制度和劳动纪律,维持组织内部良好的秩序,并且凭借奖励和惩罚等措施纠正、塑造员工的工作行为,提高员工的组织纪律性,同时员工可以通过书面或者口头的形式对组织或者企业的有关规定提出建议。员工纪律管理在某种程度上对员工行为起约束作用,同时也有利于不断完善企业的管理方针,使其在动态发展中渐趋成熟。

三、员工人际关系管理

员工人际关系管理是指引导员工建立较好的工作关系,创建有利于员工建立良好人际关系的环境。在市场经济体制下,社会环境不断变化,不确定性增强,管理者和员工都面临着更多的工作压力、更大的工作量、更长的工作时间,员工与企业之间的雇佣关系变得越来越不稳定,企业员工流动性增强;同时,社会的快速发展与全球化使员工与管理者个性及思想观念更具多样化。因此,员工之间的沟通与冲突管理难度更大,企业员工人际关系的处理比以前更复杂,在复杂多变的管理环境中进行有效的员工人际关系管理显得尤为重要[①]。

四、企业沟通管理

保证企业沟通渠道的畅通,引导企业上下及时进行双向沟通,有利于消除管理者和员工之间的误会和分歧,有利于形成良好的工作氛围。企业沟通管理以心理契约理论为指导,包含员工的参与管理。心理契约是员工关系管理的核心内容,是组织承诺的基础,以员工满意度为目标影响着员工的组织行为。基于心理契约的员工参与是实现企业沟通的良好途径。员工参与使其角色发生改变,使其主人翁意识和积极性不断增强,且员工参与某些政策的制定使其更能理解制度的作用和管理者的工作,从而有利

①何孜. 员工关系管理在人力资源管理中的重要性分析[J]. 中国集体经济,2022(10):106-107.

于实现企业的和谐发展。

五、员工绩效管理

绩效管理是指各级管理者和员工为了达到组织目标而共同参与的绩效计划制订、绩效辅导沟通、绩效考核评价、绩效结果应用、绩效目标提升的持续循环过程。绩效管理的目的是持续提升个人、部门和组织的绩效。绩效考核是员工关系管理的重要内容之一，其与薪酬、晋升等相联系，是影响员工关系的敏感因素。制定科学的考评标准和体系，执行合理的考评程序，既能真实反映员工的工作成绩，又能促进员工工作积极性的发挥。在员工绩效管理中，保持和谐的员工关系需要注意引导员工正确认识绩效考核，消除其恐惧感和抵触感；在制定考核指标时应尽可能量化，保持公平、公正、公开；注重考评过程的公正性和客观性；完善考评反馈机制，及时处理考评中出现的各种问题。

六、员工心理管理

随着我国经济社会的不断发展和行业改革的不断深入，企业员工面临着更多物质和精神上的考验，员工心理也随之发生诸多变化。逆反、抵触、失衡、随便和狭隘思想是当前存在于员工中的比较普遍的问题，员工心理问题是员工关系的一个重要影响因素。员工关系管理需要时刻掌握员工心态的变化，在企业内进行满意度调查，预防并处理各种谣言和员工息工现象，解决员工关心的问题。

七、企业文化建设

企业文化是伴随企业发展形成的企业氛围，是企业发展的"软实力"，也是企业竞争力的重要表现。企业文化建设是指企业文化相关理念的形成、塑造、传播等过程，是企业的一个重要组成部分。企业文化如同社会道德一样对企业员工具有内在约束作用，良好的企业文化能够增强企业的凝聚力、向心力，激励员工树立开拓创新、建功立业的斗志，促进企业经济效益的提升。企业管理者需要重视企业文化的建设，塑造积极有效、健康向上的企业文化，引导员工树立正确的价值观，维护企业的良好形象。

八、员工关系管理培训

员工关系管理培训是指组织员工进行人际交往、沟通技巧等方面的系统培训。在企业培训中,一方面,培训机制仍不健全,培训的随意性大,缺乏明确的培训目标,缺少专业的培训指导教材、培训讲师,对培训教师的授课内容缺乏必要的监督和检查,培训方式简单粗暴;培训成果转化不明显;另一方面,培训的作用没有得到企业管理者的高度认可,有时只是应对上级检查,同时人才流动的频繁性使得管理者担心培训成本得不到合理的回报。建立健全完善的培训机制对于员工关系管理具有重要作用。

九、服务与支持

员工关系管理包括对员工提供服务和支持,即为员工提供有关国家法律、法规、公司政策、个人身心方面的咨询服务,协助员工平衡工作与生活。对员工提供相关的服务和支持,帮助员工解决工作和生活中的难题,有助于发展和谐的员工关系,传递互帮互助的正能量,形成良好的企业工作氛围,留住优秀人才。

第三节 员工关系管理的内部沟通

员工关系管理的内部沟通是指在企业中,管理者和员工之间就企业信息所进行的传递和反馈的过程。沟通是为了更好地实现组织目标,良好的内部沟通能够使企业内信息畅通,有助于消除管理者和员工之间的矛盾,提高企业管理的效率,构建和谐的企业文化。

一、心理契约

(一)心理契约概述

1.心理契约的内涵

心理契约和劳动合同是员工关系的两种基本契约。关于心理契约的发展,美国著名的组织行为学家阿吉里斯(Argyris)在其《理解组织行为》一书中使用"心理工作契约"来描述一个工厂中雇员和雇主之间的关系,书中强调了在组织和员工的相互关系中,除了正式的经济契约规定的内容外,还存在着隐含的、非正式的相互理解和预期。

20世纪80年代后期,随着对这个概念主体认识的深化,学术界产生了以美国学者卢梭(Rousseau)等人为代表的"Rousseau学派"和以英国学者盖斯特(Guest)、康维(Conway)、赫瑞特(Herriot)、彭伯顿(Pemberton)等人为代表的"古典学派"。他们认为心理契约是雇员个体对双方交换关系中彼此义务的主观理解,是一个雇员对其自身与组织之间相互义务的一系列信念,这些信念建立在其自身对内隐承诺的主观理解的基础上,但并不一定被组织或其直接领导者所意识到。心理契约研究从传统的雇佣双方研究转移到雇员个体单一水平的研究。关于心理契约的概念,本书广义采取"古典学派"对心理契约的阐述,认为心理契约是指雇佣双方基于各种形式的(书面的、口头的、组织制度和组织惯例约定的)承诺对交换关系中彼此责任和义务的主观理解,侧重于"心理"成分的关注。狭义则采取"Rousseau学派"的观点,认为心理契约是指雇员一方对组织政策、实践和文化的理解和对各级代理人做出的各种形式承诺的主观感知和理解,在组织中,员工的感知并不一定被各级代理人所意识到,从而更侧重于实证研究。从本质上来说,无论主体是谁,心理契约都是建立在雇佣双方承诺的基础上的,是对相互责任和义务的主观感知,两种定义都体现了这一本质①。

2.心理契约的结构

心理契约的结构包含的内容相当丰富,归纳起来,比较有代表性的有二维结构和三维结构两种观点。

二维结构说的代表学者有卢梭、凯斯勒(Kissler)和米尔沃德(Millward)等人。这些学者将心理契约分为交易型心理契约和关系型心理契约两种,其中交易型心理契约是组织与员工之间的基本联系,也是员工生存的前提与基础,只有在满足员工交易型契约的基础上才能确保员工充分履行自身的责任;关系型心理契约一般满足的是员工更高层次的个人需求,关注的是一种长期的关系培养。

三维结构说的代表学者是卢梭和Tjorimala。他们通过实证研究的方式提出心理契约应由交易维度、关系维度和团队成员维度三方面构成,其中对于交易维度和关系维度的内涵与二维结构说的定义相同,而团队成员维度主要是指组织与员工之间应注意团队关系的建立与维护。

①刘永杰.事业单位员工关系管理的沟通艺术[J].黑龙江人力资源和社会保障,2021(13):78-80.

(二)心理契约是员工关系管理的核心

与劳动合同这一经济契约不同,心理契约是员工和企业对雇佣关系中彼此的权利义务关系的一种主观心理契约,是非书面化的约束企业和员工的规范,心理契约的破裂会产生许多负面影响。心理契约因人而异,是员工关系管理的核心,是影响企业和员工态度和行为的重要因素。

1.心理契约与员工行为

心理契约影响企业员工的行为,员工行为包括角色内行为和角色外行为(组织公民行为)。国内外学者经过研究认为,根据社会交换理论,心理契约的履行会提升员工绩效,反之,员工绩效则下降。角色内行为是指在角色概念、角色期望的基础上,实现自己所扮演的角色的行为,即角色实现。当员工感知到心理契约履行时,就会在与企业的互惠关系中更加努力工作,创造相应的产品,提升企业生产力,从而对员工的绩效产生正面影响。外色外行为是指除去雇佣契约中规定员工必须去做的角色内行为的一类行为,其有利于提高组织绩效,但是在组织的奖励机制中不一定能得到明确体现和认可。心理契约的破裂或违背会给员工造成不公平的感知,员工为了平衡这种感知首先会减少组织公民行为来恢复平衡感。

2.心理契约与组织承诺:

组织承诺(organizational commitment)是员工对组织的一种肯定性态度或心理倾向,组织承诺的形成,意味着员工在心理上与组织形成了一种固定的联结。对于组织承诺的内涵,目前大家比较认同的是梅耶(Meyer)和艾伦(Allen)提出的三因素模型,即组织承诺实际上包含三个维度。一是情感承诺,指员工对组织的心理依附,员工对组织忠诚是因为他们愿意这样做。二是持续承诺,指由于离职会带来损失,员工对组织忠诚是因为他们不得不这样做。三是规范承诺,指员工有一种义务感和责任感,员工对组织忠诚是因为他们感到应该这样做。由此可见,情感承诺是组织承诺的重要组成部分,而心理契约属于组织承诺的范畴。

二、有效沟通管理

企业内部的沟通即指企业内部信息的传递过程,企业内部沟通影响企业的各个部门和各个环节,具有重大意义。建立完善的企业内部沟通体系,可以有效体现员工参与,有利于提高员工的士气和组织决策的正确性,减少组织冲突,实现组织目标,从而为企业创造良好的内部工作环境,更好地实现企业的战略目标。

1.企业内部沟通的形式

管理沟通是一个由信息发送者、编码过程、信息与通道、解码过程、信息接收者、噪声、反馈七个要素构成的循环系统。信息发送者通过对沟通信息进行编码,选择适当的沟通渠道将编码结果向信息接收者发送,接收者在对信息进行解码后,形成自己的理解,再将信息接收后的结果反馈给信息发送者。人与人之间,由于心理因素,对信息过滤和受阻,会造成沟通障碍。

在管理沟通的整个过程中,信息发送者以编码为前提,将沟通渠道的选择作为关键条件和必要条件,向信息接收者发送信息。在此过程中,解码直接影响到管理沟通的质量,是管理沟通的核心。信息接收者对信息的理解和反应,由反馈传递给信息发送者,只有通过反馈来检验信息接收者的理解是否达到了信息发送者的期望,才能判断出本次管理沟通是否成功。

根据管理沟通的要素和过程,结合企业管理沟通实践,管理沟通具有多种形式。

按照信息的传递方向,可分为纵向沟通、平行沟通和跨部门沟通。信息的纵向沟通是指沿着组织结构等级进行的信息传递,包括自上而下沟通和自下而上沟通。自上而下沟通是组织最常使用的一种沟通方式,即上级领导根据职权向下级进行的领导、控制、授权、激励等活动,包括通知、声明、公告、信函、管理办法、报告等书面文件,口头沟通、面谈、电话指示、会议、小组讨论、演示等面对面交流,以及电邮、传真、电视电话会议、网络聊天工具、短信发送平台等电子沟通。自下而上沟通是指下属主动向上级发起信息传递的沟通过程,其目的是便于管理者听取意见、获取反馈以及建议,自下而上沟通也是员工主动参与管理的机会,包括工作汇报、意见反馈系统、员工座谈会、巡视员制度、意见箱等。信息的平行沟通是指组织内部同级别成员间的信息传递,其既可以发生在同部门同层级人员之间,也可以发生在跨部门同层级人员之间。跨部门沟通也可称为交叉沟通,是指组织内部在不同层级跨部门的沟通活动。相比来说,跨部门沟通更加难以操作,障碍更多,如对其他部门不了解,缺乏一定的沟通技巧等,会导致沟通过程中信息传递的曲解和贻误。

按照沟通渠道,可分为正式沟通和非正式沟通。正式沟通是组织内部按照规章制度开展的、明确的、正式化的沟通活动,信息传递过程均按照组织正式结构进行。正式沟通一般包括书面沟通、会议沟通、正式面谈等,按照沟通的渠道或者沟通的网络图形,正式沟通主要有链形、Y形、轮形、环形、全通道形五种模式。非正式沟通是指正式沟通之外的、灵活的、非正式化的信息传递活动。非正式沟通的沟通对象、时间及内容等都未经计划且难以确定,沟通途径有很大的灵活性,一般以口头沟通方式传递信息。同正式沟通一样,非正式沟通包括单串型、饶舌型、集合型和随机型四种模式。非正式沟通是企业内信息沟通的一种必不可少的方式,信息传递快并且直接,能够及时了解正式沟通难以了解的信息,有助于形成良好的人际关系。但是非正式沟通也存在缺陷,如沟通信息难以控制,容易失真,谣言等会借助这个平台散播,甚至会导致企业内拉帮结派,影响到组织内部的团结稳定。

按照沟通表现形式,可分为口头沟通、书面沟通、电子媒介沟通和非语言沟通。口头沟通是最易操作的沟通形式,其通过会议、面谈、讨论、电话和演讲等完成信息的传递。口头沟通信息传达快、能够承载的双向沟通信息量大、反馈及时、弹性大,但是口头沟通层次较多会产生信息失真的现象。书面沟通是将文字作为信息传递媒介来沟通的方式,包括报告、呈批材料、内部刊物、管理规定、通知布告等。书面沟通成本低,不受沟通场地的限制,信息在传递过程中不会失真,权威性强,保存时间长,但是也存在沟通不灵活、缺乏反馈和情感交流等不足。电子媒介沟通是以传真、电子邮件、电视电话会议、聊天工具、OA(办公自动化)、门户网站、论坛等电子媒介来进行沟通的活动。电子媒介沟通能够承载大量信息,传递速度快且容易实现信息资源共享,但容易受到硬件水平的限制。非语言沟通是指通过表情、动作、肢体语言、语调以及物体的操纵等进行信息传递的活动。在面对面沟通交流时,有声语言仅占比35%,而动作表情语言则占比65%。但是非语言沟通的辨识度和精确性不高。

2.有效沟通管理的策略

影响信息有效沟通的因素多种多样,根据管理沟通的过程描述,这些因素体现在影响信息发送、传递、接收等环节。具体来说,影响信息有效发送的因素包括组织语言能力不足,掌握知识的水平和内容不匹配,生活背景的差异导致沟通符号的差异,沟通主体的可信度等;影响信息有效传递的因素包括信息传递时间过长,信息传递渠道不畅通,外界存在干扰等;影响信息有效接收的因素包括信息接收者的解码存在偏差,信息过滤和梳理能力差,选择性知觉低等。

有效沟通管理就是对信息传递过程的管理,排除外在影响因素,确保信息传达的完整性、精确性和可靠性。其有效沟通策略包括信息发送者策略、信息接收者策略、信息策略、沟通渠道策略和文化背景策略。

(1)信息发送者策略

信息发送者策略主要分析沟通者自身如何明确沟通目标,在目标的指引下,结合自身的社会地位、职业、知识与技能、文化素养、价值取向、意愿要求、外表形象,选择相应的沟通策略。沟通的形式有很多种,一般而言,企业内部常用链形、环形、Y形、轮形和全通路形五种较为普遍的沟通网络形式。

(2)信息接收者策略

信息发送者策略是"自我认知"和"自我控制"的问题,信息接收者策略则是"了解对方"和"激发兴趣"的问题。信息接收者要从信息发送者的角度明确四个问题:接收者是谁? 他们了解什么? 他们感觉如何? 如何激发他们? 当沟通过程真正考虑了信息接收者的需求,并实现了换位思考,使信息发送者和信息接收者对信息的理解统一,才能确保沟通达到预期的效果。

(3)信息策略

在管理沟通过程中,信息发送者和信息接收者之间的信息编码和解码直接影响到信息传递的完整性和准确性,沟通过程中对称的信息才能确保信息的有效性。根据对记忆曲线的研究,人们在信息传递的开始和结尾记忆程度最好,因而信息发送者应该将关键信息和重点信息放在开头或者结尾进行讲解和阐述,甚至可以首尾呼应,起到再次强调的作用,增强他人对信息的记忆程度。

(4)沟通渠道策略

沟通渠道的选择对信息传递也至关重要,渠道的选择即为信息传播媒介的选择,应从自我沟通以及换位思考的角度考虑,将沟通渠道的选择作为保证沟通目标实现的手段。信息沟通渠道可分为纵向沟通、平行沟通和跨部门沟通,正式沟通和非正式沟通,书面沟通、口头沟通、电子媒介沟通和非语言沟通三个类属。在沟通过程中,可以根据组织发展结构、信息发送者和信息接收者的情况以及信息的特点,选择单一的沟通渠道或者几种沟通渠道结合的方式,最终选择最能保证沟通效果的渠道,保证沟通目标的实现。

（5）文化背景策略

文化背景是指一个人的知识水平情况,以及沟通主客体之间的经历、地位、技能和经验等。文化背景是影响沟通效果的不容忽视的重要因素,同时也与信息发送者策略、信息接收者策略、信息策略以及沟通渠道策略密切相关。从信息发送者策略和信息接收者策略来看,两个主体文化背景的差异会影响到沟通者的沟通目标、沟通渠道等;由于信息接收者的文化背景中对地位、权威和组织形象的期望不同,接收者的选择也会不同;从信息策略的角度来看,文化差异将影响到信息强调的方式和信息结构的选择;沟通渠道的选择也会因为文化不同而产生差异。

第四节 员工关系管理的纪律管理

企业中的各种规章制度、纪律规定是为了约束企业管理者和员工的行为,实现流程化、制度化管理,以提高企业效益。员工关系管理的纪律管理是维持组织内部良好秩序的过程,也是利用奖惩措施来纠正、塑造和强化员工行为的过程。

一、纪律管理的概念

所谓纪律管理,就是在一切共同协作的社会生产过程中,运用奖惩手段来约束员工的行为,使劳动保持秩序的过程。"约束员工的行为"包括两个层面:预防性纪律管理和矫正性纪律管理。前者聚焦于员工潜能的发挥,运用激励手段鼓励员工遵守企业的规章制度和行为准则,预防不良行为的产生;后者聚焦于呈现既定事实的最小代价,运用惩戒手段,如警告、降职、停职察看、劝退等,促使员工以后不再出现违纪甚至违法行为。

企业经营活动由从生产到销售或服务的一系列环节组成,各个环节都离不开企业的纪律管理,纪律管理对于员工提升和企业发展均具有重要意义。首先,纪律管理有利于约束企业管理者和普通员工的行为,提升管理者和普通员工的素质。对于企业管理者来说,通过纪律管理对管理者的行为进行约束,也使管理者具备了较强的决策能力、领导能力。如管理者在参与项目的过程中,制订计划需要征求所有员工的意见,然后再根据组织的实际能力来确定具体的目标;项目实施需要对项目进行跟进,以确保负责执行计划的员工能依照原定进度完成企业的经营目标,排除由于缺乏纪律导致的各种问题,同时也能理清各项具体细节,让企业各运作单位的步伐协调。对于普通员工来说,纪律管理可约束其行为,如不随便脱岗,有事请假等;可激发其工作积极性,如无故旷工会被扣发工资,使其保持出勤率等;同时,也使基层员工具备了职业化与专业能力、标准化与应变能力、专注化与细节能力。由于纪律方面的限制,员工更加注重细节,提高了忠诚度与创造能力。其次,纪律管理有利于形成良好的企业文化,促进企业发展①。

二、纪律管理的理论基础

(一)X–Y理论

X–Y理论是探讨人性与员工行为的理论,1957年由美国管理学家道格拉斯·麦格雷戈(Douglas McGregor)提出,麦格雷戈把传统管理学称为"X理论",他自己的管理学说称为"Y理论"。X–Y理论的基本观点是管理者根据一些人性假设来决定对员工的管理方式。X理论是一种消极的学说,其基本观点为多数人天生懒惰,通过X理论对员工的管理与矫正性纪律管理方式类似。Y理论与X理论不同,是一种积极的学说,其基本观点是一般人并不天生厌恶工作,多数人愿意对工作负责。麦格雷戈强调,必须充分肯定作为企业生产主体的人,企业职工的积极性是处于主导地位的,他们乐于工作、勇于承担责任,并且多数人具有解决问题的想象力、独创性和创造力,关键在于从管理方面如何将职工的这种潜能和积极性充分发挥出来,这也是"以人为本"管理思想的体现。通过Y理论对员工的管理与预防性纪律管理方式类似。

(二)激励理论

激励理论是关于如何满足人的各种需要、调动人的积极性的原则和方

①何筱瑜. 多管齐下,构建和谐劳动关系[J]. 人力资源,2022(02):80-81.

法的概括总结。激励的目的在于激发人的正确行为动机,调动人的积极性和创造性,以充分发挥人的智力效应,使其做出最大成绩。激励是指组织通过设计适当的外部奖酬形式和工作环境,以一定的行为规范和惩罚性措施,借助信息沟通来激发、引导、保持和规范组织成员的行为,以有效地实现组织及其成员个人目标的系统性活动。激励理论被认为是最伟大的管理原理。在员工关系管理中,企业可以通过内容激励以及过程激励等,使员工遵守企业规章制度,提高忠诚度和归属感。内容激励的理论基础包括马斯洛的"需要层次理论"、赫茨伯格的"双因素理论"和麦克利兰的"成就需要理论",企业可以从生理和心理,物质和非物质等方面对员工进行激励;过程激励的理论基础包括佛隆的"期望理论"和亚当斯的"公平理论"等。

(三)强化理论

强化理论是美国心理学家和行为科学家斯金纳等人提出的一种理论,也叫操作条件反射理论、行为修正理论,实际上也是一种行为后果的激励理论。斯金纳强化理论认为在操作条件作用的模式下,如果一种反应之后伴随一种强化,那么在类似环境里发生这种反应的概率就增加,而且,强化与实施强化的环境都是一种刺激,人们可以以此来控制反应。因此,管理人员就可以通过强化的手段,营造一种有利于组织目标实现的环境和氛围,以促使组织成员的行为符合组织的目标。

(四)控制点理论

1954年,美国社会学习理论家朱利安·罗特(Julian Bernard Rotter)提出控制点(locusof control)这一概念,旨在对个体的归因差异进行说明和测量。罗特还区分了内控者和外控者两个概念。内控者认为个人生活中多数事情的结果取决于个体在做这些事情时的努力程度,所以这种人相信自己能够对事情的发展与结果进行控制;外控者认为个体生活中多数事情的结果是个人不能控制的各种外部力量造成的,他们相信社会的安排,相信命运和机遇等因素决定了自己的状况,认为个人的努力无济于事。

三、纪律管理的策略

奖励和惩罚是管理者对员工进行纪律管理的主要手段,奖励是一种积极性的激励因素,会使员工感到满足,得到肯定;惩罚是一种消极性的负面因素,会使员工感到恐惧和挫折。申诉是员工面对不合理的组织管理表达意见和建议的一种方式,是员工应该行使的权力,申诉会促使管理者反思管理行为,提升管理效果。

(一)奖惩

奖惩是管理者根据已发生的员工行为,依据企业的职工奖惩有关规定所进行的处理。对员工的奖励和惩罚必须有理有据,才能发挥奖惩在规范员工行为方面的作用。

1.奖惩的措施

企业奖励的实施包括物质奖励和非物质奖励。物质奖励是奖金、加薪、旅游等与金钱相关的奖励方式,而非物质奖励包括晋升、培训深造、表彰等。奖励措施体现的是企业对员工忠诚度、工作态度、工作表现和工作绩效的认可。奖金、加薪、旅游等可以提高员工的生活消费水平,使员工获得及时的满足,对于员工的短期激励十分有效。晋升是指员工在组织中由低级岗位向更高级岗位变动的过程;培训深造是指优先选送获奖者在国内或者出国深造进修;表彰是指利用公开的场合对获奖者给予表扬,或者将获奖者的事迹通过媒体进行赞美,这些非物质激励是企业对员工进行长期激励的有效手段,可以满足员工更高级别的需求,同时也是对企业的一种长期投资。

企业对员工实施处罚通常是在出现了以下几种情况下进行的:不按时上下班,不服从上级领导,严重干扰其他员工或管理者的正常工作,偷盗行为,在工作中违反安全操作规程,以及其他违反企业规章制度的行为等。企业对员工的惩罚措施按照处罚程度由轻到重分为谈话(批评)、警告、惩戒性调动和降职、暂时停职以及追究刑事责任。管理者找员工谈话是最常用到的管理手段;警告是书面的文件,说明员工违反了什么,再次违反会产生什么后果,在限定日期内不加以改正会受到什么处罚,有发送日期和接受者签字;惩戒性调动和降职与晋升相反,既包括员工从原有序列调到另外序列,也包括员工在同一系列中的职务降级,两者的共同点为职务等级降低;暂时停职是指在一段时间内停止受惩罚者的职务,并且停止发放薪酬和津贴;追究刑事责任是指对触犯刑法者移交司法机关,由司法机关进行处理。

2.实施奖惩的注意事项

实施奖惩关系到企业和员工的切身利益,在具体操作过程中企业管理者需要倍加关注,以免造成员工的不满情绪,甚至提出申诉。实施奖惩的注意事项包括三项:①以事实为依据,注意调查取证。奖惩应该建立在事实清晰、证据确凿的基础之上,并且实施奖惩应当有明确的、可呈现的依据。在企业中,可以建立员工的工作档案,记录员工的工作表现、工作业绩、违规行为等,时刻更新员工的工作状态,使之成为员工奖惩的一种依据。管理者要避免草率行事,切忌在惩罚之后搜集证据。②在实施处罚时注意由轻到重,掌握好处罚力度。管理者对员工进行处罚时应该循序渐进,确保对员工所犯错误进行最轻的处罚,当然对于严重的违纪违法行为,如盗窃、打架等可以采取最直接的处罚,总之,对员工的惩处应该与其所犯错误的严重程度相匹配,做到公平公正。③奖惩结果须向员工公示,遵循民主程序。依据企业职工奖惩条例进行的奖惩应该公平公正,得到企业员工的认可和赞同;同时也需要企业在制定规章制度时征求员工的意见和建议,遵循民主程序,如职工代表大会通过、集体谈判确认通过等。

(二)申诉

当员工对企业某些决策不满时,员工可以通过口头或者书面的形式提出申诉。组织或者企业一般都设有员工申诉制度,当员工对雇佣条件不满,产生不公平感时,会影响员工的工作情绪,降低工作效率,申诉制度的建立为解决此类事件提供了一种正式化的、被认可的途径。

1.申诉的种类

组织内的申诉包括个人申诉和集体申诉两种。个人申诉是指员工个人对管理方给出的奖励(物质奖励和非物质奖励)和惩罚(谈话、警告、惩戒性调动和降职、暂时停职以及追究刑事责任等)的决定存在异议,由个人或者工会代表向管理方提出。集体申诉是指由组织双方(工会和管理方)针对对方违反协议条款的行为提出政策性申诉,例如管理方把协议中规定的本应该由企业完成的工作任务外包给其他公司,造成公司内部工作岗位减少,损害了员工的利益。

申诉的内容一般限于与工作相关的争议,员工的私人问题、家庭问题则被排除在外,不能通过申诉的方法解决。一般而言,在组织内可以通过员工申诉制度解决的事情包括工资水平、员工福利、工作环境、安全卫生条件、管理规章制度、工作分配与调动、绩效考核、员工关系等。

2.申诉的程序

由于企业内部设置的不同以及申诉事件的不同,员工申诉的程序也存在差别。在没有正式工会的企业中,员工申诉多由当事人与主管直接协商,若是得不到解决,则向上一级提出进行再次协商,以此类推,直到最高主管来解决;在工会组织健全的大企业中,员工申诉一般经过三个步骤:第一,由员工及其工会代表与直接管理人员通过非正式方式进行协商,如果失败,再向其他管理者提出书面申诉;第二,由工会领导与部门经理或者工会负责人直接协商;第三,由工会同当地工会主席或者人力资源管理部门负责人进行协商,如果对于申诉内容仍然不能解决,则结束申诉,进入仲裁阶段。

总之,不管组织内有无工会,员工申诉的程序都可分为五个阶段。

(1)员工或者工会代表提出申诉

员工或者工会代表面对需要申诉的事项时,切忌鲁莽冲动,应该以平和的心态相信员工申诉制度,通过法定程序提出申诉。

(2)管理方受理员工申诉

不管员工出于什么原因提出申诉,管理方都要客气有理地接纳申诉人的申诉,耐心听取事件的过程,与申诉者、监督者进行协商。

(3)调查取证

管理者需要本着公开严谨的态度及时查明引起争议的事实,不得偏袒,如借助员工工作档案、访谈事件的参与人等,同时注意证据的搜集、整理和保存。

(4)处理申诉问题

管理者在了解了员工申诉的事件之后,与员工进行协商,提出让双方都满意的解决方案,还原事实的本来面目,消除双方的误会,做好"和事佬"的角色。

当然,对于情节恶劣的事件,管理方在查明真相的基础上应秉公办理。

(5)申请仲裁或者提起诉讼

如果员工申诉不能在组织内部获得圆满解决,那么双方可以申请第三方机构介入。在我国,组织外部的司法机构有劳动争议仲裁委员会和人民法院,双方可以申请仲裁,如果对仲裁结果不满意可以进一步向人民法院提起诉讼。

第五节 员工关系管理的出口管理

离职是员工关系管理的重要组成部分,是员工从企业中撤出的现象。员工关系管理的出口管理即员工的离职管理。做好员工的离职管理对于企业的发展具有重要意义,企业既要肯定离职的积极意义,同时也要对员工的离职进行有效管理。

一、员工离职概述

（一）离职的界定

离职的含义可以从广义和狭义两个方面进行界定。从广义来讲,员工离职即为"个体作为组织成员状态的改变"。从这个定义中可知,只要员工的状态发生了改变即被称作离职,除了员工的流出之外,诸如员工的晋升、降级、流入以及调动等都被纳入这个概念的范畴,即我们通常所说的"员工流动"。从狭义来讲,员工离职是"一个从企业领取货币性报酬的人中断作为企业成员关系的过程"。员工离职的狭义概念与企业内部的晋升、降级、转岗应区别开来,因为其强调了离职是员工与组织雇佣关系的中断。

（二）离职的分类

根据不同的分类标准,企业员工的离职可以分成不同的类型。按照员工离开组织的不同意愿,可以将其分成自愿离职、非自愿离职和自然离职;按照离职员工绩效,可以将其分为功能性离职与功能失调性离职;按照员工与企业契约关系的状态,可以将其分为显性离职和隐性离职。

1.自愿离职、非自愿离职和自然离职

有的学者按员工离开组织的不同意愿,将员工离职划分为自愿离职、非自愿离职和自然离职三种。自愿离职是指员工在没有任何压力的情况下自愿离开组织,如跳槽等;非自愿离职是指员工在企业的要求下不得不离开组织,如解雇、开除和结构性裁员等;自然离职是指纯属自然或意外因素所致的员工离职,对企业人力资源管理的影响意义不大,如退休、伤残、死亡等导致的员工离职。

2.功能性离职与功能失调性离职

依据离职员工的绩效、组织继续雇用的意愿和取代该员工的容易程度,离职可以进一步划分为功能性离职与功能失调性离职。组织所要避免的是功能失调性离职,即组织愿意雇用而个人不愿意留下的情况。

3.显性离职和隐性离职

与西方发达国家的市场经济相比,我国实行的是社会主义市场经济体制,具有自身的经济发展特色,考虑到两者存在的经济差异,可以将我国企业离职分为显性离职和隐性离职两种。显性离职是指员工事实上已经中断了与企业的契约关系,包括自愿离职和非自愿离职中已经与企业中断的契约关系;隐性离职则是指员工有离职意向且从事着与本职工作无关的一类工作,但仍与企业保持着契约关系的状态。员工隐性离职行为在我国企业尤其是国有企业中相当普遍,这是我国在经济转型时期国有企业人力资源管理体制相对落后的情况下,员工与企业相互博弈的结果[1]。

二、员工离职管理

员工离职会产生一定的离职成本,对于企业来说是一种损失,因而做好企业员工的离职管理尤为重要。对于员工的自愿离职,企业需要运用留人的策略;对于员工的非自愿离职,企业需要谨慎决定,切忌草率。

(一)员工离职的成本测量

对于员工离职费用的测算,目前国内还无法进行精确的量化。离职费用的测算比较复杂,对于许多变量如新员工训练费用、生产力低下等,是否应纳入员工离职成本的测算范围还有待商榷,即员工离职测算的口径不能完全统一。

目前,企业可以根据实际情况将与员工离职相关的所有变量整合为一个标准化的形式,并运用于离职管理中,将离职费用管理的责任进行分配,明确界定各部门的责任,将离职整体的预算具体分配到各个部门中,并置于总预算的控制之下,促进各部门共同谋求降低离职预算的方法;对各部门的离职费用进行监督,比较预算和实际花费,将离职费用控制在适

①李妮.利用组织行为学促进员工关系管理[J].人力资源,2021(20):32-33.

当的水平。

(二)员工离职的管理策略

按照员工离开组织的不同意愿划分离职类别——自愿离职、非自愿离职和自然离职探讨离职管理的策略。自然离职是员工离职的常态,管理者对企业员工离职的管理主要体现在自愿离职和非自愿离职方面。

非自愿离职的典型代表是解雇,解雇对企业和员工都会造成一定的影响。企业管理非自愿离职应该从甄选员工开始,企业在招募员工时应当慎重,避免解雇给双方造成伤害。企业解雇员工的依据通常是员工的绩效考核成绩、矫正员工过失的档案记录、书面警告、企业规章制度以及法律法规的规定。企业解雇员工时需要处理好员工的情绪问题,通常员工关注的是企业解雇自己的依据,为此需要承担的责任以及企业的补偿,企业遇到心存怨愤的员工时,不要着急进行决定,可给予员工辩解申诉的机会,让员工心服口服。企业解雇员工时应当迅速,避免员工的不安、疑虑,一般而言,管理者尽量避免使用解雇的手段对员工进行处理,有时可以采用减少薪酬或者降低职务等替代性的方式对员工进行惩罚。

在员工离职之后,企业还应维持员工离职后的管理,尽可能与离职员工保持联系,这样对于企业的外在形象和员工凝聚力的培育具有重要作用。第一,企业人力资源部可以建立离职员工的个人档案,并及时更新,为企业与离职员工之间建立联系的纽带;第二,对于某些员工来说,离职是在不可抗力的情况下进行的暂时决定,企业必须与工作优异却离职的员工保持紧密联系,在必要的时候,寻找合适的机会重新聘请其回归岗位;第三,对于企业退休人员,企业应该在生活和情感上多加照顾,及时了解退休人员的现状,人力资源部在条件允许的情况下可以继续为其提供各种服务,若是某些退休人员精力旺盛,企业存在某些岗位空缺,可以对这些人员进行返聘,让其继续为企业发展做贡献;第四,对于离职人员,不论是自愿离职还是非自愿离职,企业可以通过座谈会(由离职人员与在职员工进行沟通,互相传授经验和知识)、恳谈会(让离职员工重回企业分享企业的喜悦,增强员工的情感)和演讲会(邀请离职员工参加,启发员工的工作理念)等活动,让其为企业的发展出谋划策,振奋员工士气。

第六节　员工关系管理的留人管理

组织与员工之间存在着契约关系,约束着双方的权利和义务。随着社会流动的加剧,员工的工作认知和工作状态也随之发生了变化,他们并不认为始终服务于一家企业是工作的常态,企图不断尝试新的工作以增加阅历,寻求突破。离职现象频繁发生。所以,人才,对于企业的发展具有重要的作用,如何避免员工自动离职,留住企业优秀的人才是当今企业发展的挑战。

一、工资管理

(一)工资确定

劳动法中规定,工资是雇主依据国家有关规定及劳动合同约定,以货币形式直接支付给劳动者的劳动报酬。那么员工的工资通常是如何确定的呢?

工会组织与企业雇主双方通过集体协商方式,决定短期货币工资及其他劳动条件,已经成为现代市场体制普遍接受的工资决定方式。运用集体协商决定短期货币工资是基于集体谈判的范围论和效率合约理论。

英国经济学家庇古于20世纪初在其《福利经济学》书中建立了一种短期工资决定模型,这一模型讨论了劳动关系双方关于工资的集体谈判范围。集体谈判双方坚持点的确定,主要取决于四种因素。其一,劳动力市场劳动力供求状况。若劳动力市场供大于求,将增强雇主的交涉力量;反之,将增强工会的交涉力量。其二,宏观经济状况。经济处于繁荣时期,有利于提高工会的坚持点,同时,市场的景气与繁荣,也存在着提高雇主坚持点的倾向。经济处于停滞时期,有增强雇主的交涉力量和降低其坚持点的倾向。此时,工会的坚持点也可能下降。其三,企业货币工资的支付能力。这主要取决于企业的劳动生产率和企业的经营效益。其四,其他工会组织的集体谈判结果的影响效应。此外,双方交涉范围还要受到双方代表谈判技巧,工会的组织程度、团结程度,以及道德因素与社会舆论倾向等诸多影响①。

（二）工资支付

工资是雇员生活的主要来源，支付工资是雇主对雇员履行的一项重要义务。工资支付符合企业内部规章制度，并且获得外在的法律支持，可以使员工获得安全感和满足感。工资支付必须遵守企业工资支付的原则，具体包括：①集体协商原则，即工资的给付标准和数额由当事人双方协商确定；②公平公正原则，即不因职业、产业、种族、性别、年龄和受教育程度的不同，给予差距较大的工资水平，《劳动法》第46条规定："工资分配应当遵循按劳分配原则，实行同工同酬。工资水平在经济发展的基础上逐步提高。国家对工资总量实行宏观调控。"第100号国际劳工公约也规定了"对男女工人同等价值的工作给予同等报酬"；③紧急支付原则，即当劳动者遇到生育、疾病、灾难等非常情况急需用钱时，雇主应当提前支付劳动者应得的工资，体现企业的人文关怀，塑造团结的企业文化；④依法支付原则，即按照法律法规或者合同约定的标准、时间、地点、形式和方式发放工资，根据《劳动法》《中华人民共和国劳动合同法》（简称《劳动合同法》）和《工资支付暂行规定》的要求，我国工资支付应当以法定货币支付，不得以实物以及有价证券替代货币支付，同时应当按时支付给本人或者委托人，按照企业规定的每月发放工资的日期支付给劳动者本人，因故不能直接领取工资的可由其委托人代领。

二、企业文化建设

企业的留人管理除了做好上述工资管理和职业生涯管理两方面之外，企业文化也是影响企业留人的重要因素。

（一）企业文化的内涵

企业文化是企业在其日常运作的实践过程中所形成的专属于该企业的一套文化体系，既囊括了物质内容，又囊括了精神内容。企业文化理论是在管理科学和行为科学的基础上逐渐演变产生的一种现代行为理论，是科学技术迅速发展、生产社会化水平不断提高的产物。

---

①桑秋光.员工关系管理,促进员工与组织契合发展[J].中国质量,2021(11):101-105.

（二）企业文化的功能

1.企业价值导向功能

企业文化的所有内容都是在价值观的基础上产生的，都是价值观在不同层次、不同角度、不同方面和不同时期的体现和具体化。价值观在企业文化中的地位，使它不仅决定着企业的发展方向，而且决定着企业的特征，是企业生存和发展之本。价值观的核心作用远远大于技术和组织结构的作用，因而许多企业家十分重视企业价值观的建设。美国麦肯锡管理咨询公司的研究人员在对多个企业进行考察和研究后得出结论，任何一种明智的管理都涉及七个变量，即结构、战略、体制、人员、作风、技巧和共有价值观，并把共有价值观居于七个变量的核心地位。企业价值观对企业的发展具有重要的意义，尤其是在知识经济时代，企业价值观作为企业和全体员工的价值目标和行为取向，在企业文化和企业发展中具有重要的导向作用。

2.企业文化的凝聚功能

企业文化像一根纽带，把员工个人的追求和企业的追求紧紧联系在一起，像磁石一般，将分散的员工个体力量聚合成团队的整体力量。企业文化比企业外在的硬性管理办法具有内在凝聚力和感召力，使每个员工产生浓厚的归属感、荣誉感和目标服从感。企业文化的凝聚功能尤其在企业的危难之际和创业之时，更显示出巨大的力量。

3.企业文化的激励功能

管理的核心是人，管理的目的是要把蕴藏在人体内的聪明智慧和才能充分挖掘出。企业文化能够最大限度地激发员工的积极性和首创精神，使他们以主人翁的姿态，关心企业的发展，贡献自己的聪明才智。在企业文化的激励下，员工积极工作，将自己的劳动投入集体事业中去，共同创造、分享企业的荣誉和成果，本身又会得到自我实现及其他高层次精神需要的满足，从中受到激励。所以，一种积极的企业文化具有良好的激励功能，能够使员工士气步入良性循环轨道，并长期处于最佳状态。

优秀的企业文化把人看成最重要的资源，以人为中心，致力于人的不断完善和全面发展，使员工看到企业存在对自己的重要意义，看到自己在企业中的重要价值，从而产生崇高的使命感，以高昂的士气自觉地为企业发展、为实现自己的人生价值而努力工作。在以人为本的企业文化气氛下,员工对企业的贡献能够及时得到肯定、赞赏和奖励,能使员工产生极大的荣誉感和满足感,从而激发其以极大的热情不断进取、创造性地工作,在为企业创造价值中实现自身价值。同时,由于企业的价值观是被全体员工所认同和提倡的,员工之间会形成相互信任的融洽氛围,产生信任激励。

4.企业文化的约束功能

企业文化对员工行为具有无形的约束力。它虽然不是明文规定的硬性要求,但会以潜移默化的方式,形成一种群体道德和行为准则,某种违背企业文化的言行一经出现,就会受到群体舆论和感情压力的无形约束,同时使员工产生自控意识,实现内在的自我约束。

5.企业文化的品牌功能

品牌是企业为使自己的商品区别于其他企业商品所进行的特殊标志,是企业形象特征最明显的外在表现。品牌不仅最能体现企业文化和企业显著利益,还是维系企业员工利益的重要纽带之一。将企业精神注入企业品牌,可使企业员工意识到自己的工作对企业的意义,更自觉地关注企业的共同利益、市场的开拓与维护。企业的品牌是一个企业最大的无形资产,是企业增加收入的核心要素,是市场竞争优势的代表。

(三)企业文化建设

1.企业文化建设的原则

(1)与企业战略相结合、长期渐进的原则

企业应从战略的高度来考虑企业文化的建设。推行企业文化本质上是为了提高企业的竞争力,为企业的长远目标和战略服务,企业应树立长期渐进的观点,并且要有克服各种阻力和困难的心理准备,有计划、分阶段完成企业文化的再造。

(2)领导主导原则

企业文化作为一种上层建筑的表现形式,应该从上到下贯彻实施。首先领导层要达成共识,要充分发挥企业高级、中级管理层对企业文化的推动与示范作用,领导亲自参与推行至关重要。

(3)动态完善原则

在企业发展的不同阶段,受外界环境和内部条件的约束与影响,企业的文化也将表现出不同的内涵与外延,这是一个动态完善和调整的过程。

设计流程必须是开放的。

（4）全员参与的原则

员工在企业文化建设中扮演着双重角色,既是企业文化建设的主体,是推动者和参与者;也是企业文化建设的客体,是接受者和被改变者。因此,必须与员工进行充分沟通,得到员工的理解与支持,激发员工的主动性与积极性,使其真正发挥主体作用,成为企业文化变革的支持者与实践者。

（5）注重实效的原则

在设计企业文化的过程中,要认认真真去做,不做表面文章,并且要在实施执行的过程中及时收集反馈信息,发现问题、解决问题,修改设计方案,保证企业文化建设体系具有可操作性和可行性,以保证建设效果。

2.企业文化建设的步骤

企业文化建设是一项复杂的系统工程,也是一个循环往复和不断发展的动态过程。企业文化建设的基本程序,主要有启动、调研、设计、实施、完善等,在对企业现有文化的变革中,企业文化的设计与实施两个环节尤为重要。

企业文化建设的启动,标志着企业致力于构建新的企业文化的开始。其主要任务有两项:一是落实企业文化建设前期工作的人、财、物保障;二是宣传发动,如召开企业文化建设启动大会,在企业中营造有利于深入开展工作的氛围。

3.企业文化实施的方法和形式

要使企业员工真正认同企业文化,在思想和行动上与企业文化保持一致,需要较长的过程。并且在这一过程中,需要采用多种形式来灌输和强化,采用多种方法来推动和控制。

第一,进行系统的企业文化教育培训。对员工进行系统培训,是灌输企业文化的主要方法,培训应从上到下分层次进行;编制培训手册,包括企业文化主要理念内容（企业价值观、企业最高目标、企业哲学、企业宗旨等）、员工行为规范、企业重要制度等,这是培训和自学的主要教材;采取多种培训方式,比如教师授课、干部宣讲、员工自学、小组讨论以及到优秀企业参观访问等,使大家心领神会,内化为个人的思想,外显为预期的行为。

第二,宣传和沟通理解。在实施企业文化时,要做好宣传工作,取得沟通理解,不仅是在企业内部,对外也要做好这方面的工作,创造有利于企业文化建设的舆论环境。

第三,发挥领导示范带头作用。在企业文化建设中,管理层的领导示范作用至关重要。领导的一举一动都会引导员工的行为取向,领导的行为如果符合企业文化的内涵,那么员工将自觉向企业文化靠拢。在企业文化自上而下的贯彻实施过程中,要充分发挥管理层,尤其是中层管理干部的模范带头作用。

第四,深入讨论制定相应的整改措施。在实施企业文化的过程中,企业的各项政策和制度要与企业文化相适应,其中没有体现企业文化的地方要补充,与企业文化建设不相符的地方要改正,制定出整改措施,实现理念和制度的更新。

第五,创建特色活动情景强化。创造多种企业风俗及活动,形式多样地强化企业文化建设,使企业文化深入人心。比如演讲比赛、自编自演身边事的新年晚会、拓展训练、生日活动等。

第六,企业文化人格化。身边的优秀事迹更有教育意义,它所起到的作用是一般的号召所不能比拟的。企业文化在实施过程中,应该将抽象的概念变成实实在在的、栩栩如生的事例。将公司内的优秀员工、典型事例概括升华,形成文字,使企业文化的内容人格化,更易于员工理解和接受。

第七,实行相应的奖惩措施。每年有一个固定时间作为企业文化活动周,进行企业文化建设,比如进行先进个人和先进集体的评比和表彰;对企业文化建设活动中没有达标的机关科室、车间进行批评;对违反规定或严重违背企业文化的员工进行相应的处罚。通过奖励和惩罚,使企业文化建设这个软管理的环节变成硬指标,使各个团体和个人高度重视并身体力行。

第十一章 基于人力资源开发理论下的技能人才培养研究

第一节 人力资源开发基础理论

一、学习的基本理论

(一)行为主义学习理论

行为主义学派有很长的历史,最先由约翰·沃森创立,他在1913年引入了这个术语并且发展了它的内容。行为主义学派的主要代表人物有爱德华·桑代克(Edward L.Thorndike)、约翰·沃森(John B.Watson)、埃德温·格思里(Edwin R.Guthrie)、克拉克·赫尔(Clark I Hull)和斯金纳(B.F.Skinner)等。虽然他们有着不同的观点,但在一些基本点上是相同的,如都将学习看作是刺激与反应的联结;关注学习引起的行为变化;重视环境对学习的影响,认为学习是环境的产物等。

行为主义学习理论的基础是经验主义。经验主义认为经验是知识的主要来源。这就是说,有机体生来好比一张白纸,任何知识都是来自同环境的互动及联系。从亚里士多德开始,经验论者信奉知识来源于感觉印象。这种印象,随着时间和空间上的不断联系,能够结合成复杂的观念。

对于学习是如何发生的,行为主义学派认为,当一个具体的环境刺激呈现之后,一个人能够表现出一个恰当的反应,学习就算是发生了,因此学习是刺激与反应之间的联结。在这里,学习的关键因素是刺激、反应以及两者之间的联系。反应就是我们所说的行为。如果没有反应或行为,学习就没有发生。行为主义认为,只是认知的改变,而没有行为的变化就不能称为学习。行为主义非常看重业绩的后果,认为得到强化的反应在未来发生的可能性更大。行为主义不注重学习者的知识结构或某种心理过程对他们运用知识的必要性。学习者被看成是对环境中的条件做出反应的人,而不需要在环境中担负起积极主动的责任①。

行为主义学派认为,虽然学习者个人对学习和绩效有重要影响,但外部环境起到了核心作用。人们所需要考虑的是如何在刺激和反应之间形成联系,并使之得到强化与维持。行为主义者主张对学习者做出评估以确定教学应该在哪一个地方开始,同时也强调要确定哪一种强化对具体的学习者来说是最适宜的,然而关键的因素还是在如何安排特定环境中的刺激及其后果。

行为主义者力图做出策略性规定,该策略对建立与增强刺激—反应之间的联结是至关重要的,如运用教学提示、练习和强化等。通常情况下,这些策略已被证明对促进以下任务的学习是有效的,即辨别(回忆事实)、概括(下定义、举例说明和理解概念)、建立联系(应用性外推)和链索(自动完成某一特定程序)。

行为主义学派对人力资源开发与培训设计提供了理论基础。行为主义曾经作为设计早期的视听教学基础,提出了不少相关的教学策略,诸如斯金纳的教学机器和程序教材,以及当前的计算机辅助教学(CAI)等。

行为主义者的教学目标是,已经给予学习者的刺激是否能引发并获得预期的行为。为了达到这一目标,学习者必须知道如何去做出适当的反应,以及在什么条件下去做出这个反应。因此,教学主要是围绕着给予适当的刺激和提供恰当的机会让学习者练习并做出反应。为了在刺激与反应之间建立联系,通常在教学中要安排线索(作出什么反应的最初提示)和强化(增强在呈现预期刺激时的正确反应)。

行为主义学派也受到严厉的批评,批评者主要是成人教育学家,他们更偏好人本主义和建构主义的观点。主要的批评意见是行为主义学派把学习者看作是被动的和依赖性的,没有考虑个人的见解和领悟在学习中的作用。此外,行为主义学习原理无法适当地解释如何获得高层次技能及理解深层次问题的过程(例如语言发展、问题解决、做出推测和批判性思维)。但行为主义学派为以技能为取向的培训和开发活动提供了很好的理论指导。

---

①章凯,时金京.人力资源开发的人格途径:理论基础与管理启示[J].中国人力资源开发,2019,36(01):152-163.

（二）社会学习理论

自20世纪40年代以来,行为主义心理学家们开始对儿童是如何获得社会行为(如合作、竞争、攻击、道德和其他社会反应等)等问题发生了兴趣。他们发现儿童总是有选择性地模仿受到强化的行为,有时模仿那些过去没有相互作用过的行为,有时儿童在观察了某种行为的几天、几周之后,虽然他们没有受到强化,也没看到该行为在榜样身上的强化,但孩子们却会模仿新的行为。面对这些现象,班杜拉提出了一套最为综合并且广为接受的模仿理论。这一理论最初称之为社会学习理论,后来又称为社会认知理论。

社会学习理论是指人们通过观察他们认为值得信赖且知识渊博的人(榜样)的行为而进行的学习。班杜拉认为学习是通过观察他人和模仿他人的行为而产生的,新技能或行为的学习有两个途径:一是通过直接经验进行学习,二是通过观察或聆听发生在其他人身上的事情而学习。

班杜拉将通过直接经验进行的学习称为参与性学习,通过观察而进行学习称为替代性学习。参与性学习是指通过实做并体验行动后果而进行的学习。班杜拉的参与性学习是操作条件反射的扩展,也认为行为是结果的函数,即能导致成功后果的行为被保留下来,而导致失败后果的行为被舍弃,不过他强调知觉在学习中的重要性。斯金纳认为行为的后果是增强或减弱行为,而参与性学习的后果是为学习者提供信息和激励。对于参与性学习而言,行为的后果是告知学习者的动作是否准确合适。如果成功地完成了某项任务或受到一定的奖励,学习者就知道自己做得很好;如果失败或者受到惩罚,学习者就知道自己犯了某些错误并会尽力加以修正。行为后果还能激发学习者学习和表现的动机,学习者总是学习并表现他所看重和确信能带来理想后果的行为,而避免学习和表现一些受到惩罚或令人不满意的行为。这意味着,正是学习者的认知而非行为的后果影响了学习。也就是说人们是根据自己的认知做出反应并界定这一结果,而不是根据客观结果本身做出反应。

替代性学习是指通过观察别人而进行的学习。在学习过程中学习者没有外显行为。人类的大部分学习是替代性学习。替代性学习大大提高了学习的速度,同时还可以避免人去经历有负面影响的行为后果。班杜拉认为社会行为主要是通过观察和模仿别人的行为而获得,学习者首先观察榜样的解释并示范这些技能,然后进行大量练习和实践,并从指导者那里获得反馈和激励。

1.注意过程

学习者只有在意识到了示范者的优良行为之后,才能够观察和模仿学习。注意过程是指学习者注意和知觉榜样人物的各个方面。学习者的特点和榜样的特征影响观察学习的程度。学习者必须具备一定的感觉和认知能力,并能界定出榜样人物,知道应该注意哪些行为。学习者一般比较容易观察那些与他们自身相似的或者被认为是优秀的和有力的榜样,有依赖性的、自身概念低的或焦虑的学习者更容易模仿行为;强化的可能性或外在的期望影响个体决定观察谁、观察什么。

2.保持过程

保持过程意味着学习者必须记住他们从榜样情景中所观察的行为。学习者在记忆中对观察的行为通过视觉表象或言语符号的形式进行编码。学习者储存他们所看到的感觉表象,并且使用言语编码记住这些信息,这样在需要的时候就能够回忆起来。

3.复制过程

复制过程是指学习者复制从榜样情景中所观察到的行为。在行为复制过程中,学习者将记住的符号表征转换成适当的行为,学习者重复这些行为的程度取决于他回忆这些行为的能力。学习者的实践机会也影响他模仿行为的准确度。在信息反馈的基础上,学习者可以精炼自己的反应,即自我观察和矫正反馈。

4.动机过程

动机过程是指学习者因表现所观察到的行为而受到激励。如果学习者的模仿行为受到奖励,那么他就更可能接受和实践这种行为。需要注意的是,社会学习理论认为新的学习与习得行为的表现是不同的。知识的获得(学习)与基于知识的可观察的表现(行为表现)是两种不同的过程。人所知道的要比表现出来的多。学习者是否把从观察中习得的行为表现出来,依赖于许多因素,如动机、兴趣、外在刺激、觉察到的需求、生理状况、社会压力以及社会竞争等。学习者并不是模仿他们所学的每一件事,有些学习者尽管学到了某些行为,但如果不具备环境条件,他们不会表现出这些行为。因此,强化非常重要,但并不是因为它增强行为,而是提供了信息和诱因,对强化的期望影响观察者注意榜样行为,鼓励学习者编码和记住可以模仿的、有价值的行为。

三、认知主义学习理论

认知主义是基于弥补行为主义学派的局限性,尤其是对人类学习的"无思想"模式的限制,而产生并发展起来的。早期根源可追溯到20世纪20年代托尔曼(EdwardTolman)、格式塔心理学家皮亚杰(JeanPiaget)和维果斯基(LevVygotsky)等人的著述。20世纪50年代后期,当代认知主义开始出现,学习理论也开始从行为模式转向依赖于认知科学的理论与模式。认知学习理论不再强调外显的、可观察的行为,开始重视人在学习或记忆新信息、新技能时的认知过程,如思维、问题解决、语言、概念形成和信息加工等。

认知主义理论认为学习是一个把新信息和以前接收到的信息联系起来的过程,学习涉及心理要素及其结构的形成,而它们并不是一定表现出外显的行为变化。认知主义理论强调知识获得和内部心理结构,将学习的过程概念化。该理论不注重学习者在学习过程中做了多少事情,而注重他们知道什么、是怎么掌握的。学习或知识获得被看成是一种心理活动,包括学习者的内在接收、编码、组织、贮存和提取工作。

由于强调心理结构,认知理论通常被认为比行为理论更适宜于解释较为复杂的信息方式(推理、问题解决、信息加工)。认知主义学习理论与行为主义学习理论对教学目标的看法基本相似,都强调运用最有效的方式向学习者传递知识,通过简化、还原和标准化使得知识的迁移更有效。只是二者在所采取的具体教学策略和教学方式上有所不同。例如,给一个受训者若干组块的信息,为了使他能又快又便捷地同化或顺应新信息,行为主义者注重设计环境以实现知识迁移,而认知主义者则强调突出有效的加工策略。

认知主义像行为主义一样,也强调环境条件在促进学习中的作用,但更强调学习者在学习过程中的积极性和主动性。认知主义认为人不是被动地被环境所塑造,而认为人是有能力积极改造环境的,将研究重点放在人们获得理解和保持学习内容的内在过程。认知理论聚焦于学习者的心理活动,这些活动引导着学习者做出反应以及掌握有关心理计划、设立目标和组织策略等过程。认知理论主张环境"线索"和教学成分(要素)都不能单独对学习的所有问题做出解释,学习者注意、编码、转换、复诵、贮存和提取信息等关键要素都非常重要。学习者的信念、思想、态度、价值观等都会影响信息加工过程,认知理论真正关注的是通过鼓励学习者运用适当的学习策略来改变他们自己。

认知主义者倡导和运用的教学策略也是行为主义者所强调的,不过,一般来说,两者还是可以做出区分的。一个较明显的例子是运用反馈。行为主义者运用反馈(强化)来调节行为的预期方向,而认知主义者则利用反馈(知识的结果)来指导和支持准确的心理联结。学习者分析和任务分析也是两种理论所看重的,但也可以作相应的区分。认知主义者主张查明学习者的学习心理基础(学习者如何激活、维持和指导自身的学习),另外还要分析学习者以便确定如何设计教学才能够达到最佳效果(学习者现有的心理结构是什么)。相反,行为主义者分析学习者是为了确定课应该从什么地方开始(学习者现在能够完成什么样的业绩),以及什么样的强化手段可能最有效(学习者最希望有什么样的效果)。

认知主义强调学习者主动参与学习过程(学习者控制、元认知训练,如自我规划、自我监控调节等),强调信息的结构化、组织和排序以促进最优的信息加工(运用认知策略,如划线、小结、综合和先行组织者等),允许和鼓励学习者对先前习得的材料做出联系(回忆先决技能、运用相关例证、类比)。行为主义主张教师应安排环境条件,使得学习者能够对所呈现的刺激做出适当的反应;而认知理论则强调如何使知识更有意义和帮助学习者组织新信息,以及将它们与记忆中原有知识联系起来。教学必须基于学习者现有的心理结构或图式,应该按照学习者能够将新信息同原有的知识以某种有意义的方式联系的思路来组织信息。类比和隐喻就属于这一类认知策略。例如,教学设计的教科书经常采用这样的比喻:建筑设计与教学设计—前者是人们熟悉的,后者是新手学习者所不熟悉的,两种功能上的类比能帮助学习者把握教学设计的功能。其他的认知策略还包括运用框架、提纲、记忆术、概念匹配和先行组织者等。

四、人本主义学习理论

人本主义心理学是20世纪50年代末60年代初在美国兴起的一种心

理学思潮。人本主义主要是在对新行为主义和认知主义的批判中形成和发展的,主要代表人物有马斯洛(A.H.Maslow)和罗杰斯(C.R.Rogers)。人本主义心理学反对行为主义将人类学习混同于一般动物学习,不重视人类本身特征的现象;同时也指出认知心理学虽然重视人类认知结构,但也忽视了人类情感、价值、态度等方面对学习的影响。人本主义心理学认为,心理学研究的对象是完整的人,作为整体的人,而不是把人的各个从属方面(如行为表现、认知过程、情绪障碍)割裂开来加以分析。人本主义心理学家认为,要理解人的行为,就必须理解行为者所知觉的世界,即要知道从行为者的角度来看待事物。如果要改变一个人的行为,首先必须改变他的信念和知觉。当他看问题的方式不同时,他的行为也就不同了。换言之,人本主义心理学家试图从行为者,而不是从观察者的角度来解释和理解行为。人本主义心理学家认为,教育的目标、学习的结果应该是使学生成为具有高度适应性和内在自由性的人。

(一)需要理论

人本主义心理学家认为人的需要和动机是重要的。需要是一个人在一段时间内每一时刻感到的不足。需要激励人们以一定的行为方式来弥补这种不足,需要引发人们的动机。马斯洛则强调个人的动机倾向是指向自我实现或自我完成。马斯洛的需要理论认为人的需要是有层次的,人们首先要满足低层次的生理需要,然后随着低层次需求获得一定的满足才会去追求更高层次的需求。奥尔德弗(C.Alderfer)的需要理论是马斯洛的工作动机理论的发展,他确定了三种核心的需要类型,即存在需要、关系需要和成长需要。存在需要主要关注的是生理上的满足,关系需要主要强调人际和社会的关系,而成长需要主要指个体对自身发展的内在渴望。奥尔德弗的需要理论与马斯洛需求层次理论的不同是,奥尔德弗认为若高层次需求未被满足,人会重新关注低层次的需求。

麦克莱兰的需要理论是需要理论近期发展的代表。麦克莱兰的需要理论认为人有三种需要:成就需要、权力需要和归属需要。成就需要是指追求卓越,争取成功的内驱力;权力需要是控制别人以某种方式行为而不以其他方式行为的需要;归属需要是指与他人建立友好和亲密关系的愿望。每个人具有这三种需要,但不同的人对每种需要的程度和强度是不同的。根据麦克莱兰的理论,人的需求是可以通过学习来实现的,如可以通过培训激发员工的成就需要。

（二）罗杰斯的学习理论

罗杰斯是美国著名的人本主义教育学家。罗杰斯认为人类具有天生的学习愿望和潜能，它们可以在合适的条件下释放出来；当他们理解到学习与自身需要的关系时，学习的积极性最容易激发。他根据学习对学习者的个人意义，将学习分为无意义学习与意义学习两大类。意义学习，是指一种涉及学习者成为完整的人，使个体的行为、态度、个性以及在未来选择行动方针时发生重大变化的学习，是一种与学习者各种经验融合在一起的、使个体全身心地投入其中的学习。罗杰斯提出，意义学习必须具备以下特征：①学习具有个人参与的性质，即整个人（包括情感和认知两方面）都投入学习活动；②学习是自发的、自我激励的，即便在推动力或刺激来自外界时，但要求发现、获得、掌握和领会的感觉是来自内部的；③全面发展，也就是说，要使学习活动对学习者的行为、态度和人格都产生影响，获得全面发展；④学习由学习者自我评价，因为学习者最清楚这种学习是否满足自己的需要、是否有助于导致他想要知道的东西、是否明了自己原来不甚清楚的某些方面；⑤含义是极其重要的，在体验式学习过程中，学习者从中领悟出的含义或道理是该学习经历的一部分，并将成为最大的学习收获。

总之，罗杰斯等人本主义心理学家从他们的自然人性论、自我实现论出发，在教育实际中倡导以学习者经验为中心的"有意义的自由学习"；强调以学习者的"自我"完善为核心，认为个人通过学习来寻求自我实现，并且能够控制他们自己的学习进程；它最关注人的全面发展，并非常强调学习过程中的情感因素，而这一因素正是其他学习理论所忽视的。把教学活动的重心从教师引向学生，把学生的思想、情感、体验和行为看作是教学的主体。教师在设计学习活动时，必须全面了解学习者以及他们的工作生活情况。从许多方面看，人本主义理论在人力资源开发领域处于中心地位。如果不认可人自身的发展和提高动机，那么人力资源开发的一些核心假设就无法存在。

五、建构主义学习理论

建构主义在20世纪80年代兴起，是在早期的认知主义心理学的基础上发展起来的。建构主义不是一个学习理论,而是众多理论观点的统称。很多研究者都认为自己的理论是建构主义的理论,但他们之间却有很多分歧和不同。一般来说,心理学上的建构主义可区分为个人建构主义与社会建构主义。个人建构主义理论有激进建构主义、生成学习理论、认知灵活理论;社会建构主义理论包括文化内化与活动理论、情境认知与学习理论等。

建构主义学习理论起源于认知主义。行为主义和认知主义的哲学观主要是基于客观主义的,即世界是真实的,存在于学习者外部的。教学的目标是将世界的结构与学习者的结构相匹配。许多当代认知理论家都已经开始对这种客观主义假设提出质疑并采用更为建构主义的眼光来看待学习。建构主义是与客观主义相对立的,认为知识是个体依据自己的经验来创造意义的结果。意义不是独立于我们而存在的,个体的知识是由人建构起来的,对事物的理解不仅取决于事物本身,事物的感觉刺激本身没有意义,意义是由人建构起来的,它同时取决于我们原来的知识经验背景。

建构主义认为学习是个性化产物,每个学习者通过将新信息与已有的知识和经验结合而产生,当个体对其所处的社会、文化、物质和精神的世界构建了新的解释时,就表明学习发生了。因此学习不是知识由外到内的转移和传递过程,而是学习者通过新经验与原有知识经验的双向的相互作用,来充实、丰富和改造自己的知识经验,或者说是学习者依据经验来主动地创造意义、建构知识的过程。建构主义认为所有的知识都有着背景的局限性,并且每个人都在学习过程中领悟到了不同的含义,不能把学习过程同其所发生的背景相分离。

建构主义强调学习者的主动建构性,认为学习者与环境是非常重要的两个因素,正是这两个因素之间的具体互动创造了知识。认知主义和建构主义都将学习者看成是学习过程的积极主动参与者,但是,建构主义者不限于把学习者只当作积极的信息加工者,学习者还要对信息作出独特的理解。认为意义是由学习者自己创造的,学习目标不能事先规定,也不能事先进行教学设计。学习者作为学习活动的主人,承担着学习的责任,需要对学习活动进行积极自主的自我管理和调节。在建构主义的教学观看来,教学的作用是向学习者展示如何建构知识、促进互相合作、分享与交流不同认识,以及合理坚持个人的独特看法。教师的作用就是帮助学习者发现新信息的含义并对其加以运用。

建构主义强调情境的重要性,认为行为是由具体情境决定的。传统教学观念认为,概括化的知识是学习的核心内容,这些是可以从具体情境中抽象出来,让学生脱离具体物理情境和社会实践情境进行学习,所习得的概括化知识可以自然地迁移到各种具体情境中。但是,情境总是具体的、千变万化的,抽象概念和规则的学习无法灵活适应具体情境的变化,因此学生常常难以灵活应用在学校中获得的知识来解决现实世界中的真实问题,难以有效地参与社会实践活动。因而,建构主义者提出,知识是生存在具体的、情境性的、可感知的活动之中的。它不是一套独立于情境的知识符号,不可能脱离活动情境而抽象地存在,它只有通过实际情境中的应用活动才能真正被人所理解。学习应该与情境化的社会实践活动结合起来,任何内容的知识都应该放在运用的情境中来学习。要帮助学习者积极地探究复杂的主题或环境,并且像某个领域的专家那样来思考问题。知识不是抽象的,而是与学习的情境以及学习者的经验有密切关系的。所以,要鼓励学习者建构自己的理解,然后通过社会互动和协商证明各种见解的合理性。不要事先规定所要学习的内容,而应从多种来源获取信息。例如,建构主义的教学目标不是让学习教学设计的学生只知道教学设计的具体规则,而是要他们像真正的教学设计人员一样来运用相关的知识。因此,学习目标就不会过多地涉及特定的内容,而是关注建构的过程。

建构主义认为教师的主要作用就是要创建适当的学习环境(或者叫作问题情景),学习者的学习体验就是在这样的环境下进行实际操作。建构主义者采用的某些具体的教学策略包括:在真实的情境中定位任务、运用认知学徒方法(对学习者怎样达到专家水平业绩进行示范和辅导)、交流多种观点(合作性学习以提出、分享不同的见解)、社会协商(争辩、讨论和提供证据)、运用真实的事例、反思以及对建构过程提供可靠的指导等。

通过运用认知学徒和在岗培训等方式,建构主义在培养律师、医生、建筑师和企业家等领域颇为流行。如果将一个学习者置于建构主义的教学方式中,很可能是一种"学徒式"的体验。例如,一个想要学习教学设计中"需求评估"技术的学习者,很可能被放在要求他实际去完成一项需求评估的任务情境中。通过专家在真实的案例中示范和指导,该学习者将在实际情境和现实问题中来经历体验,并且随着时间的推移,该学习者将体验各种要求运用需求评估能力的不同情境。每一次体验都将对已有的体验和建构进行联结或调整。当学习者更有经验和更自信时,就进入了学习的合作与分享阶段。通过与同伴、教师以及设计人员的对话,该学习者在需求评估方面就更加有自己独到的见解了。在这个阶段之后,该学生开始用新的领悟方式来看待学习活动。他学会了在复杂的情境中分析和行动,并扩展自己的学习领域:寻找相关的参考书,参加研讨会,与别人探讨,运用知识解释周围的各种现象(不仅仅是与具体的设计问题相关)。此时,他从新手走向了准专家,不仅能参与到不同类型的学习中,而且学习过程的性质也发生了改变。

建构主义对人力资源开发的贡献有待进一步发掘。建构主义学习理论强调学习者在学习过程中的自主性、体验式学习和问题解央式的方式等,对我们理解非正式学习、偶发性学习自我引导性学习和观念转变等问题有着重要的作用。

第二节 企业技能人才培养的基础理论

一、科学人才观理论

人才观,就是对人才的本质、价值、内涵和标准等问题的总的看法和基本观点,从哲学意义上来说,是关于人才的世界观和方法论。思想决定行为、观点统领实践,而人才观对人才培养工作的重要性,犹如世界观对人生的重要性。人才观的科学性直接影响到各类人才培养工作目标与方向的正确性及一定历史时期国家人才发展的成效。就技能劳动者而言,对高技能人才是否属于"人才"的界定,高技能人才培养工作的方向及评价标准的确立都要以正确的、科学的人才观作为指导。然而在科学人才观提出之前,传统片面人才观的思想一直制约着高技能人才的培养工作。

(一)传统人才观是高技能人才培养的桎梏

在传统观念和错误认识的影响下,中华人民共和国成立以来对"人才"的认识存在许多片面观点,片面人才观极大地影响了对人才的科学认识、人才培养工作的实施,也在一定程度上制约了人才的结构、类别与层次。

作为困扰人才成长的痼疾,片面人才观对高技能人才的影响表现如下。

唯资历人才观。在判定人才和培养使用人才时,在参考各方面素质的基础上,重视年龄、工龄、阅历,即以资历为主论人才。将一些在工作中已经做出业绩,有创造成果的年龄小、工龄短、党龄浅的劳动者排除在人才的行列以外,在人才的使用上存在着论资排辈的意识。如此唯资历定人才、唯资历育人才、唯资历用人才、唯资历评人才的做法,不仅混淆了对人才的科学认识,也极大地挫伤了一些已成熟的劳动者的积极性和创造性,使得对人才"定"不科学、"育"不得法、"用"不得志、"评"不标准。目前许多年轻的高技能人才虽然有真才实学,但由于其年龄小、工龄短、资历低等因素不符合传统"唯资历"的人才观,致使高技能人才得不到社会的认可、受不到正确培养、得不到破格重用、获不到报酬奖励。

唯学历人才观。文凭、学历在一段时间内是划分人才、评价人才的重要标准甚至唯一标准。长期以来的实践中,许多教育者、管理者、用人者都走向了唯学历、文凭的人才观极端,即高学历高人才、低学历低人才、没学历非人才。片面的学历人才观,必然深刻影响到教育领域,特别是严重影响到高技能人才的培养、使用和待遇等问题。用人单位对人才的录用、家长对孩子的评定、学校教育目标的确立、劳动薪酬的设定及社会舆论的评价都是以学历为重要标准。在这种唯学历人才观的错误指引下,出现了高学历者的数量过剩、工作难找和技能劳动者尤其是高技能人才的严重匮乏、高薪难求的尴尬局面[1]。

唯引进人才观。引进人才主要包括引进外籍人才和引进留学归国人才。随着和世界联系得越来越近,我国十分重视吸取国外先进知识和经验,积极鼓励外籍人才和留学人员到我国工作。外籍、海归一时间成为跟文凭一样的敲门砖,一味迷信"洋才"的片面人才观促成一些企业单位"拿来主义"思想的形成。企业和用人单位在缺乏人才时,不注重利用自身的资源自主开发培养人才,只懂得引进。现阶段我国高技能人才如此告急的原因之一也是由于大多数企业持有"引来用之"的思想,缺乏"自主培养"的观念。

受到片面人才观的影响,技能劳动者尤其是高技能人才长期得不到社会认可,职业教育得不到重视,企业中高技能人才的地位待遇不高,这就

---

[1]王群. 企业技能人才培养机制构建研究[J]. 商业文化,2021(31):87-88.

制约了对"人才"概念的科学发展和认识及社会人才层次和结构的合理性发展。

(二)科学人才观是高技能人才培养的理论基石

高技能人才未列入"人才"行列,技能人才的培养长期得不到重视,企业对技能劳动者投入不足,全社会高技能人才"告急"这一系列社会问题的根源所在是传统、片面的人才观。转变观念,审时度势,提出全面、科学的人才观势在必行。科学人才观,是对什么是人才、人才在经济社会发展中所处的地位,以及应该如何识才、育才、选才和用才等问题所应具有的科学观念和正确态度。

1.对人才概念内涵的拓展,赋予高技能人才属于"人才"的定位

长期以来对人才的认识,受传统观念的影响,一直依照学历和职称,然而掌握一定的知识和熟练的技能、做出创造性的业绩的大量技能劳动者,尤其是高技能人才却因为这两道门槛被摒弃在人才范围之外,未能被社会国家认可,未能得到应有的培养与重视。科学人才观按照"四个尊重"的要求,坚信人才存在于人民群众之中,即人才具有多样性、层次性和相对性。《中共中央国务院关于进一步加强人才工作的决定》提出"只要具有一定的知识或技能,能够进行创造性劳动,为推进社会主义物质文明、政治文明、精神文明建设,在建设中国特色社会主义伟大事业中做出积极贡献,都是党和国家需要的人才。"由此可见,科学的人才观强调了人才的三个本质属性,即创造性、进步性和贡献性,这就突破了原有人才观念的局限性,从根本上拓宽了人才工作的事业,为促进人人成才、建设规模宏大的人才队伍找到了理论支点,突出创造性、进步性和贡献性又为高技能人才的本质属性界定提供了理论基础。

2.对人才评价标准的创新,体现出高技能人才"能力、业绩"的贡献

科学人才观打破了传统以"知识、职称"论人才的评价标准,提出将"品德、知识、能力、业绩"作为衡量人才的主要标准。确立了新形势下科学的人才评价机制,即以能力和业绩为导向、以群众和社会为主体、以现实的实践为基础、以各类人才的各自特点为前提、科学的社会化的人才评价机制。不唯学历、不唯职称、不唯资历、不唯身份,四个"不唯"创造出不拘一格选人才的新局面。根据科学人才观的人才标准,高技能人才掌握了一定的知识和高新前沿技能,靠自己的技能和创超为国家、社会、企业做出积

极的贡献,显然符合人才标准,是工人队伍中的人才。同时以能力、业绩为导向的人才评价主要标准,又为培育和选拔高技能人才提供了重要指标。由人才评价标准,启示我们培养高技能人才必须坚持"德才兼备"的原则,注重高技能人才在能力和业绩方面做出的贡献。

3.对人才能力建设的突出,强调了高技能人才"技能"的培养

随着时代和社会实践的发展,具有创新精神和创新能力的人才的地位和作用日益突出。在科学人才观中,最引人注目的就是强调要把能力建设作为人才资源开发的主题,把人才资源能力建设作为人才培养的核心,把能力和业绩作为建立人才评价机制的导向,把人才资源能力建设作为创新人才工作机制进而促进人才成长的根本途径。能力建设是人才资源开发的主题,它为人才培养工作指明了方向,对于高技能人才的培养而言,就要树立大培训观,充分利用工作实践,加强工作实践中的学习,培养其解决新问题的能力和创新能力。

科学人才观理论是企业高技能人才工作的理论指导,根据科学人才观,在对于企业高技能人才培养进行研究时,可以得到以下启示:首先,"人人都有可以成才"的人才成长途径实践观,要求我们在对高技能人才进行培养时,要注重应用创造实践的作用,高技能人才的培养方式应注重实践性,为高技能人才提供多种实践机会和平台,提高高技能人才的技能水平;其次,"品德、知识、能力、业绩"的人才评价观,肯定了能力的价值和重要性,这就指导我们培养高技能人才时,不仅要全面培养,还要重点突出其能力的提高。

二、科学发展观理论

发展是一个永恒的历史问题,人类社会进步和科技创新都离不开发展。发展观就是关于发展的根本观点和根本看法,是关于发展问题的世界观和方法论。人们对发展观的认识是一个由浅入深、由片面到全面的不断深化的过程。科学发展观要求必须发展必须以人为本,遵循自然规律、经济发展规律和社会发展规律,全面、协调、可持续的发展。企业高技能人才的培养工作的开展必须坚持以人为本,以科学发展观为统领,将人才发展与经济社会发展协调起来。

（一）发展：科学发展观的实质

科学发展观要解决的不是要不要发展的问题，而是如何发展的问题，是用来指导发展的。发展是硬道理，发展是第一要务，发展是贯穿"三个代表"重要思想的主题。离开发展，就无所谓发展观。科学发展观站在历史和时代的高度，进一步明确了新阶段我国要发展什么、为什么发展和怎样发展的重大问题，使我们对发展的内涵理解更加清晰，对发展途径的认识更加明确，也使我们发展的眼光更加深远，发展的思维更加辩证。发展的实质是促进人、经济和社会更快更好更和谐的发展。社会是由每个个体构成的，经济、社会的发展要靠人来实现，人是经济和社会发展的基础，离开人的发展经济和社会的发展便无从谈起。要实现经济社会的快速发展必须首先致力于促进人的全面发展。与此同时，又必须将人的发展和经济社会的发展联系起来，将经济社会的发展目标与人才的培养相结合，使人才的培养目标与经济社会的发展战略协调统一，才能达到以人才培养"促进"经济社会发展，以经济社会发展"指导"人才培养，从而实现人与社会和谐统一。企业高技能人才培养必须根据社会、企业的经济发展要求，以提高高技能人才的知识、技能、创造性为培养目标，培养出大量为社会和企业发展做出贡献的人才。

（二）以人为本：科学发展观的核心

以人为本的核心就是要把人民的利益放在首位，即以实现人的全面发展为目标，从人民群众的根本利益出发谋发展、促发展、干发展，不断地满足人民群众日益增长的物质文化需要，切实保障人民群众的经济、政治和文化权益，让发展的成果惠及全体人民。把相信人民、依靠人民、为了人民作为科学发展观的着力点，把人民满意度、信任度、支持度作为科学发展观的评价点；要在经济发展的基础上，不断提高人民群众物质文化生活水平和健康水平；要尊重和保障人权；要不断提高人们的思想道德素质、科学文化素质和健康素质；要创造人们平等发展、充分发挥聪明才智的社会环境。这就要求企业高技能人才的培养工作，必须贯彻以人为本的思想，从高技能人才的自身成长发展的特点和需要出发，尊重技能劳动者，认可高技能人才的社会贡献，关注技能劳动者发展所需，政府对高技能人才培养做好政策支持和规划工作，企业要提供和创造适合技能人才成长的机会、保障高技能人才的合理薪酬待遇，社会要尊重和保障技能劳动者的合法权益,结合社会各方面的力量为高技能人才的培养工作创造一个良好的环境。

(三)全面、协调、可持续发展:科学人才观的要义

传统发展观偏重于物质财富的增长,忽视人的全面发展和社会的全面进步,忽视人与社会、人与自然的和谐发展,忽视社会发展的可持续性。新的发展观不仅要求经济发展,还要实现社会系统各个方面全面、协调、可持续发展。所谓全面发展,就是要以经济建设为中心,全面推进经济、政治、文化建设,实现经济发展和社会全面进步。所谓协调发展,就是要统筹城乡发展、统筹区域发展、统筹经济社会发展、统筹人与自然的和谐发展、统筹国内发展和对外开放,推进生产力和生产关系、经济基础和上层建筑相协调,推进经济、政治、文化建设的各个关节、各个方面相协调。所谓可持续发展,就是要促进人与自然的和谐,实现经济发展和人口、资源、环境相协调,坚持走生产发展、生活富裕、生态良好的文明发展道路,保证一代接一代地永续发展。企业高技能人才的培养必须牢固树立全面、协调、可持续发展的观念,对高技能人才培养时要以高技能人才的全面发展为目标,不仅要加强高技能人才技能的提高,还要注重高技能人才综合知识、基本素质的、前沿理论的培养;在对高技能人才培养的过程中,培养的视角不能仅仅停留在技能的培养上,要将高技能人才培养的数量、质量和结构与经济社会发展的目标联系起来、协调一致,统筹规划;企业大力培养所需高技能人才时,不能单单从企业、社会的利益出发,不能只追求企业效益的增长和社会经济的发展,而忽视了社会系统的平衡和可持续性。要使得高技能人才、经济和社会三者全面、协调、可持续发展。

根据科学发展观的核心思想,即实现人与人、人与社会的全面、协调、可持续发展的思想。这就启示我们:在对企业高技能人才进行培养时,要注重培养的全面性。这就要求政府部门要制定高技能人才培养和发展的相关制度,通过宏观规划,使高技能人才的结构、数量、类型与经济发展、产业结构相协调。

三、人才资源整体开发理论

世界上系统无处不在,系统是一个有机整体,任何个体、任何物质都是某个或几个系统中的要素,同时又是包含某些要素的一个系统。系统之

间、各要素之间、系统和要素之间是相互影响、相互作用的。就系统论而言，人才资源是个系统，人才资源的开发是个系统工程。企业高技能人才培养活动也可以看作是一个系统或是另一系统中的一个要素，因此要以系统的观念来看待和处理企业高技能人才的培养工作。

系统论是研究一切系统的模式、原理和规律的科学，作为现代系统论的基本思想最初产生于20世纪20年代初，由奥地利生物学家贝朗塔菲提出的。1968年，贝朗塔菲发表了一般系统论的代表著作《一般系统理论—基础发展与应用》，他强调把有机体当作一个整体来考虑，并认为科学的主要目标就在于发展种种不同层次上的组织原理。

系统论的基本思想方法，就是把所研究和处理的对象，当作一个系统，分析系统的结构和功能，研究系统、要素、环境三者的相互关系和变动的规律性，并优化系统观点看问题。世界上任何事物都可以看成是一个系统，系统是普遍存在的。

系统论的任务，不仅在于认识系统的特点和规律，更重要的还在于利用这些特点和规律去控制、管理、改造或创造系统，使它的存在与发展合乎人的目的需要。也就是说，研究系统的目的在于调整系统结构，协调各要素关系，使系统达到优化目标。

系统论的核心思想是系统的整体观念。即任何系统都是一个有机的整体，它不是各个部分的机械组合或简单相加，系统的整体功能是各要素在孤立状态下所没有的新质。系统中各要素不是孤立地存在着，每个要素在系统中都处于一定的位置上，起着特定的作用。要素之间相互关联，构成了一个不可分割的整体。要素是整体中的要素，如果将要素从系统整体中割离出来，它将失去要素的作用。系统的整体性从根本上规定着科学而有效的企业高技能人才培养只能是整体性的。

因此，要以整体的观念看待企业高技能人才的培养问题，企业高技能人才培养和高技能人才自身的发展都是一个有机整体，高技能人才培养的各个资源，即政府、企业、市场是企业高技能人才培养整体中的部分；高技能人才自身发展也是一个有机整体，自身发展所依靠的各个方面，即实践、培训、政策等是整体中的部分。对于企业高技能人才的培养，既要考虑高技能人才培养系统和高技能人才自身发展系统的"整体与部分""部分与部分"的整体联系统一性；又要考虑企业高技能人才培养和高技能人才自身发展的"系统与环境"的整体联系统一性。前者为企业高技能人才培养系统和高技能人才自身发展系统内部的一体化;后者是企业高技能人才培养系统、高技能人才自身发展系统与外部经济社会的协调发展。由此启示我们,培养也是一个系统工程,企业高技能人才的培养,要发挥政府主导、企业主体、市场导向的综合作用。

四、人才成长的综合效应理论

明确人才成长过程中各个影响因素及分析其所起到的作用,可以优化利用积极因素、转化减少消极因素,有助于创造条件促进或加快人才的成长。而人才成长的综合效应论,正是从人才成长的内、外因素出发,通过分析内、外因素在人才成长过程中的作用、地位,揭示出人才成长过程中所需的必要条件和促进人才成长的原因。对企业的高技能人才培养时,必须以人才成长的综合效应理论为指导,为高技能人才的成长发展提供有效的条件。

综合效应理论的基本内涵是,人才成长是以创造实践为中介的、内外诸因素相互作用的综合效应。其中内在因素是人才成长的根据;外部因素是人才成长的必要条件;创造实践在人才成长中起决定作用。在人才成长过程中,内在因素和外部条件在其中的地位和作用是不相同的:内部因素是第一位的,外部因素是第二位的,创造实践是中介因素,三者都不可缺少。

（一）内在因素是人才成长的根据

人才成长的内在因素是指人才主体的内在素质。作为个体人才成长的内在因素,是指人才个体的内在素质:生理和心理素质。具体来说,它既包括先天素质即遗传素质,又包括后天素质即思想品格、道德结构、智能要素、身体素质。在人才成长的不同阶段,其主导作用的内因是不尽相同的。作为社会人才总体成长的内在因素,指人才总体的内部素质,包括人才总体的结构、功能、特点、水平,以及构成该人才总体的个体人才的素质等。

辩证唯物主义认为,内因是事物发展的根据,外因是事物变化发展的条件,外因只有通过内因,才能对事物的发展发生作用和影响。毛泽东同志说:"事物发展的根本原因,不是在事物的外部而是在事物的内部,在于事物内部的矛盾性"。这说明内在因素是人才成长的根据。不仅如此,任何事物内部都有这种矛盾性,因此引起了事物运动和发展。对于人才成长和高技能人才成长来说亦是如此。

就人才个体的内部矛盾性而言,人才内在的创造需要与人才内在的创造可能之间的矛盾。当需要高于可能时,即要提高人才内在素质;当可能高于需要时,即要提出新的创造需要。正是这种矛盾的不断产生和不断解决,才推动非人才向人才、低层次人才向高层次人才发展。就人才总体的内部矛盾性而言,是社会人才总体的创造需要与社会人才总体的创造可能之间的矛盾。也正是这对矛盾的不断产生和不断解决,才推动社会人才总体成长。可见,无论个体人才成长还是社会人才总体成长,其根本原因和动力都是人才内部矛盾运动。个体人才成长的进程和水平及社会人才的类型、数量和水平,均取决于人才内部矛盾运动的方向、速度和水平。这就启示我们,培养高技能人才必须加强成才者的自我开发。

(二)外部因素是人才成长的必要条件

人才成长的外部因素是指影响和制约人才主体系统运动和发展的外在系统,即人才主体所处的客观环境。人才主体所处的客观环境是不断地变化的。在人才成长的不同阶段,由于环境本身是不断变化的,人才主体的需求水平和活动能力也在不断变化,从而带来人才主体活动范围和指向上的变化。故影响人才成长的主要外因也是不断变化的。

外部的社会需要是人才内部矛盾产生的基础,且人才的成长史证明,人才的内在素质的形成和提高不能脱离外部的教育和良好环境的影响,人才内在素质的发挥,也有赖于社会给予人才创造时间的机会和社会环境,即人才内在素质的形成和提高有赖于外部因素的影响,故外部因素是人才成长的必要条件。同时,人才成长的内外因素是互为条件、互相转化的,即外部因素通过现有的内因起作用,而现有的内因又是过去外因与内因相互作用的结果。无论是人才个体成长还是社会人才总体发展,都是内外因素综合作用形成的。企业中高技能人才的成长与发展也是内外因综合效应的结果。因此,在研究企业高技能人才的培养时,要以人才成长的综合效应理论为指导,理清影响企业高技能人才成长的内因和外因,激发其动力,并为其创造良好的成长条件,有效地使更多的技能人才向高技能人才发展。由此可见,我们对于企业高技能人才的培养工作,不仅要创造外部环境条件,还要重视高技能人才的自我开发。

(三)创造实践是人才成长的中介

根据唯物主义辩证法,任何事物的发展都是内、外因素相互作用的结果。人的发展的内外因相互作用,必须通过主体的活动来实现。这是由于作为主体接受外界因素的影响,总是在主体所参与的实际活动之中。外界因素只有成为主体的活动对象时,才会被纳入主题的主观反映的领域中,与主体的内在素质发生相互作用,内化为主体的心理属性。人各种能力的获得,也是通过活动将外在的影响内化为内在的素质,并通过创造实践活动表现出来。由此可见,人的活动是外部客观世界与内部主观世界的桥梁,把主体人和客体环境联系起来,是主体人和客体环境之间相互联系、相互作用的基础和机制。因此,实践活动是人的发展过程中内外因素相互作用的中介。然而,以拥有"创造性劳动"为主要特征的"人才","创造性"是人才区别于一般人的基本特征。因此,人才的成长发展需要以创造性实践为内外因相互作用的中介。创造性实践活动是成才、人才成长的关键。

这就要求我们,对高技能人才进行培养的过程中,不仅要提供适宜的外在社会环境,激发其自我开发的内在动力,还要为其创造供其进行创造活动的平台。

第三节 人力资源开发多视角下的人才培养研究
——以秦皇岛市技能人才培养为例

一、基于"1+x"模式的秦皇岛专业技术人才培养研究

人才是企业高质量发展的核心竞争力,积极探索在专业技术人才中实行"1+x"模式,即"学历证书+若干职业资格证书"制度,有利于促使专业技术人员紧跟当前经济社会发展形势和科技发展前沿,完善和拓展知识结构,提升创新能力和综合素质,努力打造一支高素质、创新型专业技术人才队伍,对加快建设沿海强市、美丽港城和国际化城市具有重要的理论意义和现实意义。

（一）"1+x"专业技术人才培养模式的内涵

当前,众多企业为了更好地适应激烈的市场竞争,纷纷进行企业改革,将原来"金字塔管理模式"改为扁平化管理,减少管理层次,增加管理幅度,以便于更快适应市场快速变化,进一步提高工作效率,节约企业管理成本,促进企业高质量健康快速发展。

企业扁平化管理背景下,对企业人才素质提出了提高的要求。探索"1+x"专业技术人才培养模式,即"学历证书+若干职业资格证书"专业技术人才培养制度,企业在专业技术人才培养过程中,将学历专业与工作需求对接,培训内容与职业标准对接,技能提升与生产过程对接,继续教育与终身学习对接,不断提高拓展专业技术人员的视野,扩展专业技术人员的横向工作宽度,提升专业技术人员的纵向专业深度,不断提高专业技术人才的综合素质,达到人尽其才,物尽其用,不断进取的目的,实现人力资源效用最大化,为企业高质量发展贡献更大力量。

（二）构建"1+x"专业技术人才培养模式的重要意义

对个人而言,在企业中,构建"1+x"专业技术人才培养模式,有利于引导专业技术人才牢固树立"重视学习"的理念,发挥专业技术人的主观能动性,在专业学历的基础上,根据工作和企业发展需要,引导专业技术人才考取专业技术职业资格证书,不断拓展管理、经济、技术等领域视野,在横向上不断扩展工作宽度,在纵向上不断提升专业深度,不断提高综合素质,更好地为企业高质量发展添砖加瓦[①]。

对企业而言,构建"1+x"专业技术人才培养模式,有利于充分挖掘现有专业技术人才的潜力,适应企业扁平化改革发展的需要,打造一支"一专多能"的复合型专业技术人才队伍,节约企业生产管理和经营成本,提高工作和管理效率,更好更快地适应市场变化,达到人尽其才、物尽其用的目标,实现达到企业人力资源效用最大化。

对国家而言,专业技术人才是国家的宝贵资源,是促进产业转型升级、推动高质量发展,构建国内国际双循环相互促进的新发展格局的重要支撑。《中共中央关于制定国民经济和社会发展第十四个五年规划和二〇三五年远景目标的建议》(以下简称《建议》)强调激发人才创新活力,提出要

---

① 郭珊珊. 企业的人力资源开发及其管理措施研究[J]. 全国流通经济,2021(09):89-91.

加强创新型、应用型、技能型人才培养,实施知识更新工程、技能提升行动,壮大高水平工程师和高专业技术人员队伍。2019年,国家在部分高等职业学校、中等职业学校、应用型本科高校等试点院校开展"1+x"证书制度试点以来,取得积极成效。在企业中,积极探索在专业技术人才中实行"1+x"模式,不仅有利于丰富"1+x"证书制度的内涵,而且对建设一支复合型高素质人才队伍具有重要的现实意义。

(三)秦皇岛市专业技术人才培养现状

根据《秦皇岛市第七次全国人口普查公报》,全市常住人口为3136879人,拥有大学(指大专及以上)文化程度的人口为560157人,占常驻人口的17.857%,与2010年第六次全国人口普查相比,每10万人中拥有大学文化程度的由11564人增加为17857人;根据《秦皇岛市2020年国民经济和社会发展统计公报》,全市生产总值1685.80亿元,其中,第一产业、第二产业、第三产业增加值构成比重为13.8%、32.7%和53.5%。秦皇岛市拥有普通高等院校10所,招生数5.00万人,在校生14.97万人,其中在校研究生1.11万人。通过上述统计数据,可以发现秦皇岛市人口素质不断提升,特别是大学本科人口占比增速较快,第一、第二、第三产业机构比重更加合理,高校在校人数不断提升,为秦皇岛市专业技术人才培养打下了良好的人口基础。

自2014年河北省实施专业技术人才知识更新工程以来,秦皇岛市全面实施人才强市工程,实行更加开放的人才政策,围绕有效推进京津冀协同发展,健全完善聚才、引才、用才机制,实施人才安居工程,完善港城英才服务卡政策,创新人才工资薪酬、配偶就业、子女就学等保障措施,大力培育引进战略科技人才、科技领军人才、产业急需人才和创新团队,壮大高水平工程师队伍和高技能人才队伍,同时,持续加大清华大学智力引进力度,加大急需紧缺人才培养培训、持续加强专业技术人员继续教育,积极构建高校智力的引进平台、高层次人才的培养平台、高科技成果转化平台,用足用好高层次智力和现代化信息两种资源,努力为全市经济社会发展提供强有力的人才智力保障。截至目前,全市各级各类职业培训机构已累计开发线上培训课程200多门(次),全市定点职业技能培训机构已达111家,取得了良好的培训效果,为秦皇岛高质量发展提供人才支撑。

（四）秦皇岛市专业技术人才培养存在的问题及原因剖析

1.秦皇岛市专业技术人才培养存在的问题

复合型人才培养意识不足,人才培养观念亟待更新。复合型人才是影响企业生存与发展的最核心资产,但是,一些企业管理者往往存在着重使用轻培养的现象,目前,专业技术人才的使用还是以满足当时工作任务为主,专业技术人员不同岗位之间缺乏交流培养,遇到人才问题往往寄希望于外来引进而不是自身培养,企业在专业技术人员培训投入资金不足、培训资金来源单一,专业技术水平提升与薪酬待遇关联性不强,一些培训管理者将培训视为"形式"和"负担",专业技术人员将培训视为"休息""偷懒的机会",这些对人才认知的偏差,在一定程度上,严重影响了专业技术人才培养和开发工作的开展。

专业技术人才培养规划不清晰。专业技术人才培养规划主要涉及企业专业技术人才培养规划和个人职业生涯规划两个层次。一方面,一些企业人力资源或者人事管理部门存在"短时"行为,将主要精力放在年度专业技术人才培训计划,缺乏长远的专业技术人才培养规划,培训形式单一,严重影响专业技术人才培养效果;另一方面,个人职业生涯规划薄弱,缺乏专业化的引导和帮助,部分专业技术人员对自己前途感觉渺茫,不知道自己的目标是什么？该如何提升自己,甚至有一些专业技术人员安于现状,故步自封,缺乏前进动力,严重抑制着专业技术人才培养工作的开展。

专业技术人才培养方式单一。企业专业技术人才培养主要通过网络和现场继续教育、第三方培训、企业内部培训,邀请专家讲座、撰写学习笔记等方式进行,集中培训、脱产培训时间短、机会少,培训针对性差,与岗位需求结合不紧密,工学矛盾比较突出,这种传统的培训方式,培训方法比较单一,形式化比较严重,缺乏对培训效果的考核,已经不能适应企业和市场快速变化的需求。

专业技术人才培养计划执行力不足。在专业技术人才培养过程中,一些企业管理者将人才培养的口号喊得震天响,却缺乏行动力和执行力,在激烈的竞争环境中,执行力是影响专业技术人才培养效果的关键因素,好的执行力可以将企业专业技术人员培养计划落到实处,严格考核培训效果,并及时反馈专业技术人才培养过程中存在的问题,不断改进,是一种不断改进、螺旋式前进的过程。然后不幸的是,执行力是众多企业专业技术人才培养的短板,重计划、安排,轻落实、考核是一些企业专业技术人才培养面临的通病。

缺乏有效的激励机制。激励是激活员工内在潜力和驱动力,调动员工积极性和创造性,更好地实现组织目标的过程。企业在专业技术人才培养过程中,存在培养与使用脱节的现象,缺乏一些必要的激励措施,例如说对培训效果进行考核,参加培训效果好的员工予以物质奖励或者精神激励,培训效果差的给予一定的处罚措施;为了激励员工报考专业技术职业资格证书,对于考过的专业技术人员给予奖励和月补助,激活员工的动力。缺乏激励的"大锅饭"式、形式化培训,培训效果较差,难以实现培训目标。

2.秦皇岛市专业技术人才培养存在问题的原因剖析

专业技术人才培养观念陈旧。传统的人力资源观念,将人力资源视为"物品",侧重于管理和使用,而不是培训和开发,专业技术人才作为企业发展的第一资源和核心竞争力,归根到底就在于人力资源的价值增值性,专业技术人才培养重在于"培",挖掘其价值,实现人力资源的不断增值,为企业服务。

专业技术人才培养缺乏考核评估。计划—组织—实施—考核—反馈—改进—计划,是一个不断完善的循环闭环,目前大部分专业人才培养存在重计划、轻考核的问题。考核评估是检测培训效果的重要工具,也是改建培训质量的重要方式,部分人员对考核评估存在偏见,重视不够,对培训考核的作用认识不够清晰,甚至存在抵触心理,考核方式单一,考核方法使用不恰当,在一定程度上,都影响了专业技术人才培养的效果。

专业技术人才培养资金投入不足。充足的资金投入是专业技术人才开展多元化培养的重要保障,但是企业管理者往往更重视硬件设备的投入,对人才培养的投入不足,经费紧缺,导致培训方式比较单一,对于现代化的培训方法可选空间小。例如:异地交流学习培养、脱产培训、现场考核培训、一些比较大的研讨会参与较少,在一定程度上影响专业技术人才培训的效果。

专业技术人才培训与使用脱节。专业技术人才培训的目的是使用,但是目前专业技术人才培训课程设置不合理,培训内容和工作需求联系不紧密,培训内容无法满足企业发展和工作岗位需求,经过培训的专业技术人员在工作中也无法使用上培训内容。在实际工作中,很多培训部门在干"救火"的工作,即当业务部门提出需求的时候,培训部门就组织一场培训,简单地提出"头痛医头、脚痛医脚"的解决方案,表面上看在满足业务部门的需求,其实根本没有解决问题,更没有考虑长远需求,对市场上最新动态变化反应慢,无法完全适应市场快速变化。

专业技术人才培养规章制度不完善。目前大部分企业缺乏完整的专业人才培养战略规划和相关管理制度,培训责任主体不清晰,职责不明确,培训内容多停留在简单的技能培训上,培训内容空洞,缺乏可操作性,培训项目制定不规范,很少做到全面、准确地从素质要求、知识结构、能力出发来制订培训需求。另外培训时效性差,不能紧跟形势的变化来合理安排培训计划。

(五)基于"1+x"模式改进秦皇岛市专业技术人才培养的对策建议

牢固树立"人力资本"的理念。政府和企业管理者要充分认识到"人力资本"的重要价值,人力资本投资与其他物力投资比起来,人力资本具有增值性和潜力性的特性。基于"1+x"模式,在专业技术人才学历专业的基础上,根据企业发展、个人潜力和工作需要,鼓励专业技术人才挖掘潜力,培养个人能力,通过考取多个专业技术职业资格证书,打造培养复合型人才,为企业高质量发展提供人才支撑。

完善企业专业技术人才培养规划和专业技术人员职业生涯规划。任何培训效果的取得都需要企业和参与者的共同努力,两者相辅相成,企业专业技术人才培养规划和专业技术人员职业生涯规划应相互融合,企业着眼于未来3~5年发展需求,制定人才培养规划,为专业技术人才中短期职业生涯规划提供政策引导,专业技术人员中短期职业生涯规划与企业专业人才规划相互对接。基于"1+x"的专业技术人才培养模式正是在此背景下实施的,专业技术人才根据企业发展和业务拓展需求,强化企业培养规划和个人职业生涯规划的执行,引导专业技术人员考取公司发展需要的职业资格证书,更好地适应企业发展和业务扩展需求,降低人力成本,提高工作效率,为企业高质量发展贡献更大力量。

创新专业技术人才培养方法。当前专业技术人才培养的方式比较单一,主要是通过课堂培训、网络视频培训等方式进行,培训内容与工作联系不紧密,难以激发专业技术人员的内在动力。企业培训目标的不明确,导致企业培训者存在"短视效应",甚至将培训当形式,培训者讲参与培训不认真,将培训视为"休闲",甚至偷懒。"1+x"专业技术人才培养模式是对专业技术人才培养方法的创新,培训的内容不仅仅是培训知识,还包括更新具体的知识能力体系,通过帮助专业技术人才根据企业发展和工作需要明确考取专业技术职业资格证书目标,以考促培,以培促用,达到培用结合的良目标。

强化专业技术人才考核与激励。考核与激励是专业技术人才培养过程中不可或缺的重要环节。科学的考核,可以正确评价专业技术人才培养效果,将培训过程中存在的问题及时反馈给企业和培训者,不断调整、改进培训方式、方法,提高培训效率和效果。合理的激励,可以激活员工的内在驱动力,增强员工参与培训的积极性和主动性,不断提高培训效果。基于"1+x"专业技术人才培养模式中,考核是确保人才培养效果的验证机,以绩效为导向,对专业技术人才培养过程和最终效果进行绩效考核,侧重专业技术人才培养的实际绩效,提高专业技术人才培养对组织发展的贡献,使专业技术人才培养带来真正的"人力资本增值",而不能简单地"为培训而培训""为考证而考证"。激励是促进专业技术人才提高自己的驱动机,以成果论英雄,将培训效果与岗位晋升、人才选拔使用、补助、目标奖金挂钩,正向激励和考核督促相结合,确保专业技术人才培养目标顺利完成,促进专业技术人员实现人力资源效用最大化。

加强专业技术人员培训机制建设。随着社会的快速发展,知识不断融合,将基于"1+x"专业技术人才培养过程中好的经验、好方法固定下来,不断完善专业技术人才培养机制,加强企业专业技术人才培养规划管理、专业技术人才职业生活规划制度、专业技术人才培养课程管理、专业技术人才培养方法创新,合理分配使用专业技术人才培养经费,提高人力资源开发的战略性、有效性和针对性,实现产业链、创新链和人才培养链融合发展,为秦皇岛高质量发展贡献更大力量。

二、"双链"融合视角下秦皇岛市技能人才培养研究

围绕产业链部署人才链、围绕人才链布局产业链,是促进产业经济高质量发展的关键所在,以产业链定位人才链,以人才链拓展产业链,将"产

业链"与"人才链"有效融合,融入技能人才培养过程中,对秦皇岛市深化"三重四创五优化"活动,提升产业发展效益和技能人才培训质量,具有重要的理论意义和实践意义。

(一)"双链"融合视角下技能人才培养研究的必要性

1."产业链"和"人才链"有效融合是社会经济高质量发展的必然要求

当今我国经济已由高速增长阶段转向高质量发展阶段,"产业链"升级对人才素质特别是技能人才素质需求越来越高,但是,目前我国技能人才,特别是创新型高技能人才供给不足,甚至出现了有岗位没人才的现象,严重制约产业换挡升级发展,当前国家经济高质量发展、"产业链"换挡升级,都迫切需要全面提升劳动者素质,将"产业链"需求和"人才链"有效结合起来,找准制约秦皇岛市"产业链与人才链"的问题症结,着力突破秦皇岛市技能人才培养过程中存在的问题,有力推动各项工作高质量推进,促使产业链需求与技能人才培养相互融合,为全面建设现代化强国贡献最大力量。

2."产业链"和"人才链"有效融合是提高技能人才培养质量的内在要求

进入改革开放以来,特别是中国特色社会主义发展新时代,高技能人才发展上升为兴企强国的国家战略。从2003年全国第一次人才工作会议,明确提出高技能人才是国家人才队伍的重要组成部分,到2019年国家颁布实施的《职业技能提升行动方案(2019—2021年)》,加快高技能人才队伍建设与发展成为举国的意志与战略之一,技能工人越来越受到国家、企业和社会的尊重。增加技能人才培养课程,增加丰富技能提升平台,是技能人员提高自己的迫切内心需求,也是提高技能人才培养质量的内在要求。

3."产业链"和"人才链"有效融合是解决技能人才培养与产业发展需求脱节的迫切要求

目前,技能院校、培训机构的技能人才培养和国家产业发展高质量发展需求存在脱节的现象,技能院校、培训机构等人才培养机制与社会需求,特别是"产业链"换挡升级、创新驱动发展战略脱节,技能人才培养内容和产业需求对接存在"缝隙",人才培养规格与企业需求不尽相符,技能工人素质、能力与企业要求不相符合的现象较为普遍,结构性失业矛盾引起社会的广泛关注，一方面创新型高技能人才供给不足，甚至出现了有岗位没人才的现象，严重制约产业换挡升级发展，另一方面，大量低层次技能人才就业问题突出，无法满足"产业链"升级提升对人才的需求。因此，将"产业链"和"人才链"有效融合，促进人才链与产业链有机衔接，是破解技能人才培养与产业发展需求"两张皮"难题、加快科技成果转移转化的有效途径，也是解决技能人才培养与产业发展需求脱节的迫切要求。

（二）"人才链"与"产业链"之间的关系。

产业高质量发展需求和高质量技能人才供给不足，是多年来国家社会发展的一大痼疾。这个问题解决不好，"产业链"和"人才链"始终是如何有效衔接的'两张皮'，促进"人才链"与产业链有机衔接，需要深刻人才"人才链"与"产业链"直接的逻辑关系。

1."产业链"是构建"人才链"的重要依据

产业要转型升级，高质量发展，归根到底要靠"人才"，但人才的培养、引进、提升、利用，要围绕"产业"开展，围绕"产业链"，构建"人才链"，着眼于社会经济产业高质量发展方式转变和产业结构优化升级，精准摸排企业技能人才技术需求，通过"工作站""示范平台""校企合作"等方式、方法，充分结合产业发展现状、产业承载能力和产业发展方向，提高引才吸才聚度，定向培养专业技能人才。

2."人才链"是提升"产业链"的重要基础

"人才链"和"产业链"是密不可分的，"产业链"要发展，人才是关键，通过"人才链"提升"产业链"，形成以产业聚人才、以人才兴产业的良性互动格局，催生"质"的变化，打造高质量产业集群，实现人才作用发挥和产业、企业发展双赢。

3."人才链"与"产业链"相辅相成，互相促进

"人才链"与"产业链"是一个紧密相连而非相互割裂的概念，"产业链"和"人才链"相互融合，都是为了实现人才、产业、经济的高质量发展，促进产业链换挡升级，提升技能人才培养质量，促进人才链与创新链、产业链有机衔接，建立"人才链"与"产业链"之间的信息共享机制，实时互通企业招引人才需求、技能人才培养方向和供给信息共享，助推产业高质量发展和技能人才队伍建设，为经济社会高质量发展持续培养合格技能人才。

（三）秦皇岛市产业发展和技能人才培养现状

秦皇岛市是京津冀协同发展的重要节点城市,城市发展的核心在产业,产业发展的核心在企业,企业发展的核心在人才,如何集聚人才,实现"产业链"和"人才链"融合发展,是决定一座城市能否健康高质量发展的重要问题。

2020年,秦皇岛市"532"市域主导产业体系初具规模,即突出引进装备制造、粮油食品加工、金属冶炼及压延、文体旅游、临港物流5大传统优势产业项目,生命健康、电子信息、节能环保及新材料3大新兴产业项目,智能、创意设计2个高端未来产业项目开展,先后有总投资3600万美元的日本株式会社轻量化汽车零部件生产线、总投资10亿元的京航科技产业园在"5.18"廊洽会上集中签约;秦皇岛综合粮食加工产业园项目成功落地,益海嘉里集团投资38亿元,一期建设水稻综合加工、特种油脂加工、大豆综合加工、糯米粉及配套预拌粉等项目;市政府与嘉寓新新投资(集团)有限公司签订战略合作协议,总投资31亿元,建设新能源光热、高端装备、装配式建筑等高新技术产业项目。

为适应产业发展需求,秦皇岛市以加强创新型、应用型、技能型人才培养,壮大高技能人才队伍为目标,坚持问题导向和目标导向,聚焦各类劳动者职业技能培训需求,转变理念,创新机制,以职业培训为抓手,分类实施多种业务模式,激发行业企业、院校、社会培训和评价机构等各类培训主体积极性,大规模开展职业技能培训,扎实开展技能提升行动质量年活动,注重提质增效,切实增强培训的针对性、实效性,发挥职业技能提升行动在促进就业、缓解就业结构性矛盾、推动经济转型升级中的重要支撑作用,围绕全市战略性新兴产业、先进制造业、现代服务业、康养产业等发展需求,依托具备高技能人才培训能力的技师学院、高级技工学校和大型企业(集团)职工教育培训中心,建设具有规模化、系统化、个性化的高技能人才培训基地;积极开展技能提升"展翅行动",全面推广职业培训券,大力支持企业开展"以工代训",鼓励企业职工参加培训,提升职业技能水平,全市各级各类职业技能培训机构已累计开发线上培训课程200多门(次),全市定点职业技能培训机构已达111家,取得了良好的培训效果,为秦皇岛高质量发展提供人才支撑。

(四)秦皇岛市技能人才培养存在的问题及原因剖析

1.秦皇岛市技能人才培养存在的问题

(1)技能人才培养水平不高

绝大部分高等职业院校和技工院校在技能人才培养中,还是以理论为主,实训教学不足,院校的理论课题往往是一些已经淘汰、甚至落后的知识,无法跟上快速发展的社会产业需要变化,导致培养的学生不能很好地适应企业的需求。进入用人单位的时候,只能当学徒工或者见习生,不能作为真正的高技能人才,充其量只能算高技能预备人才,需要企业进行"二次培养",经过几年时间的培养,才能成为技术骨干,这是当前我国技能培养过程中存在的最大问题。

(2)技能人才培养与产业需求脱节

当前,新一轮科技革命和产业变革蓬勃兴起,我国经济已由高速增长阶段转向高质量发展阶段,秦皇岛市对人才素质特别是技能人才素质需求越来越高,技能人才提升尚无法完全满足产业发展需求,特别是创新型高技能人才供给不足,严重制约产业换挡升级发展。生命健康、电子信息、节能环保及新材料、引进装备制造、文体旅游、临港物流、智能、创意设计等产业高质量发展,都离不开专业技术人才特别是高技能人才的支持。秦皇岛市目前人才"双链"匹配度不高,技能工人素质、能力与企业要求不相符合,培养方式单一、人才供需不平衡导致技能人才培养与产业需求存在脱节现象。

(3)技能人才参与主动性亟待进一步提高

技能工人是技能人才培训参与的主体,但是受各种因素影响,主动参与技能提升的主动性和积极性不强。一方面,企业不愿意让工人占用工作时间,参与技能提升培训,影响企业正常生产,另一方面,技能工人受渠道限制,无法收到最新的技能提升优惠政策,不知道国家对技能提升的优惠政策,如何享受技能提升补贴,甚至一些技能工作没有意识到技能提升的重要性,将参加技能提升培训当作"休闲",重视程度不够,严重影响了技能培训的效果。

2.秦皇岛市技能人才培养存在的问题的原因剖析

(1)人才培养观念不新、人才"双链"匹配度不高

受传统思维影响,技能工人社会地位不高,企业存在重专业技术人才、轻技术工人的现象,家长往往不愿意子女从事技能工人工作,认为当技能

工人就是"低人一等",绝大部分高等职业院校和技工院校在技能人才培养中课件设置与企业需求匹配,导致秦皇岛市培养的技能工人和"产业链"匹配度不高,严重制约着"双链融合"发展,影响技能提升培养质量。

(2)培养方式单一、人才供需不平衡

当前技能人员培养和提升,还是以政府、公训基地、职业和技能院校为主体,线下培训为主,培训内容侧重于理论培训,覆盖面广,但是培训针对性补强、时效性不够,实操性不足。对"互联网+"发展模式还处于起步探索阶段,平台建设标准和线上技能培训课程试行标准不完善,线上培训还存在监管难、培训资金安全保障难等堵点,人才供需之间的"桥梁"没有完全打通,这些问题的存在,在一定程度上制约了秦皇岛市技能人才培训的质量。

(3)技能提升平台不足,资金经费保障需要进一步提升

"凤翔翔于千仞兮,非梧不栖"。技能提升平台建设不完善,导致企业和社会重点人群技能提升渠道偏少,培训能力不足。政府有关部门积极打造技能提升培训平台,取得了一系列积极的效果,但是尚未满足强烈的技能人才市场提升需求。企业在技能提升资金保障方面存在短板,需要根据产业发展和企业发展需求,加大技能提升培训资金投入。

(五)"双链"融合视角下秦皇岛市技能人才培养对策建议

1.加强宣传引导,营造技能提升浓厚氛围

新形势下,我们要牢固树立人才优先理念,坚决克服传统人才理念中"重学历,轻技能工人"的思想,深刻认识到技能人才短缺、技能人才技能提升不足、技能人才流动率大的问题已经影响到产业换挡升级发展,必须把人才工作摆在更加突出位置,统筹经济社会发展和技能人才培养,进一步优化人才环境,激发技能人才的创造活力,推动大众创业、万众创新蓬勃开展,千方百计帮助技能人才解除后顾之忧,解决好住房、子女上学、就医等问题,让他们在政治上有待遇、经济上有实惠、社会上有地位、生活上有保障。一是秦皇岛市政府要大力弘扬和培育"工匠精神",努力营造尊重工人、劳动光荣的城市文化,着力提升技能人才主人翁地位,让技能人才更有荣誉感、自豪感,提升年轻人选择工人为职业的意愿。二是技能人才培训宣传应当精准对接。秦皇岛市有关部门要加大政策宣传力度,充分发挥人才市场、微信公众号、政策宣讲会等作用,广泛宣传职业技能提升

政策;通过对部分重点企业采取"上门服务"、点对点服务,因势利导,提升政策公众知晓度;帮助企业、专业技能提升培训机构、专业技能提升参与者及时获取职业技能提升政策;多层次推进职业培训,"锻造"合格技能人才,营造浓厚的技能提升范围。

2. 激发职业技能提升培训主体积极性,有效增加职业技能提升培训供给

紧扣秦皇岛市战略性新兴产业需求,定期发布人才需求目录,坚持产业需要什么人才就培养什么人才,产业紧缺什么人才就引进什么人才,以"人才链"支撑"产业链",采取多种方法吸引战略性新兴产业发展的急需人才。与此同时,高度重视技能人才队伍建设,积极探索"人才链+产业链"融合等模式,激活职业技能提升主体经济积极性。一是推广职业培训券。分类实施多种业务模式和用券模式,激发行业企业、院校、社会培训和评价机构等各类培训主体积极性,大规模开展职业技能培训,着力增强培训针对性、实效性。二是加强线上平台建设。借助先进的互联网、云计算、云处理等技术,打造高质量、高标准的线上培训平台,为政府管理者、平台建设者、培训资源提供者、参训者四方提供共赢的模式。明确各方的职责和义务,解决技能人才在线培养监管难、补贴资金安全等问题,将资质合法、信誉良好、服务优质的线上技能培训平台及数字资源,纳入在线培训平台,不断提升线上培训质量,做好线上培训统计和监管,实现督促学习、记录学习、数据统计和过程监控等目标。

3. 加强政策支撑,强化资金保障

政策是激活创新主体,促进产业链和人才链有效衔接的重要保证。一是秦皇岛市应大力支持各类企业开展岗前培训、在岗培训、转岗培训、以工代训、新型学徒制培训以及高危行业和特种作业人员安全技能培训。二是调动培训主体积极性,加大资金投入,大力开发线上培训课程,建立以市场机制为导向,社会各方积极参与,适合本市特点的线上技能人才培训课程和管理体系。三是围绕全市重点发展产业,在依托现有的技工学院、职业技能学院、大型企业职工技能培训中心的基础上,打造一批新的技能人才培养中心,为优质、高效培养技能人才,提供实训保障。

第十二章 人力资源管理的探索与实践的新发展

第一节 e化人力资源管理(EHRM)

一、信息化时代的人力资源管理

（一）人力资源导向是信息化时代的重要特征

从近一个世纪企业经营的发展过程中,不难发现企业经营历经了从生产导向到市场导向的演进过程,目前正在进入人力资源导向时代。可以说,在信息化时代,人力资源导向将成为企业获取成功的基本导向。

企业采用人力资源导向是由知识化、网络化及全球化的信息化时代根本特征和企业竞争格局所决定的。因此,企业须以全新的视角来认识人力资源在企业发展中的作用。

首先,知识化改变了衡量企业财富的标准和竞争规则。知识是企业的战略资产,企业是一种知识整合系统或是创造、传递和运用知识的组织。所以企业拥有创新知识或异质性未编码知识,就成为连续推动企业提高生产率,提升并创造连续竞争优势的源泉。作为知识和技能"承载者"的人力资源,代表了企业所拥有的专门知识、技能和能力的总和,是企业创造独占性的异质知识和垄断技术优势的基础。虽然企业的科技和知识是无形的,但代表企业知识、技能和能力水平的人力资源却是真实存在,并能加以管理、培训和开发的。因此,企业的人力资源就成为决定企业市场价值的关键因素。信息化时代是知识经济的时代,企业竞争方式发生着根本性变革。企业的竞争将基于核心能力的竞争。根据麦肯锡咨询公司的观点,所谓核心能力,是指某一组织内部一系列互补的技能和知识的结合,它具有使一项或多项业务达到竞争领域一流水平的能力。企业核心能力的培养将基于知识管理。在国外出现了一个类似CEO、CIO的CKO(chief knowledge officer)职位,中文应该称为首席知识官或知识总监,其责任就是促进员工知识与技能水平的不断提升,确保组织在高科技时代的竞争力①。

其次,网络化的发展改变了传统的时空观念,创造了一个不受地理边界限制与束缚的全球工作环境和视野。因此,新技术的飞速发展,不仅提高了企业的生产效率,大大降低了经营费用,而且还对企业管理方式产生了巨大冲击。例如,计算机网络和技术的运用,客观上重新分配了企业的内部权力;通信手段和网络技术的发展,使顾客和员工能在获得更多相关信息的基础上,提高反应速度和灵活性,创造更多的机会。技术的发展将不断地重新定义工作时间和工作的方式。信息技术的飞速发展,使得企业越发认识到创造技术的"人"的重要作用,越来越多的企业将会把人力资源管理工作提高到相当重要的程度。

再次,全球化已彻底改变了竞争的边界,使企业面临前所未有的挑战。经济全球化与贸易自由化带动下的全球经济一体化,将使多国企业成为国际市场竞争中的重要力量。为在全球化背景下获取竞争优势,企业各部门的管理者和人力资源从业人士必须以一种新的全球思维方式重新思考企业人力资源的角色与价值增值问题,建立新的模式和流程来培养全球性的灵敏嗅觉、核心能力。如许多跨国公司坚持的"思维全球化,行动当地化"原则就是全球化给企业带来的挑战。国际竞争的深化必然推动企业在全球内配置资源,更包括人力资源的全球配置。管理人力资源的难度、培训的难度、不同文化的冲突、跨文化管理,都将成为企业人力资源管理的重要问题。

所以,对于信息化时代企业的竞争,人力资源是根本性和决定性的要素。上述背景给人力资源管理的发展展示了巨大的市场空间和广阔前景,同时,也对人力资源管理提出了更高的要求,决定了传统人力资源管理模式必然要向现代人力资源管理模式发展。当然,对一个企业组织来讲,由于"人"的思想性、社会性与创造性等因素,对人的管理具有相当的艺术性,因此,在相当长的时期内,传统人力资源管理模式仍然有相当的资源和市场可做。但以此而无视信息化时代给人力资源管理领域带来的冲击必将使之成为组织学习专家彼德·圣吉描述的"煮蛙效应"中的青蛙,慢慢地在市场中被淘汰。

---

①蒋凛.数据化人力资源管理思维养成[J].中外企业文化,2020(07):179-180.

（二）信息化时代传统人力资源管理面临的挑战

在信息化时代,组织要想在日益白热化的竞争中保持竞争优势、取得成功,其人力资源管理必须克服以下挑战。

1.以能力为本

在考虑把组织中的战略转化为员工的日常行为时,需要重新定义组织的能力,以便能维持和调整个人的能力。戴维·沃尔里奇认为,在新经济时代,组织的能力包括硬性能力和软性能力。硬性能力是技术能力,如能够创造有市场价值的技术,或者是同时对多个市场做出反应的灵活的财务政策;软性能力则是指组织能力,如在市场上更快地转换能力,或者是能吸引、留住优秀的全球性人才的能力。软性的组织能力更难获取或模仿。而要获取软性能力,组织需要在四个方向上努力:①建立信心的能力,即组织内外的人相信管理者会按他们所说的做并努力维持这种声誉;②无隔阂,让信息和想法能够垂直、水平以及在组织内外畅通地流动;③应变能力,即在持续革新方面的灵活性和敏感性;④学习能力,即取得所希望的变化并加以维持。

人力资源管理人员要想使组织能拥有并维持这些组织能力,就必须从培养组织能力的角度和方式上来安排人力资源管理的政策和实践,原有的招聘、培训和奖励员工的政策和方式已经远远不能满足今天组织发展的需要。

2.技术

在知识经济时代,技术创新在以人们无法追赶的速度发展。国际互联网、电视会议、全球寻呼、网络等组成了一个商业行为的新世界。通信基础设施的发展使世界更小、距离更近、速度更快了。个人对技术的应用同样也改变了信息的流动和使用方式。因此,人力资源管理人员有责任来重新确定组织中员工的工作,要把通信基础设施变为企业员工工作环境中的一个不断变革、创造生产力来源的组成部分,要走在信息的前面,并不断学会借助信息为组织服务。

3.吸引、保持和衡量有能力的优秀人才

在不断变化的、全球性的、需要技术的经营环境中,获取、保持优秀人才是组织成功的关键,是组织具有竞争力的根本。获取保持优秀人才是通过保证组织的智力资本来实现的,这就需要通过改善信息流程、创建能够迅速地在每个角落传播想法和革新思想,并能快速学习的组织。智力资本将改变传统对组织的衡量仅仅集中在经济利益上的做法。

人力资源环境的变迁和人力资源管理面临的挑战,在客观上促使人力资源管理活动、管理作用和管理职能发生变化。

(三)信息化时代人力资源管理的特征,

和传统的人力资源管理相比,信息化时代的人力资源管理将呈现出下列新变化。

1.面向网络化与"电子商务"

随着Internet技术的广泛应用,企业将在"电子商务"时代背景下竞争与发展。企业的人力资源管理将建立在企业网络化的组织结构之上,并突破企业边界的局限;企业内外的研究与交流、沟通等将更加快捷;在人力资源和雇员关系中,职位空缺公布、专家搜寻、雇员培训与支持、远距离学习等,将有效应用互联网;Internet技术的运用能帮助企业建立虚拟组织并实现虚拟化管理,有效利用整个社会一切可利用的资源,同时帮助企业建立知识管理系统,建立学习型组织,以支持企业获得长期发展的竞争力。

2.依靠信息管理

信息的完整性和有效性是企业科学管理和决策的基础。如何及时准确地获取、处理和利用信息是当前企业管理中最重要的问题之一。现代人力资源管理在为企业提供人力资源解决方案的基础上辅助企业制定信息与知识管理系统,辅助企业从因特网和内部网上获取信息并在企业内部进行有效的共享,并辅助企业对信息、知识的高效科学利用,从而实现企业各种人力资源信息流在企业中得到有效的处理和合理共享,创造价值增值。

3.保障管理持续改善

信息化时代的人力资源部门将致力于帮助企业建立各部门的、员工个性化的绩效评价指标体系,并辅助企业不定期地对自己的管理绩效进行评价,以达到管理持续改善的目标。同时,帮助企业建立培训开发体系,让企业整体素质得到不断的提升,形成知识型组织,以提升企业的核心竞争力。

4.适应企业国际化发展

随着全球经济一体化进程的推进,企业规模化发展将面临国际化运作的管理问题,其中,信息技术和互联网将起到至关重要的作用,它们将成为企业国际化运作的物质基础和技术保证。现代人力资源管理需要帮助企业建立科学高效的人力资源运作程序与规则,适应企业国际化和国际竞争的需要。同时,现代人力资源管理在推动企业国际化运作与成长的同时,也将同时实现自身的国际化发展。

5.实现人力资源职能转变

为迎接挑战,企业人力资源管理者必将逐渐从过去的行政、总务、福利委员会的角色转变为企业学习、教育的推动者,高层主管的资讯顾问,战略业务伙伴,管理智能专家和变革的倡导者等。

(四)新技术的运用为改善人力资源管理职能提供了可能

新技术通常包括自动化——也就是说,用设备、信息加工或者两者的某种结合来代替人工。

在人力资源管理方面,新技术已经被运用于三个较大的职能领域之中:事务性活动的处理、报告以及跟踪,决策支持系统,专家系统。事务处理是指在审查和记录人力资源管理决策与实践的过程中所需要用到的一些计算和思考程序,其中包括文档的重新调整、培训经费、课程参加人员以及政府提出的各种报告要求的应对。设计决策支持系统主要是用来帮助管理人员解决问题的,它使得系统的使用者能够看到假设,如果数据发生了改变,那么结果会出现怎样的变化。专家系统是把在某一领域中具有专业知识和经验的人所遵循的决策规则进行整合而形成的计算机系统。该系统能够根据使用者所提供的信息向他们提出行动建议,该系统建议使用者采取的行动往往都是现实中的专家在类似(比如一位管理人员与一位求职者进行面谈)的情形下所采取的行动。

应用于人力资源管理领域的一些最新技术包括互动式语音技术、国际互联网、顾客服务器系统、关联行数据库、成像技术、专业软件开发、可读光盘存储器技术、激光视盘技术等。这些技术通过以下几个方面的作用改善了人力资源管理职能的有效性:它使信息的接受变得更为便利,使得沟通状况得以改善,加快了人力资源管理事务性工作以及信息搜集工作的完成速度,降低了成本,使得招募、培训等人力资源管理的职能变得更加容易。

二、e化人力资源管理概述

(一)e化人力资源管理的概念

管理大师杜拉克在《新时代、新组织》中指出:"未来的企业将是一个大部分由专业人员组成的知识型组织,必然会走向以信息为导向的组织结构。"促进这种趋势的主要力量,除了劳动人口结构的改变以及经济需求导致的变革外,信息技术的快速发展是最大的推力之一。伴随着人力资源管理科学理论和信息技术的发展,人力资源管理工作经历了从传统工作方式向信息化管理转变的过程,即信息化人力资源管理(electronichuman resource management,简称EHRM,或e HRM),具体概念可以分以下三个层面来理解。

EHRM是以先进的电子信息技术为手段,以软件系统为平台,实现低成本、高效率、全员共同参与管理过程,实现人力资源战略地位的全面、开放的人力资源管理新模式。

EHRM是基于高速度、大容量的硬件和先进的IT软件,通过集中式的信息库、自动处理信息系统、员工自助服务系统、外协以及服务共享系统构成的管理信息系统。

EHRM最终实现的不仅仅是企业人力管理的自动化,实现了与财务流、物流、供应链、客户关系等系统的关联和一体化,而且整合了企业内外人力资源信息,并与企业的人力资本经营相匹配,使人力资源从业者真正成为企业的战略性经营伙伴,真正地实现了人力资源在企业经营过程中的战略地位。

(二)e化人力资源管理的内涵

简而言之,EHRM是指企业利用计算机和网络技术来实现人力资源管理的部分职能。EHRM模式通过互联网技术改进工作流程,使各级员工有更多的时间从事组织发展与人力资源战略工作。其中人力资源管理系统(HRMS)是EHRM的重要组成部分,主要是以软件的形式帮助人力资源管理者更好地处理信息,分析、解决问题。EHRM是新经济时代下人力资源管理的发展趋势。网络技术的成熟与运用是其基础,ERP(企业资源计划)、CRM(客户关系管理)以及ASP(应用程序服务提供)等概念的出现和具体实施是其存在和发展的大环境,而对于人力资本开发和增值的迫切性是其终极原因。

EHRM 经历了一系列循序渐进的阶段。初级阶段,EHRM 始于组织决定寻求更加有效的途径来向员工和经理传达信息;次级阶段,包括向员工和经理提供工具,使其能够运用上述信息来独立执行相关操作和制定决策;高级阶段,包括运用流程自动化和便利的数据交换,在整个工作过程中与内、外部人员紧密合作。

(三)e 化人力资源管理的特点

EHRM 不仅是企业中人力资源管理的一种发展趋势,更是一种管理理念,它在有助于促进企业生产效率提升的同时,更实现了规范化的管理。由于人力资源在电子化时代已经成为人类财富增长、经济进步的源泉,因此,企业中的 EHRM 系统占有至关重要的位置,主要有以下几个特点。

1.支持组织机构的经常变化

信息时代激烈的竞争环境,要求企业必须有较强的适应性和变通性。因此,EHRM 系统需要结合外部环境的变迁以及内部人力状况,做出有效的调整,采用完全可定制的组织机构设计工具,具有高度的可扩展性,使用机构树对企业的机构组成随时进行修改,迅速对市场的变化做出反应。

2.集中数据管理、分布式应用

现代企业的一个突出特点就是地域上的广泛分布,这种跨地区甚至跨国界的集团企业对企业信息数据的集中管理有强烈要求。EHRM 系统基于大型数据库服务器平台实现了数据的集中管理,使用 Internet/Intranet 为企业各部门的员工提供一个统一的信息平台,不仅实现了人力资源信息跨地区、跨部门的资源共享,而且可以发布最新的企业人力资源管理信息,提供完整的人力资源管理政策法规数据库以供查询。

3.人性化的服务模式

一套完善的 EHRM 系统不仅能为员工提供有效的培训课程和学习交流平台,采用公正客观的评估机制,以提高员工绩效,还可以提供基于 Internet/Intranet 的员工虚拟社区系统,方便企业新闻的发布、员工间的互相交流,为企业文化、经营理念的传播提供了一个方便、快捷、友好的交流方式。

EHRM 最大的特点是从"全面人力资源管理"的角度出发,利用 Internet/Intranet 技术为人力资源管理搭建一个标准化、规范化、网络化的工作平台，在满足人力资源部门业务管理需求的基础上，还能将人力资源管理生态链上不同的角色联系起来，即成为企业实行"全面人力资源管理"的纽带。

（四）e化人力资源管理的作用

与传统的人力资源管理相比，EHRM的优势不仅表现在先进的技术与手段上，从某种意义上说还是人力资源管理方式的一种变革。它的价值体现在以下几个方面。

1.提高人力资源管理工作的效率

人力资源管理业务流程中的招聘、培训、薪酬福利、绩效考评等大量事务性程序工作都可以引入信息技术，这将大大节省人力资源管理者的时间与费用，从而提高人力资源管理部门的工作效率，使他们有更多时间思考战略问题。同时，信息技术的运用特别是人力资源管理系统，可以完整记录企业所有人事管理的信息，并快捷、方便地获得各种统计分析结果，为企业战略目标的实现提供人力资源要素方面的决策支持。

2.更好地适应员工自主发展的需要

网络技术的应用，为人力资源部门之外的其他管理人员和员工提供了各种形式的自助服务。自助服务的提供，使得人力资源管理改变了以前相对封闭的状态，改善了人力资源部门对企业最高决策者以及全体员工的服务质量，并使得企业全体人员都参与到人力资源管理活动中来。在当前知识型员工在企业中扮演越来越重要角色的今天，EHRM满足了员工实现自我规划与管理的可能。

3.促进企业电子商务的发展

EHRM系统可以诠释人力资源管理的绝大部分内容与业务流程，从而规范和优化其业务流程，成为企业人力资源管理部门信息化、职业化、个性化的管理平台。EHRM的不断完善将促进电子商务的发展。职位空缺分布、专家搜寻、雇员培训、远程学习等都将变得更为高效；同时，EHRM对建立虚拟组织并实现虚拟化管理，以及创建知识管理系统与学习型组织都将极为有利。通过EHRM系统，企业的人力资源管理者能够有效利用外界的资源，并与之进行交易。比如获得人才网站、高级人才调查公司、薪酬咨询公司、福利设计公司、劳动事务代理公司、人才评价公司、培训公司等人力资源服务提供商的电子商务服务。

4.加强公司内部相互沟通及与外部业务伙伴的联系

随着公司规模的不断扩大,公司各部门之间、员工之间、公司与外部业务伙伴之间的沟通往往会变得十分困难,但激烈的市场竞争使得这种全方位的沟通显得极为必要。EHRM 系统不但可以成为公司员工间的纽带,帮助他们逾越部门不同、工作时间不同、工作地点不同的障碍,促进相互之间的了解和沟通,同时还可促使企业与外部业务伙伴在人才、技术、知识等方面的资源共享,有效提高适应市场的能力。

三、e 化人力资源管理的内容

(一)e 化招聘

e 化招聘是利用公司网站完成与招聘相关的一系列活动。传统招聘工作总是先在有形媒体上发布需求信息,然后初步筛选求职简历,约见合适的求职者现场面试以决定是否聘用。这样不仅耗费大量的人力、物力、财力,而且信息处理、反馈速度较慢。e 化招聘具有全球性、经济性、灵活性的优点,其招聘手续简便,行动迅速,受众目标性强,提高了反馈、处理和录用的速度。

e 化招聘的优势是显而易见的,集中表现在以下几个方面:①招聘范围的全球性,突破了传统招聘的地域性限制;②招聘费用的经济性,节省了传统招聘活动中的参会费、交通费、差旅费等开支;③招聘过程的隐蔽性,网上的人力资源争夺战虽悄无声息,但更有杀伤力,求职者可以不动声色地找到理想的去处;④招聘活动的灵活性,招聘的企业可以每周7天、每天24小时向全球范围内的应聘者发出应聘信息,应聘者也可随时随地与应聘单位联系,大大方便了双方的信息交流和沟通。

使 e 化招聘成功的关键之处有:企业必须建立一个不断更新的一流的招聘网站,选用合适的能自动分析、处理应聘者初步信息的软件,对应聘者尽快做出回应,逐步过渡到实施完全电子化招聘策略,借鉴以往区分积极应聘者和消极应聘者的经验,重视人性化的服务等。

以思科公司为例,其网址已成为强有力的招聘工具。应聘者可以通过关键词,检索与自己的才能相匹配的空缺职位,也可以发送简历或利用思科公司的简历创建器在网上制作一份简历。最重要的是,该网址会让应聘者和其公司内部的一位志愿者结成"朋友"。这位朋友会告诉应聘者有关思科公司的情况,把应聘者介绍给适当的人,带应聘者完成应聘程序。但是,思科公司网址真正的威力,不在于它让积极求职者行事更快捷,而在于它把公司推介给那些满足于现职、从未想过在思科工作的人。因此,该公司在这种人才经常光顾的地方宣传其网址。比如说,思科公司已和Dil-bert公司(网址:www.dilbert.com)网页连线,这是摆脱工作桎梏的程序设计人员最钟爱的网页。

(二)e化培训

e化培训就是通过网络这一交互式的信息传播媒体实现培训的过程。企业可以做一个内部局城培训网页,由人力资源部设计并在内部局域培训网上发布在线教育培训计划,同时发布一些培训材料(如公司培训制度、企业文化、员工手册、聘请的培训讲师所讲的内容,公司礼仪、其他相关培训教材等),并通过网络及时反馈以保证培训的效果。人力资源部还可以与公司外的专业人力资源培训网站合作,共同进行公司员工培训。与传统地让员工某一时间集中在某一地点统一受训方式不同的是,e化培训是把信息送到员工面前,而且可以将培训活动有针对性地覆盖到公司的每一个员工。当然,那种直接面对面的培训方式在许多经验型的企业还是必不可少的。

(三)e化沟通

网络使人力资源管理工作的沟通形式更加多样,企业可以在公司内部局域网上建立员工的个人主页,还可以建设BBS论坛、聊天室、建议区、公告栏以及公司各管理部门的邮箱等。e化沟通的魅力在于使员工沟通更为直接、广泛、有效,员工的不满有了发泄的地方,公司领导可以随时了解下属员工的各种心声及各种建议等。e化沟通还能在营造企业文化、提高企业经营管理水平,以及激发员工凝聚力、进取心等方面发挥作用。

联想集团充分利用企业内部网络资源,较好地实现了e化沟通。联想员工可以将电子邮件发到总经理的公共邮箱中,总经理会对每一封电子邮件进行回复;员工可以在内部网的BBS上向公司提出意见、建议,以期引起公司上下对一些重要问题的讨论和关注;也可以在网上求助,请求他人对自己在工作、学习、生活中的实际问题给予帮助。联想的"员工信箱"能全方位地接收不同部门、不同地区联想人的信息和意见,人力资源管理部门会将这些邮件转到相应部门,该部门必须对每一封信做出反馈,否则将会受到处罚。联想的e化沟通已成为企业完善、畅通的沟通体系的重要组成部分。

(四)e化绩效管理

e化绩效管理系统是基于最新的绩效管理理念与技术,采用先进的信息管理技术,对绩效管理的流程进行科学梳理,以推动企业绩效发展为目标,结合人性化的设计理念开发完成的。它不仅能为企事业机构提供全面的高绩效管理整体解决方案,有效实现从公司战略到部门、项目以及个人计划的制定,全方位、全过程的工作信息的跟踪与绩效支持,以及运用多种模式(包括360度评价)进行考核管理,还可以通过绩效结果的分析与处理,绩效反馈与沟通,形成相应的报酬计划以及培训计划、生涯规划等。

一套完善的EHRM系统中往往包含有绩效管理模块。以用友eHRM系统为例,其中的绩效管理模块,按部门职责及目标、岗位说明书中注明的岗位职责为主要考核要素,同时结合自定义指标库中的通用绩效指标,准确灵活设计及调整不同部门与岗位的考核方案,合理选择考评指标,形成考核表,做到考核表的个性化。能形成不同类别考核人对同一考核对象的多张考核量表。利用考核结果对应表,从各种不同角度对考核结果进行统计分析。

在e化绩效管理系统中,e化考评的实施深受员工欢迎。e化考评主要用于利用信息系统对员工的工作成果、学习效果进行及时的记录;管理者对来自各地的下属定期递交的工作报告进行即时指导和监督;通过网络实现员工的工作进展介绍和述职;在线评估系统实时录入公司所有员工的评估资料,并进行处理,为公司的管理提供各种分析报告。e化考评将空间距离拉近,对建立规范化、定量化的员工绩效考评体系,代替以经验判断为主体的绩效考评手段有很大的作用,使绩效考评更为公正、合理科学。IBM公司所使用的EHRM中的绩效管理模块是利用在线系统处理个人年度计划及评估,通过最有效地利用系统资源来简化流程和减少协调工作人员的工作量。对于员工和直线经理而言,该模块主要提供的功能包括:在线提交计划,评估,参看主管的计划;主管在线审批;员工与主管通过系统对评估达成一致,如果需要,可向二级主管提交意见;在线查询状态;当员工业务目标变化时,通过版本控制允许制定新的计划。对于人力资源管理者而言,该模块所提供的功能包括:根据员工数据管理,更新员工的主管资料;产生统计报表,例如按状态划分,按地区划分等;系统保留3年的历史记录,对记录进行跟踪、统计,对未完成的评估或计划发出提示邮件;向员工提供公司政策并给予指导。

(五)e化员工自助服务

员工自助服务,即员工可以利用人力资源管理信息系统的功能,根据系统提供的权限密码,进入员工页面,查看或者修改自己的信息。比如查看自己的薪酬状况、考勤结果、培训记录等,修改自己的家庭信息、学习经历等,在网上填写评估表格和申请培训课程等。

虽然公司在各地办事处都设有专门人员管理人事信息,但在GE(通用电气中国)医疗系统部总部,要掌握全体员工的个人资料以便提供给其全球的Oracle HR系统还是一件非常困难的事情。人员资料的收集和录入方面不但有相当大的工作量,而且统计起来也很不方便。而后GE所采用的eHR soft2000系统通过提供员工自助的功能,很好地解决了这一问题。eHR soft2000对员工个人的部分资料采用员工自助服务的方式,通过分配给每个员工不同的用户名和密码,使每个员工只要登录GE的内部网页,就可以进入eHR soft2000系统直接输入和修改个人的资料。这样不但保证了人事部门收集员工个人资料的及时性和准确性,而且可以保证这些资料的安全性。

员工自助另一个典型的应用是,公司管理者可以通过网络发布全年休假计划,员工可以参照整体休假计划制定个人休假计划,并作网上申请;部门经理参照整体休假计划和部门员工的实际休假申请进行审批,同时提醒员工在最适当的时间休假。这样,由于网络可以提供实时的数据,就给管理者提供了决策的参考,在实际工作中就会避免员工集中休假的情况发生。

(六)e化人事管理

e化人事管理相当于借助信息技术来处理人力资源部日常的很大一部分行政事务性工作,包括雇员信息管理、薪酬福利管理、出勤/休假管理等。过去,企业主要用自编程序Foxbase或Excel来计算员工的工资,而员工的养老金信息、合同信息、个人信息等往往被存放于多个Word或Excel

文件中或打印出来放在文件柜里。这种分散的信息源在信息的采集、整理和更新时会产生许多重复的工作,造成人工浪费,其保存和查找也是一个相当困难的过程。由于这些信息都是分散保留的,因此当上级需要一份报表时,需要将这些分散的数据匹配在一起,工作量较大;同时,要使所有的信息得到及时的更新也较困难。EHRM 就是通过整合、集中的数据库把与人力资源相关的信息全面、有机地联系起来,有效地减少了信息更新和查找中的劳动量,保证了信息的相容性,从而大大提高了工作效率,还能使提供分析报告成为可能。

第二节　全球化人力资源管理

一、影响人力资源管理的全球性因素

为了适应国家之间的不同文化和差异,从事国际性业务的企业有必要进行一些相应调整。当经理和专业人员开展全球性业务时,人力资源管理者需要认真关注下列重要因素。

（一）法律和政治因素

各国政治体制的特点和稳定性不尽相同,而各国的公司已习惯于一个相对稳定的政治体制。另外,法律体系的特点和连贯性也因国而异。有时,商业合同会由于一国内部的政治因素而无法履行。

各国的人力资源管理及有关法规在特点和细则方面存在着很大差别。在许多西欧国家,有关工会和就业的法律往往要求给予被解雇职工很高的补偿,这种要求使得企业往往难以减少员工的数量。各国关于平等就业方面的规定也参差不齐。有些国家,政府以法律形式来解决就业歧视和性骚扰等问题,而某些国家,宗教或民族差别使得就业歧视已成为惯例。

当企业计划在一个国家开展业务时,人力资源专业人员应该事先对该国的政治环境进行全面的考察,其中应包括对劳工组织的角色和特点的考察。

（二）文化因素

文化因素对人力资源的管理也具有重要影响，企业对此也应加以重视。除了前面已谈及的企业文化外，与企业管理有关的还有国别文化。所谓文化，是指那些影响某一人群的价值观念、信仰和行为的社会力量。文化差异不仅存在于国家之间，同样也存在于各国内部。

各国不同的文化因素将有力地影响跨国公司的人力资源管理策略。文化差异无疑为跨国公司的全球化人力资源政策带来了巨大的挑战。为了尽量降低文化因素对公司业绩的不利影响，跨国公司开始越来越多地采用员工本土化策略，希望借此使公司员工尽可能地适应当地文化，减少不必要的损失。员工本地化策略就是当公司在外国进行业务拓展时，招聘当地居民作为公司员工的策略。聘请当地居民处理公司日常业务，可以避免文化上的冲突，也可以利用他们的本土优势，提高解决问题的效率①。

（三）经济因素

各国的经济状况千差万别。许多不够发达的国家愿意接受国外投资，为它们日益增长的人口创造就业机会。对跨国公司来说，这些国家的劳动力一般比欧美廉价得多。不过，跨国公司能否在这些国家获得可观的利润，还取决于货币的波动情况以及政府在收入转移方面的政策措施。

在许多发达国家，特别是一些欧洲国家，虽然失业不断增长，但政府对就业的管制程度及工资水平依然很高。政府对个人和公司税收也都处于相当高的水平。对这些因素，人力资源专业人员都必须认真予以分析，并将其作为在这些国家开展经营或从事采购决策过程的组成部分。

二、全球性人员配置与员工选拔

当公司决定在其他国家开展业务时，通常需要在这些国家建立工厂或设置机构并招聘员工。规模较大的跨国公司和全球性公司大都在世界各地招聘员工。为此，招聘和选拔工作必须适应获得最佳人选的需要。

（一）国际员工的使用

国际员工可以分为以下三种类型：①驻外人员，指那些在一家机构或工厂工作却并非该机构或工厂所在国之公民，而是这家机构或企业总部所在国之公民的被雇人员；②当地国民，指在一家机构或工厂工作并为该机

---

①王超. 互联网时代的人力资源管理思维分析[J]. 人才资源开发,2020(02):49-50.

构或工厂所在国之公民的被雇人员,但其所在机构或工厂的总部却在另一个国家;③第三国公民,指那些身为某一国公民,但在另一个国家工作,并且是被总部在第三国的企业所雇佣的人员。

这些类别的员工对人力资源管理提出了特别的要求。这是因为,这些员工分属不同的国家,而这些国家的民族习惯、税收法律和其他有关因素都不尽相同。针对这种情况,人力资源专业人员就不得不了解每个有关国家的法律和习俗,以确保有关工作符合各国之不同的规定和要求。

1.驻外人员的使用

跨国公司驻外人员的任务之一,是使驻外企业与母公司保持有效的联系。另外,驻外人员还常常须承担在所在国之外的其他国家开展业务的责任。各种富有经验的驻外人员形成了一个智囊团,随着企业业务的不断扩展并延伸到更多的国家,这个智囊团就可以被用来发挥更大的作用。

2.当地国民的使用

由于几方面的原因,使得聘用当地国民十分重要。首先,如果公司希望向其分支机构的所在国表明,它在该国的投资不仅仅是建立了企业,同时也是对所在国承担了某些义务,那么,雇佣当地居民就是一种十分重要的姿态。其次,与其他国家的人们相比,当地国民通常更了解该国的文化、政策法律以及经营之道。此外,当地有影响力的非官方"权威人士"往往可对业务的发展起到重要的作用。

3.第三国公民的使用

使用第三国公民,是公司国际化进程的组成部分和标志之一。第三国公民通常被雇来负责某个大洲或某个区域的业务工作。

(二)驻外人员的选拔

在驻外人员的选拔过程中,企业应向派驻人员提供关于派往地之生活、工作和文化方面的符合实际的"全景图"。人力资源管理人员应向派驻人员全面介绍其将要从事的工作,特别应详细介绍那些不同于在本国所从事的工作任务。这些特别工作任务通常包括与当地政府官员谈判,把握当地的工作法规。

选拔驻外人员时要注重下列能力的考核和相关因素的考察。

1.文化适应能力

企业在外派人员人事安排上的"失败",大多不是因为工作太难或者被选人员缺乏所要求的技术能力,而是因为文化适应方面的问题。在这方面,公司对员工予以支持是非常重要的。一旦员工被选派到国外从事工作,公司就应持续不断地为他们提供各种必要的协助。有关研究发现,驻外人员到底是放弃国外的工作还是坚守对企业的承诺,在很大的程度上取决于企业的支持和协助是否得力。另一方面,在整个选拔过程中,特别是在面试时,企业必须准确地分析判断候选人是否有能力去接受和适应不同的风俗习惯、管理方式、法律规则、宗教观念和基础生活设施条件。

2.语言交流能力

能够用所在国的语言与他人进行口头或书面交流,是驻外人员所应具备的最基本的能力之一。无法用当地语言与人们进行交流,将会影响业务的开展。因此,许多跨国公司在按技术和管理能力选拔了合适的人选后,通常尽早安排这些人员进行必要的外语培训。

3.家庭因素

选拔驻外人员时,企业还必须考虑候选人的配偶和其他家庭成员的偏好和态度。随着双职业型夫妇数量的增加,向外派遣人员的难度也随之加大。目前,各国大都对外国人在本国就业采取限制的态度。而当驻外人员前往国对外国人就业限制较严时,配偶在前往国就业的可能性就很小,这通常就使得选择驻外人员的难度增加。为了解决这方面的问题,一些跨国公司采取了职业安排服务措施,协助驻外人员的配偶在前往国的其他外国公司谋取职务。

三、驻外人员的培训与培养

驻外人员常常面对着特殊的环境条件,承受着各种压力,因此,对他们的培训和培养工作必须针对相关问题来设计安排。这些方面的工作主要包括三大类:①在驻外人员出发前,对员工本人和其家属成员进行前往国的情况介绍和有关的培训;②保持员工的持续发展提高,具体做法是,将驻外人员各种新增技能作为员工职业发展计划和企业培养使用计划的重要参考因素;③进行回复性培训和工作安置准备,以便一方面使驻外人员做好回国和重新适应本国文化习惯方面的准备,另一方面使驻外人员的新下属和新上司在有关方面做好应有的准备。

（一）出国前国外情况介绍和培训

出国前对驻外人员和其家庭成员进行情况介绍和培训,可大大有助于驻外人员成功地完成在海外的工作任务。整个跨文化调整适应包括三个方面:①工作方面的调整适应;②人际交往方面的调整适应;③综合性的调整适应。所有这些方面的调整适应都要求熟悉派往国的语言和文化。许多公司都有专门针对驻外人员及其家属的正式培训计划。人们发现,这类培训对跨文化调整具有明显的积极作用。

（二）保持驻外人员继续发展提高

对企业来说,将驻外员工始终纳入职业发展计划和公司员工培养计划,是十分必要的。有些员工之所以不愿接受驻外任务,最主要的原因之一,是他们担心自己落到使企业"眼不见,心不想"或"人一走,茶就凉"的地步。因而,许多驻外人员倘若难以和企业总部的其他人保持直接和经常的接触,往往就会变得忧心忡忡。因此,企业必须设法保证并使驻外人员确信,他们在国外的工作经历将既有利于企业,又有利于自己的事业发展。

（三）回复性调整培训和进一步发展提高

将驻外人员调回国内的过程叫作遣返。遣返回国的驻外人员可能遇到某些窘境,例如,原给予驻外人员的一揽子特殊报酬将就此取消,这意味着,即便回国后他们得以加薪晋级,他们的实际收入仍会下降。因此,遣返人员需要使自己适应相对低一些的收入。此外,遣返人员还必须使自己重新适应与其他员工频繁接触的近距离工作关系和上下级的隶属关系。企业也要对遣返员工进行回复性调整培训,重新设计其职业生涯发展计划。

四、驻外人员的报酬

员工遍布许多国家的公司在确定报酬的工作方面任务较重。在确定驻外经理和专业人员的报酬时,公司必须考虑各种不同的法律、生活费用、税收政策和其他各种因素。即便是美元价格的波动也必须予以追踪,以便根据美元与其他国家货币兑换率的变动来调整外派人员的报酬。除了以上这些方面外,企业还需考虑在员工住房、子女上学和全家每年回国交通方面给予必要的补贴。当把所有这些事项都纳入考虑之中时,就可知驻外人员的报酬问题有多么复杂。下面将讨论确定驻外人员报酬的几种不同方法。

（一）决算表平衡法

许多跨国公司依照决算表平衡法来确定驻外员工的报酬。根据决算表平衡法，企业首先计算出驻外人员的消费与从事同样工作的国内人员消费之间的差别，然后，再向驻外员工提供一笔正好等于两者之差的一揽子补偿性报酬。

（二）全球市场统一法

与决算表平衡法不同，根据报酬方面的全球市场统一法，驻外人员在驻外期间，不论在多少国家各自工作多长时间，他在各国的派驻任务都始终被视为一个连续的整体，而非一个个独立的事件。因此，驻外人员在整个驻外期间，将自始至终固定地享受关键的补偿报酬，如保险福利和安置费用等，而不管所去国家的情况如何。与决算表平衡法相比，该方法的综合性更强一些。

（三）税收平衡计划

许多公司通过税收平衡计划来确定驻外人员的报酬，以保护驻外人员免受税收的负面影响。按照税收平衡计划，公司将驻外人员的基本收入（须付税收人）向下调整一个数额，这个数额大致相当于他当年预计需向本国政府支付的税额。这样一来，在总收入不变的情况下，驻外人员实际上就等于只需支付前往国的税收。税收平衡计划的目的，是保证驻外人员按工资收入来讲所实际支付的税额，既不多于也不少于他们作为本国公民在本国境内工作时所支付的税额。

第三节 未来的人力资源管理与开发

一、现代人力资源管理的发展趋势

知识经济时代的一个重要特征，就是市场竞争的焦点将从资金、产品等有形资本的竞争转为无形的智力资本的竞争，归根结底就是人才的竞争,因为人才是先进思想、先进文化、先进科技的载体,代表着先进的生产力。而知识经济与经济全球化的结合,更使得这场人才争夺战狼烟四起。很多企业已经开始意识到,企业业务流程的各个环节,如产品的设计、生产、销售、服务等,都离不开人的参与,任何一个环节出现问题,根本上都表现为人的问题。员工的素质与士气已成为企业生存与发展的基础。越来越多的企业开始期望借助良好的人力资源管理与开发,为企业营造适宜的人才发展环境,从而能有效地挖掘人力资源的潜在价值,提升企业竞争能力。从这种意义上讲,一个企业中人力资源工作的有效性,已经成为促进企业发展的战略性因素。

（一）人在生产关系中所处地位的演变

对人力资源工作的重视是企业的战略选择问题,而企业的人力资源工作的效率,很大程度上依赖于企业的人力资源策略。国内很多企业在人力资源管理实践过程中总感觉不得要领,花了不少精力,却很难达到预期的效果。这种状况的出现,往往是企业人力资源策略与方法出了问题,或者说没有从根本上解决好人(劳动者)在知识经济时代生产关系中的地位问题,由此导致了人力资源工作在出发点上就出现了偏差。

反观人类社会从农业经济到工业经济、后工业经济直至知识经济时代的发展史,实际上就是一部生产力不断发展的历史。生产力的每一次大的跨越,总伴随着生产关系从不适合生产力状况到逐渐适合生产力状况的变革。当生产关系不适合生产力状况时,生产关系就会阻碍生产力的发展,由此而带来生产关系的调整;而当生产关系与生产力状况相适应时,生产关系就能促进生产力的发展。劳动者在生产关系中的地位随着人类社会的演进也已经历了四个发展阶段。

1.工具论阶段

农业经济时代,土地是生产力的第一要素,劳动者被等同于没有思想的物体,是被另外一些掌握土地的人所利用的工具。

2.要素论阶段

工业经济时代,资本成为生产力的第一要素,劳动者作为生产力的组成要素之一,受到资本拥有者的重视,但拥有资本的管理者希望劳动者像机器一样听话[①]。

3.资源论阶段

后工业经济时代,智力资本对经济增长的贡献率不断提高,管理者意识到人是一种重要的资源,不仅仅是被利用,而是可以通过合理配置、有效激励、系统培育、潜能激发等手段使人力资源价值得到最大限度地挖掘与发挥。这个阶段,更多的还是强调对人的有效管理与控制。

4.主体论阶段

知识经济时代,智力资本成为促进生产力发展的第一要素。管理者需要充分认识到,人作为智力资本的拥有者,与生产力的其他要素是存在明显差别的:人追求自我实现、自我发展。智力资本的拥有者逐渐发展成为管理的主体,管理者的角色应从管理控制逐渐转向引导和帮助。

(二)人力资源管理的三个发展阶段

对人在生产关系中所处地位的不同认识,管理者对人所采取的管理策略也会大不一样。从19世纪上半叶(工业经济时代中期)空想社会主义者罗伯特·欧文最早提倡规范的人事管理至今,企业对人的管理已经历了三个大的发展阶段:人事管理、人力资源管理、人力资源的开发与经营(或称战略人力资源管理)。

1.人事管理阶段

人事管理把人设为一种成本,把人当作一种"特殊的工具",注重的是投入、使用和控制。人事管理更多地关注于事务性的管理,其管理的形式和目的是"控制人",而并不关注个人的绩效,人在企业不被看成是可待开发的资源。在这个阶段,人事部门作为一个办事部门,只不过是企业领导的人事帮手而已。

2.人力资源管理阶段

人力资源概念最早是由美国管理学大师彼得·德鲁克在20世纪50年代提出来的。此后数十年间,人作为一种重要的资源,受到企业的空前重视,专门的人力资源部门在企业出现,能够将其他部门视为人力资源部门的客户,来提供诸如招聘、培训、考核等具有一定技术含量与标准作业流程的人力资源服务,并开始关注员工个人绩效的管理。在这个阶段,企业

---

①徐建华. 供应链时代新经济下人力资源开发与管理的战略特征[J]. 中国储运,2022
(01):207-208.

虽然意识到人是一种重要资源,但并不认为是战略性资源,在企业战略形成过程中,往往把人力资源的因素排除在外,人力资源部门也就成了企业战略的忠实执行者。这个阶段,人力资源管理是企业授权给人力资源部门的单独使用的工具,而人力资源管理工作的好坏也缺乏一套可衡量的标准。

3.人力资源开发与经营阶段

知识经济时代,对智力资本的倚重使得企业开始重视如何挖掘与放大人力资源的价值,并关注人力资源的投入与产出,人力资源工作与个人绩效提升及组织目标紧密联系起来。人力资源作为企业重要的战略性资源,开始被充分考虑到企业的战略规划之中。人力资源部门不再只是为其他部门提供例行性服务,更多的时候是作为企业内部的人力资源顾问,帮助企业建立起由高管人员、直线经理以及专业HR管理团队组成的人力资源经营主体,共同来对企业的人力资源开发与经营负责。这个阶段,人力资源部门已经发展成为具有自己的产品与价值产出、关注自身的经营绩效和内部客户需求的经营性部门,并逐渐成为企业决策的重要战略伙伴。

二、知识经济时代的人力资源管理

知识经济时代的人力资源管理应做好以下几个方面的工作。

(一)建立高效率、战略性人力资源管理系统

一个高效率的人力资源管理机制其运作模式可以用这样的循环链表示:吸引人—使用人—激励人—教育人—企业发展—吸引人,它们之间相互作用,相互补充,共同促进企业发展。而企业快速发展的现状和因此带来的光明前景,又增加了对企业内外优秀人才的吸引,从而使企业步入良性循环。知识经济时代的人力资源管理应高效率地进行,同时要改变过去管理的模式,实行战略性人力资源管理。战略性人力资源管理包括三个方面含义:人力资源管理应该得到企业高层管理、直线经理、员工和人力资源工作者的高度重视;人力资源管理必须与企业战略结合起来,在层次上提升,在职能上扩展;不同层次和职能的各项人力资源管理活动有机地结合起来。

人力资源管理是人力资源部门的工作,但并不是说只需要人力资源部门来从事人力资源管理工作。人力资源管理工作应该是企业高层管理人

员、直线经理、员工和人力资源工作者共同的工作,尤其是高层管理人员和直线经理首先应该是优秀的人力资源工作者。高层管理人员应该充分认识到人力资源和人力资源管理对企业发展的重要作用,并用行动来支持人力资源管理活动,比如追加对人力资源管理的投入,设专人(如人力资源副总裁)和专门的部门(如人力资源部)来负责人力资源管理工作,让人力资源工作者参与企业战略规划,而不仅仅是被动执行公司的战略,等等。作为直线经理,则应该积极参与和配合各项人力资源管理活动的实施,包括人员招聘、绩效管理、组织变革、组织结构调整等。

传统的人力资源管理一般注重作业性、行政事务性等操作层的人力资源管理活动,而忽视管理层和战略人力资源管理活动。所谓战略层的人力资源管理,指如何根据组织的长期战略定位,制定相应的人力资源管理政策和总体目标;管理层的人力资源管理指如何获取和分配人力资源,以保证战略规划的贯彻落实;而操作层的人力资源管理则是根据管理层人力资源管理的计划所进行的日常操作。对于企业来说,操作层、管理层和战略层的工作必须同时并重。与此同时,人力资源管理还必须在职能上扩展,不能仅仅局限于传统的人力资源规划、人员招聘、培训、绩效管理、薪酬管理和员工关系管理等职能,还应该承担组织变革与发展、组织结构设计、组织文化建设、高效团队建设等职能,并不断进行人力资源管理职能的创新,以保证人力资源管理能够为企业的发展提供有效的支持。

不同层面和不同职能的人力资源管理还应该紧密地结合起来,并形成一个有机的系统。比如,如果公司希望通过人力资源管理来鼓励创新,就应该从规划、招聘、培训、考核、薪酬、企业文化建设等方面都鼓励创新。

(二)建立多层次的人力资源开发体系

对知识经济而言,以知识为基础的人力资源具有与物力资源所不同的规律。物力资源遵循"物以稀为贵"的市场规律,而人力资源却遵循"知识以多为贵"的价值规律。也就是在知识经济时代,掌握的知识越多越有价值。而且,在实际的人力资源运用过程中,知识可经无数次使用而自身不会减少,可无损使用,因而知识经济时代就以人力素质的提高为目标,大力开发人力资源,重视人力资源的开发。从我国目前情况看,要适应经济时代的人力资源管理,从国家角度应做好以下两个方面工作。

1.建立多层次的教育培训体系

人力资源的开发,可以通过教育、培训、劳动力流动、激励制度等方式进行,其中最主要的方法是教育培训。为适应经济时代的人力资源管理,应树立科教兴国观念,把高等教育和职业技术教育结合起来,把理论知识和实际知识结合起来,不断提高技能和科学技术水平。要想做到这一点,应建立多层次的教育培训体系。

2.建立以市场为导向的人力资源开发体系

我国人力资源管理和开发的模式是以高等教育为龙头,从上向下,从国家到各个组织进行的。传统的模式是理论和实际相脱节,为迎接知识经济时代人力资源的管理变化,就应吸纳一些先进的管理方法,如可采用加拿大、美国盛行的DACUM理论(确定职业岗位所需能力的系统方法),根据市场需求确定所需要的人力资源,即以市场为导向,以市场为人力资源管理和开发的出发点和归宿,来迎接21世纪的挑战。

(三)确立以能力为平台的、人性化的管理方法

传统的人力资源管理以职位为基础,通过职位分析来确定职位目的职位工作关系、职位主要职责和活动、职位权限、任职者的基本素质要求等职位要素,形成职位描述和职位规范,并在此基础之上,建立规范组织结构和人力资源管理系统。这种以职位为基础的人力资源管理的优点,是对各项职位要素有明确清楚的规定;其不足之处是这种静态的职位缺乏灵活性,让人适应职位的要求,忽视人的能动性,且不利于员工的职业发展。因此,以职位为基础的人力资源管理,在组织结构和工作活动变化不是很大,对人的能动性要求不是很高的情况下,效果比较理想。

但是当组织结构经常变化,工作活动也经常变动时,以职位为基础的人力资源管理体系就显得有点不合时宜。尤其是在知识经济时代,组织结构的扁平化、网络化、团队化(如经常以项目组的形式开展工作)等以及对用人的重视,就使得以职位为基础的人力资源管理体系很难发挥作用。目前,国外越来越多的公司,开始建立以能力为基础的人力资源管理体系。即先对员工的能力进行评估,然后根据公司业务工作的需求,确定每一项工作对工作承担者能力方面的要求,并与员工所具备的能力相比较,确定从事该工作的最佳人选。这种以能力为平台的人力资源管理系统,最大的优点就是能适合组织动态发展的要求,组织者可以根据组织结构的调整、

工作活动的安排对员工的工作进行灵活的调整;可以根据员工的能力来确定员工所应从事的工作,充分体现了对员工的重视。

（四）采取多样化的人力资源管理形式

知识经济时代的到来,也使企业人力资源管理的形式发生了翻天覆地的变化。以前企业总是局限于在企业所在地招聘人才,并且一般采用长期聘用的方式。随着国内劳动力市场的逐步完善,企业和人才有了自由选择的机会,企业可以自由选择人才,人才也可以自由流动。从企业来看,人才的招聘就可以突破空间和时间的局限。企业不仅可以从本地招聘优秀的人才,还可以从国内其他地方甚至国外招聘人才。与此同时,企业不仅可以保留部分长期员工,还可以根据企业的实际需要,采用建立战略同盟、聘请外部专家顾问、短期聘用等多种多样的方式来获取企业所需的人才。

另外,人才资源管理的运作也会发生根本性的变化。以前,企业的人力资源管理主要由人力资源工作者来实施,今后,人力资源工作者将由一个实施者变成一个资源整合者。人力资源工作者通过有效地整合各项资源,为企业的战略发展提供支持。人力资源工作者可以根据每一项工作的实际情况来决定最佳的实施方式:究竟哪些应该由人力资源从业者来完成,哪些应该由高层管理人员实施,哪些需要直线经理的配合,哪些需要外部专家的支援,哪些可以采用外包的形式,哪些需要借助计算机和网络技术来提高工作效率。

值得一提的是,外包和人力资源管理的信息化已经开始被很多企业采用,并已成为企业建立战略人力资源体系的利器。对于人力资源管理的一些事务性的工作,如薪资福利的管理、人员招聘、员工满意度调查等都可以采用外包的形式。对于那些不能外包或者不愿意外包的人力资源管理工作,借助人力资源管理信息系统可以有效地提高工作的效率和效果。实践表明,人力资源管理信息系统的引进明显地提升了企业的人力资源管理水平。

三、未来的工作及未来的人力资源管理

英国未来学家对未来的工作及未来的人力资源管理进行的预测如下。

（一）未来的工作

未来的工作具有下述5个特点：①别开生面的工作方式。不再靠汗水赚钱，而靠组织、智力、信息工作。②新型工人——"脑力"工人，成为工人阶级的主要成员。③社会转型造成了严重的结构性失业和信息性失业。④培育了新的基础工业。⑤"工作"一词已为多种形式的含义所淹没，它不再要求"八小时工作制"，不再要求在固定的地点、固定的时间和固定的工作岗位上工作，人们可以更加随机地选择工作时间与工作地点，他们在电脑的终端工作，与电脑中心保持联系，他们的工作业绩不再像过去那样的计件测量，而是测量其"软件"开发能力。

（二）未来的人力资源管理

未来的人力资源管理有下述6个特点：①职工的名册、工作岗位、报酬、工作方式都将是灵活的，人力资源管理部门将没有一成不变的"花名册"，也没有固定不变的"工资表"，他们将采取更加灵活的管理方法。②个人的意愿获得最大的尊重，人才流动将是频繁的，择业的自由度提高，人们将选择最能发挥自己潜能或选择自己最喜爱的工作。③钟点工作制、课题工作制、程序工作制将获得普遍承认和使用。④人力资源管理部将把重点放在收集和建立人才库上，它拥有一批不断流动的精通本部门工作的人才名单。就像职工不断更换企业和部门一样，他们也将不断地更换雇员。⑤跨国度的雇佣和被雇佣将是平常的事情，国家概念将淡化，各种新式飞机使地球变小了，人们将可能在一个国家居住，而在另一个国家工作。⑥"失业的工人"意味着他们获得再教育的机会。"失业的工人"可获得更高的社会保障，人们将热情地帮助失业的人过多样化的生活。大主顾、大雇主、失业工人、老年大学的学生这四种身份将不断地更换。

参考文献

[1]陈彩琦,马欣川.工作分析与评价[M].武汉:华中科技大学出版社,2017.

[2]陈伟.腾讯人力资源管理[M].苏州:古吴轩出版社,2018.

[3]邓秋香.企业人力资源培训与开发的问题与解决对策[J].商业观察,2021(33):36-38.

[4]邓颖.劳动者分层保护模式的探究[D].南昌:江西财经大学,2017.

[5]方雯.工作分析与职位评价[M].西安:西安电子科技大学出版社,2017.

[6]冯涛.人力资源招聘与培训的内在关系[J].人力资源,2020(18):118-119.

[7]葛立佳.人才激励机制及薪酬体系分析[J].中国集体经济,2020(36):123-124.

[8]郭珊珊.企业的人力资源开发及其管理措施研究[J].全国流通经济,2021(09):89-91.

[9]郝倩,陈冬方,周丽彦.人力资源管理[M].成都:四川科学技术出版社,2016.

[10]郝忠胜,刘海英.人力资源管理与绩效评估[M].北京:中国经济出版社,2005.

[11]何筱瑜.多管齐下,构建和谐劳动关系[J].人力资源,2022(02):80-81.

[12]何孜.员工关系管理在人力资源管理中的重要性分析[J].中国集

体经济,2022(10):106-107.

[13]胡景涛.基于绩效管理的政府会计体系构建研究[M].沈阳:东北财经大学出版社,2019.

[14]贾友军.组织战略视角下人力资源效能提升研究[J].现代商业,2020(13):66-67.

[15]蒋俊凯,李景刚,张同乐,等.现代高绩效人力资源管理研究[M].北京:中国商务出版社,2019.

[16]蒋凛.数据化人力资源管理思维养成[J].中外企业文化,2020(07):179-180.

[17]李妮.利用组织行为学促进员工关系管理[J].人力资源,2021(20):32-33.

[18]李清黎,徐慧娟.人力资源管理系统的现状及不足[J].当代经济,2009,000(006):66-67.

[19]李松媛,王德宠.人力资源规划中的需求与供给预测的方法探析[J].黄河科技大学学报,2011,13(01):79-81.

[20]李燕萍,李锡元.人力资源管理[M].武汉:武汉大学出版社,2012.

[21]林忠,金延平.人力资源管理[M].沈阳:东北财经大学出版社,2015.

[22]刘伟,刘国宁.人力资源[M].北京:中国言实出版社,2005.

[23]刘颖.论企业构建战略型人力资源管理体系[J].现代商业,2014(24):117-118.

[24]刘永杰.事业单位员工关系管理的沟通艺术[J].黑龙江人力资源和社会保障,2021(13):78-80.

[25]刘倬.人力资源管理[M].沈阳:辽宁大学出版社,2018.

[26]吕菊芳.人力资源管理[M].武汉:武汉大学出版社,2018.

[27]彭剑锋.人力资源管理概论 第3版[M].上海:复旦大学出版社,2018.

[28]桑秋光.员工关系管理,促进员工与组织契合发展[J].中国质量,2021(11):101-105.

[29]苏磊.员工关系管理[M].北京:中国财富出版社,2019.

[30]孙超群.黑龙江省制造业双视角人力资源管理沟通模型构建及应用研究[D].哈尔滨:哈尔滨商业大学,2020.

[31]唐志红.人力资源招聘培训考核[M].北京:首都经济贸易大学出版社,2011.

[32]田立法.人力资源管理系统与企业绩效理论与对策[M].北京:中国经济出版社,2016.

[33]王超.互联网时代的人力资源管理思维分析[J].人才资源开发,2020(02):49-50.

[34]王德才,陈维政.人力资源管理系统与企业绩效关系研究[J].西南石油大学学报(社会科学版),2010(03):74-78.

[35]王林雪.新编人力资源管理概论[M].西安:西安电子科技大学出版社,2016.

[36]王群.企业技能人才培养机制构建研究[J].商业文化,2021(31):87-88.

[37]王学娟.企业人力资源需求预测模型研究[D].哈尔滨:哈尔滨理工大学,2016.

[38]向红松.浅谈新时期人力资源管理的挑战与应对策略[J].经营者,2019,33(23):199.

[39]徐东华.公共部门人力资源管理[M].北京:金城出版社,2020.

[40]徐建华.供应链时代新经济下人力资源开发与管理的战略特征[J].中国储运,2022(01):207-208.

[41]亚当·斯密.国富论[M].孙善春,李春长,译.北京:中国华侨出版社,2013.

[42]杨阳.EXCEL人力资源管理[M].天津:天津科学技术出版社,2018.

[43]尹乐,苏杭.人力资源战略与规划[M].杭州:浙江工商大学出版社,2017.

[44]於澄莹.基于人与组织匹配理论的企业网络招聘绩效评估研究[D].武汉:武汉科技大学,2017.

[45]袁利霞.高校思想政治教育工作评价系统的设计与实现[D].福州:厦门大学,2015.

[46]张彩霞,梁远帆,杨安宁等.人力资源管理[M].长沙:湖南师范大学出版社,2015.

[47]张华瑛.国有企业员工的培训组织管理与实施措施[J].商场现代化,2018(14):84-85.

[48]张婷婷.现代企业人力资源管理中薪酬管理体系存在的问题及对策研究[J].现代工业经济和信息化,2020,10(10):133-134.

[49]张旭东.胜任力模型在建筑企业人力资源管理中的应用研究[D].唐山:华北理工大学,2020.

[50]张哲,王绪宛.人力资源管理系统的分析与设计[J].电脑开发与应用,2011(09):20-22.

[51]张子杨.企业人力资源管理系统的分析与设计[J].工业C,2016(2):24-24.

[52]章凯,时金京.人力资源开发的人格途径:理论基础与管理启示[J].中国人力资源开发,2019,36(01):152-163.

[53]赵继新,魏秀丽,郑强国.人力资源管理[M].北京:北京交通大学出版社,2020.